COCINA ASEQUIBLE

COCINA ASEQUIBLE

Fernando Canales

EDICIONES B
GRUPO ZETA

Barcelona • Bogotá • Buenos Aires • Caracas • Madrid • México D.F. • Montevideo • Quito • Santiago de Chile

1.ª edición: abril 2009

© Fernando Canales, 2009
© Ediciones B, S. A., 2009
    Bailén, 84 - 08009 Barcelona (España)
    www.edicionesb.com

Printed in Spain
ISBN: 978-84-666-4085-5
Depósito legal: B. 9.577-2009

Impreso por LIBERDÚPLEX, S.L.U.
Ctra. BV 2249 Km 7,4 Polígono Torrentfondo
08791 - Sant Llorenç d'Hortons (Barcelona)

INTRODUCCIÓN

MATERIAL INDISPENSABLE PARA UNA COCINA DOMÉSTICA EN EL SIGLO XXI

La sociedad, sus costumbres y su tecnología están avanzando en este siglo a pasos agigantados, es por eso que en la cocina se está produciendo una pequeña revolución en todos sus apartados, ingredientes, cultura y sobre todo en herramientas y maquinaria. En esta lista tienes algunas de las tendencias e innovaciones actuales.

Cocina. Actualmente en el mercado podemos encontrar cocinas de:

> Gas.
> Vitrocerámica.
> Placas eléctricas.
> Inducción.

Yo recomiendo las de inducción, quizá cuando salieron al mercado eran muy caras, pero ahora hay muchas ofertas y son más accesibles, son las más económicas pues sólo utilizamos exactamente la energía que necesitamos, su calor es inmediato y además con una potencia, que nos hace poder cocinar inmediatamente. Por poner un ejemplo muy útil, el agua para la cocción de la pasta se calienta en unos pocos minutos.

Los detractores dicen que es demasiado rápida, pero su control de calor es tan perfecto que, por ejemplo los platos de la cocina de la abuela, aquellos que necesitan un calor muy bajo, es donde precisamente esta cocina es más perfecta todavía, pues se puede regular la baja temperatura con una precisión increíble. Además es fácil de limpiar y las cazuelas que se necesitan para su utilización, son cada vez más económicas.

Las otras cocinas poco a poco se irán quedando obsoletas.

Como experiencia personal comentaré que aquellas personas mayores que son, en un principio reacias a esta cocina y la han probado, se han rendido a sus virtudes de inmediato.

Horno. Los hornos mas fáciles de dominar son aquellos que son de inducción, es decir, el calor se distribuye en el horno a través de un ventilador que unifica el calor. Ahora aparecen en el mercado estos hornos pero con la función añadida de vapor, que es el dominio de la humedad al cocinar y es que, lo mismo que en la fotografía es el dominio de la luz, en la cocina es el dominio de la humedad y estos hornos de vapor son una maravilla, incluso ahora para las cocinas pequeñas, existen unos que se llaman compactos que son la mitad de tamaño.

Horno microondas. Para mí, herramienta imprescindible. Normalmente se utiliza para calentar alimentos, pero cada vez se está ampliando su utilidad para cocinar fácil, rápido y práctico. Utilidades como freír el chorizo, cocer patatas exprés o cocer huevos en 30 segundos son sólo el comienzo de un horno injustamente utilizado en principio como calentador.

Frigorífico. Al margen de estética y recipientes interiores, debemos fijarnos en su consumo y capacidad de enfriamiento, procurar ubicarlos donde su motor no se recaliente.

BATERÍA DE COCINA

Olla a presión. Es la cazuela más rentable de la historia moderna, se puede cocinar desde flanes hasta verduras en pocos minutos, además en su cocción se aprovechan sus vitaminas, la cocción del espárrago verde o la del pulpo, este último en sólo 10 minutos, son claros ejemplos de su increíble practicidad.

Cazuelas. Elegir amplias y anchas, ya que además nos pueden hacer la función de paelleras, siempre con tapadera, y con fondo difusor de calor, que además de contar con una base que nos da estabilidad, hace que el calor se aproveche y distribuya bien y de manera proporcionada.

Sartenes. Adquirir las de teflón. Hay muchos precios, cuanto más gorda sea su capa de teflón, es decir, de material antiadherente, mayor será su precio y por tanto su durabilidad. Hay que tener cuidado de no fregarlas con un estropajo que raye esta capa. La sartén hace de freidora y también de cazuela. Si nos gusta mucho la tortilla de patata recordar que el borde de la sartén, para esta utilidad, debe ser alto y vertical.

Wok. La gran revolución del momento, hay incluso unos especiales para las cocinas de inducción. Es una forma de cocinar a gran temperatura y de manera rápida, que aprovecha todos los nutrientes de los alimentos.

Recipientes para meter alimentos en el horno. Asegurarse de que resistan el calor y además sean útiles para poner en la mesa. Yo recomiendo unos de cristal muy resistente pues es más fácil controlar su cocción.

Boles o barreños. Adquirir aquellos que sirvan para el microondas y además no se rompan. Como anécdota os diré que los recipientes de cristal blando están prohibidos en las cocinas profesionales.

Escurre-verduras. Sirven para escurrir las verduras y la pasta. Existen dos modelos recomendables; aquellos que se amoldan a la cazuela, para verter el agua son muy prácticos, y otros con base para poder trabajar con una mano libre, ambos de acero inoxidable.

Tablas de cocina. En el mercado hay muchas, actualmente las que mejor resultado dan son las de bambú, un material muy resistente que hace que el cuchillo no se desplace cuando cortamos e incluso son muy higiénicas.

Pinzas. Para coger la comida del fuego, es una herramienta muy práctica para no quemarse y además higiénica.

Silicona. Actualmente ha irrumpido en el mercado el mundo de la silicona, un material que no es derivado del petróleo y que tiene desde moldes para repostería hasta pinceles, pasando por exprimidores de limón, son utensilios fabulosos pero con precio un poco elevado por el momento, si se lo puede permitir son muy recomendables.

Cuchillos. Recomiendo comprar dos; uno pequeño llamado puntilla para trabajos menudos y precisos, y otro cebollero, que es un cuchillo que talona, este último de tamaño intermedio.

Para afilarlos hay muchos modelos en el mercado, el más eficaz es uno que se rueda entre dos muelas de acero.

Peladores. Hay ahora un pelador de tomates que es una maravilla, que además de pelador de tomates sirve para todas las verduras y/o frutas, maravilloso.

Espátulas. Procurar hacerse con unas que sean antiadherentes pues la tarea de coger alimentos siempre conlleva el riesgo de que se peguen.

Espumaderas. Redondas y planas, ahora hay unas de teflón que hace que los huevos fritos sean un juego de niños.

Tijeras. En este apartado es uno de los que no recomiendo ahorrar el dinero si no se quiere volver a la tienda a comprar otras, que sean inoxidables y de precisión, ahorraremos accidentes y sufrimiento.

Peso. Una herramienta de gran utilidad si nos gusta la repostería, en el mercado encontramos unos de precisión que van desde un gramo hasta 2 kg, son electrónicos y son excelentes. Si no vamos a utilizarlo mucho igual nos arreglamos con un vaso medidor.

Coladores. Comprar aquellos que sean amplios. Después de utilizar un robot o batidora, nos sirve para colar las salsas y son cada vez más imprescindibles.

Pasapurés. Si no somos muchos en casa podemos encontrar unos de tamaño pequeño que son muy cómodos de limpiar y guardar.

Robots y/o trituradoras. Entramos en una gama muy amplia y de gran competitividad en el mercado, yo huiría de esos que son milagrosos y hacen de todo. En principio uno que triture bien para hacer cremas y purés es más que suficiente.

Batidora. Éste es el utensilio más económico y de mayor utilidad, sirve para hacer mayonesas, purés y helados a nivel casero.

Utensilios de madera. Maderas y espátulas son de gran practicidad sobre todo para no rayar las superficies de teflón y para no quemarnos pues la madera es un aislante del calor.

Varillas. Es una herramienta muy práctica para batir, mezclar y emulsionar salsas. Las podemos encontrar de diversos materiales, el más económico es de metal y el más práctico de silicona.

Abrelatas. En la actualidad cada vez consumimos más productos enlatados. Los más fiables son unos que abren con una rueda giratoria que va cortando el metal, los de toda la vida aparte de que se oxidan se va mellando la punta y acaban siendo peligrosos.

Pinzas o cuchara de dientes para espaguetis. Los espaguetis son actualmente un plato muy habitual y para trabajarlos hacen falta utensilios especiales, éstas son las dos mejores alternativas.

Ralladores. Existen en el mercado unos ralladores de acero de precisión con los que además de rallar podemos lograr unos polvos asombrosos como condimento.

Aceiteras. Para aprovechar y separar el aceite sucio utilizar unas aceiteras de acero con una rejilla en su parte superior que hace de filtro.

Recipientes de harina y pan rallado. Estos ingredientes muy utilizados en la cocina deben permanecer siempre en botes que los podamos cerrar herméticamente.

Trapos y bayetas. Siempre que estén muy limpios y sean muy absorbentes.

Guantes aislantes. Para sacar los alimentos del horno y no quemarnos, existen varios modelos, los mejores serían los más flexibles, por su comodidad.

Tapetes de superficie. Cuando sacamos un recipiente caliente del horno y necesitamos apoyarlo. Hay en el mercado infinidad de modelos, los más rentables los de cuerda de toda la vida, los más curiosos los de silicona con imanes incorporados para no tener que sostenerlo.

Material de repostería. Tu curiosidad y pericia te permitirá llegar a tener material profesional en tu casa y hacer cosas inimaginables, yo te recomiendo adquirir aquel material que vayas dominando poco a poco.

Delantal de cocina. De todos los tipos precios y tamaños que puedas encontrar te recomiendo aquel que se ate con una lazada por delante y no por detrás, que sea limpiable y que te cubra la mayor superficie y sea ágil para desenvolverte

RECETARIO

AGUACATE RELLENO DE BRANDADA DE BACALAO

Ingredientes para 4 personas:
2 aguacates • 100 gr de bacalao desalado desmigado • 2 patatas
2 mandarinas • 4 tomates cherry • 250 ml de leche
1 cucharada de pimentón dulce • sal • aceite de oliva

Poner un cazo con agua al fuego, echar abundante sal e introducir las patatas bien lavadas. Cocer durante 30 minutos.

Hacer un corte en forma de cruz en la base de los tomates.

Poner otro cazo con agua al fuego. Cuando comience a hervir, echar los tomates y dejar hervir durante 1 minuto.

Transcurrido este tiempo, retirar a un recipiente con agua fría, pelar y reservar.

Cortar el aguacate a lo largo por la mitad, cortar una pequeña base, retirar el hueso y vaciar un poco con ayuda de una cuchara.

Poner los aguacates en una fuente y rellenar.

En un bol poner los tomates, aliñar con un poco de sal y aceite.

Decorar el aguacate con un tomatito por encima.

Para el relleno:

Pelar la patata cocida, cortar en trozos y echar en el robot, añadir el bacalao, la leche, las mandarinas, un poco de sal, un chorrito de aceite y la pulpa del aguacate.

Triturar el conjunto y echar en un bol. Añadir el pimentón dulce y mezclar bien.

AGUACATE RELLENO DE MOUSSE DE PIQUILLOS

Ingredientes para 4 personas:
4 aguacates • 1 bote de pimientos del piquillo • 2 yogures naturales
pimienta • sal • aceite de oliva virgen extra

Abrir los aguacates a lo largo por la mitad, quitar el hueso y pelar. Cortar una pequeña base para apoyar en el plato.

En la base del plato, poner un poco de la mousse de piquillos, encima colocar el aguacate y rellenar con la mousse. Cubrir con la base del aguacate y decorar con un poco de pimienta.

Para la mousse de piquillos:

En el vaso de la batidora, echar los pimientos del piquillo y triturar. A continuación, añadir el yogur para rebajar el sabor del piquillo, un poco de sal, pimienta y un chorro de aceite. Mezclar suave con la batidora en la posición mínima.

AJOARRIERO DE CABRACHO

Ingredientes para 4 personas:
2 cabrachos • ½ pimiento rojo morrón • 1 pimiento verde • 2 tomates
6 yemas • alcaparras • jengibre • 1 vaso de vino blanco
sal • aceite de oliva

Poner una cazuela alta a fuego máximo, echar abundante agua, el vino blanco y sal.

Introducir los cabrachos —asegurarse de que queden cubiertos de agua— y cocer durante 15 minutos.

Poner otra cazuela al fuego y echar un chorrito de aceite de oliva. Lavar la verdura, picar finita y echar en la cazuela. Rehogar durante 15 minutos.

Una vez cocido el cabracho, retirar del agua, dejar enfriar, retirar las espinas y desmigar.

Añadir en la cazuela de la verdura rehogada y mezclar bien con ayuda de una cuchara.

Decorar el borde exterior del plato con unas alcaparras, colocar en el centro un poco del ajoarriero y cubrir con la salsa.

Para la salsa:

En un cazo, echar las yemas, una cucharada de alcaparras y rallar un poco de jengibre —previamente pelado— con ayuda de un rallador.

Añadir una gotita de agua y poner a fuego máximo.

Batir dentro y fuera del fuego con ayuda de una varilla hasta que quede cremoso —evitar que supere los 60 ºC— y reservar.

ALBARICOQUES CON LICOR Y CREMA DE MASCARPONE

Ingredientes para 4 personas:
6 albaricoques • 1 vaso de licor Disaronno • 60 gr de azúcar moreno
60 gr de zumo de naranja • 125 gr de queso Mascarpone
60 gr de azúcar glaceé • 200 ml de nata líquida
6 galletas negras machacadas

Pelar los albaricoques, abrir por la mitad y retirar el hueso.

Poner una cazuela al fuego, echar el licor, el zumo y el azúcar moreno.

Cuando comience a hervir, añadir los albaricoques y cocer a fuego suave durante 5 minutos.

Transcurrido este tiempo, dejar reposar.

En la base de un cuenco, echar un poco de la crema, añadir tres trozos de albaricoque y un poco del jugo resultante de la cocción.

Decorar con un poco de galleta negra por encima.

Para la crema de Mascarpone:

En un bol, echar el queso y el azúcar glaceé. Remover bien con ayuda de una varilla.

Añadir la nata poco a poco y mezclar bien según se añade.

Echar el conjunto en el robot y mezclar suave para evitar que la nata se corte. Echar en un recipiente y reservar.

ALBÓNDIGAS DE BACALAO

Ingredientes para 4 personas:
2 lomos de bacalao salado desalado • miga de pan
50 gr de uvas pasas • 1 vaso de vino dulce Pedro Ximénez
1 cebolla • harina • polvo de guindilla • sal • aceite de oliva

En un bol, poner la miga de pan y añadir un poco de agua para que hidrate bien.

Cortar el bacalao finito y aplastar un poco con ayuda del cuchillo. Añadir en el bol junto a la miga de pan y mezclar bien con ayuda de una cuchara de palo.

Hacer unas bolitas con la mezcla, dar forma con un poco de harina y freír en abundante aceite caliente. Retirar a un plato con papel absorbente.

Emplatar y salsear por encima con ayuda de un cacillo. Añadir una pizca de polvo de guindilla por encima.

Para la salsa de pasas:

Poner un cazo al fuego, echar el vino y las uvas pasas. Dejar reducir durante 5 minutos.

Poner una cazuela al fuego, echar un poco de aceite y la cebolla cortada en juliana fina. Tapar y pochar durante 5 minutos.

Transcurrido este tiempo, añadir la mezcla de vino y pasas a la cazuela junto a la cebolla pochadita. Cubrir con agua y triturar con la batidora.

Poner al fuego para que la salsa espese y reservar.

ALBÓNDIGAS DE BONITO

Ingredientes para 4 personas:
2 rebanadas de pan normal • 1 lata de bonito • 2 huevos
250 dl de leche • 100 gr de pan rallado • harina • 1 diente de ajo
1 ramillete de perejil • pimienta • 1 pastilla de caldo de pescado
aceite de oliva

En un recipiente, echar la leche e introducir el pan al que previamente se le ha retirado la corteza. Dejar reposar durante unos minutos.

En un bol, echar el bonito bien escurrido y triturar con ayuda de un tenedor. Añadir un poco de pan rallado, un poco de pimienta y ajo bien picadito. A continuación, mezclar con el pan bien escurrido y hacer bolitas.

Introducir en la nevera durante 30 minutos.

Transcurrido este tiempo, retirar de la nevera, pasarlas por huevo y pan rallado. Freír en abundante aceite y retirar a un plato con papel absorbente.

Añadir las albóndigas a la salsa verde y dejar el conjunto al fuego durante unos minutos para que se integren los sabores.

Para la salsa verde:

En una sartén con aceite, freír un poco de ajo y perejil. Cuando el ajo empiece a dorarse, añadir un poco de harina para que la salsa espese. Remover con ayuda de una varilla y agregar el caldo previamente hecho con una pastilla de caldo de pescado.

Colar la salsa para retirar el ajo y reservar.

ALBÓNDIGAS DE MORCILLA

Ingredientes para 4 personas:
2 morcillas • 200 gr de pan rallado • 5 huevos • aceite de oliva

Retirar la piel de la morcilla (resulta más fácil de manipular si está a temperatura ambiente) y en un recipiente mezclar bien la carne con el huevo hasta obtener una masa homogénea.

Posteriormente, hacer bolitas e introducirlas en la nevera durante unos minutos.

Una vez frías pasarlas por pan rallado y freír en abundante aceite caliente. Retirar a un plato con papel absorbente y emplatar.

ALBÓNDIGAS DE VERDURA CON CREMA DE ZANAHORIA

Ingredientes para 4 personas:
100 gr de arroz bomba cocido • 50 gr de judías verdes • ½ calabacín
5 zanahorias pequeñas • 4 champiñones • 3 dientes de ajo
2 huevos • pan rallado • sal • aceite de oliva

Poner una sartén con aceite al fuego, echar las judías verdes, el calabacín y el champiñón, todo muy picadito. Rehogar durante 15 minutos.

A continuación, en un bol mezclar la verdura rehogada, el arroz cocido y un huevo para unificar el conjunto. Mezclar todo bien y hacer unas bolitas.

Echar un poco de aceite en un recipiente, extender por toda la superficie y colocar las bolitas. Enfriar en la nevera durante 1 hora.

Transcurrido este tiempo, retirar de la nevera, pasar las bolitas por huevo y pan rallado y freír en abundante aceite.

Echar las bolitas en la crema de zanahorias para que se integren los sabores.

Emplatar y salsear con la crema de zanahorias por encima.

Para la crema de zanahorias:

Pelar las zanahorias y cortar en trozos grandes. Pelar los dientes de ajo.

Poner una cazuela con agua al fuego, echar un poco de sal, añadir la zanahoria y los dientes de ajo. Cocer hasta que la zanahoria esté tierna.

Transcurrido este tiempo, añadir un poco de aceite y triturar el conjunto hasta obtener una crema.

ALBÓNDIGAS DE POLLO CON SALSA DE MOSTAZA

Ingredientes para 4 personas:
2 rebanadas de pan de molde • 2 pechugas de pollo • ½ l de leche
25 gr de mantequilla • harina • 4 huevos • 100 gr de pan rallado
40 gr de mostaza • 1 pastilla de concentrado de carne
sal • aceite de oliva

Picar la pechuga muy fina.

En un recipiente, echar la leche e introducir el pan de molde al que previamente se le ha retirado la corteza. Dejar reposar durante unos minutos.

Añadir un poco de sal y mantequilla a punto pomada a la pechuga picada y mezclar con el pan empapado hasta conseguir una mezcla homogénea. Repartir la masa en pequeñas bolitas e introducir en la nevera para dar consistencia a la mezcla durante 30 minutos.

Transcurrido este tiempo, retirar de la nevera, pasarlas por huevo y pan rallado. Freír en abundante aceite y retirar a un plato con papel absorbente.

En una sartén, echar la salsa de mostaza e introducir las albóndigas. Dejar hervir el conjunto durante 3 minutos.

Para la salsa de mostaza:

En una cazuela con aceite, añadir una pizca de harina y remover con una varilla para evitar la formación de grumos. Agregar la mostaza y el caldo de carne, previamente hecho con una pastilla de concentrado de carne. Dejar hervir a fuego lento hasta que espese y reservar.

ALCACHOFAS CON CREMA DE PATATA

Ingredientes para 4 personas:
1 bote de alcachofas • 1 patata • 100 gr de jamón serrano
150 dl de leche • 2 dientes de ajo • sal • aceite de oliva

Poner una cazuela a fuego máximo, echar la leche y la patata cortada en pequeñas láminas —previamente pelada y lavada—. Añadir los dientes de ajo enteros y un poco de sal. Cocer el conjunto durante 10 minutos.

Transcurrido este tiempo, comprobar que la patata esté blanda, retirar el ajo y triturar el resto con la batidora hasta conseguir una crema.

Poner una sartén a fuego máximo y echar un poco de aceite. Saltear el jamón cortado en daditos durante poco tiempo para evitar que sale.

Rehogar las alcachofas en la sartén con el jamón durante unos segundos.

Emplatar y salsear con la crema.

ALCACHOFAS EN VILLEROY

Ingredientes para 4 personas:
1 bote de alcachofas • 6 champiñones grandes • ½ l de leche
60 gr de harina • 60 gr de aceite de oliva • 4 huevos • pan rallado
sal • aceite de oliva

Escurrir bien las alcachofas y cortar en dos mitades.

En un recipiente, echar un poco de aceite, extender bien por toda la superficie con ayuda de un pincel. Pasar las alcachofas por la bechamel de champiñones y colocarlas en el recipiente. Enfriar en la nevera durante 30 minutos.

Transcurrido este tiempo, retirar de la nevera y pasar por huevo y pan rallado. Freír en abundante aceite hasta que se dore el pan rallado. Retirar a un plato con papel absorbente. Emplatar.

Para la bechamel de champiñones:

Limpiar bien los champiñones y cortar en láminas finas.

En un bol, mezclar el aceite y la harina. Remover con ayuda de una varilla para evitar la formación de grumos.

Poner una cazuela al fuego y echar la leche. Cuando comience a hervir, añadir la mezcla de aceite y harina. Remover con la varilla y añadir un poco del agua de las alcachofas para potenciar su sabor.

Poner otra cazuela con aceite al fuego y rehogar el champiñón. A continuación, añadir la bechamel, echar un poco de sal y triturar el conjunto con la batidora.

ALCACHOFAS REBOZADAS CON HARINA DE GARBANZOS

Ingredientes para 4 personas:
1 bote de alcachofas • 100 gr de garbanzos • 3 huevos • sal
aceite de oliva

Elaboración:

Picar los garbanzos crudos en la picadora hasta obtener una harina de garbanzos.

Poner una sartén con aceite al fuego. Escurrir bien las alcachofas, pasarlas por huevo y por la harina de garbanzos. Freír hasta que se doren un poco.

Retirar a un plato con papel absorbente. Tapar con film transparente e introducir en el microondas durante 30 segundos para que el vapor termine de hacer la alcachofa por dentro.

Transcurrido este tiempo, retirar del microondas y emplatar. Añadir un poco de sal y aceite por encima.

ALCACHOFAS RELLENAS DE CONEJO

Ingredientes para 4 personas:
½ conejo • 8 alcachofas • 4 zanahorias • 2 patatas
1 cebolla • 50 gr de almendra tostada • 50 gr de harina
3 cucharadas de curry • 1 vaso de brandy • tomillo fresco
sal • aceite de oliva

Poner una cazuela amplia a fuego máximo, echar un chorrito de aceite y añadir la cebolla muy picadita.

Trocear el conejo, añadir sal por encima e introducir en la cazuela.

Rehogar durante 2 minutos y añadir el brandy.

Pelar las zanahorias, retirar los extremos e introducir en la cazuela. Bajar el fuego al mínimo, tapar y cocer durante 20 minutos.

Transcurrido este tiempo, dejar enfriar, desmigar el conejo y reservar.

Retirar las zanahorias, echar en el robot, añadir un poco de agua, un chorrito de aceite y sal. Triturar y reservar.

En la base del plato, dibujar dos círculos de crema de zanahoria, colocar encima las alcachofas y rellenar con el conejo desmigado. Calentar en el microondas durante 30 segundos.

Transcurrido este tiempo, retirar del microondas, acompañar de la patata, añadir un poco de almendra —previamente triturada en el mortero— y decorar con una ramita de tomillo.

Para hacer las alcachofas:

Limpiar bien las alcachofas, retirar el tronco y las hojas. Dejar el corazón y vaciar con ayuda de un sacabocados.

Poner una cazuela al fuego, echar la harina y agua. Remover con ayuda de una varilla para evitar la formación de grumos e introducir las alcachofas.

Añadir un poco de sal y un chorrito de aceite. Cocer durante 40 minutos.

Transcurrido este tiempo, dejar reposar y reservar.

Para la guarnición:

Poner una cazuela al fuego, echar el curry y agua. Remover bien con la varilla y añadir un poco de sal.

Pelar la patata y sacar unos cilindros pequeños con ayuda de un descorazonador. Introducir en la cazuela y cocer durante 20 minutos.

Transcurrido este tiempo, retirar de la cazuela y reservar.

ALCACHOFAS RELLENAS DE SALPICÓN DE VERDURAS

Ingredientes para 4 personas:
1 bote de fondos de alcachofa • 100 gr de champiñones
1 cebolleta • 6 pepinillos en vinagre • albahaca • sal
vinagre de sidra • aceite de oliva

Poner una sartén al fuego, echar un poco de aceite y rehogar la cebolleta muy picadita.

Lavar el champiñón, retirar el tallo y picar muy finito.

Una vez rehogada la cebolleta, añadir el champiñón.

Pintar los fondos de alcachofa con la vinagreta de albahaca con ayuda de un pincel. Rellenar con la mezcla de cebolleta y champiñón.

Emplatar y decorar por encima con unas tiritas de pepinillo cortadas con ayuda de un pelador.

Para la vinagreta de albahaca:

En el vaso de la batidora, echar unas hojitas de albahaca, un chorrito de vinagre, sal y un poco de aceite.

Batir con la batidora y reservar.

ALCACHOFAS RELLENAS DE SETAS Y CHAMPIÑONES

Ingredientes para 4 personas:
8 alcachofas grandes • 100 gr de setas de cultivo
100 gr de champiñones • 8 ajos tiernos • 4 dientes de ajo
2 cucharadas de harina • sal • aceite de oliva

En una cazuela, echar dos cucharadas de harina, un poco de sal y un chorrito de aceite. Añadir agua y remover con la varilla según se añade. Poner a fuego mínimo.

Limpiar bien las alcachofas, vaciar con ayuda de un sacabocados y echar en la cazuela. Cocer durante 20 minutos.

Poner un cazo con un poco de agua al fuego, echar un poco de sal y los ajos tiernos. Cocer durante 5 minutos.

Limpiar las setas y los champiñones, picar todo muy finito.

Poner una sartén al fuego con abundante aceite. Echar las setas y el champiñón, todo muy picadito. Freír durante 10 minutos.

Poner otra sartén al fuego, echar un poco de aceite y el ajo muy picadito. Cuando comience a dorar, añadir un poco del caldo de cocción de las alcachofas.

En un plato, colocar dos ajos tiernos, dos alcachofas, rellenar con las setas y el champiñón. Añadir por encima un poco de la salsa hecha con el ajo picadito y el caldo.

Introducir en la parte media del horno en posición aire caliente a 200 ºC durante 2 minutos.

Transcurrido este tiempo, retirar del horno y servir.

ALITAS DE POLLO AL CAVA

Ingredientes para 4 personas:
4 alitas de pollo enteras • 5 zanahorias • ½ l de cava
pimienta negra • sal • aceite de oliva

Poner una cazuela antiadherente al fuego y echar el cava.

Limpiar las alitas y en la zona de las juntas hacer una incisión con ayuda de un cuchillo.

Añadir sal y pimienta negra recién molida de forma generosa e introducir en la cazuela.

Cuando comience a hervir, bajar el fuego al mínimo y cocer durante 10 minutos.

Pelar la zanahoria, rallar con ayuda de un rallador y reservar en un bol.

En el centro de un plato, poner un poco de zanahoria rallada. Añadir un poco de sal, pimienta negra recién molida y un chorrito de aceite.

Colocar encima una alita y añadir un poco del caldo resultante de la cocción con ayuda de un cacillo.

ALITAS DE POLLO AL OPORTO

Ingredientes para 4 personas:
12 alas de pollo enteras con el muslo y contramuslo • 1 cebolla
2 zanahorias • 1 vaso de Oporto • sal • aceite de oliva

Poner una olla a presión al fuego, echar aceite y añadir la zanahoria y la cebolla bien picadita.

Echar sal a las alitas y frotar bien para que la sal penetre a través de la piel.

Cuando la verdura comience a dorarse, añadir las alitas. Rehogar el conjunto durante 5 minutos. Cuando estén doraditas, añadir el vino y cerrar la olla. Una vez que suba la válvula dejar cocer durante 5 minutos.

Transcurrido este tiempo, emplatar y salsear por encima.

ANCAS DE RANA EN SALSA DE PIMIENTOS

Ingredientes para 4 personas:
1 kg de ancas de rana • 1 pimiento rojo • ½ l de salsa de tomate
1 vaso de vino blanco • 2 hojas de laurel
2 cucharadas de pimentón • 2 cucharadas de pan rallado
2 dientes de ajo • perejil fresco
sal • aceite de oliva

Poner una cazuela con aceite al fuego.

Lavar el pimiento, picar finito y rehogar en la cazuela.

Una vez rehogado, añadir la salsa de tomate y el vino. Hervir el conjunto a fuego máximo.

A continuación, añadir el pimentón, el laurel y una mezcla de pan rallado con ajo y perejil picadito.

Cuando la salsa haya espesado, añadir un poco de sal en las ancas y echar en la cazuela.

Cocer el conjunto durante 5 minutos y emplatar.

ANCHOAS AL AJILLO

Ingredientes para 4 personas:
500 gr de anchoas frescas • 2 guindillas rojas tiernas
3 dientes de ajo • perejil fresco • 2 cucharadas de pan rallado
1 vaso de vino blanco • sal • aceite de oliva

Limpiar las anchoas y abrir por la mitad. Retirar la espina central y la cola. Sacar los lomos y cortar cada lomo en dos mitades (de manera que de cada anchoa se obtengan cuatro tiras del mismo tamaño).

Añadir un poco de sal por encima.

Pelar los dientes de ajo y cortar en láminas finas. Cortar las guindillas en tiritas con ayuda de unas tijeras.

Poner una sartén con aceite al fuego, echar el ajo y a continuación la guindilla. Cuando el ajo comience a dorar, añadir la anchoa cortada en tiritas, el pan rallado y el vino.

Dejar en el fuego hasta que la anchoa esté hecha. Mover la sartén para que la salsa espese.

Servir en cazuela de barro y añadir un poco de perejil picadito por encima.

ANCHOAS RELLENAS DE PIMIENTO ROJO

Ingredientes para 4 personas:
1 kg de anchoas frescas • 1 lata de pimientos rojos • 3 huevos
harina • sal • aceite de oliva

Retirar la cabeza y la tripa de las anchoas, limpiarlas bien con agua. Abrir las anchoas y quitar la espina central.

Sazonar la anchoa por dentro, poner una tira de pimiento y cubrir por encima con otra anchoa. Introducir en la nevera hasta el momento de freír.

En un recipiente, batir los huevos con ayuda de un tenedor. Pasar las anchoas por harina y huevo.

Poner una sartén con aceite a fuego máximo. Cuando el aceite esté caliente, bajar el fuego y freír las anchoas.

Retirar a un plato con papel absorbente y emplatar.

ANCHOAS RELLENAS DE PIPERRADA

Ingredientes para 4 personas:
½ kg de anchoas o boquerones frescos • ½ cebolla
½ pimiento rojo • 2 pimientos verdes • 3 huevos • harina
sal • aceite de oliva

Limpiar las anchoas y quitar la cabeza y la tripa. Introducir las anchoas en un recipiente con agua, retirar la espina central y abrirlas por la mitad.

En el centro de la anchoa, poner un poco del relleno y cubrir con otra anchoa. Sellar los bordes y dejar reposar en la nevera durante 30 minutos.

Transcurrido este tiempo, retirar de la nevera, pasar por harina y huevo y freír en abundante aceite caliente vuelta y vuelta.

Retirar a un plato con papel absorbente y emplatar.

Para el relleno:

Lavar bien la verdura y picarla muy finita.

Poner una sartén al fuego, echar un poco de aceite y rehogar toda la verdura a fuego suave. Añadir un poco de sal y reservar.

ARROZ AL HORNO CON COLIFLOR Y BERENJENA

Ingredientes para 4 personas:
400 gr de arroz bomba • 200 gr de coliflor congelada • ½ berenjena
½ pimiento rojo morrón • 1 tomate • 2 dientes de ajo
tomillo • 1 vaso de vino dulce • sal • aceite de oliva

Encender el horno en posición aire caliente a 180 ºC.

Lavar el pimiento, la berenjena y el tomate. Cortar toda la verdura en daditos.

Poner una sartén a fuego mínimo y echar aceite de forma generosa. Rehogar toda la verdura, primero el pimiento y la berenjena y por último el tomate. Echar el arroz, subir el fuego al máximo y añadir el agua —doble cantidad de agua que de arroz— que previamente se ha puesto a hervir. Añadir el vino, un poco de sal y tomillo. Por último, añadir los ramilletes de coliflor y los dientes de ajo. Dejar hervir el conjunto durante 2 minutos.

A continuación, poner la mezcla en un recipiente que sirva para el horno e introducir en la parte media del horno durante 15 minutos.

Transcurrido este tiempo, retirar del horno, dejar reposar unos minutos y emplatar.

ARROZ CALDOSO DE CONEJO Y TOMILLO

Ingredientes para 4 personas:
200 gr de arroz de Calasparra • ½ conejo • 4 dientes de ajo
tomillo • 1 vaso de vino blanco • sal • aceite de oliva

Cortar el conejo en trozos, echar un poco de sal y tomillo. Rehogar en una cazuela con un poco de aceite a fuego fuerte.

Cuando el conejo esté doradito, añadir el ajo muy picadito.

A continuación, echar el vino y dejar reducir. Añadir un poco de agua y tomillo. Echar el arroz, un poco de sal y dejar cocer durante 15 minutos —si durante este tiempo se consume el agua añadirle un poco más.

Transcurrido este tiempo, añadir un poco de agua y un poco de aceite y trabajar el arroz con ayuda de una espátula de madera durante 4 minutos para que el arroz suelte el almidón y quede más cremoso —al trabajar el arroz hay que tener cuidado de que no se pegue.

Retirar del fuego, añadir un poco más de tomillo, sal y aceite. Mezclar y emplatar.

ARROZ CON AROMA DE REGALIZ

Ingredientes para 4 personas:
400 gr de arroz vaporizado • 4 palos de regaliz • 2 tomates
salsa de ostras • sal • aceite de oliva

Poner una cazuela con agua al fuego. Echar los palos de regaliz y cocer durante 10 minutos.

Transcurrido este tiempo, retirar el regaliz y reservar. Echar en la cazuela un poco de sal y el arroz. Cocer durante 20 minutos.

A continuación, escurrir bien y enfriar un poco bajo el chorro de agua fría. Echar en un bol y reservar.

Pelar el tomate, cortar en dos mitades y retirar las pepitas. Picar finito.

Poner una sartén a fuego máximo, echar el tomate y un poco de sal.

A continuación, añadir el arroz y saltear.

Calentar la salsa de ostras en el microondas. Añadir un chorrito en la sartén y mezclar bien el conjunto.

Cortar el palo de regaliz en trozos y poner en el borde exterior del plato en forma de corona.

En el centro, colocar una ración de arroz y servir.

ARROZ CON ESPINACAS Y MEJILLONES

Ingredientes para 4 personas:
300 gr de arroz bomba • 300 gr de mejillones • 100 gr de espinacas
congeladas • 2 vasos de vino blanco • 50 gr de mantequilla
1 rama de canela • sal • aceite de oliva

Poner una cazuela amplia al fuego, echar un poco de aceite y los mejillones limpios.

Cuando el mejillón comience a abrirse, añadir la espinaca cortada en daditos.

A continuación, añadir la mantequilla, el arroz y el vino blanco. Dejar reducir.

Cuando haya reducido, añadir dos vasos de agua y cocer el conjunto durante 16 minutos.

Transcurrido este tiempo, echar en un recipiente, añadir un poco de aceite de canela y remover bien con ayuda de una lengua para evitar que la cáscara de mejillón se rompa.

Una vez haya ensamblado bien, dejar reposar unos minutos y emplatar.

Para el aceite de canela:

En un frasco, poner la rama de canela y cubrir con aceite. Calentar en el microondas durante 30 seg.

ARROZ CON LANGOSTINOS GRATINADOS

Ingredientes para 4 personas:
2 bolsas individuales de arroz basmatti • 16 langostinos grandes
100 gr calabacín • 100 gr de champiñones • 100 gr de zanahorias
sal • aceite de oliva

Poner una cazuela amplia al fuego, echar agua y sal. Introducir las bolsas de arroz y cocer durante 10 minutos.

Transcurrido este tiempo, retirar del agua y reservar.

Poner otra cazuela al fuego, echar las cabezas y cuerpos de los langostinos. Añadir un chorrito generoso de aceite y agua.

Hervir durante 5 minutos, colar, echar en un vaporizador y reservar.

Lavar la verdura y picar muy finita.

Poner un wok al fuego, echar un poco de aceite y la verdura picadita. Añadir una pizca de sal y rehogar durante 2 minutos.

Abrir los langostinos a lo largo por la mitad y retirar la tripa.

Emplatar el arroz, cubrir con una capa de la verdurita rehogada y colocar encima los langostinos. Añadir un poco de sal y un chorrito de aceite.

Introducir en la parte alta del horno en posición gratinar a 200 ºC durante 2 minutos.

Transcurrido este tiempo, retirar del horno y vaporizar por encima.

ARROZ CON LECHE CON CARAMELO DE TÍA MARÍA

Ingredientes para 4 personas:
1 l de leche • 250 ml de nata líquida • 100 gr de arroz bomba
100 gr de azúcar • 2 ramas de canela • corteza de naranja
corteza de limón • ½ vaso de Tía María

Poner una cazuela a fuego fuerte, echar la leche, la corteza de naranja, la corteza de limón y una rama de canela partida en dos para que aromatice bien la mezcla.

Cuando comience a hervir, bajar el fuego y añadir el arroz en forma de lluvia. Remover durante unos segundos y cocer a fuego suave durante 20 minutos sin remover el arroz.

Transcurrido este tiempo, retirar las cortezas y la canela.

A continuación, subir de nuevo el fuego y añadir la nata previamente calentada en el microondas durante 30 seg.

Hervir el conjunto durante 3 minutos. Remover continuamente para que no se pegue.

Por último, retirar la cazuela del fuego, añadir 70 gr de azúcar y mezclar bien el conjunto.

Dejar reposar unos minutos, servir en un cuenco y añadir un poco de caramelo por encima.

Para el caramelo:

Poner una sartén al fuego, echar el licor, 30 gr de azúcar y la otra rama de canela partida en dos.

Dejar en el fuego hasta obtener un caramelo y reservar.

ARROZ CON QUESO AZUL Y CREMA DE COLIFLOR

Ingredientes para 4 personas:
1 coliflor • 400 gr de arroz arbóreo • 1 cuña de queso azul
100 gr de mantequilla • ½ l de caldo de verdura • ½ l de vino blanco
muy aromático • 4 chalotas • ralladura de limón
pimienta blanca molida • sal • aceite de oliva

Poner una cazuela amplia al fuego y echar un chorrito de aceite.

Cortar la chalota muy finita y echar en la cazuela. Rehogar durante unos minutos y añadir el arroz.

Cuando comience a tomar color, añadir el vino.

Cuando comience a hervir, añadir el caldo y cocer el conjunto durante 15 minutos.

Transcurrido este tiempo, echar el queso en trozos y trabajar el arroz con ayuda de una cuchara de madera. Añadir un poco de pimienta blanca y sal.

A continuación, retirar la cazuela del fuego y añadir un poco de ralladura de limón con ayuda de un rallador.

Por último, añadir la crema de coliflor, remover y emplatar. Decorar alrededor con unos botoncitos de coliflor cruda.

Para la crema de coliflor:

Lavar la coliflor y separar en sus ramilletes.

Poner una cazuela con agua al fuego, introducir los ramilletes de coliflor —reservar un ramillete crudo para la decoración— y cocer durante 40 minutos.

Una vez cocida, echar en el robot y triturar.

Añadir la mantequilla y triturar de nuevo. Echar en un bol y reservar.

ARROZ CREMOSO DE CURRY, LANGOSTINOS Y PENCAS

Ingredientes para 4 personas:
200 gr de arroz bomba • 1 bote de pencas • 6 langostinos
1 patata cocida • polvo de curry • 1 bote de salsa de curry
100 ml de leche • 1 vaso de vino blanco • sal • aceite de oliva

Poner una cazuela amplia a fuego máximo, echar agua, un poco de sal y el arroz. Cuando comience a hervir, remover para que el arroz no se pegue con ayuda de una espátula de madera. Dejar cocer durante 20 minutos —si durante este tiempo se consume el agua añadirle un poco más—. Transcurrido este tiempo, escurrir y reservar.

Picar las pencas muy finitas.

Pelar los langostinos y picar finito. Añadir un poco de sal.

Poner una cazuela honda a fuego máximo, echar una gotita de aceite y cuando esté caliente, añadir los langostinos, las pencas y el vino. A continuación, echar el arroz, bajar el fuego y añadir la crema de curry. Remover con ayuda de la espátula de madera hasta que quede cremoso.

Probar de sal y corregir si fuera necesario. Emplatar. Acompañar con un poco de salsa de curry.

Para la crema de curry:

En el vaso de la batidora, echar la patata cocida cortada en trozos, añadir la leche caliente y un poco de polvo de curry. Triturar el conjunto hasta obtener una crema.

ARROZ INTEGRAL CON CREMA DE COLIFLOR Y ZANAHORIA

Ingredientes para 4 personas:
200 gr de arroz integral • 100 gr de coliflor
50 gr de zanahoria • 100 ml de leche • 1 cebolla
cilantro • sal • aceite de oliva

Poner el arroz en un recipiente con agua durante 4 horas para que se hidrate bien.

Transcurrido este tiempo, poner una cazuela con agua al fuego y echar un poco de sal. Añadir el arroz hidratado y cocer durante 15 minutos.

Poner una sartén al fuego, echar un poco de aceite y rehogar la cebolla cortada muy finita.

Cuando la cebolla esté rehogada, añadir el arroz cocido y bien escurrido. Añadir un poco de sal y saltear el conjunto.

Por último, emplatar y añadir la crema de coliflor y zanahoria por encima. Decorar con unas hojas de cilantro.

Para la crema de coliflor y zanahoria:

Poner una cazuela con agua al fuego, echar un poco de sal. Añadir los ramilletes de coliflor y la zanahoria cortada en trozos. Cocer el conjunto durante 15 minutos.

Transcurrido este tiempo, echar la coliflor y la zanahoria en el vaso de la batidora. Triturar hasta obtener una crema espesa, añadir un poco de sal y reservar.

ARROZ INTEGRAL CON SETAS

Ingredientes para 4 personas:
320 gr de arroz integral • 200 gr de setas de cultivo variadas
1 berenjena • 4 dientes de ajo • jengibre
sal • aceite de oliva

Poner una paella al fuego y echar aceite de forma generosa.

Lavar la berenjena, cortar en daditos y añadir en la paella.

Limpiar bien las setas, cortar en trocitos y echar en la paella.

Picar el ajo y añadir en la paella. Rehogar el conjunto durante unos minutos.

A continuación, añadir el arroz y cubrir con agua (el doble de agua que de arroz aprox.).

Añadir un poco de sal y rallar un poco de jengibre —previamente pelado— con ayuda de un rallador. Cocer el conjunto durante 35 minutos.

Transcurrido este tiempo, comprobar que el agua haya evaporado por completo y retirar la paella del fuego.

Pelar los langostinos, retirar el intestino y cortar a lo largo por la mitad.

Colocar los langostinos por encima, añadir un poco de sal, cubrir la paella con papel de aluminio y dejar reposar durante 5 minutos —con el reposo el langostino se cocina debido a la condensación.

ARROZ INTEGRAL CON VERDURAS

Ingredientes para 4 personas:
400 gr de arroz integral • 1 bandeja de setas de cultivo
½ calabacín • ½ pimiento rojo morrón • 2 tomates
1 zanahoria • 1 pastilla de caldo de verduras • pimienta
sal • aceite de oliva

Poner una cazuela con agua al fuego y echar la pastilla de caldo. Añadir el arroz y dejar cocer durante 35 minutos —si durante este tiempo se consume el agua añadirle un poco más.

Lavar la verdura y cortarla finita.

Poner una sartén amplia al fuego, echar un poco de aceite y rehogar toda la verdura.

Añadir poco a poco el arroz cocido a la verdura, añadir un poco de sal y mezclar bien. Poner la mezcla en un recipiente que sirva para el horno y añadir un poco de aceite.

Introducir en el horno a 200 ºC en posición gratinar durante 5 minutos.

Transcurrido este tiempo, retirar del horno, remover el arroz para que se airee y repose con ayuda de una espátula de madera. Añadir un poco de pimienta, un poco de sal y remover el conjunto.

ARROZ MARINERO CON ANCHOAS A LA PARRILLA

Ingredientes para 4 personas:
200 gr de arroz • 200 gr de chirlas • 400 gr de anchoas
1 vaso de vino blanco • perejil fresco • sal ahumada
sal • aceite de oliva

En una cazuela antiadherente amplia, echar el arroz y las chirlas. Añadir el vino blanco, un poco de aceite y un poco de sal.

A continuación, añadir 200 gr de agua y unas hojas de perejil muy picadito.

Poner la cazuela a fuego máximo y cocer durante 17 minutos.

Transcurrido este tiempo, comprobar que el agua se haya evaporado.

En un recipiente con agua fría, limpiar las anchoas y retirar la tripa.

Poner una sartén al fuego, echar un poco de aceite y freír las anchoas. Añadir un poco de sal ahumada por encima —para potenciar el sabor a parrilla.

Por último, emplatar el arroz y decorar con unas anchoas por encima.

ARROZ MARINERO CON PURÉ DE ESPINACAS

Ingredientes para 4 personas:
200 gr de arroz bomba • 1 calamar • 6 cigalas
100 gr de espinacas • 100 gr de crema de queso
50 ml de leche • romero fresco • sal • aceite de oliva

Separar las cabezas de las colas de las cigalas, pelar las colas y reservar.

Limpiar bien el calamar y cortar en daditos.

Poner una cazuela a fuego suave, echar un poco de aceite y el calamar. Rehogar durante 3 minutos.

A continuación, echar el arroz y el doble del caldo de cigalas. Añadir un poco de sal y cocer el conjunto durante 17 minutos.

A los 15 minutos de cocción, añadir las colas de las cigalas para que se hagan con el vapor.

Transcurridos los 17 minutos, dejar reposar unos minutos y echar en un bol amplio. Añadir la crema de queso y espinacas y mezclar bien el conjunto.

Para el caldo de cigalas:

Poner una cazuela al fuego, echar agua y un poco de sal. Introducir las cabezas de las cigalas, tapar la cazuela, cocer durante 10 minutos y reservar.

Para la crema de queso y espinacas:

Poner una cazuela al fuego, echar un poco de agua, añadir las espinacas —previamente lavadas— y un poco de sal. Tapar y cocer durante 10 minutos.

Transcurrido este tiempo, echar la espinaca cocida y el agua resultante de su cocción en el robot. Añadir la leche y el queso, triturar y reservar.

ARROZ NEGRO CON CALAMAR

Ingredientes para 4 personas:
400 gr de arroz bomba • 1 calamar grande • sal • aceite de oliva

Poner un cazo con agua y la tinta del calamar a fuego máximo.

Limpiar el calamar y cortar en pequeños dados.

Poner una cazuela al fuego y cuando esté caliente echar el aceite. Rehogar el calamar y cuando esté doradito añadir el arroz. Remover con una cuchara de madera.

Añadir el agua con la tinta totalmente disuelta. Echar un poco de sal y cocer el conjunto durante 17 minutos a fuego fuerte para que hierva (sin remover el arroz).

Transcurrido este tiempo, comprobar que el agua se haya evaporado, si no es así dejar unos minutos más hasta que se evapore por completo.

Retirar el arroz del fuego y echar un poco de aceite. Remover bien. Probar de sal y corregir si fuera necesario. Remover de nuevo y emplatar.

ARROZ NEGRO CON SEPIA

Ingredientes para 4 personas:
250 gr de arroz arbóreo • 1 sepia congelada • 2 sobres de tinta
4 dientes de ajo • pan de gambas • sal • aceite de oliva

Poner una cazuela amplia con aceite al fuego. Echar los dientes de ajo y rehogar durante 2 minutos.

A continuación, añadir el arroz, la tinta y el agua —doble cantidad que de arroz—. Remover unos segundos para distribuir bien la tinta y cocer durante 20 minutos.

Transcurrido este tiempo, emplatar y reservar.

Limpiar la sepia, cortar en dados y añadir un poco de sal por encima.

Poner una sartén a fuego fuerte y echar un poco de aceite.

Cuando esté caliente, añadir los dados de sepia, freír vuelta y vuelta y reservar.

Echar el pan de gambas en el mortero y triturar.

Poner el wok al fuego con abundante aceite. Cuando esté muy caliente, echar el pan de gambas triturado.

Freír durante unos segundos y retirar a un plato con papel absorbente.

Acompañar el arroz con unos dados de sepia por encima y decorar alrededor con el pan de gambas frito.

ARROZ RÁPIDO CON CONGRIO

Ingredientes para 4 personas:
400 gr de arroz rápido • 250 gr de congrio • 200 gr de calabaza
4 hojas de puerro • 3 dientes de ajo • pimentón
sal • aceite de oliva

Poner una cazuela con agua a fuego máximo y echar la parte verde del puerro. Hervir hasta que reduzca y obtener así un caldo verde.

Poner un cazo con agua al fuego, cuando el agua comience a hervir introducir las bolsitas de arroz.

Poner una sartén al fuego, echar un poco de aceite y añadir los dientes de ajo enteros. Freír el ajo a fuego suave para que suelte todo el sabor.

Pelar la calabaza y cortar en trozos pequeños. Cuando el ajo comience a dorarse, añadir la calabaza. Rehogar durante 5 minutos.

A continuación, retirar el ajo y añadir un poco de pimentón a la calabaza. Mezclar bien.

Cortar el congrio en trozos y saltear junto a la calabaza.

Añadir el caldo de los puerros al conjunto. Cocer a fuego fuerte durante 4 minutos.

Echar el arroz, un poco de aceite y sal. Mezclar el conjunto con ayuda de una cuchara de madera, hasta conseguir un arroz cremoso. Probar de sal y corregir si fuera necesario. Emplatar.

ARROZ TEMPLADO CON LANGOSTINOS

Ingredientes para 4 personas:
400 gr de arroz Delta del Ebro • 1 docena de langostinos vivos
1 tomate • 1 cebolla • 2 dientes de ajo • 6 castañas asadas
1 vaso de brandy • sal • aceite de oliva

Poner el arroz sobre la bandeja del horno, añadir doble cantidad de agua y un poco de sal. Extender bien el arroz sobre la bandeja e introducir en la parte media del horno en posición aire caliente a 200 °C durante 15 minutos.

Transcurrido este tiempo, retirar la bandeja del horno y dejar reposar unos minutos.

En un bol amplio, echar el arroz templado. Añadir la salsa americana y los langostinos cortados en trozos. Mezclar bien.

Por último, añadir el ali-oli de castañas asadas y mezclar el conjunto.

Para la salsa americana:

Poner una cazuela al fuego, echar abundante agua y sal. Cuando comience a hervir, echar los langostinos. Tapar y cocer durante 3 minutos.

Una vez cocidos, pasar a un recipiente con agua fría y sal. Dejar enfriar durante unos minutos.

A continuación, pelar los langostinos —reservar la piel y la cabeza.

Poner otra cazuela al fuego y echar aceite. Añadir los dientes de ajo.

Cuando el ajo comience a dorar, añadir la cebolla y el tomate, ambos cortados en trozos. Rehogar durante 2 minutos.

Añadir la piel y la cabeza de los langostinos.

Cuando el conjunto esté rehogado, añadir el brandy y quemar.

Cuando el alcohol haya evaporado por completo, cubrir con agua, tapar y cocer durante 20 minutos.

Transcurrido este tiempo, triturar, colar y reservar.

Para el ali-oli de castañas asadas:

En el vaso de la batidora, echar las castañas peladas, añadir aceite de forma generosa, triturar y reservar.

ARROZ VAPORIZADO CON AZAFRÁN, CODORNICES Y CHIRLAS

Ingredientes para 4 personas:
400 gr de arroz vaporizado • 2 codornices • 200 gr de chirlas
4 dientes de ajo • azafrán en hebras • sal • aceite de oliva

Poner una cazuela al fuego. Echar abundante aceite y los dientes de ajo.

Limpiar bien las codornices, eliminar la cabeza, la parte final de las patas, los pulmones y el corazón. Cortar las codornices en trozos.

Cuando el ajo comience a dorarse, añadir las codornices y rehogar el conjunto.

Poner el fuego al máximo, añadir las chirlas, rehogar un poco y añadir un poco de agua.

Envolver un poco de azafrán en papel de aluminio y calentar al fuego, de esta forma el azafrán suelta todo su aroma. Machacar el azafrán en el mortero con un poquito de agua y añadirlo a la cazuela.

Cuando el conjunto empiece a hervir, añadir el arroz. Echar un poco de sal y remover un poco. Cocer durante 15 minutos.

Transcurrido este tiempo, comprobar que el agua se haya evaporado, si no es así dejar unos minutos más hasta que se evapore por completo.

Dejar reposar 10 minutos y emplatar.

BABAROISE DE CHOCOLATE

Ingredientes para 4 personas:
350 ml de nata líquida • 75 ml de leche
3 colas de pescado pequeñas • 45 gr de azúcar • 3 yemas
100 gr de cobertura de chocolate

Para decorar:
50 gr de coco rallado • 50 gr de perlitas de chocolate

Poner una cazuela al fuego, echar la leche, 100 ml de nata y la cobertura de chocolate.

En un bol, echar el azúcar, añadir las yemas y mezclar con ayuda de una varilla.

Cuando la mezcla de leche, nata y chocolate comience a hervir, retirar la cazuela del fuego y añadir al hilo la mezcla de azúcar y huevo. Remover según se añade con ayuda de la varilla.

Introducir las colas de pescado en un recipiente con agua fría para que se hidraten bien.

Una vez hidratadas, echar en la cazuela con la mezcla templada.

En un recipiente, echar la nata restante y montar con ayuda de la varilla.

Añadir la mezcla de la cazuela —ambos a la misma temperatura para evitar que la nata se corte—. Mezclar según se añade para que se integre todo bien.

Echar la mezcla en el molde y enfriar en la nevera durante 4 horas.

Transcurrido este tiempo, retirar de la nevera, desmoldar y emplatar.

Decorar con el coco rallado y las perlitas de chocolate por encima.

BACALAO AHUMADO CON CREMA DE PIQUILLOS

Ingredientes para 4 personas:
biscottes de pan tostado • 1 sobre de bacalao ahumado
½ calabacín • 1 lata de pimientos del piquillo • 1 diente de ajo
azúcar • sal • aceite de oliva

Cortar el calabacín en dos trozos a lo ancho y sacar unas tiras. En una sartén con un poco de aceite, dorar el calabacín.

Para montar el pincho, sobre el plato, colocar una loncha de bacalao, encima una de calabacín y hacer un rollito. Igualar los extremos y colocar el rollito sobre un biscotte.

Salsear con la crema de piquillos templada.

Para la crema de piquillos:

Hacer los pimientos en la sartén con un poco de aceite, el ajo y un poco de agua.

En la sartén donde queda el refrito de los pimientos, añadir un poco de agua y todo ello echarlo en el vaso de la batidora junto con los pimientos. Añadir una pizca de azúcar, sal y aceite. Triturar bien el conjunto, dejar enfriar y reservar.

BACALAO CLUB RANERO

Ingredientes para 4 personas:
4 tajadas de bacalao desalado • 2 tomates • 1 pimiento choricero
1 pimiento rojo • 1 pimiento verde • 5 dientes de ajo
sal • aceite de oliva virgen extra

Poner una cazuela al fuego con abundante aceite y añadir los dientes de ajo pelados y aplastados. Dorar para que suelten todo el sabor.

Cuando el aceite esté caliente, introducir las tajadas de bacalao de forma que la piel entre en contacto con el aceite para que suelte toda la gelatina.

A continuación, dar la vuelta a las tajadas de forma que la piel quede hacia arriba.

Dejar a fuego suave y mover la cazuela hasta obtener un pil-pil.

Lavar toda la verdura y cortar muy finita. Rehogar en un cazo con un poco de aceite.

Cuando el bacalao esté hecho y la verdura rehogada, mezclar todo a la misma temperatura para evitar que el pil-pil se corte. Remover según se añade y servir en cazuela de barro.

BACALAO CON CREMA DE AJOS TIERNOS

Ingredientes para 4 personas:
4 tajadas de bacalao desalado (150 gr/tajada)
1 bandeja de ajos tiernos • 1 patata • 150 ml de leche
pimienta • sal • aceite de oliva

Poner un cazo al fuego, echar agua y abundante sal. Cocer la patata hasta que esté tierna.

Limpiar los ajos tiernos y eliminar la parte verde. Picar finito.

Poner una cazuela al fuego, echar un poco de aceite y los ajos tiernos picaditos. Rehogar durante 10 minutos.

A continuación, añadir la leche. Pelar la patata, cortar en trozos y añadirla al conjunto. Dejar en el fuego durante 2 minutos.

Transcurrido este tiempo, retirar la cazuela del fuego, echar un poco de sal y triturar hasta conseguir una crema.

Una vez triturado, poner de nuevo al fuego, añadir las tajadas de bacalao con la piel hacia abajo, con unos cortes en la zona de la piel para que penetre fácilmente el calor.

Cocer el conjunto durante 3 minutos y remover para que los sabores se integren.

Por último, emplatar el bacalao, añadir un poco de la crema por encima y un poco de pimienta en el momento de servir.

BACALAO CON PATATAS Y SALSA DE AZAFRÁN

Ingredientes para 4 personas:
2 lomos de bacalao salado desalado • 3 patatas grandes
2 tomates • 1 rodaja de calabaza • 3 dientes de ajo
azafrán • sal • aceite de oliva

Poner una cazuela amplia al fuego y echar un poco de aceite.

Pelar el ajo, cortar en láminas finas y echar en la cazuela.

Pelar la calabaza, cortar en daditos y echar en la cazuela.

A continuación, pelar la patata, lavar, cortar en daditos y echar en la cazuela. Rehogar el conjunto.

Lavar el tomate, cortar por la mitad y rallar con ayuda de un rallador.

Cubrir con agua y cocer el conjunto durante 20 minutos.

En un recipiente, echar el azafrán y calentar en el microondas durante unos segundos para obtener su esencia.

Transcurrido este tiempo, aplastar el azafrán con ayuda de un cacillo, añadir un chorrito de aceite y mezclar bien.

Retirar la piel del bacalao y cortar en daditos.

Introducir el bacalao en el recipiente y marinar durante 20 minutos.

Transcurrido este tiempo, incorporar la mezcla de bacalao, aceite y azafrán a la cazuela. Calentar unos minutos y emplatar.

BACALAO EN SALSA VERDE

Ingredientes para 4 personas:
1 lomo de bacalao salado desalado • 200 gr de almejas
100 gr de espinacas frescas • 100 gr de tacos de jamón serrano
2 patatas • sal • aceite de oliva

Poner una cazuela amplia al fuego y echar aceite de forma generosa.

A continuación, añadir las almejas y los tacos de jamón.

Pelar la patata, cortar en láminas y echar en la cazuela.

En el robot, echar un chorrito de agua y la espinaca bien lavada —reservar unas hojitas para decorar.

Triturar, echar en la cazuela y cocer durante 5 minutos.

Transcurrido este tiempo, cortar el bacalao por la parte de la carne en trozos grandes —ya que merma 1/3 de su tamaño.

Echar en la cazuela y cocer el conjunto durante 5 minutos.

En un bol con un poco de agua, echar las hojas de espinacas reservadas para decorar y calentar en el microondas durante 1 minuto.

Emplatar el bacalao con unas almejas y un poco de la salsa. Decorar por encima con dos hojitas de espinacas.

BACALAO FRESCO EN SALSA VERDE
DE LECHUGA

Ingredientes para 4 personas:
1 bacalao fresco (1½ kg) • 200 gr de guisantes • 4 hojas de lechuga
½ l de caldo de pescado • 1 vaso de vino blanco
2 cucharadas de harina • perejil fresco • sal • aceite de oliva

Limpiar el bacalao, retirar la cabeza y cortar en rodajas.

Poner una cazuela amplia al fuego, echar un poco de aceite y añadir la lechuga cortada finita.

Cuando la lechuga esté rehogada, añadir los guisantes y el caldo de pescado.

Cuando comience a hervir, añadir la salsa verde, remover con la varilla y cocer durante 4 minutos para que espese bien.

Transcurrido este tiempo, añadir las tajadas de bacalao previamente sazonadas. Dejar unos minutos y emplatar.

Para la salsa verde:

En el vaso de la batidora, echar el vino, la harina y unas hojitas de perejil. Triturar el conjunto y reservar.

BACALAO FRESCO REBOZADO CON PIMENTÓN

Ingredientes para 4 personas:
600 gr de bacalao fresco • 2 dientes de ajo • 50 gr de harina
50 gr de pimentón • sal • aceite de oliva

Poner una sartén a fuego máximo con abundante aceite.

Cortar los lomos de bacalao en tiras largas, frotar cada tira con un diente de ajo cortado a la mitad y añadir un poco de sal.

Rebozar en una mezcla en igual proporción de harina y pimentón. Freír en aceite muy caliente durante poco tiempo para que no se queme y retirar a un plato con papel absorbente.

Una vez haya cogido el rebozado, terminar de hacer en el microondas durante 1 minuto para que no se seque.

Transcurrido este tiempo, comprobar que el bacalao esté hecho y emplatar.

BACALAO TUMACA

Ingredientes para 4 personas:
4 rebanadas de pan • 4 tomates de pera
200 gr de bacalao desalado • sal • aceite de oliva

Cortar unas rebanadas de pan y con ayuda de un pincel, untarlas con un poco de aceite. Tostar el pan en la sartén.

Exfoliar en láminas el filete de bacalao y colocar sobre el pan. Añadir por encima la vinagreta.

Dar un golpe de calor en el horno.

En un plato, exprimir dos tomates y añadir una pizca de sal.

Una vez montado el pincho, untar la superficie inferior del pan en el jugo de tomate.

Para la vinagreta:

En un bol, echar el aceite, exprimir dos tomates y añadir una pizca de sal al jugo obtenido. Batir bien el conjunto y reservar.

BERENJENA RELLENA DE BECHAMEL DE BACALAO

Ingredientes para 4 personas:
2 berenjenas • 200 gr de bacalao desalado desmigado
200 dl de leche • 20 gr de harina • 20 gr de aceite de oliva
sal • aceite de oliva

Encender el horno en posición aire caliente a 230 °C.

Cortar las berenjenas a lo largo por la mitad, hacer unas incisiones en la superficie de la berenjena para que el calor penetre fácilmente y untarlas bien con aceite.

Sobre la bandeja caliente del horno, echar un poco de aceite y colocar las berenjenas. Añadir un chorrito de aceite por encima.

Introducir en la parte media del horno durante 20 minutos.

Transcurrido este tiempo, retirar del horno, sacar la pulpa y reservar.

Emplatar las berenjenas y rellenar con la bechamel de bacalao.

Introducir en la parte alta del horno en posición gratinar durante 5 minutos.

Para la bechamel de bacalao:

Poner una cazuela al fuego, echar la leche y cuando comience a hervir, añadir la mezcla de harina y aceite. Remover con ayuda de una varilla.

En el momento que la bechamel emulsiona, bajar el fuego.

A continuación, añadir el bacalao desmigado y la pulpa de la berenjena. Mezclar bien con ayuda de la varilla y añadir una pizca de sal.

Cocer el conjunto durante 3 minutos a fuego suave para que la bechamel pierda el sabor a harina.

Probar de sal y corregir si fuera necesario.

BERENJENA RELLENA DE MEJILLONES

Ingredientes para 4 personas:
1 kg de mejillones • 1 berenjena • 200 dl de leche • 20 gr de harina
20 gr de aceite de oliva • sal • aceite de oliva

Cortar la berenjena a lo largo por la mitad, sacar la pulpa con ayuda de una cuchara y reservar.

Poner un poco de aceite sobre la piel de la berenjena y con las manos distribuirlo por toda la superficie. Colocar sobre la bandeja del horno.

Introducir en la parte media del horno en posición aire caliente a 230 °C durante 15 minutos. Transcurrido este tiempo, retirar del horno, emplatar y rellenar.

Para el relleno:

Poner una sartén al fuego, echar un poco de aceite y la pulpa de la berenjena muy picadita. Rehogar a fuego suave.

Cocer los mejillones a fuego muy fuerte hasta que se abran y separar la concha de la carne.

Picar los mejillones y añadirlo junto a la berenjena (la proporción de este plato es el doble de mejillón que de berenjena).

Añadir la bechamel y un poco de sal. Mezclar bien y rellenar las berenjenas.

Para la salsa bechamel:

En una cazuela al fuego, echar la leche. Cuando ésta comience a hervir, añadir la mezcla de harina y aceite. Remover bien el conjunto con ayuda de una varilla y reservar.

BERENJENAS RELLENAS DE MOUSSE DE QUESO

Ingredientes para 4 personas:
2 berenjenas • 200 gr de queso cremoso • 200 ml de nata líquida
1 lata de anchoas en salazón • 1 cuña de queso
cebollino • hierbas de Provenza • sal • aceite de oliva

Lavar bien la berenjena y cortar a lo largo por la mitad. Hacer unas incisiones en la superficie de la pulpa para que penetre fácilmente el calor.

En un recipiente que sirva para el horno, echar un chorrito de aceite y colocar las berenjenas. Añadir un poco de aceite por encima.

Introducir en la parte media del horno en posición aire caliente a 230 ºC durante 20 minutos.

Transcurrido este tiempo, retirar del horno y dejar enfriar. Retirar la pulpa y echar en el robot.

A continuación, añadir la nata, las anchoas, el queso cremoso, las hierbas de Provenza, una pizca de sal y un poco de cebollino. Triturar el conjunto y reservar.

Rellenar la berenjena con la mousse de queso, decorar con una ramita de cebollino y clavar encima la galleta de queso.

Para la galleta de queso:

Retirar la corteza de la cuña de queso y cortar unas lonchas finitas con ayuda de una mandolina.

Colocar sobre un salvabandejas en la bandeja del horno e introducir en la parte media del horno a 200 ºC durante 5 minutos.

Transcurrido este tiempo, retirar del horno y dejar enfriar durante 10 minutos.

BERENJENAS-MINI RELLENAS DE CARNE

Ingredientes para 4 personas:
1 berenjena larga y estrecha • 100 gr de carne picada
1 cebolleta • crema de Camembert • 1 vaso de vino de Jerez
sal • aceite de oliva

Cortar unas rodajas gruesas de berenjena y sacar la pulpa del centro con ayuda de un cortapastas cilíndrico.

A continuación, de los cilindros obtenidos, sacar un poco de la pulpa con ayuda de un sacabocados.

En un recipiente que sirva para el horno, echar un poco de aceite y colocar los cilindros de berenjena.

Añadir un poco de sal y un chorrito de aceite por encima. Introducir en la parte media del horno en posición aire caliente a 170 ºC durante 15 minutos.

Transcurrido este tiempo, retirar del horno y rellenar con ayuda de una cuchara.

Calentar la crema de Camembert en el microondas durante 10 segundos y añadir un poco por encima.

Para el relleno:

Poner una sartén al fuego, echar un poco de aceite y rehogar la cebolleta cortada muy finita.

Cuando esté rehogada, añadir la pulpa previamente sazonada y freír durante 5 minutos.

Por último, añadir el vino, dejar en el fuego hasta que reduzca y reservar.

BERZA CON SOFRITO DE OREJA DE CERDO

Ingredientes para 4 personas:
1 berza pequeña • 2 orejas de cerdo • 1 manzana • 1 guindilla
2 dientes de ajo • sal • aceite de oliva

Limpiar las orejas —si fuera necesario pasarlas por la llama del fuego.

Poner una olla a presión con un poco de agua a fuego máximo. Poner las orejas en la olla y añadir sal de forma generosa. Una vez que suba la válvula, bajar el fuego al mínimo y dejar cocer durante 1 hora.

Transcurrido este tiempo, retirar las orejas de la olla. Dejar enfriar y cortar en tiras finas.

Cortar un poco de berza muy finita y dejar reposar en un recipiente con agua.

Cortar la manzana en bastoncitos finos, la guindilla y el ajo muy finitos.

Poner una sartén al fuego y cuando esté caliente, echar un poco de aceite, añadir la berza y un poco de sal. Cuando comience a tomar color, añadir el ajo, la guindilla y la manzana. Por último, añadir la oreja cortada en tiritas para que se integren bien los sabores. Emplatar.

BESUGO ASADO A LA DONOSTIARRA CON PATATAS AL GRATÉN

Ingredientes para 4 personas:
1 besugo (1 kg) • 250 ml de nata líquida • 2 patatas
2 dientes de ajo • 1 cucharada de pimienta blanca
sal • vinagre de vino • aceite de oliva

Abrir el besugo a lo largo por la mitad, retirar la espina central y limpiar bien.

Cubrir la bandeja del horno con papel de aluminio, echar un chorrito de aceite y colocar el besugo. Añadir un poco de sal y aceite por encima.

Introducir en la parte media del horno en posición aire caliente a 200 ºC durante 5 minutos.

Transcurrido este tiempo, retirar del horno —se termina de hacer con el reposo—. Añadir un chorrito de vinagre y un refrito de ajos por encima.

Emplatar y acompañar con las patatas al gratén.

Para las patatas al gratén:

Pelar las patatas, lavar bien y cortar en láminas con ayuda de una mandolina.

Poner en una fuente que sirva para el horno, añadir un poco de sal, cubrir con la nata y añadir la pimienta blanca por encima.

Introducir en la parte alta del horno en posición gratinar a 200 ºC durante 20 minutos.

Transcurrido este tiempo, retirar del horno y reservar.

BISCUIT DE CAFÉ

Ingredientes para 4 personas:
250 gr de cobertura de chocolate blanco • 100 gr de cobertura
de chocolate negro • 250 ml de nata líquida • 4 huevos
6 gr de café descafeinado soluble

En una cazuela, echar tres huevos enteros y una yema. Montar al baño María con ayuda de una varilla y retirar del fuego.

En un bol, echar la clara restante y montar con ayuda de la varilla.

En el vaso de la batidora, echar la nata y semimontar con la batidora.

En la cazuela, añadir el chocolate blanco previamente derretido en el microondas. Mezclar con ayuda de una cuchara.

A continuación, añadir la nata semimontada y posteriormente añadir la clara montada. Mezclar bien.

Por último, añadir el café y mezclar el conjunto.

Rellenar el molde de porciones con la mezcla y enfriar en el congelador durante 3 horas.

Transcurrido este tiempo, retirar del congelador, dejar reposar durante 5 minutos, desmoldar y emplatar.

Acompañar con un poco de chocolate negro previamente derretido en el microondas.

BISCUIT DE CHOCOLATE

Ingredientes para 4 personas:
200 gr de cobertura de chocolate
100 gr de azúcar • 250 ml de nata líquida • 5 huevos
canela molida

En un bol, echar el chocolate, cubrir con film transparente y calentar en el microondas durante 1 minuto.

En una cazuela, echar tres huevos y dos yemas. Añadir el azúcar y batir dentro y fuera del fuego hasta que monte con ayuda de una varilla.

En otro recipiente, montar las dos claras restantes —añadir una pizca de sal para que monten mejor.

Añadir el chocolate fundido a la mezcla de huevo y azúcar. Mezclar bien con la varilla. A continuación, añadir las claras montadas.

En un recipiente, semimontar 200 gr de nata —el resto reservarla para decorar— y añadirla al conjunto. Mezclar todo bien con la varilla.

Echar la mezcla en los moldes individuales e introducir en el congelador durante 2 horas.

Transcurrido este tiempo, retirar del congelador y desmoldar.

Emplatar y decorar con un poco de nata líquida y canela.

BISCUIT DE MANGO Y CHOCOLATE

Ingredientes para 4 personas:

Para el biscuit de mango:
2 yemas • 30 gr de azúcar • 200 gr de nata líquida
90 gr de puré de mango (comprado o triturar unos mangos y colar)
Ganache: • 2 yemas • 60 gr de mantequilla • 40 gr de leche
40 gr de azúcar • 80 gr de cobertura de chocolate

Para decorar:
1 mango • tejas de vinagre • sirope de chocolate

En la base del molde para minicakes, echar el ganache y cubrir con el biscuit de mango con ayuda de un cacillo.

Introducir en el congelador durante 1,30 minutos.

Transcurrido este tiempo, retirar del congelador y desmoldar.

En la base de un plato, dibujar unas líneas de sirope de chocolate y poner unas migas de teja. Colocar encima dos mini-cakes de mango y chocolate.

Decorar con una lámina de mango y unas tiritas alrededor. Clavar una teja en el biscuit.

Para el biscuit de mango:

En un bol amplio, echar las yemas y el azúcar. Espumar con ayuda de una varilla.

En otro bol, echar la nata y semimontar con ayuda de otra varilla.

Añadir la mezcla de yema y azúcar a la nata. Remover bien con la varilla.

Por último, añadir el puré de mango y mezclar.

Para el ganache:

En un bol amplio, echar el chocolate y la mantequilla. Calentar en el microondas durante 1 minuto y mezclar bien.

A continuación, añadir el azúcar y la leche. Remover bien.

Por último, añadir las yemas y mezclar bien el conjunto.

BISCUIT DE TURRÓN

Ingredientes para 4 personas:
250 gr de turrón blando • 150 ml de leche • 150 ml de nata líquida
8 yemas de huevo • 300 ml de nata líquida
(para montar el biscuit)

Para la compota de frutos secos:
½ l de vino tinto • 250 gr de azúcar • 250 gr de frutos secos

Poner una cazuela al fuego, echar la leche, la nata (150 ml) y el turrón. Remover bien con ayuda de una cuchara.

A continuación, retirar la cazuela del fuego, dejar enfriar unos minutos y añadir los huevos. Mezclar bien el conjunto.

En un recipiente, echar la nata (300 ml) y montar con ayuda de una varilla.

Añadir la nata a la cazuela y mezclar bien con la cuchara.

Servir en cuencos e introducir en el congelador durante 1 hora.

Trascurrido este tiempo, retirar del congelador y añadir la compota de frutos secos por encima.

Para la compota de frutos secos:

Poner un cazo al fuego, echar el vino y el azúcar. Hervir y dejar reducir hasta que espese.

En el momento de servir, añadir los frutos secos y mezclar bien.

BIZCOCHITOS DE NATA CON MERMELADA DE ALBARICOQUE

Ingredientes para 4 personas:
160 gr de almendra cruda • 125 gr de azúcar
60 gr de mantequilla • 60 gr de nata líquida
50 gr de mermelada de albaricoque
4 huevos • pimienta negra

Picar la almendra en la picadora.

Calentar la mantequilla en el microondas durante unos segundos hasta conseguir que esté a punto pomada.

En un recipiente, echar los huevos y batir. A continuación, añadir el azúcar y mezclar bien. Añadir la mantequilla a punto pomada y remover bien con ayuda de una cuchara.

Por último, añadir la almendra picada y la nata poco a poco. Remover según se añade.

Rellenar el molde con la mezcla e introducir en la parte media del horno, en posición aire caliente a 170 °C durante 20 minutos, generando un baño María.

Transcurrido este tiempo, retirar del horno, dejar enfriar, desmoldar y emplatar.

En un recipiente, mezclar la mermelada con un poco de pimienta negra recién molida y un poco de agua.

En el plato, añadir un poco de la mermelada como acompañamiento.

BIZCOCHITOS DE RON CON GRANIZADO DE MENTA

Ingredientes para 4 personas:
200 gr de harina • 150 gr de mantequilla a punto pomada
110 gr de azúcar glaceé • 2 gr de levadura • 2 huevos
2 yemas • 1 vaso de ron de caña

Para el granizado:
50 gr de azúcar • 50 gr de agua • menta

Encender el horno en posición aire caliente a 160 °C.

En un bol, echar la mantequilla y el azúcar. Mezclar bien con ayuda de una varilla.

A continuación, añadir los huevos uno a uno y las yemas. Batir con la varilla según se añade.

En otro bol, mezclar la harina y la levadura.

Posteriormente, añadir la mezcla poco a poco al conjunto y remover bien con la varilla.

Rellenar los moldes con la mezcla —aproximadamente unos 2/3 del molde para evitar que se salga por efecto de la levadura.

Introducir en la parte media del horno durante 15 minutos.

Transcurrido este tiempo, retirar del horno, sacar del molde y empapar en el ron.

En la base de un plato, poner un poco del granizado y encima el bizcochito empapado en ron. Decorar con una hojita de menta.

Para el granizado:

Poner un cazo con el agua al fuego y añadir el azúcar.

Cuando comience a hervir, retirar del fuego y echar en el vaso de la batidora. Añadir unas hojas de menta y triturar.

Una vez triturado, echar en un bol, dejar reposar unos minutos y posteriormente enfriar en el congelador durante 1 hora.

Para evitar que quede congelado en bloque y obtener así un granizado, romper con un cuchillo cada 15 minutos.

BIZCOCHO DE CALABACÍN

Ingredientes para 4 personas:
1 calabacín • 200 gr de harina • 150 gr de azúcar
100 gr de mantequilla a punto pomada • 100 gr de piñones
3 huevos • 1 cucharada de levadura • ½ vaso de Cointreau
azúcar glaceé

En un recipiente amplio, echar la mantequilla y el azúcar. Mezclar bien.

A continuación, añadir los huevos uno a uno y batir según se añade con ayuda de una varilla.

Lavar el calabacín y rallar por encima con ayuda de un rallador. Añadir los piñones y mezclar bien.

Mezclar la harina y la levadura y añadir poco a poco con ayuda de un dosificador. Mezclar el conjunto con ayuda de una cuchara.

Por último, añadir el Cointreau, mezclar bien y echar en el molde.

Introducir en la parte media del horno en posición aire caliente a 180 ºC durante 20 minutos.

Transcurrido este tiempo, retirar del horno, dejar enfriar y desmoldar. Decorar por encima con un poco de azúcar glaceé.

BIZCOCHO DE YOGUR DE PLÁTANO

Ingredientes para 4 personas:
375 gr de harina • 125 gr de aceite de girasol • 1 yogur de plátano
125 gr de azúcar • 4 huevos • 1 sobre de levadura • coco rallado

Encender el horno en posición aire caliente a 180 ºC.

En un bol, echar la harina y el azúcar. Mezclar bien con ayuda de una varilla para evitar la formación de grumos.

A continuación, añadir la levadura, el yogur y el aceite (es importante seguir este orden y mezclar bien cada vez que se añade un ingrediente).

Por último, añadir los huevos y mezclar con la varilla poco a poco para evitar que se formen grumos en la masa final.

Echar la mezcla en el molde e introducir en la parte media del horno durante 20 minutos.

Transcurrido este tiempo, pinchar con un cuchillo y comprobar que éste sale seco, lo cual indica que está hecho.

Retirar del horno y dejar enfriar a temperatura ambiente durante 20 minutos. Desmoldar y decorar por encima con coco rallado.

BIZCOCHO MANCHEGO

Ingredientes para 4 personas:
1 paquete de bizcochos de soletilla • 6 huevos
60 gr de azúcar para montar las claras • 30 gr de azúcar
para montar las yemas • 50 gr de piñones • anís • canela molida

Separar las yemas de las claras.

En una cazuela, echar las claras y añadir 60 gr de azúcar. Montar al fuego con ayuda de una varilla.

En otra cazuela, echar las yemas y añadir 30 gr de azúcar. Montarlas al fuego con la varilla.

Empapar los bizcochos en el anís y cubrir el molde con tres capas de bizcocho. Añadir por encima las claras montadas y por último, cubrir con las yemas montadas.

Añadir los piñones y la canela por encima. Enfriar en la nevera durante 2 horas.

Transcurrido este tiempo, retirar de la nevera y emplatar.

BOCADITOS DE HIGO CON JAMÓN

Ingredientes para 4 personas:
8 brochetas de madera • 100 gr de paletilla ibérica • 8 higos
pimienta • sal • vinagre de manzana • aceite de oliva

Pelar los higos y cortar una pequeña base.

En un bol, echar un chorro de vinagre, un poco de pimienta, sal y aceite. Mezclar bien e introducir los higos. Macerar el conjunto durante 5 minutos.

Transcurrido este tiempo, retirar los higos, envolver cada higo en una loncha de jamón y pinchar en la brocheta.

Por último, emplatar y aliñar por encima con un poco del jugo obtenido en la maceración.

BOGAVANTE CON MOUSSE DE HUEVAS DE TRUCHA

Ingredientes para 4 personas:
4 brochetas de madera • 4 bogavantes envasados al vacío
1 sepia congelada • 1 bulbo de hinojo • 1 cebolla
300 ml de nata • 100 gr de mantequilla
1 bote de huevas de trucha • 4 yemas de huevo
pimienta blanca molida • sal • aceite de oliva

Poner una cazuela al fuego y echar la mantequilla.

Cortar la cebolla en juliana fina y echar en la cazuela. Añadir un poco de sal y un chorrito de aceite.

Bajar el fuego al mínimo, tapar la cazuela, pochar durante 20 minutos y reservar.

Retirar la capa exterior del hinojo y picar finito.

Poner un cazo con agua al fuego, echar el hinojo picadito y cocer durante 20 minutos. Transcurrido este tiempo, escurrir y reservar.

Limpiar la sepia, retirar las patas y las aletas. Cortar el cuerpo en rectángulos grandes y por la parte interior, hacer unos cortes en forma de rejilla.

Pinchar cada rectángulo en una brocheta y reservar.

Poner una sartén antiadherente al fuego, echar un poco de aceite y colocar el bogavante.

Añadir un poco de sal por encima y dorar por ambos lados. Introducir la sepia embrochetada y dorar.

En el centro del plato, colocar una cama de cebolla, encima colocar el cuerpo del bogavante —previamente cortado en tajadas sesgadas— y alrededor colocar las patitas del bogavante.

Salsear por encima con la mousse de huevas de trucha y añadir un poco del hinojo cocido por encima. Acompañar de la brocheta y decorar con una hojita de hinojo.

Para la mousse de huevas de trucha:

Poner un cazo al fuego, echar la nata y dejar reducir.

Cuando haya reducido a la mitad, retirar el cazo del fuego y dejar enfriar.

En otro cazo, echar las yemas, semimontar dentro y fuera del fuego —para evitar que cuajen— con ayuda de una varilla.

Añadir la nata reducida a las yemas y mezclar con la varilla.

A continuación, añadir las huevas de trucha, una pizca de pimienta y sal. Mezclar el conjunto con la varilla, echar en un bol y reservar.

BOLITAS DE GAMBAS EN TARTAR

Ingredientes para 4 personas:
50 gr de salmón fresco • 24 gambas frescas • 1 yogur griego
cacao • pimienta negra en grano • romero fresco
sal marina • aceite de oliva

Limpiar el salmón, picar muy finito y echar en un bol. Añadir pimienta negra recién molida de forma generosa, un poco de sal, un chorrito de aceite y una cucharada de yogur.

Sobre un trozo de film transparente, echar una gotita de aceite y colocar seis gambas peladas. Añadir un poco de sal y una gotita de aceite por encima.

Cubrir con otro trozo de film transparente, espalmar con ayuda de un espalmador y retirar el film.

En el centro, colocar el salmón especiado, cerrar y hacer un hatillo.

Enfriar en el congelador durante 15 minutos.

Transcurrido este tiempo, sacar del congelador, retirar el film y emplatar.

Dar un golpe de calor en el microondas, salsear por encima y decorar con una ramita de romero.

Para la salsa:

En un bol, echar el yogur, pimienta negra recién molida, una pizca de cacao y unas gotitas de aceite. Mezclar bien y reservar.

BOLITAS DE RAVIOLI

Ingredientes para 4 personas:
2 masas de pizza • 2 filetes de pierna de cerdo (100 gr)
200 gr de setas • 4 tomates de lata pelados • 2 puerros
2 cebolletas • 1 cuña de queso de bola • 1 trozo de pan
1 pizca de azúcar • sal • aceite de oliva

Poner una sartén con agua al fuego, introducir el cocedor de vapor en la sartén.

Cortar la masa de pizza en cuadraditos, estirar un poco, poner un poco del relleno en el centro y hacer un hatillo.

Introducir en el cocedor de vapor y cocer durante 10 minutos.

En la base del plato, poner un poco de la salsa de tomate, encima colocar unos raviolis y añadir un chorrito de aceite por encima.

Para el relleno:

Picar la carne muy finita.

Limpiar el puerro, retirar la parte verde y picar la parte blanca muy finita.

Limpiar las setas y picar finitas.

Poner una sartén con un poco de aceite al fuego, echar la carne, el puerro y las setas, todo muy picadito. Añadir un poco de sal y saltear. Retirar a un bol y reservar.

Para la salsa de tomate:

Poner una sartén al fuego, echar un chorrito de aceite y añadir la cebolleta muy picadita.

A continuación, añadir el tomate cortado en daditos junto con un poco de su caldo.

Por último, añadir unos trozos de pan, una pizca de azúcar y un poco de sal. Rehogar durante 10 minutos.

Transcurrido este tiempo, añadir un poco de queso cortado en daditos, retirar del fuego y mezclar bien el conjunto.

BOLLOS DE LECHE

Ingredientes para 4 personas:
350 ml de leche • 350 gr de harina • 100 gr de mantequilla a punto pomada • 45 gr de levadura • 45 gr de azúcar • 1 huevo • sal

En un recipiente, echar la harina, la levadura, el azúcar y una pizca de sal. Mezclar bien con las manos.

A continuación, añadir la mantequilla y mezclar el conjunto con las manos.

Añadir la leche poco a poco, amasar bien la mezcla según se añade.

Por último, terminar de trabajar la masa fuera del recipiente, coger un poco de la masa y darle forma de bollito.

Colocar sobre un salvabandejas en la bandeja del horno y pintar con huevo batido con ayuda de un pincel para darle un tono doradito.

Introducir en la parte media del horno en posición aire caliente a 180 ºC durante 10 minutos, generando un baño María.

Transcurrido este tiempo, retirar del horno y emplatar.

BOMBAS RELLENAS DE CREMA DE MANZANA

Ingredientes para 4 personas:
150 gr de leche entera • 150 gr de harina • 50 gr de azúcar
2 huevos • 1 sobre de levadura • 3 manzanas Reineta
3 cucharadas de azúcar • ½ l de agua • azúcar glaceé

En un recipiente, echar los 50 gr de azúcar y la levadura. Mezclar bien con ayuda de una varilla.

A continuación, añadir la harina poco a poco y mezclar. Añadir los huevos y mezclar bien el conjunto. Por último añadir la leche.

Poner una sartén al fuego con abundante aceite, echar una cucharada de la mezcla y freír hasta que se infle por la acción de la levadura.

Retirar a un plato con papel absorbente.

Hacer unos agujeros en los extremos de las bombas y rellenar con la crema de manzana con ayuda de una manga pastelera.

Emplatar y añadir un poco de azúcar glaceé por encima.

Para la crema de manzana:

Poner en una cazuela el azúcar y el agua.

Pelar las manzanas, cortar en trozos y echar en la cazuela. Cocer durante 15 minutos.

Transcurrido este tiempo, echar la manzana en el vaso de la batidora, triturar y reservar.

BOMBONES DE MERLUZA Y GAMBAS SOBRE CAMA DE ENDIBIAS

Ingredientes para 4 personas:
4 lomos de merluza congelada • 100 gr de gambas peladas congeladas
1 endibia • 2 cucharadas de mostaza • pimienta negra recién molida
sal • vinagre de manzana • aceite de oliva

Retirar la piel de la merluza y cortar cada lomo en dos mitades.

Echar un poco de aceite sobre film transparente, poner la mitad del lomo, aplastarlo un poco y colocar en el centro unas gambas.

Añadir un poco de sal y cerrar bien el paquete.

Enfriar en la nevera durante 1 hora.

Transcurrido este tiempo, retirar de la nevera y quitar el film.

Limpiar la endibia con un paño húmedo y cortar en juliana fina. Añadir la endibia al recipiente de la vinagreta y mezclar bien el conjunto con ayuda de una cuchara de madera.

En la base del plato, poner una cama de endibia aliñada con vinagreta y colocar en el centro el bombón de merluza relleno.

Dar un golpe de calor en el horno durante 2 minutos para quitar el sabor a crudo.

Para la vinagreta de mostaza:

En un recipiente, echar la mostaza, añadir un poco de pimienta negra recién molida, un poco de vinagre y un chorrito generoso de aceite.

Batir bien el conjunto con ayuda de una varilla.

BONITO AL WOK

Ingredientes para 4 personas:
200 gr de bonito • 2 patatas • 2 cebollas • 24 tomates cherry
pimienta verde fresca • pimienta verde liofilizada
pimienta de Jamaica • romero fresco • sal • aceite de oliva

Pelar las patatas, cortar en cachelos y echar en un recipiente que sirva para el horno. Añadir un poco de sal y un chorrito de aceite.

A continuación, cortar la cebolla y echar en el recipiente. Añadir un chorrito de aceite por encima.

Introducir en la parte media del horno en posición aire caliente a 200 ºC durante 20 minutos.

Retirar la piel del bonito, cortar en daditos, añadir un poco de sal y reservar.

Lavar los tomates cherry, cortar por la mitad y reservar.

Poner el wok al fuego y echar un poco de aceite. Cuando el aceite esté caliente, añadir el bonito y el tomate. Añadir un poco de las distintas pimientas y dejar en el fuego hasta que el bonito tome un color blanquecino.

En el centro del plato, colocar el bonito y el tomate. Acompañar alrededor con la mezcla de patata y cebolla. Decorar con una ramita de romero.

BONITO EN CONSERVA

Ingredientes para 4 personas:
botes para conserva con tapas nuevas • trapos de cocina
1 bonito • sal marina • aceite de girasol

Poner una cazuela con agua al fuego, echar abundante sal.

Cortar el bonito en rodajas, lavar muy bien cada rodaja en un recipiente con agua para eliminar bien toda la sangre.

Limpiar bien con un trapo e introducir en el agua hirviendo. Tapar la cazuela y cocer durante 30 minutos.

Transcurrido este tiempo, sacar del agua, retirar la piel y las partes oscuras del bonito.

Secar muy bien con un trapo, desmenuzar e introducir en los botes. Cubrir con aceite de girasol y dejar reposar los botes durante 30 minutos —observar que todo el bonito esté en contacto con el aceite.

Transcurrido este tiempo, cerrar muy bien los botes.

Poner la olla a presión con agua al fuego, introducir un trapo para que al hervir los botes no se golpeen. Introducir el resto del trapo, cerrar la olla y cocer a fuego máximo durante 40 minutos.

Transcurrido este tiempo, retirar los botes del agua —es normal que después de hervir los botes aparezcan un poco turbios.

Dejar reposar los botes en lugar fresco y con poca luz.

NOTA: en el momento de su consumo, descartar si al abrir no se oye el choque del vacío o huele mal.

BONITO EN FALSO ESCABECHE CON PIPERRADA

Ingredientes para 4 personas:
2 rodajas de bonito • 1 pimiento rojo de asar
1 pimiento verde bomba • 2 pimientos verdes italianos
6 pimientos verdes del país • 2 guindillas • 300 ml de zumo
de limón • sal • aceite de oliva

Limpiar las rodajas de bonito y añadir un poco de sal por encima.

Poner una cazuela amplia antiadherente al fuego, echar un poco de aceite y las rodajas de bonito.

Dorar vuelta y vuelta y retirar a un plato.

Lavar bien los pimientos y cortar en juliana.

Poner la cazuela al fuego, echar aceite y el pimiento. Añadir un poco de sal y rehogar.

Una vez rehogado, añadir el zumo de limón y un vaso de agua.

Introducir de nuevo las rodajas de bonito en la cazuela, sobre la cama de pimiento, tapar y cocer el conjunto durante 15 minutos.

Transcurrido este tiempo, emplatar el bonito, decorar con el pimiento por encima y añadir un poco del caldo obtenido.

BONITO ENCEBOLLADO CON ACEITUNAS

Ingredientes para 4 personas:
1 rodaja de bonito • 1 bote de aceitunas negras sin hueso
2 cebolletas • pimienta • sal gorda • aceite de oliva virgen extra

Limpiar la rodaja de bonito con abundante agua.

Poner una cazuela con agua a fuego máximo, echar abundante sal y añadir la parte verde de la cebolleta. Cuando el caldo comience a hervir, añadir la rodaja de bonito con la piel y la espina para que quede más jugosa. Bajar el fuego y cocer durante 3 minutos.

Transcurrido este tiempo, retirar el bonito de la cazuela, quitar la piel y la espina, sacar las láminas y emplatar.

Por último, cubrir con la cebolleta y la aceituna muy picadita. Echar por encima un poco de aceite y en el momento de servir añadir un poco de pimienta.

BONITO ENCEBOLLADO CON MANZANA

Ingredientes para 4 personas:
1 rodaja de bonito • 2 manzanas Royal Gala • 2 cebollas rojas
1 cebolla blanca • 1 vaso de vino blanco • sal • aceite de oliva

Poner una cazuela con aceite a fuego máximo. Rehogar la cebolla cortada en juliana fina.

Pelar la manzana, cortar en trozos pequeños y añadir a la cazuela. Rehogar el conjunto durante 10 minutos.

Transcurrido este tiempo, añadir el vino y bajar el fuego al mínimo.

Echar sal en la rodaja de bonito y poner encima de la cebolla y la manzana pochadita.

Poner un poco de agua en la tapa al revés para evitar que se evapore el agua del interior y tapar la cazuela. Cocer durante 10 minutos hasta que el bonito tome un color blanco.

Por último, emplatar y cubrir por encima con la cebolla y la manzana pochadita.

BORRAJAS CON MANITAS DE CORDERO Y CALAMAR

Ingredientes para 4 personas:
300 gr de borrajas • 1 calamar (400 gr) • 6 manitas de cordero
50 gr de sésamo • sal • aceite de oliva

Pasar las manitas de cordero por la llama para eliminar bien los pelitos y hacer unos cortes por la zona de la junta de los huesos.

Poner una cazuela al fuego, echar un poco de agua, un chorrito de aceite y un poco de sal. Introducir las manitas, tapar y cocer durante 40 minutos.

Transcurrido este tiempo, retirar las manitas de la cazuela, dejar enfriar, separar la carne del hueso, cortar en trocitos y reservar.

Limpiar bien las borrajas, pelar, retirar los hilitos y cortar en trozos.

Poner otra cazuela al fuego, echar un poco de agua y sal. Añadir las borrajas, tapar, cocer durante 15 minutos y reservar.

Limpiar bien el calamar y cortar en daditos.

Poner el wok al fuego, echar aceite y añadir el calamar. Rehogar durante 1 minuto.

A continuación, añadir las manitas, un poco de sal y la borraja cocida.

Saltear el conjunto y emplatar la borraja de cama, encima colocar el calamar y las manitas. Añadir un poco de sésamo por encima y servir.

BRANDADA DE BACALAO CON ESPÁRRAGOS

Ingredientes para 4 personas:
20 espárragos verdes trigueros • 3 tajadas de bacalao
salado desalado • 250 ml de nata líquida • 2 huevos
3 dientes de ajo • 1 guindilla seca • 50 gr de avellana tostada
sal • aceite de oliva

Poner una sartén al fuego, echar aceite, los dientes de ajo y la guindilla abierta. Dejar en el fuego hasta que el ajo dore un poco.

Lavar los espárragos, retirar la parte final del tallo y pelar con ayuda de un pelador —reservar para la crema.

Poner una cazuela a fuego máximo, echar un poco de agua y los espárragos pelados. Añadir un poco de sal, tapar y cocer durante 2 minutos.

En la base de un plato hondo, poner un poco de la crema de huevo y encima la brandada de bacalao. Alrededor, añadir la crema de espárragos y decorar por encima con los espárragos cocidos y la avellana triturada.

Para la crema de espárragos:

Poner un cazo con un poco de agua al fuego, echar la piel y la parte final del tallo. Cocer durante 15 minutos, triturar, colar y reservar.

Para la crema de huevo montada:

Poner una cazuela al fuego, echar un poco de sal e introducir los huevos. Cocer durante 6 minutos y retirar a un recipiente con agua fría para paralizar la cocción. Dejar durante 5 minutos.

A continuación, pelar los huevos y echar en el robot. Añadir un poco del aceite de ajo y guindilla. Triturar, echar en un bol y reservar.

Para la brandada de bacalao:

Poner una cazuela con agua al fuego. Cuando comience a hervir, introducir el bacalao y cocer durante 2 minutos.

Transcurrido este tiempo, echar en el robot, añadir un poco de nata y un poco del aceite de ajo y guindilla. Triturar, añadir la nata restante, triturar de nuevo, echar en un bol y reservar.

BRICK DE MORCILLA Y ACEITUNA

Ingredientes para 4 personas:
2 hojas de pasta brick • 3 morcillas de verdura • 2 huevos
1 endibia roja • 1 endibia verde • 1 bote pequeño
de aceitunas negras • sal • aceite de oliva

En un bol, echar dos yemas y romperlas con ayuda de un pincel.

Cortar la hoja de pasta brick en cuadrados pequeños y pintarlos con la yema. Colocar en el centro un poco del relleno, hacer una especie de fardito y sellar los extremos con un poco de yema.

Poner una sartén a fuego máximo, echar abundante aceite y freír los farditos en el aceite muy caliente.

Limpiar las hojas de endibia con un paño húmedo. Colocar en el centro del plato unas hojas de endibia, añadir un poco de aceite por encima y alrededor colocar los farditos.

Para el relleno:

Quitar la piel de la morcilla, cortar en trocitos pequeños. Deshuesar las aceitunas y picarlas muy finitas. Echar en un recipiente y mezclar todo bien hasta conseguir una masa compacta.

BROCHETA DE ATÚN, MELÓN Y LANGOSTINO

Ingredientes para 4 personas:
8 brochetas de madera • 1 lomo de atún congelado
8 langostinos • 1 melón pequeño • 50 gr de almendras
crudas peladas • 1 yogur natural • 1 trozo de pan
salsa de soja • menta • sal • aceite de oliva

Cocer los langostinos en una cazuela con agua y sal. Una vez cocidos, dejar enfriar y pelar.

En un recipiente, echar un poco de salsa de soja, una pizca de sal y un chorro generoso de aceite. Introducir el atún cortado en dados y dejar macerar durante unos minutos.

Cortar unas rodajas gruesas de melón, pelar y cortar en dados del tamaño del atún.

Para montar la brocheta, en la base poner el melón, a continuación el atún y por último, el langostino.

Emplatar y salsear por encima.

Para la salsa:

Poner una sartén antiadherente al fuego, echar una gotita de aceite y tostar el pan junto con la almendra.

Una vez tostado el conjunto, echar en el mortero y machacar.

En un bol, echar el yogur, el pan y la almendra. Añadir una pizca de sal y un chorrito de aceite. Mezclar bien.

Por último, añadir un poco de menta cortada en juliana fina y reservar.

BROCHETA DE MAGRET DE PATO CON CHALOTAS

Ingredientes para 4 personas:
4 brochetas de madera • ½ de magret de pato • 2 chalotas
50 gr de mantequilla • 1 yogur natural • 2 cucharadas de azúcar
tomillo fresco • sal • aceite de oliva

Poner una cazuela con agua al fuego e introducir las chalotas. Cuando comience a hervir, dejar durante 1 minuto y retirar a un recipiente con agua fría.

Dejar enfriar unos minutos y retirar la piel.

Poner un cazo con agua al fuego, echar las chalotas peladas, la mantequilla, una pizca de sal y el azúcar.

Dejar en el fuego hasta que el agua reduzca en su totalidad. Dejar enfriar, cortar por la mitad y reservar.

Hacer unos cortes en forma de rejilla en la parte grasa del magret para que penetre fácilmente el calor.

Poner una sartén antiadherente al fuego, colocar el magret con la parte de la grasa hacia abajo. Añadir un poco de sal y dorar durante unos minutos vuelta y vuelta. Cortar el magret en dados y reservar.

Pinchar en la brocheta un trozo de magret y un trozo de chalota, servir en unos vasitos y ahumar —opcional—. Acompañar de la salsa de yogur.

Para la salsa de yogur:

En un bol, echar el yogur, unas ramitas de tomillo fresco, un poco de sal y un chorrito de aceite. Mezclar bien y presentar en una salsera.

BROCHETA DE MEJILLÓN Y CHAMPIÑÓN

Ingredientes para 4 personas:
4 brochetas de metal • 8 mejillones • 8 champiñones
50 gr de nueces peladas • 50 gr de harina de tempura
1 rama de apio • 1 rama de canela • 2 palos de regaliz
2 cucharadas de canela en polvo • sal • vinagre • aceite de oliva

Poner una cazuela al fuego, echar un poco de agua e introducir los mejillones. Tapar y dejar hasta que se abran.

Retirar la cáscara y reservar.

Limpiar los champiñones, retirar el tallo y los extremos del sombrero, de forma que nos quede un cuadradito.

Alternar en la brocheta dos mejillones y dos champiñones.

Poner el wok al fuego y echar abundante aceite.

En un bol, echar la harina de tempura y 80 gr de agua. Batir bien con ayuda de una varilla y echar en una fuente amplia.

Pasar las brochetas por la tempura, freír en el aceite caliente durante 2 minutos y sacar a un plato con papel absorbente.

En la base del plato, poner una cama de ensalada de apio y nueces, colocar encima la brocheta y añadir alrededor un poco del aceite de canela y regaliz.

Para la ensalada de apio y nueces:

En un bol amplio, echar las nueces y el apio cortado en trozos —previamente pelado—. Aliñar con un poco de sal, vinagre y el aceite de canela y regaliz.

Para el aceite de canela y regaliz:

En un frasco, introducir la rama de canela, los palos de regaliz partidos por la mitad y la canela en polvo.

Cubrir con aceite, tapar con film transparente y dejar reposar durante 24 horas.

BROCHETA DE MEJILLONES, MACARRONES Y PESTO

Ingredientes para 4 personas:
8 brochetas de madera • 200 gr de mejillones • 50 gr de macarrones
50 gr de nueces • 1 vaso de vino blanco • romero
sal • aceite de oliva

Poner una cazuela con agua al fuego, echar un poco de aceite y sal. Cuando el agua comience a hervir, añadir la pasta y dejar cocer.

Poner un cazo al fuego, echar el vino, un poco de agua y los mejillones limpios. Tapar el cazo para que los mejillones se hagan en su propio vapor. Cuando comience a hervir, dejar 2 minutos hasta que se abran.

Transcurrido este tiempo, retirar los mejillones del cazo.

En un recipiente, echar la salsa de pesto y añadir los macarrones y los mejillones. Mezclar para que la salsa se integre bien.

Montar la brocheta, alternando dos macarrones con un mejillón. Emplatar y salsear con la salsa de pesto en el momento de servir.

Para la salsa de pesto:

En el vaso de la batidora, echar las nueces, un poco de romero, aceite y unos macarrones cocidos para dar consistencia a la mezcla. Añadir un poco de sal y triturar.

BROCHETA DE MELÓN, MOZARELLA Y GAMBAS

Ingredientes para 4 personas:
8 brochetas de madera • 16 gambas • 4 bolas de Mozarella fresca
½ melón maduro • 1 yogur natural • semillas de sésamo
perejil fresco • pimienta negra en grano • sal • aceite de oliva

Sacar unas bolitas de melón con ayuda de un sacabocados.

Cortar cada bola de Mozarella en cuatro trozos. Alternar en cada brocheta dos bolas de melón y dos trozos de mozarella. En el final de la brocheta, pinchar dos gambas peladas.

Echar un poco de sal en cada brocheta. Introducir las gambas pinchadas en la brocheta en el caldo de perejil cuando comience a hervir, hasta que la gamba tome color.

En el momento de servir, rebozar las brochetas en las semillas de sésamo y emplatar.

Decorar el plato con unas hojitas de perejil y añadir un poco de la salsa de yogur al lado de cada brocheta.

Para el caldo de perejil:

Poner una sartén al fuego, echar agua, un poco de sal y unas ramitas de perejil.

Para la salsa de yogur:

En un bol, echar el yogur, añadir un poco de sal, un chorrito de aceite y pimienta negra recién molida. Mezclar el conjunto y enfriar en la nevera durante 10 minutos.

BROCHETA DE MERO CON HUEVAS DE ERIZO

Ingredientes para 4 personas:
8 brochetas de madera • 1 calabacín • 1 lomo de mero (150 gr)
100 gr de huevas de erizo • 250 ml de leche
3 cucharadas de espesante de maíz • sal • aceite de oliva

Cortar el mero en dados con la piel y reservar.

Lavar el calabacín y sacar unas tiras finas a lo largo con ayuda de una mandolina. Igualar los extremos y reservar.

Poner una sartén a fuego máximo, echar una gotita de aceite y freír el calabacín vuelta y vuelta.

Poner otra sartén al fuego, echar un poco de aceite y dorar los dados de mero.

Envolver el dado de mero en la tira de calabacín, pinchar en la brocheta, emplatar y salsear por encima.

Para la salsa:

Poner una cazuela al fuego y echar la leche. Cuando comience a hervir, añadir las huevas. Mezclar bien con ayuda de una varilla.

Dejar hervir unos minutos para que ligue bien y triturar.

Una vez triturada, añadir poco a poco el espesante —remover según se añade con ayuda de una cuchara— y reservar.

BROCHETA DE PATATA Y PULPO

Ingredientes para 4 personas:
8 brochetas de madera • 200 gr de pulpo cocido
200 gr de tomate cherry • 1 bote de patatas baby
1 bote de pisto • 1 pepino pequeño • comino
sal • aceite de oliva virgen extra

Echar el pisto en el vaso de la batidora. Pelar el pepino, retirar las pepitas, cortarlo en dados y añadirlo al pisto. Echar unos granos de comino y un chorrito de aceite. Triturar el conjunto y servir en copas.

Cortar el tomate, el pulpo y la patata, todo en cuadrados.

Montar la brocheta colocando una tajada de pulpo, un trozo de tomate y un trozo de patata.

Introducir las brochetas en las copas. Añadir por encima un poco de sal y una gotita de aceite.

BROCHETA DE PLÁTANO EN SU CREMA

Ingredientes para 4 personas:
4 brochetas de madera • 4 plátanos • 250 gr de cobertura
de chocolate • 200 gr de nata líquida • 100 gr de cereales

En el vaso de la batidora, echar tres plátanos cortados en rodajas.

Templar la nata en el microondas y echar en el vaso de la batidora. Triturar el conjunto y reservar.

En la picadora, echar los cereales, triturar y reservar.

Calentar el chocolate en el microondas durante 1 minuto, remover hasta que se derrita y reservar.

Cortar el plátano en cuatro trozos e igualar los extremos.

Pinchar un trozo de plátano en la brocheta, pasar por el chocolate y escurrir.

A continuación, pasar por el cereal triturado e introducir en una copita. Cubrir con el batido y servir.

BROCHETA DE POLLO CON ALMENDRAS

Ingredientes para 4 personas:
16 brochetas de madera • 2 pechugas de pollo • 1 patata cocida
1 huevo • 100 gr de almendras peladas enteras crudas
1 vaso de leche • ½ vaso de salsa de soja
2 cucharadas de miel • sal • aceite de oliva

Encender el horno en posición aire caliente a 200 ºC.

En el robot, echar la almendra, triturar bien y reservar.

Cortar la pechuga a lo largo en tiras gruesas, pinchar en la brocheta y añadir un poco de sal por encima.

Pasar las brochetas por el huevo batido y la almendra picada.

En la bandeja del horno, echar un poco de aceite y colocar encima las brochetas.

Añadir un poco de aceite por encima y envolver la madera de la brocheta que queda al descubierto con un poco de papel de aluminio para evitar que se queme.

Introducir en la parte media del horno durante 10 minutos.

Transcurrido este tiempo, retirar el papel de la brocheta, emplatar y salsear por encima con la salsa agridulce.

Para la salsa agridulce:

Pelar la patata cocida, cortar en trozos y echar en el robot.

Añadir la salsa de soja, la leche y la miel. Triturar bien el conjunto y reservar.

BROCHETA DE PULPO Y MACARRONES

Ingredientes para 4 personas:
8 brochetas de madera • 200 gr de pulpo cocido
50 gr de macarrones grandes • 30 gr de piñones • 2 dientes de ajo
1 manojo de albahaca • pimentón • sal • aceite de oliva

Poner un cazo con agua al fuego, echar un poco de sal y un chorrito de aceite. Cuando comience a hervir, añadir la pasta. Bajar el fuego y dejar cocer.

Una vez cocida, enfriar con agua y reservar.

Pinchar en la brocheta cuatro trozos, alternando un macarrón con una tajada de pulpo. Aliñar con un poco de la salsa de pesto por encima.

Para la salsa de pesto con pimentón:

En el vaso de la batidora, echar aceite, los piñones, unas hojas de albahaca, un poco de sal, ajo y pimentón. Triturar el conjunto con la batidora.

BROCHETA DE SALMÓN Y PIÑA

Ingredientes para 4 personas:
8 brochetas de madera • 2 rodajas de salmón • ½ piña
1 bote de mayonesa ligera • eneldo • sal • vinagre de Módena
aceite de oliva virgen extra

Limpiar el salmón, quitar la piel y las espinas. Cortar en trozos.

Pelar la piña y cortar en trozos del mismo tamaño que el salmón.

Pinchar en la brocheta cuatro trozos, alternando el salmón y la piña.

En un recipiente que sirva para el horno, echar un poco de sal, vinagre, aceite y una pizca de eneldo. Mezclar bien con ayuda de una varilla.

Colocar las brochetas en el recipiente y dejar marinar durante 15 minutos.

Introducir en el horno en posición aire caliente a 200 °C durante 5 minutos hasta que el salmón tome un color blanco.

Transcurrido este tiempo, retirar del horno y emplatar.

BROCHETA DE SOLOMILLO DE CERDO CON BERENJENA

Ingredientes para 4 personas:
4 brochetas de madera • 1 solomillo de cerdo • 1 berenjena
1 pimiento verde • 200 ml de leche • 50 gr de queso Manchego
50 gr de queso Gorgonzola • sal • aceite de oliva

Pelar la berenjena, cuadrar los extremos y cortar en dados.

Poner una cazuela al fuego y echar agua.

Cuando comience a hervir, echar los dados de berenjena, tapar y cocer durante 15 minutos.

Transcurrido este tiempo, escurrir y reservar.

Limpiar el solomillo, cortar en dados del tamaño de la berenjena y alternar en la brocheta dos trozos de solomillo y dos de berenjena.

Emplatar, añadir un poco de sal y un chorrito generoso de aceite por encima.

Poner una sartén al fuego y dorar las brochetas.

Una vez doradas, emplatar, añadir un poco de la salsa de queso y un poco del aceite de pimiento por encima.

Para la salsa de queso:

Cortar el queso en trozos, echar en un bol y calentar en el microondas durante 3 minutos.

En el robot, echar el queso fundido y añadir la leche. Triturar, echar en un bol y reservar.

Para el aceite de pimiento:

Lavar el pimiento, cortar en trozos y echar en el vaso de la batidora.

Añadir aceite, triturar y reservar.

BROCHETAS DE LANGOSTINOS Y BACÓN

Ingredientes para 4 personas:

Brochetas especiales para el horno • 12 langostinos • 300 gr de bacón
ahumado • 8 dientes de ajo • 50 gr de mayonesa • 1 vaso de brandy
sal • aceite de oliva

Pelar los langostinos y reservar las cabezas y las cáscaras.

Cortar unos dados de bacón y montar las brochetas previamente humedecidas, alternar bacón y langostino hasta conseguir un total de tres dados
de bacón y tres langostinos.

Añadir un poco de sal a los langostinos.

En una bandeja del horno, echar un poco de agua en el centro y cubrir la
bandeja con papel de aluminio. Añadir un poco de aceite sobre el papel
y colocar las brochetas encima.

Introducir en la parte alta del horno a 230 ºC en posición gratinar durante
3 minutos.

Transcurrido este tiempo, retirar la bandeja del horno.

En la base de un plato, colocar un poco de la crema de ajo, añadir unas
tiritas de la salsa de marisco y colocar las brochetas encima.

Por último, decorar las brochetas con un poco de la salsa de marisco por
encima.

Para la salsa de marisco:

Poner una sartén al fuego con un poco de aceite, saltear las cabezas y las
cáscaras.

A continuación, añadir el brandy y quemar hasta que el alcohol se evapore.

Posteriormente, echar las cabezas y las cáscaras en el vaso de la batidora,
añadir la mayonesa, triturar, colar con ayuda de un colador y reservar.

Para la crema de ajo:

Poner un cazo al fuego, echar un poco de agua y los dientes de ajo. Cocer el conjunto durante 15 minutos, triturar y reservar.

BROWNIE DE CHOCOLATE

Ingredientes para 4 personas:
320 gr de azúcar glaceé • 300 gr mantequilla • 150 gr de cobertura
de chocolate • 150 gr de nueces peladas • 140 gr de harina
4 huevos • helado de yogur

Encamisar un molde amplio y bajo con papel blanco encerado.

Echar el chocolate en un bol y derretir en el microondas durante 1 minuto.

Echar la mantequilla en un bol y derretir en el microondas durante 1 minuto.

En un bol amplio, echar el azúcar glaceé y añadir la mantequilla. Mezclar con ayuda de una varilla.

A continuación, añadir los huevos y remover bien.

Por último, añadir el chocolate y mezclar el conjunto con la varilla.

Enharinar las nueces con las manos, añadir a la mezcla y remover con la varilla.

Echar la mezcla en el molde y extender de manera uniforme.

Introducir en la parte media del horno en posición aire caliente a 180 ºC durante 20 minutos.

Transcurrido este tiempo, retirar del horno y desmoldar.

Cortar en trozos, emplatar y acompañar de una cenefa de helado.

BROWNIE DE CHOCOLATE CON SOPA TIBIA DE CHOCOLATE BLANCO

Ingredientes para 4 personas:

Para el brownie de chocolate:
3 huevos • 130 gr de azúcar • 80 gr de avellana molida
40 gr de harina • 80 gr de mantequilla
100 gr de cobertura de chocolate blanco

Para la sopa tibia de chocolate blanco:
150 gr de chocolate blanco • ½ l de nata líquida

Para la decoración:
sirope de frambuesa • hojas de menta
galletas de chocolate molidas

En un bol amplio, echar los huevos y remover con ayuda de una varilla.

A continuación, añadir el azúcar y semimontar con la varilla.

En un bol, echar la mantequilla y el chocolate. Calentar en el microondas durante 1 minuto y mezclar bien.

Añadir la mantequilla y chocolate a la mezcla de huevos y azúcar. Remover bien.

Por último, añadir la harina, remover y añadir la avellana. Mezclar bien el conjunto.

Poner el molde de porciones sobre la bandeja del horno.

Rellenar con la mezcla con ayuda de un cacillo.

Introducir en la parte media del horno en posición aire caliente a 180 °C durante 12 minutos.

Transcurrido este tiempo, retirar del horno, dejar enfriar y desmoldar.

Servir en una copa, añadir alrededor un poco de la sopa tibia. Añadir unas gotitas de sirope de frambuesa sobre la sopa y espolvorear por encima un poco de galleta molida. Decorar con una hojita de menta.

Para la sopa tibia de chocolate blanco:

Poner una cazuela al fuego y echar la nata. Cuando comience a hervir, retirar la cazuela del fuego y añadir el chocolate. Dejar durante 30 segundos.

Transcurrido este tiempo, mezclar bien con la varilla y reservar.

BROWNIE DE CHOCOLATE
Y NUECES

Ingredientes para 4 personas:
125 gr de cobertura de chocolate • 100 gr de nueces peladas
100 gr de fresas • 150 gr de azúcar • 50 gr de mantequilla
50 gr de harina • 100 ml de nata líquida • 4 huevos
1 cucharada de levadura • 2 cucharadas de regaliz en polvo

En un bol, echar el chocolate y la mantequilla. Calentar en el microondas durante 2 minutos.

En otro bol, echar el azúcar, la nuez molida, la harina y la levadura. Mezclar bien con ayuda de una cuchara.

Separar las claras de las yemas. Añadir las yemas y mezclar bien.

A continuación, añadir la mezcla de chocolate y mantequilla. Mezclar bien el conjunto hasta conseguir una masa homogénea.

Por último, montar las claras con ayuda de una varilla y añadir al conjunto. Remover con cuidado para que las claras no bajen.

Encamisar un molde con papel de aluminio, echar la mezcla en el molde e introducir en la parte media del horno en posición aire caliente a 180 ºC durante 30 minutos.

Transcurrido este tiempo, retirar del horno, dejar reposar unos minutos y desmoldar.

Retirar los bordes, cortar en trozos y emplatar.

En un recipiente, echar la nata y montar un poco. Añadir un poco de regaliz y mezclar.

Cubrir los trozos de bizcocho con la mezcla de nata y regaliz, decorar por encima con unas rodajas de fresa y un poco de regaliz.

BROWNIE DE NUECES
Y CHOCOLATE

Ingredientes para 4 personas:
70 gr de chocolate • 125 gr de mantequilla • 2 huevos
150 gr de azúcar • 100 gr de nueces peladas

Encamisar un molde con mantequilla a punto pomada y harina.

En un recipiente, poner el chocolate y la mantequilla y derretir al baño María. Remover la mezcla con ayuda de una cuchara de madera.

Poner un recipiente de acero inoxidable al fuego, echar los huevos y añadir el azúcar. Mezclar bien y montar al calor durante 2 minutos.

Añadir a la mezcla de chocolate y mantequilla ya fundidos. Mezclar todo bien hasta conseguir una masa homogénea.

Echar la mezcla en el molde encamisado y adornar con unas nueces por encima.

Introducir en la parte media del horno en posición aire caliente a 180 ºC durante 20 minutos.

Transcurrido este tiempo, retirar del horno, dejar enfriar a temperatura ambiente durante 10 minutos y desmoldar.

CALABACÍN EN SALSA MARINERA

Ingredientes para 4 personas:
1 calabacín (400 gr) • 1 cogollo de lechuga • 100 gr de chirlas
1 vaso de sopa de pescado • 1 vaso de sidra
1 cucharada pequeña de espesante Xantana
sal • aceite de oliva

Limpiar la lechuga en un recipiente con agua y sal. Escurrir, centrifugar y picar finita.

Poner una cazuela amplia al fuego y echar un poco de aceite. Echar la lechuga picadita.

A continuación, añadir las chirlas limpias y la sidra. Dejar unos minutos para que el alcohol evapore.

Añadir la sopa de pescado y el espesante. Remover el conjunto para que ligue bien.

Lavar el calabacín, cortar en rodajas finas y echar en la cazuela. Añadir una pizca de sal y un poco de agua.

Tapar la cazuela, cocer el conjunto durante 20 minutos y servir.

CALABACÍN RELLENO DE MOUSSE DE MEJILLÓN

Ingredientes para 4 personas:
1 calabacín grande de piel lisa • 1 kg de mejillones
100 ml de nata • 1 bote de huevas de lumpo
sal en escamas • sal • aceite de oliva

Lavar el calabacín y cortarlo en cuatro trozos del mismo tamaño. Vaciar un poco con ayuda de una cuchara y cocer en una cazuela con agua durante 10 minutos.

Transcurrido este tiempo, retirar del agua y emplatar.

Rellenar con la mousse de mejillón y decorar por encima con unas huevas de lumpo. Añadir una pizca de sal en escamas.

Para la mousse de mejillón:

Poner una cazuela amplia con agua al fuego. Echar los mejillones, cubrir con la tapa y hervir los mejillones hasta que se abran.

Una vez abiertos, traspasar a un recipiente para que se enfríen y retirar la cáscara.

Picar los mejillones en la picadora, añadir la nata y triturar hasta conseguir una mousse.

CALABACINES RELLENOS DE SETAS Y VERDURAS

Ingredientes para 4 personas:
4 calabacines-calabaza • 100 gr de setas • 100 gr de espinacas
100 gr de espárragos trigueros • 100 gr de ajetes tiernos
1 pimiento verde • 4 tomates • sal • aceite de oliva

Limpiar los calabacines, cortar una pequeña tapa y vaciar con ayuda de un sacabocados.

Poner una sartén al fuego y echar un poco de aceite. Cortar muy finito los ajetes y las setas. Echar en la sartén.

A continuación, añadir el pimiento, la espinaca y el tomate, todo muy picadito.

Por último, añadir el espárrago cortado en trozos. Añadir un poco de sal y saltear el conjunto.

Rellenar los calabacines con la verdura y poner en un recipiente que sirva para el horno.

Introducir en la parte media del horno en posición aire caliente a 200 ºC durante 15 minutos, generando un baño María.

Transcurrido este tiempo, retirar del horno, emplatar y cubrir con la tapa.

CALAMAR RELLENO

Ingredientes para 4 personas:
1 calamar grande (1 kg) • 1 calabacín • 400 gr de champiñones
3 patatas Roswald • 1 pimiento verde
2 cucharadas de harina • sal • aceite de oliva

Pelar las patatas, lavar y cortar a lo ancho unos círculos finitos. Lavar el pimiento y cortar a lo ancho unas tiritas finas.

En un recipiente que sirva para el horno, echar un poco de aceite, poner la patata y el pimiento. Añadir un poco de sal y un chorrito de aceite por encima.

Introducir en la parte media del horno en posición aire caliente a 200 ºC durante 10 minutos.

Transcurrido este tiempo, retirar del horno y reservar.

Limpiar el calamar e introducir el relleno.

Envolver el calamar, primero en film transparente y posteriormente en papel de aluminio.

Poner una cazuela con agua al fuego y cocer el calamar durante 20 minutos.

Transcurrido este tiempo, sacar del agua y retirar el papel.

En la base del plato, poner un poco de la patata y el pimiento.

Cortar el calamar en rodajas y colocar encima de la patata y pimiento asado.

Para el relleno:

Pelar el calabacín y picar finito. Limpiar el champiñón y picar finito.

Poner una cazuela con un poco de aceite al fuego, echar el calabacín y el champiñón. Rehogar durante 10 minutos.

Transcurrido este tiempo, añadir la harina y mezclar bien. Echar en un bol y enfriar en el congelador durante 5 minutos.

CALAMARES ESTOFADOS

Ingredientes para 4 personas:
2 calamares grandes • 2 cebollas • 2 zanahorias
½ botella de sidra natural • sal • aceite de oliva

Limpiar los calamares con abundante agua y cortar en daditos.

Poner una cazuela con aceite al fuego, echar la cebolla picada y la zanahoria cortada en rodajas. Rehogar a fuego suave durante 10 minutos.

A continuación, añadir el calamar. Cuando comience a tomar un color blanco, echar un poco de sal y añadir la sidra. Dejar reducir a fuego fuerte durante 10 minutos.

Cuando el alcohol se evapore, bajar el fuego al mínimo, poner un poco de agua en la tapa al revés para evitar que se evapore el agua del interior y tapar la cazuela. Dejar cocer durante 1 hora.

Transcurrido este tiempo, quitar la tapa y subir el fuego al máximo. Dejar cocer durante 5 minutos para que se evapore un poco de su propio caldo y emplatar.

CALAMARES RELLENOS

Ingredientes para 4 personas:
12 brochetas de bambú pequeñas • 12 calamares pequeños
1 rodaja de calabaza • 1 puerro • 2 zanahorias • 1 patata cocida
200 gr de bacalao salado desalado en tacos
400 ml de vino blanco • 200 ml de leche • 100 gr de tempura
160 gr de agua • sal • aceite de oliva

Limpiar bien los calamares en un recipiente con agua y reservar.

Poner una sartén al fuego y añadir un chorrito de aceite.

Pelar la zanahoria y picar finita. Picar la calabaza y la parte blanca del puerro, todo muy finito.

Echar la verdura en la sartén y rehogar el conjunto durante 5 minutos.

Introducir la verdura rehogada en una manga pastelera, rellenar los calamares y cerrar con una brocheta para que no se salga el relleno.

Poner una cazuela al fuego y echar el vino blanco.

Añadir un poco de sal en los calamares rellenos e introducir en la cazuela.

Tapar la cazuela y cocer durante 30 minutos.

Transcurrido este tiempo, añadir la crema en la cazuela y agitar un poco para que se integre bien.

Emplatar los calamares y retirar el palillo. Cubrir los calamares con un poco de la crema y añadir unos tacos de tempura de bacalao como guarnición.

Para la crema:

En el robot, echar la patata —previamente pelada— cortada en trozos.

A continuación, añadir la leche, un poco de sal, un chorrito de aceite y el bacalao en tacos —reservar unos tacos para la decoración—. Triturar el conjunto y reservar.

Para la tempura de bacalao:

En un bol, echar el agua y la tempura. Mezclar bien con ayuda de una varilla.

Poner una sartén al fuego y echar aceite de forma generosa.

Pasar los tacos de bacalao por la tempura, freír en el aceite caliente y retirar a un plato con papel absorbente.

CALAMARES RELLENOS DE CHAMPIÑÓN

Ingredientes para 4 personas:
8 calamares congelados pequeños • 100 gr de champiñones
4 rebanadas de pan de molde sin corteza
2 cucharadas de pimentón dulce • sal • aceite de oliva

Limpiar los champiñones con un paño húmedo y picar muy finito en la picadora.

Limpiar los calamares y rellenar con el champiñón picadito con ayuda de una cuchara.

Coser el extremo del calamar con un palillo y añadir un poco de sal.

En un recipiente, rallar el pan de molde con ayuda de un rallador, añadir el pimentón y mezclar bien.

Pasar los calamares por la mezcla de pan y pimentón y freír en una sartén con abundante aceite.

Retirar a un plato con papel absorbente, quitar el palillo y emplatar.

CALAMARES RELLENOS DE VERDURITAS

Ingredientes para 4 personas:
8 calamares medianos • 120 gr de harina de tempura
100 gr de cerveza • ½ calabacín • ½ pimiento morrón rojo
1 pimiento verde • 1 cebolla • sal • aceite de oliva

Lavar el calabacín y sacar unas tiritas de la piel a lo largo con ayuda de un acanalador.

Poner un cazo con agua al fuego, introducir las tiritas de calabacín, cocer durante 2 minutos y reservar.

Poner una cazuela al fuego, echar aceite y la verdura muy picadita. Rehogar durante 20 minutos y reservar.

Limpiar los calamares y rellenar con la verdura. Cerrar con unos palillos o unos clips grandes para hojas.

Colocar en un plato, añadir un poco de sal y aceite por encima.

Poner una sartén antiadherente al fuego, dorar los calamares por ambos lados y emplatar.

En un bol amplio, echar la harina de tempura y la cerveza. Mezclar con ayuda de una varilla y reservar.

Poner un wok al fuego y echar abundante aceite.

Añadir un poco de sal sobre las patitas, pasar por la tempura y freír en el aceite caliente.

Retirar a un plato con papel absorbente y posteriormente emplatar. Decorar el plato con las tiritas de calabacín.

CALDERETA DE ARRAINGORRI Y MEJILLONES

Ingredientes para 4 personas:
1 arraingorri u otro pez de roca • 300 gr de mejillones
3 patatas • 1 cebolla • 1 bulbo de hinojo
30 gr de alga Kombu • sal

Poner una cazuela amplia al fuego y echar agua.

Picar la cebolla y el bulbo de hinojo, todo muy finito y echar en la cazuela. Añadir los mejillones y cocer durante 10 minutos.

Transcurrido este tiempo, retirar las cáscaras.

Pelar las patatas, lavar y cortar en trocitos.

Echar en la cazuela, añadir un poco del alga picadita y cocer el conjunto durante 10 minutos.

Limpiar el arraingorri, retirar las aletas y la cabeza. Sacar los lomos con la piel y cortar en trozos.

Por último, añadir los trozos de arraingorri, tapar y cocer el conjunto durante 10 minutos.

Transcurrido este tiempo, añadir un poco de sal, mezclar y emplatar.

CALDO DE GALLINA

Ingredientes para 4 personas:
1 carcasa de gallina o pollo • 50 gr de arroz bomba
1 puerro • 1 cebolla • 1 zanahoria • 1 trozo de tocino fresco sin veta
4 huevos de codorniz • sal • aceite de oliva

Poner una cazuela alta al fuego, echar agua y sal. Echar la carcasa, la cebolla entera pelada y el puerro con la parte verde bien lavada. Tapar y cocer durante 30 minutos.

Transcurrido este tiempo, retirar la carcasa, la cebolla y el puerro. Añadir el arroz y cocer durante 20 minutos.

Por último, añadir los huevos y rallar un poco de zanahoria con ayuda de un rallador.

En la base de un plato, colocar unos costrones de tocino y añadir el caldo con ayuda de un cacillo.

Para la guarnición:

Cortar el tocino en daditos y poner separados entre sí, en un recipiente que sirva para el horno.

Introducir en la parte media del horno en posición aire caliente a 200 ºC durante 30 minutos.

Transcurrido este tiempo, retirar a un plato con papel absorbente y reservar.

CANAPÉS DE JAMÓN Y PIÑA

Ingredientes para 4 personas:
8 brochetas de madera • 1 piña natural • 1 barrita de jamón cocido
1 cuña de queso Camembert • 50 gr de nueces peladas
1 yogur natural • 1 cucharada de salsa de mostaza
1 cucharada de azúcar

Pelar la piña y cortar en rodajas de aproximadamente un dedo de grosor. De cada rodaja, sacar unos círculos pequeños con ayuda de un cortapastas.

Poner una sartén antiadherente a fuego fuerte. Dorar la piña vuelta y vuelta, retirar a un plato y reservar.

Cortar el jamón en rodajas del grosor de la piña y cortar en círculos con ayuda del cortapastas.

Montar la brocheta, como base poner una rodajita de piña, encima una de jamón, otra de piña y otra de jamón. Encima del jamón, poner un taquito de queso.

Emplatar la brocheta en vertical y salsear por encima.

Para la salsa dulce de mostaza:

En el vaso de la batidora, echar el yogur, las nueces, el azúcar y la salsa de mostaza. Triturar el conjunto y reservar.

CANELÓN DE MELÓN CON JAMÓN

Ingredientes para 4 personas:
1 rodaja gruesa de melón • 100 gr de jamón serrano
½ de pimiento rojo • 50 ml de leche • sal • aceite de oliva

Sacar unas tiras de melón con ayuda de una mandolina.

Sobre la tira de melón, colocar un poco del relleno y hacer un rollito.

Emplatar y decorar por encima con una tirita de pimiento rojo.

Para el relleno:

En el vaso de la batidora, echar ¼ parte de leche y ¾ partes de aceite, añadir una pizca de sal y triturar con la batidora hasta que emulsione —a velocidad mínima para evitar que se corte.

Una vez haya emulsionado, subir y bajar la batidora para que mezcle bien.

En el robot, echar el jamón picadito y la mayonesa de leche. Triturar el conjunto, echar en un bol y reservar.

Para la decoración:

Lavar el pimiento, cortar en bastoncitos finitos y echar en un bol. Añadir una pizca de sal y un chorrito de aceite.

Cubrir con film transparente, calentar en el microondas durante 1 minuto y reservar.

CANELONES DE ANGUILAS

Ingredientes para 4 personas:
1 kg de harina • 7 huevos • 1 remolacha cocida • 2 anguilas
100 gr de mayonesa • harina • 6 guindillas verdes • 50 gr de piñones
2 cucharadas de alcaparras • cebollino • sal
aceite de oliva virgen extra

Limpiar bien las anguilas, retirar la tripa, la cabeza y la parte final de la cola.

Cortar en trozos sin retirar la piel.

Poner una cazuela al fuego, echar agua y sal. Añadir la anguila y cocer durante 30 minutos.

Transcurrido este tiempo, echar en un bol, dejar enfriar y desmigar.

Estirar bien la pasta con ayuda de un poco de harina y cortar en cuadrados.

Poner otra cazuela con agua al fuego. Cuando comience a hervir, añadir un chorrito de aceite y un poco de sal.

Añadir la pasta y cocer durante 3 minutos.

Transcurrido este tiempo, retirar a un recipiente con agua fría durante 2 minutos.

Sobre la pasta, poner un poco de la mezcla de anguila y mayonesa. Hacer un rollito, emplatar y salsear con el pesto por encima. Decorar con una pincelada de mayonesa y una hojita de cebollino.

Para la pasta:

En un bol amplio, echar la harina, los huevos y la remolacha cocida —previamente triturada con un poco de aceite.

Mezclar bien y reservar.

Para el pesto:

En el robot, echar las guindillas, un poco de cebollino, los piñones, las alcaparras, un chorrito generoso de aceite y un poco de sal. Triturar y reservar en un bol.

CANELONES DE CANELA CON POLLO Y CREMA DE PATATA

Ingredientes para 4 personas:
1 paquete de pasta de lasaña • 1 sobre de puré de patata
250 gr de alitas de pollo • 1 cebolla • ½ l de vino tinto
canela en polvo • 150 gr de leche • 350 gr de agua
sal • aceite de oliva

Poner una cazuela con agua al fuego, echar un poco de aceite y sal.

Cubrir las hojas de lasaña con canela e introducir en el agua hirviendo. Cocer durante 5 minutos. Transcurrido este tiempo, retirar a un recipiente con agua fría.

Cortar las hojas de lasaña por la mitad, poner encima un poco del relleno y hacer unos rollitos.

Dar un golpe de calor en el horno durante 1 minuto.

Emplatar y salsear por encima con la crema de patata.

Para el relleno:

Poner la olla a presión a fuego fuerte con un poco de aceite. Rehogar la cebolla bien picadita junto con las alas cortadas en dos trozos.

Cuando la cebolla esté doradita, añadir el vino, cerrar la olla y cocer durante 20 minutos.

A continuación, pasar el contenido de la olla a un recipiente. Deshuesar y desmigar el pollo, mezclar bien con la cebolla y añadir un poco de sal.

Para la crema de patata:

En el vaso de la batidora, echar la leche y el agua. Añadir un chorrito de aceite de oliva y el puré de patata. Introducir en el microondas durante 4 minutos.

Transcurrido este tiempo, triturar el conjunto con la batidora —añadir un poco de agua mientras se tritura— hasta conseguir la textura deseada. Añadir un poco de sal y reservar.

CANELONES DE CARNE GUISADA

Ingredientes para 4 personas:
8 canelones redondos • ½ kg de carne guisada
200 ml de salsa de tomate • ½ l de leche • 50 gr de aceite
50 gr de harina • 1 cuña de queso Manchego
2 cucharadas de pimentón picante • sal • aceite de oliva

Poner una cazuela con agua al fuego, echar un poco de sal, un chorrito de aceite y los canelones. Cocer durante 10 minutos.

En un robot, echar la carne guisada y triturar.

Cuando la pasta esté cocida, rellenar con la carne guisada con ayuda de una manga pastelera.

En un recipiente que sirva para el horno, echar en la base la salsa de tomate, añadir una cucharada de pimentón y colocar los canelones rellenos.

Poner un cazo al fuego y echar la leche. Cuando comience a hervir, añadir una cucharada de pimentón.

A continuación, añadir la mezcla de aceite y harina. Mezclar bien con ayuda de una varilla y añadir un poco de sal.

Por último, añadir la mezcla por encima de los canelones. Rallar un poco de queso con ayuda de un rallador e introducir en la parte alta del horno en posición gratinar durante 5 minutos.

Transcurrido este tiempo, retirar del horno y emplatar.

CANELONES DE FOIE

Ingredientes para 4 personas:
8 hojas de pasta de canelones • 200 gr de Mi-Cuit (foie)
100 gr de queso Philadelphia • 250 ml de nata líquida
pimienta • sal • aceite de oliva virgen extra

Poner una cazuela con agua a fuego máximo y echar un chorrito de aceite y un poco de sal. Cuando el agua comience a hervir, añadir la pasta y dejar cocer.

Rellenar los canelones con la mousse, cerrar los extremos y emplatar.

Echar un chorrito de aceite por encima. Rallar por encima un poco de foie —reservado en el congelador hasta el momento de su uso— en el momento de servir.

Para la mousse:

En un recipiente, poner el foie, echar el queso y mezclar bien con ayuda de una varilla. A continuación, añadir la nata poco a poco y remover según se añade hasta que la mezcla espese. Añadir un poco de sal y pimienta.

Enfriar en el congelador durante 10 minutos para que la mousse quede consistente.

CANELONES DE PAVO Y GAMBAS

Ingredientes para 4 personas:
12 hojas de canelones • 8 lonchas de queso fundente
2 muslos de pavo • 100 gr de gambas peladas congeladas
250 ml de crema de marisco comprada • 1 cebolla
1 cucharada de harina • sal • aceite de oliva

Poner una cazuela con agua al fuego, echar un poco de sal y un chorrito de aceite.

Introducir los muslos en la cazuela y cocer durante 40 minutos.

Transcurrido este tiempo, retirar de la cazuela, dejar enfriar, desmigar la carne y reservar.

Poner otra cazuela con agua al fuego, echar un poco de sal y un chorrito de aceite.

Cuando el agua comience a hervir, echar las hojas de pasta una a una y cocer durante 10 minutos.

Transcurrido este tiempo, retirar la pasta y dejar enfriar.

Poner una sartén al fuego, echar un chorrito de aceite y la cebolla muy picadita.

Cuando la cebolla esté rehogada, añadir las gambas y saltear.

A continuación, añadir la harina, un poco de crema de marisco y el pavo desmigado. Añadir un poco de sal, saltear y reservar en un recipiente.

Rellenar las hojas de pasta con la mezcla y emplatar. Añadir un poco de crema de marisco y unas lonchas de queso por encima.

Introducir en la parte alta del horno en posición gratinar a 230 ºC durante 2 minutos.

Transcurrido este tiempo, retirar del horno y servir.

CANELONES DE PISTO CON MOUSSE DE MORCILLA

Ingredientes para 4 personas:
1 calabacín • sal • aceite de oliva

Para el pisto:
1 pimiento rojo • 1 pimiento verde • 1 pimiento amarillo
1 tomate • 1 rodaja de calabaza

Para la mousse de morcilla:
1 morcilla de arroz y verdura • 3 yemas • 50 ml de nata líquida

Para la crema:
100 gr de apio cocido • 2 zanahorias cocidas • 1 patata cocida

Lavar bien el calabacín y sacar ocho tiras gruesas a lo largo con ayuda de una mandolina.

Blanquear en una cazuela durante 3 minutos y sacar a un recipiente con agua fría.

Posteriormente secar bien las tiras de calabacín con papel absorbente.

Sobre el calabacín, colocar un poco de la mezcla del pisto y la mousse de morcilla —en la misma proporción—. Hacer un rollito y emplatar.

Añadir un poco de la crema sobre cada rollito.

Para el pisto:

Poner una cazuela al fuego, echar un chorrito de aceite.

Picar la verdura muy finita y echar en la cazuela. Añadir un poco de sal, rehogar el conjunto durante 10 minutos y reservar.

Para la mousse de morcilla:

Retirar la piel de la morcilla, cortar en trozos y echar en el robot. Añadir las yemas, la nata, un poco de sal y un chorrito de aceite. Triturar el conjunto y reservar.

Para la crema:

Poner una cazuela al fuego, echar un poco de sal y la verdura. Cocer el conjunto durante 15 minutos.

Transcurrido este tiempo, retirar del agua y dejar enfriar.

Por último, pelar, triturar y reservar.

CANUTILLOS DE PASTA PHYLO RELLENOS DE ENSALADILLA

Ingredientes para 4 personas:
8 canutillos antiadherentes grandes • 1 hoja de pasta phylo
½ bote de ensaladilla cocida • 100 gr de rape
100 gr de gambas cocidas peladas
50 gr de mantequilla a punto pomada
50 gr de mayonesa • sal

Extender la hoja de pasta phylo —reservar en su envoltorio hasta el momento de su uso— y pintar con un poco de mantequilla con ayuda de un pincel.

A continuación, doblar la hoja por la mitad y pegar bien.

Cortar unos cuadrados grandes, pintar con un poco de mantequilla y enrollar sobre los canutillos.

Colocar en la bandeja del horno e introducir en la parte media del horno en posición aire caliente a 200 ºC durante 15 minutos.

Transcurrido este tiempo, retirar los canutillos del horno, rellenar con la mezcla y emplatar.

Para el relleno:

Limpiar el rape y cortar en daditos.

Poner una sartén con agua al fuego, echar el rape, un poco de sal y cocer durante 10 minutos.

En un bol, echar la ensaladilla bien escurrida, la gamba picada y el rape cocido. Añadir la mayonesa y mezclar bien el conjunto.

CANUTILLOS DE QUESO FRESCO

Ingredientes para 4 personas:
8 canutillos de metal antiadherentes • 8 obleas de empanadillas
200 gr de queso fresco cremoso • 4 ciruelas pasas
100 gr de perlas de chocolate de cobertura • 3 yemas
50 gr de azúcar glaceé • 50 gr de almendras peladas
azúcar glaceé (para decorar) • aceite de oliva

Encender el horno en posición aire caliente a 230 ºC.

Enroscar las obleas en los canutillos, apretar bien en la zona de la junta para evitar que se abran.

Poner un salvabandejas en la bandeja del horno, colocar los canutillos con la junta hacia abajo y pintar con un poco de aceite con ayuda de un pincel.

Introducir en la parte media del horno durante 5 minutos.

Transcurrido este tiempo, retirar del horno y reservar.

En el robot, echar el chocolate y triturar. A continuación, añadir las yemas, el queso y el azúcar glaceé. Triturar bien el conjunto.

Echar en un bol, añadir la ciruela muy picadita y mezclar bien.

En un recipiente que sirva para el horno, poner las almendras e introducir en la parte alta del horno en posición gratinar a 230 ºC durante 2 minutos.

Rellenar los canutillos con la mezcla, emplatar, espolvorear un poco de azúcar glaceé por encima y decorar con la almendra tostada.

CANUTILLOS RELLENOS DE MOUSSE DE CHOCOLATE

Ingredientes para 4 personas:
8 canutillos de metal antiadherentes • 4 obleas de pasta brick
100 gr de chocolate (mousse) • 100 gr de chocolate (salsa)
100 gr de azúcar • 150 ml de nata líquida • 2 huevos
50 gr de mantequilla a punto pomada

Cuadrar las obleas de pasta brick y cortar en cuadrados pequeños. Pintar cada cuadrado con un poco de mantequilla con ayuda de un pincel.

Enroscar en cada canutillo e introducir los canutillos uno dentro de otro para evitar que se abran.

Poner los canutillos en un recipiente que sirva para el horno e introducir en la parte media del horno en posición aire caliente a 200 ºC durante 5 minutos.

Transcurrido este tiempo, retirar del horno.

Echar la mousse de chocolate en la manga pastelera y rellenar los canutillos.

Emplatar y salsear con un poco de la salsa de chocolate.

Para la mousse de chocolate:

En un recipiente, echar dos yemas y el azúcar. Mezclar bien con ayuda de una varilla.

A continuación, añadir la nata semimontada. Mezclar con la varilla.

Por último, añadir el chocolate fundido poco a poco y remover según se añade para que se integre todo bien.

Enfriar en la nevera durante 30 minutos.

Para la salsa de chocolate:

Poner un cazo al fuego, echar el chocolate y la misma cantidad de agua. Remover con ayuda de una cuchara de madera.

CARACOLES EN SALSA VIZCAÍNA CON LANGOSTINOS Y ESPÁRRAGOS

Ingredientes para 4 personas:
1 kg de caracoles vivos • 1 kg de cebolla roja • 12 pimientos secos
12 langostinos • 12 espárragos verdes trigueros
2 puerros • 1 hueso de jamón • sal gorda • aceite de oliva

En un bol amplio, echar agua y dos puñados de sal. Introducir los caracoles con cuidado de que no se rompan y limpiar bien con las manos.

Cambiar el agua y repetir el proceso tantas veces como sea necesario hasta obtener un agua limpia.

Poner una cazuela alta al fuego, cuando el agua esté templada, añadir los caracoles y esperar a que salgan. En este momento subir el fuego al máximo para que el cuerpo quede fuera en este primer hervor. Retirar la espuma formada.

Poner otra cazuela al fuego, echar agua y sal. Añadir el puerro limpio, cortado en trozos y atados los trozos con una cuerda.

Cuando comience a hervir, introducir los caracoles —sin que pierdan el hervor anterior— y cocer durante 40 minutos.

En la cazuela de la salsa vizcaína, introducir los caracoles. Remover bien para que se integren los sabores con ayuda de una cuchara de madera.

Pelar los langostinos y cortar en trozos.

Limpiar los espárragos, retirar el tallo y cortar las puntas en trozos.

Añadir un poco de sal sobre el langostino y el espárrago. Saltear en un wok con un poco de aceite y echar en la cazuela junto a los caracoles.

Cocer el conjunto durante 30 minutos, dejar reposar y emplatar.

Para la salsa vizcaína:

En un bol amplio, echar agua caliente e introducir los pimientos para que se hidraten.

Poner una cazuela a fuego suave, echar un poco de aceite y el hueso de jamón. Rehogar durante 2 minutos.

A continuación, añadir la cebolla cortada en juliana y dejar en el fuego hasta que la cebolla esté tierna.

Cuando esté tierna, retirar el hueso y añadir la carne del pimiento. Mezclar bien el conjunto.

Triturar la salsa, colar, echar en otra cazuela y reservar.

CARAMELOS DE LENGUA

Ingredientes para 4 personas:
1 lengua cocida • apio • 1 manzana Golden nueva
100 gr de queso cremoso untable • 100 gr de azúcar
sal • aceite de oliva

Cortar la lengua en trozos rectangulares pequeños.

Descorazonar la manzana con ayuda de un descorazonador y pelar.

Cortar unas tiras de manzana con ayuda de una mandolina y recortar del tamaño de los trozos de lengua.

A continuación, untar la lengua con un poco de queso y colocar encima una tira de manzana.

Añadir un poco de azúcar por encima y quemar con ayuda de un quemador eléctrico. Emplatar.

Para la guarnición:

Cortar el resto de la manzana en bastoncitos y echar en un bol.

Pelar el apio, cortar en bastoncitos del tamaño de la manzana y echar en el bol.

Añadir un poco de sal y aceite de oliva. Mezclar bien y decorar con una hojita de apio.

CARDO CON CREMA DE ALMENDRA Y PATATA

Ingredientes para 4 personas:
½ kg de cardo natural • 2 patatas • 200 gr de almendras
1 pastilla de caldo de verdura • harina • sal • aceite de oliva

Limpiar el cardo, quitar las hojas, cortar el tronco en trozos y pelar. Dejar reposar en un recipiente con agua y un poco de harina.

Poner una olla a presión al fuego, echar un poco de agua, el cardo y añadir un poco de sal. Una vez que suba la válvula, dejar cocer durante 7 minutos.

Poner una cazuela a fuego mínimo, echar el cardo cocido, un poco de sal y un chorrito de aceite. Remover bien y dejar durante 5 minutos para que se integren los sabores. Emplatar y salsear por encima con la crema.

Para la crema de almendra y patata:

Poner una cazuela con un poco de agua al fuego, echar las almendras, la patata cortada en cachelos y añadir la pastilla de caldo de verdura. Cocer el conjunto hasta que la patata esté tierna y triturar.

CARDO EN SALSA VERDE

Ingredientes para 4 personas:
1 kg de cardo • 200 gr de fideuá • 1 tajada de bacalao salado
desalado (200 gr) • ½ vaso de vino • 2 cucharadas de harina
perejil fresco • sal • aceite de oliva

Poner una cazuela amplia al fuego, echar la salsa verde y añadir la fideuá.

Cortar el cardo en trozos y pelar. Echar en la cazuela y cocer durante 20 minutos.

Transcurrido este tiempo, comprobar que esté tierno. Añadir un poco de sal y remover bien.

Cortar el bacalao en tiras y echar en la cazuela. Cocer el conjunto durante 2 minutos y emplatar.

Decorar el plato con una hojita de perejil.

Para la salsa verde exprés:

Lavar unas hojas de perejil y echar en el vaso de la batidora. Añadir el vino y la harina.

A continuación, cubrir de agua, triturar y reservar.

CARDO EN VELOUTÉ DE MEJILLONES

Ingredientes para 4 personas:
½ kg de cardo • 1 kg de mejillones • 100 gr de almendras enteras
tostadas • 50 gr de harina • sal • 50 gr de aceite de oliva

Poner una cazuela al fuego y echar un poco de agua. Limpiar bien el cardo, cortar en trozos y echar en la cazuela —reservar dos trozos para la decoración—. Añadir un poco de sal, tapar la cazuela y cocer durante 25 minutos.

En la cazuela de la velouté de mejillones, añadir el cardo bien escurrido y cocer el conjunto durante 15 minutos para que se integren bien los sabores.

Transcurrido este tiempo, emplatar y añadir por encima un poco de almendra triturada previamente en el mortero. Decorar por encima con las tiras de cardo y unos mejillones alrededor.

Para la velouté de mejillones:

Limpiar bien los mejillones.

Poner una cazuela al fuego, echar un poco de agua e introducir los mejillones. Dejar en el fuego hasta que se abran, dejar enfriar y picar finito —reservar ocho mejillones con su cáscara para la decoración.

Poner otra cazuela al fuego, echar el agua de cocción de los mejillones, añadir la misma cantidad de agua y el mejillón picadito.

Cuando comience a hervir, añadir la mezcla de aceite y harina poco a poco hasta que el caldo espese. Mezclar bien con ayuda de una varilla.

Para la decoración:

Cortar los trozos de cardo en tiras finitas con ayuda de un pelador.

Introducir en un recipiente con agua, hielos y un poco de sal.

CARLOTA DE MANZANA Y FOIE

Ingredientes para 4 personas:
100 gr de Mi-Cuit (foie) • 2 manzanas Golden grandes
25 gr de uvas pasas • 1 vaso de vino dulce • sal • aceite de oliva

Poner un cazo a fuego mínimo, echar las pasas y el vino. Dejar cocer hasta que el vino reduzca.

Pelar las manzanas, cortar en dos mitades y cada mitad en láminas muy finas.

Poner una sartén al fuego, echar un poco de aceite y extender bien por toda la superficie. Dorar las láminas de manzana para hacerlas totalmente moldeables y flexibles.

En cada molde individual, echar una gotita de aceite, extender bien por el interior del molde y cubrir con la manzana. En el interior poner unas pasas maceradas con vino, encima un poco de foie cortado en tacos y cubrir con unas láminas de manzana.

Enfriar en la nevera durante 10 minutos para que quede más compacto.

Transcurrido este tiempo, retirar de la nevera, desmoldar y emplatar.

CARNE DE KOBE CON ESPÁRRAGOS Y PATATAS

Ingredientes para 4 personas:
2 chuletas deshuesadas de carne de Kobe (buey de Japón)
8 espárragos verdes trigueros • 1 patata • sal • aceite de oliva

Cortar la chuleta en dos trozos y dar forma de solomillo.

Poner una sartén a fuego máximo. Cuando esté caliente, echar un poco de aceite y la carne. Dorar vuelta y vuelta.

A continuación, bajar el fuego al mínimo para que la carne se caliente bien por dentro.

Emplatar, echar un poco de sal y añadir un poco de la guarnición por encima.

Para la guarnición:

Lavar los espárragos y retirar la parte final del tallo.

Cortar los espárragos en trocitos y reservar.

Pelar la patata, lavar y cortar en daditos del tamaño de los espárragos.

Poner una sartén al fuego y echar aceite de forma generosa.

Cuando esté muy caliente, echar la patata y el espárrago, dorar y retirar a un plato con papel absorbente.

CARPACCIO ASADO

Ingredientes para 4 personas:
4 paquetes de carpaccio de solomillo de buey
1 paquete de setas Crispas • ½ escarola • 4 rábanos
romero fresco • sal • aceite de oliva

Encender el horno a 230 ºC en posición gratinar.

Extender el carpaccio sobre un plato. Añadir un poco de sal y un chorrito de aceite. Extender bien con ayuda de un pincel.

Introducir en la parte alta del horno durante 2 minutos.

Transcurrido este tiempo, retirar del horno y aliñar por encima con el aceite de romero.

Poner un recipiente con agua, echar las ramitas de escarola y el rábano cortado en láminas. Añadir las setas y dejar reposar durante unos minutos.

Escurrir bien la verdura con ayuda de un centrifugador.

Servir la verdura en un vaso de cocktail. Añadir un poco de sal y aceite de oliva.

Para el aceite de romero:

En el vaso de la batidora, echar unas ramitas de romero, aceite y triturar.

CARPACCIO DE BACALAO

Ingredientes para 4 personas:
400 gr de bacalao fresco • 120 gr de setas de cultivo
120 gr de judías verdes • pimienta • vinagre de manzana
vinagre de Módena • sal • aceite de oliva virgen extra

Retirar las espinas del bacalao con ayuda de unos alicates. Envolver en film transparente, aplastar un poco e introducir en el congelador —tiene que estar duro para que al cortarlo no se desgarre— durante 1 hora.

Lavar las judías verdes y picarlas finitas.

Lavar las setas y picarlas del tamaño de las judías verdes.

Poner una sartén con aceite a fuego suave, echar las judías verdes y las setas picaditas. Rehogar durante 15 minutos.

Transcurrido este tiempo, añadir un poco de sal, pimienta y vinagre de manzana.

Retirar el bacalao del congelador, quitar la piel y cortar en lonchas muy finas. Colocar las lonchas en un plato. Introducir en la parte alta del horno en posición gratinar durante 30 seg.

Transcurrido este tiempo, retirar del horno, echar un poco de aceite y extenderlo por toda la superficie con ayuda de un pincel. Echar un poco de vinagre de Módena y extenderlo con ayuda del pincel.

En el centro del plato colocar un poco de la verdura rehogada como guarnición.

CARPACCIO DE BUEY CON QUESO MANCHEGO

Ingredientes para 4 personas:
200 gr de solomillo de buey
1 cuña de queso Manchego • pimienta • sal
vinagre de Módena • aceite de oliva

Retirar la grasa del solomillo. Cortar el solomillo en dos partes y ponerlo en un bol con un poco de sal y pimienta.

Poner una sartén al fuego con un poco de aceite y dar un golpe de calor a la carne para que se esterilice y se fije la sal y la pimienta (la carne se tiene que dorar por fuera y quedar cruda por dentro).

Enfriar en la parte alta del congelador durante 1 hora.

Transcurrido este tiempo, cortar el solomillo en lonchas muy finas y emplatar —en el plato de presentación, echar un poco de aceite y extenderlo con ayuda de un pincel por toda la superficie para evitar que la carne se quede pegada.

Aliñar la carne con un poco de vinagre. Añadir un poco de aceite y una pizca de sal.

Sacar unas virutas de queso con ayuda de un pelador y decorar por encima.

CARPACCIO DE CHAMPIÑONES CON PIÑONES

Ingredientes para 4 personas:
1 bandeja de champiñones • 30 gr de piñones • pimienta
sal • vinagre de manzana • aceite de oliva virgen extra

Pelar los champiñones, quitar el tallo y cortar el sombrero en láminas muy finitas.

Colocar las láminas de champiñón en un plato hondo.

Cubrir con el aliño e introducir en el congelador durante 2 minutos.

Para el aliño:

En un bol, echar los piñones, un poco de sal, pimienta, vinagre y un chorro de aceite.

Triturar un poco los piñones con ayuda de un tenedor para que liberen todo su aceite. Añadir un poco de agua para hacer la mezcla más ligera y así resulte más fácil de trabajar. Mezclar bien el conjunto.

CARPACCIO DE SALMÓN

Ingredientes para 4 personas:
1 tajada de salmón de la parte del cogote (200 gr)
100 gr de salmón ahumado • 2 limas • 1 puerro
½ aguacate • 4 ramas de canela • pimienta negra en grano
sal • aceite de oliva

Limpiar el puerro, sacar una capa del puerro y cortar en tiras a lo largo.

Poner una cazuela con agua al fuego, introducir las tiras de puerro y hervir durante 5 minutos.

Transcurrido este tiempo, retirar de la cazuela y enfriar en un recipiente con agua fría.

Deshuesar el salmón, retirar la piel y sacar los lomos.

Sobre un trozo de papel blanco de repostería, echar un chorrito de aceite y colocar el lomo de salmón encima.

A continuación, añadir un chorrito de aceite por encima, cubrir de nuevo con otro trozo de papel y espalmar hasta que quede muy fino.

Retirar el papel y colocar sobre el plato.

Picar el salmón ahumado muy finito y echar en un bol, añadir el aguacate muy picadito y el zumo de una lima. Añadir un poco de pimienta negra recién molida, sal y aceite de oliva.

Lavar la otra lima y rallar directamente sobre el carpaccio. Añadir por encima el salmón ahumado aliñado.

Partir la rama de canela por la mitad, hacer un hatillo con la tira de puerro y colocar sobre el carpaccio.

CARPACCIO DE SOLOMILLO

Ingredientes para 4 personas:
1 trozo de solomillo de buey (350 gr)
1 cuña de queso Manchego semicurado
50 gr de rúcula • pimienta negra • sal
½ de vaso de vinagre de Módena
aceite de oliva virgen extra

Limpiar bien el solomillo, retirar la grasa.

Envolver el solomillo en film transparente e introducir en el congelador durante 1 hora.

Transcurrido este tiempo, retirar del congelador y quitar el film. Cortar el solomillo en lonchitas muy finas y emplatar.

Aliñar por encima y decorar con unas tiritas de queso cortadas con ayuda de una mandolina.

Para el aliño:

Limpiar bien la rúcula y picar muy finita.

En un bol, echar la rúcula picadita, añadir un poco de sal, un chorrito de aceite, el vinagre y pimienta negra recién molida.

Mezclar el conjunto con ayuda de una varilla y reservar.

CARPACCIO DE VIEIRAS

Ingredientes para 4 personas:
8 vieiras limpias • 1 puerro • 1 yogur natural • azafrán tostado
pimienta negra en grano • sal • aceite de oliva

Encender el horno en posición gratinar a 200 ºC.

Cortar ocho trozos de papel blanco encerado del tamaño del plato —dos trozos de papel por cada plato.

Abrir la vieira por la mitad con un corte horizontal.

Sobre la superficie de cada papel, echar un chorrito de aceite, colocar dos vieiras —cuatro trozos— sobre el papel y cubrir con otro papel.

Espalmar con ayuda de un espalmador.

Retirar el papel superior, colocar las vieiras espalmadas sobre el plato y retirar el otro papel.

Añadir un poco de sal y un poco de pimienta negra recién molida.

Introducir en la parte alta del horno durante 30 segundos para que temple y quite el sabor a crudo.

Retirar del horno y salsear por encima.

Lavar el puerro y retirar la parte verde.

Cortar la parte blanca en bastoncitos finos y freír en abundante aceite caliente. Retirar a un plato con papel absorbente.

Añadir un poco de puerro frito por encima.

Para la salsa:

En un bol, echar el yogur, un poco de agua para aligerarlo, el azafrán, un chorrito de aceite, pimienta negra recién molida y una pizca de sal. Mezclar bien el conjunto y reservar.

CARRILLERAS DE RAPE REBOZADAS

Ingredientes para 4 personas:
4 carrilleras de rape • 1 bote de zanahoria rallada • pan rallado
cúrcuma • cardamomo • pimienta negra en grano
pimienta verde en grano • sal • aceite de oliva

En la picadora, echar el pan rallado, unos granos de pimienta, un poco de cardamomo y cúrcuma. Triturar bien y echar en un bol.

Echar sal a las carrilleras y pasar por el pan rallado aromatizado.

Poner una sartén al fuego, echar un poco de aceite y freír las carrilleras a fuego suave.

Una vez fritas, retirar a un plato con papel absorbente.

En el centro del plato, poner una cama de zanahoria rallada, añadir un poco de sal y aceite y poner encima la carrillera frita.

CAZUELA DE ALUBIAS BLANCAS

Ingredientes para 4 personas:
400 gr de alubias blancas • 2 puerros • 1 zanahoria
2 dientes de ajo • 1 bote pequeño de pimientos de piquillo
1 docena de pimientos de padrón • 2 cucharadas de azúcar
½ cucharada de comino en polvo • sal • aceite de oliva

En un recipiente que sirva para el horno, poner los pimientos de piquillo, añadir el azúcar y el ajo cortado en láminas.

Introducir en la parte media del horno en posición aire caliente a 230 ºC durante 40 minutos.

Poner la olla a presión al fuego, echar las alubias y el triple de agua. Añadir un poco de sal y el comino.

A continuación, añadir la zanahoria y el puerro, todo bien lavado. Tapar la olla y a partir de que suba la válvula, dejar en el fuego durante 1 hora.

Transcurrido este tiempo, retirar la olla del fuego y dejar reposar durante 1 hora para que las alubias se hidraten bien.

A continuación, echar el pimiento de piquillo junto con los ajos en el robot. Añadir la zanahoria, el puerro y triturar el conjunto.

Una vez triturado, echar la crema obtenida a la olla junto a las alubias y mezclar bien.

Poner una sartén al fuego, echar aceite de forma generosa y freír los pimientos de padrón en el aceite templado a fuego suave.

Retirar a un plato con papel absorbente y añadir un poco de sal.

Emplatar las alubias y acompañar con una fuente de pimientos.

CAZUELITA DE BONITO CON PIPERRADA Y PATATAS

Ingredientes para 4 personas:
2 lomos de bonito • 1 bote de patatas peladas cocidas • 1 cebolleta
1 pimiento verde • ½ pimiento rojo • sal • aceite de oliva

Lavar la verdura y cortar en juliana.

Poner una cazuela al fuego, echar un poco de aceite y rehogar la verdura durante 10 minutos.

Cortar el bonito en trozos pequeños, echar sal y poner encima de la verdura. Bajar el fuego al mínimo. Poner un poco de agua en la tapa al revés para evitar que se evapore el agua del interior y tapar la cazuela. Dejar cocer a fuego suave durante 5 minutos hasta que el bonito tome un color blanco.

Cortar las patatas en trozos y añadir a la cazuela. Mezclar con el bonito y la verdura con ayuda de una cuchara de madera. Dejar unos minutos para que la patata se caliente.

Antes de servir, mover un poco la cazuela para que la patata suelte la fécula y la salsa espese.

Servir en cazuela de barro.

CAZUELITA DE HÍGADO CON CHAMPIÑONES

Ingredientes para 2 personas:
100 gr de hígado de ternera • 50 gr de champiñones
50 gr de espárragos verdes • 1 vaso de Oporto • pimienta negra
sal • aceite de oliva

Limpiar bien la verdura. Retirar la parte final del tallo de los espárragos y picar las puntas muy finitas.

Pelar los champiñones y cortar en láminas.

Poner una sartén al fuego, echar un poco de aceite y saltear el espárrago.

A continuación, añadir el champiñón.

Cuando la verdura esté rehogada, echar el hígado cortado en daditos. Añadir un poco de sal y pimienta negra recién molida. Mezclar bien el conjunto.

Por último, añadir el vino, dejar en el fuego hasta que se evapore y emplatar.

CAZUELITA DE KOKOTXAS, ALMEJAS Y RAPE

Ingredientes para 4 personas:
1 rape pequeño • 2 manos de cerdo
20 kokotxas de merluza o bacalao • 25 almejas • verde de puerro
2 cucharadas de harina • sal • aceite de oliva

Poner una cazuela con agua al fuego, echar el verde del puerro bien lavado, las manos de cerdo y un poco de sal. Cocer durante 1 hora.

Transcurrido este tiempo, retirar del fuego —reservar el caldo—. Picar las manitas y el puerro.

Limpiar el rape, retirar la cabeza y la piel. Sacar los lomitos, cortar en daditos y reservar.

Poner una cazuela amplia al fuego, echar aceite de forma generosa y el puerro picadito.

Cuando comience a dorar, añadir la harina y remover bien con ayuda de una varilla.

A continuación, añadir el caldo de cocción de las manitas y el puerro con ayuda de un cacillo. Mezclar bien.

Añadir las almejas y agitar la cazuela para que la salsa espese un poco.

Añadir un poco de sal al rape y a las kokotxas.

Cuando la almeja comience a abrir, añadir el rape, las kokotxas y las manitas.

Cocer el conjunto durante 3 minutos y emplatar en una cazuelita.

CAZUELITA DE RAPE Y GAMBAS AL AJILLO

Ingredientes para 4 personas:
4 carrilleras de rape • 12 gambas • 3 dientes de ajo
1 guindilla • perejil • sal • aceite de oliva

Cortar el rape en trozos pequeños y poner en un bol. Echar sal y una gotita de aceite. Remover para que se mezcle bien.

Pelar las gambas. Poner las cabezas y la piel de las gambas en un recipiente con un poco de agua. Calentar en el microondas a la máxima potencia durante 1 minuto.

Poner una sartén al fuego, echar un poco de aceite, echar las gambas y el rape. Cuando comiencen a tomar color, añadir el ajo, el perejil y la guindilla, todo muy picadito. Freír el conjunto.

A continuación, añadir un poco del caldo hecho con las cabezas y la piel de las gambas. Dejar reducir el conjunto durante 2 minutos.

Servir en cazuela de barro.

CAZUELITA DE SETAS Y MOLLEJAS

Ingredientes para 4 personas:
600 gr de mollejas de cordero • 400 gr de setas
400 gr de champiñones • 1 cebolla • 1 vaso de vino dulce
sal • aceite de oliva

Blanquear las mollejas en agua hirviendo durante 2 minutos. A continuación, retirar a un colador y enfriar con un poco de agua fría. Retirar la grasa.

A continuación, cortar las mollejas en trozos pequeños y reservar.

Poner una sartén al fuego con abundante aceite y echar la cebolla muy picadita.

Picar las setas y el champiñón bien limpios y echar en la sartén junto a la cebolla. Freír el conjunto a fuego suave.

Cuando la verdura esté rehogada, poner el fuego al máximo y añadir las mollejas. Freír el conjunto durante 4 minutos.

Transcurrido este tiempo, poner sobre un colador para escurrir el aceite sobrante.

Una vez escurrido, poner de nuevo en la sartén, echar un poco de sal y el vino. Dejar en el fuego hasta que evapore el alcohol y emplatar.

CEBOLLETA ORLY

Ingredientes para 4 personas:
1 cebolleta • 150 gr de harina • 200 dl de agua con gas
½ sobre de levadura • 30 gr de azúcar • sal • aceite de oliva

Cortar la cebolla en aros de pequeño grosor. Pasar los aros por la masa orly y freír en abundante aceite caliente.

Retirar a un plato con papel absorbente, emplatar y añadir un poco de sal por encima.

Para la masa orly:

Poner un cazo al fuego, echar la harina y el agua con gas. Remover bien.

Posteriormente, añadir la levadura en polvo y añadir un poco de azúcar a la masa orly para que al freír los aros queden doraditos. Mezclar bien el conjunto con ayuda de una varilla.

Dejar reposar la masa durante 20 minutos para que asiente y la levadura actúe.

CEBOLLETAS RELLENAS DE MORCILLA CON PASAS Y VINO DULCE

Ingredientes para 4 personas:
8 cebolletas grandes • 3 morcillas de arroz • 3 puerros
1 lata de pimientos del piquillo • 50 gr de uvas pasas
300 ml de vino dulce • 250 ml de leche • 4 huevos
sal • aceite de oliva

Poner una cazuela con abundante agua al fuego y echar un poco de sal.

Limpiar las cebolletas, retirar la parte verde, echar en la cazuela y cocer durante 30 minutos.

Transcurrido este tiempo, retirar del agua y reservar.

Poner una sartén al fuego, echar el vino y las pasas. Dejar unos minutos para que las pasas se hidraten y el vino reduzca un poco.

A continuación, añadir la morcilla —previamente pelada— y romper un poco con ayuda de una cuchara para que se integre todo bien.

Colocar un molde de porciones de silicona en la bandeja del horno y añadir un poco de agua para generar un baño María.

En un bol amplio, echar el huevo y añadir la leche poco a poco. Remover según se añade con ayuda de una varilla.

Añadir un poco de la mezcla de morcilla y pasas. Mezclar bien y echar en el molde con ayuda de un cacillo.

Introducir en la parte media del horno en posición aire caliente a 110 °C durante 10 minutos.

Transcurrido este tiempo, retirar del horno, dejar enfriar y desmoldar.

Hacer una incisión en la capa más superficial de la cebolleta y retirar el interior.

Poner un poco de la mezcla de morcilla y pasas en la capa de cebolleta, cerrar y emplatar.

Decorar con un flan y calentar en el horno en posición aire caliente a 170 °C durante 2 minutos.

Retirar del horno y salsear por encima.

Para la salsa de pimientos del piquillo y puerro:

Limpiar el puerro, retirar la parte verde y picar la parte blanca muy finita.

Poner un cazo con aceite al fuego, echar el puerro y el pimiento picadito. Añadir un poco de sal y rehogar el conjunto durante unos minutos.

Una vez rehogado, triturar y reservar.

CEREZAS ENVUELTAS EN CHOCOLATE

Ingredientes para 4 personas:
100 gr de cerezas • 150 gr de chocolate negro • 50 gr de avellanas crudas • 50 gr de azúcar • 1 vaso de ron de caña

En un bol, poner el chocolate y calentar en el microondas durante 2 minutos.

En la picadora, echar las avellanas y triturar hasta obtener una especie de polvo.

Poner un cazo al fuego, echar el ron y el azúcar. Dejar hervir el conjunto hasta conseguir un almíbar.

Introducir las cerezas en el almíbar. A continuación, pasar por el chocolate, el polvo de avellana —como si se tratara de una croqueta— y emplatar.

CEREZAS SALTEADAS CON MERENGUE GRATINADO

Ingredientes para 4 personas:
600 gr de cerezas deshuesadas • 50 gr de mantequilla
50 gr de azúcar • 2 trozos de corteza de naranja
½ rama de vainilla • ½ copa de licor de pera • hojas de menta

Para el merengue:
100 gr de azúcar • 50 gr de clara de huevo

Poner una cazuela al fuego, echar el licor, el azúcar, la corteza de naranja, el interior de la rama de vainilla y la rama.

Cuando evapore el alcohol, retirar la cazuela del fuego y añadir las cerezas. Remover bien, tapar y enfriar en la nevera como mínimo durante 2 horas.

Transcurrido este tiempo, retirar de la nevera.

Poner una sartén al fuego y echar la mantequilla.

A continuación, añadir las cerezas escurridas y saltear.

Retirar del fuego y añadir un poco del almíbar obtenido —que reduzca sin fuego.

Alrededor del merengue doradito, colocar las cerezas y decorar con una hojita de menta.

Para el merengue:

En el vaso de la batidora, echar las claras y el azúcar. Calentar en el microondas durante 30 segundos.

Montar con la batidora e introducir en una manga pastelera.

En la base del plato, dibujar unas filas de merengue.

Introducir en la parte alta del horno en posición gratinar a 200 ºC hasta que dore un poquito y reservar.

CHAMPIÑONES AL AJILLO CON VINO BLANCO

Ingredientes para 4 personas:
1 kg de champiñones • 4 tomates de pera maduros
2 patatas nuevas • 6 brotes de ajos tiernos • 6 dientes de ajo
1 vaso de vino blanco • perejil fresco • sal • aceite de oliva

Pelar los ajos tiernos, hacer un corte en forma de cruz en la parte final del tallo y frotar bien bajo el chorro de agua fría.

Poner una cazuela amplia antiadherente al fuego, echar un chorrito de aceite y añadir los ajos tiernos cortados en trozos. Rehogar a fuego suave.

A continuación, añadir el ajo muy picadito.

Limpiar el champiñón, echar en la cazuela y rehogar.

Pelar el tomate, cortar en trozos pequeños y echar en la cazuela. Añadir un poco de sal.

Pelar la patata, lavar y sacar unas bolitas con ayuda de un sacabocados. Echar en la cazuela y cocer el conjunto a fuego suave durante 20 minutos.

Transcurrido este tiempo, añadir perejil picadito por encima, probar de sal y añadir un poco más si fuera necesario.

CHAMPIÑONES AL QUESO DE CABRALES

Ingredientes para 4 personas:
400 gr de champiñones • 100 gr de queso de Cabrales
1 patata nueva • 3 dientes de ajo • 1 vaso de vino blanco
romero fresco • sal • aceite de oliva

Limpiar bien los champiñones y cortarlos del tamaño del más pequeño.

Poner una cazuela amplia al fuego, aplastar un poco los ajos —con la piel— y echar en la cazuela.

Cuando el ajo esté tostadito, añadir el champiñón y rehogar unos minutos.

A continuación, añadir el vino y el queso.

Pelar la patata, lavar y rallar por encima con ayuda de un rallador.

Por último, bajar el fuego al mínimo y cocer el conjunto durante 15 minutos para eliminar el sabor a crudo de la patata.

Transcurrido este tiempo, retirar los ajos.

Emplatar y añadir una ramita de romero por encima.

CHAMPIÑONES RELLENOS

Ingredientes para 4 personas:
12 champiñones grandes • 12 gambas frescas
8 brotes de ajos tiernos • 100 gr de cous-cous • 2 yemas
sal • aceite de oliva

Poner una cazuela al fuego, echar 200 ml de agua y el cous-cous. Cuando comience a hervir, tapar y retirar la cazuela del fuego.

Limpiar los champiñones, retirar el tallo y un poco de la carne del interior.

Poner una sartén al fuego y echar un poco de agua. Cuando comience a hervir, añadir los champiñones y cocer durante 15 minutos.

Transcurrido este tiempo, rellenar los champiñones y emplatar.

Echar las yemas en un canutillo de papel y dibujar unos hilitos de yema por encima de los champiñones.

Para el relleno:

Limpiar los ajos tiernos y picar finito.

Pelar las gambas, cortar en trocitos y añadir un poco de sal.

Poner una sartén al fuego y echar un chorrito de aceite. Echar los ajos tiernos y cuando comiencen a dorar, añadir las gambas.

Cuando la gamba comience a cambiar de color, retirar la sartén del fuego, añadir el cous-cous y mezclar bien el conjunto.

CHAMPIÑONES RELLENOS DE CALAMAR

Ingredientes para 4 personas:
2 calamares • 8 champiñones • 1 cebolla • perejil fresco
sal • aceite de oliva

Poner una sartén a fuego fuerte y rehogar en abundante aceite la cebolla muy picadita.

Limpiar los calamares y cortar finitos. Cuando la cebolla esté doradita, añadir el calamar, echar un poco de sal y rehogar el conjunto hasta que el calamar tome un color blanco.

Limpiar los champiñones y quitar el tallo. Hacer un corte en forma de cruz en la base del champiñón, para que el calor penetre fácilmente.

Echar un chorrito de aceite en la plancha y poner los champiñones. En cada champiñón poner un poco de sal y una gotita de aceite. Dejar hasta que se doren un poquito.

Rellenar los champiñones con el sofrito de cebolla y calamar. Emplatar y salsear con el aceite de perejil por encima.

Para el aceite de perejil:

En el vaso de la batidora, poner unas hojas de perejil, aceite y un poco de sal. Batir el conjunto y reservar.

CHAMPIÑONES RELLENOS DE CHORIZO

Ingredientes para 4 personas:
8 champiñones grandes • 1 ristra de chorizo • salsa de tomate
1 limón • clavo • sal • aceite de oliva

Limpiar los champiñones, retirar el tallo y vaciar un poco el interior.

En una cazuela, echar un poco de agua, colocar los champiñones con el hueco hacia arriba y añadir unas gotitas de limón para evitar que se pongan negros.

Cubrir la cazuela y cocer durante 3 minutos.

Transcurrido este tiempo, emplatar y rellenar.

Para el relleno:

Cortar un trozo de chorizo, picar finito y poner en una sartén antiadherente.

Una vez haya sudado, añadir dos cucharadas de salsa de tomate y un poco de clavo. Mezclar bien y reservar.

CHANQUETES

Ingredientes para 4 personas:
1 kg de chanquetes • 4 patatas nuevas pequeñas • salsa de tomate
tabasco • pimienta negra • harina • sal • aceite de oliva

Lavar las patatas, añadir un poco de sal y envolver en papel de aluminio de forma individual.

Introducir en la parte media del horno en posición aire caliente a 220 ºC durante 30 minutos.

Transcurrido este tiempo, retirar la patata del horno, quitar el papel y romper la patata un poco con la mano.

Echar un poco de sal en los chanquetes y pasar por abundante harina.

Poner una sartén al fuego con abundante aceite. Cuando el aceite esté caliente, freír los chanquetes en pequeñas cantidades.

Cuando los chanquetes suban a la superficie, retirar del aceite y escurrir bien con ayuda de un colador.

Emplatar las patatas, los chanquetes y en un cuenco servir una mezcla de salsa de tomate, unas gotas de tabasco y pimienta negra recién molida.

CHICHARRITOS MARINADOS
CON CREMA DE ACELGAS

Ingredientes para 4 personas:
4 chicharros pequeños • 200 gr de acelgas • 50 gr de fideos
1 mango • jengibre • sal marina • sal • aceite de oliva

Limpiar los chicharros, quitar la espina central y la piel. Sacar los lomos y cortar cada lomo en dos trozos.

En un recipiente, echar sal marina, poner los lomitos y cubrir con más sal. Enfriar en la nevera durante 1 hora.

Transcurrido este tiempo, retirar de la nevera, sacar los lomitos y lavar con un poco de agua.

En el vaso de la batidora, echar un chorrito de aceite y un poco de jengibre. Triturar con la batidora.

Pelar el mango y cortar unas láminas finas con ayuda de una mandolina.

En un plato, colocar una lámina de mango haciendo una especie de rollito, encima un lomito, otra lámina de mango y por último otro lomito.

Decorar alrededor con la crema de acelgas y añadir por encima un poco del aceite de jengibre.

Para la crema de acelgas:

Limpiar las acelgas —reservar las pencas para otro día.

Poner una cazuela con agua al fuego, echar las acelgas y los fideos. Añadir un poco de sal y cocer durante 15 minutos.

Transcurrido este tiempo, echar en el robot, triturar y reservar.

CHICHARRONES DE PATO

Ingredientes para 4 personas:
1 magret de pato • 3 patatas • 1 cebolla
1 rebanada de pan de molde sin corteza • pimienta negra
sal • aceite de oliva

Cortar el magret por la parte de la carne en tiras gruesas.

Poner una sartén con un poco de aceite al fuego y freír hasta que estén muy crujientes.

Echar un poco de aceite en la bandeja del horno.

Cortar la rebanada de pan en listones finos y colocar sobre la bandeja del horno, añadir un chorrito de aceite por encima y pintar con ayuda de un pincel.

Introducir en la parte alta del horno en posición gratinar a 230 ºC durante 4 minutos.

En los vasos, echar un poco de la crema con ayuda de un cacillo, dentro colocar un chicharrón de pato y decorar con un listón de pan.

Para la crema:

Poner un cazo con un poco de agua al fuego, echar la cebolla cortada por la mitad.

Pelar las patatas, lavar y echar en el cazo. Añadir un poco de sal y cocer durante 20 minutos.

Transcurrido este tiempo, echar en el robot y añadir un poco del caldo resultante de la cocción.

Añadir pimienta negra recién molida, triturar un poco, añadir un chorrito de aceite y triturar de nuevo.

Echar en un recipiente y reservar.

CHIPIRONES EN SALSA VERDE

Ingredientes para 4 personas:
1 kg de chipirones (calamares) • 2 patatas • 1 cebolleta
3 dientes de ajo • 1 vaso de sidra • perejil fresco
2 cucharadas de harina • sal • aceite de oliva

Limpiar los chipirones.

Pelar la patata, lavar y cortar en daditos. Pelar la cebolleta y cortar en trozos del tamaño de la patata.

Poner una cazuela amplia al fuego, echar un poco de aceite, la patata y la cebolleta. Añadir el ajo y rehogar el conjunto.

Una vez doradito, añadir la harina y la sidra. Dejar reducir unos minutos.

A continuación, añadir un poco de agua y remover bien con ayuda de una cuchara de madera. Añadir un poco de perejil picadito.

Echar un poco de sal al chipirón y poner en la cazuela —reservar las patas—. Cocer durante 20 minutos.

Poner una sartén al fuego y añadir aceite de forma generosa. Echar un poco de sal en las patas, pasar por harina y freír en aceite muy caliente.

Retirar a un plato con papel absorbente.

Emplatar los chipirones y decorar con las patitas fritas por encima.

CHOPITOS CON ESPÁRRAGOS

Ingredientes para 4 personas:
200 gr de chopitos (calamares pequeños)
200 gr de espárragos verdes trigueros
1 paquete de bouquet de ensalada • 2 sobres de tinta
50 ml de vinagre de frambuesa • sal • aceite de oliva virgen extra

Escurrir bien los chopitos, extender sobre un plato, cubrir con film transparente y calentar en el microondas durante 2 minutos.

Transcurrido este tiempo, sacar del microondas y retirar el agua resultante.

Limpiar los espárragos, retirar la parte final del tallo y cortar en trozos de aproximadamente unos tres dedos de grosor.

Poner una sartén al fuego y echar un chorrito de aceite. Cuando el aceite esté caliente, echar los chopitos y los espárragos. Añadir un poco de sal y saltear el conjunto.

En un bol amplio, echar el bouquet y aliñar con un poco de la vinagreta de tinta.

Por último, en el centro de un plato, colocar el bouquet aliñado y alrededor el salteado de chopitos y espárragos. Aliñar con el resto de la vinagreta de tinta por encima.

Para la vinagreta de tinta:

Cortar los sobres de tinta y echar en un bol, añadir un poco de agua, cubrir con film transparente y calentar en el microondas durante 1 minuto —de esta forma la tinta pierde su toxicidad.

En un recipiente echar un chorro generoso de aceite, un poco de sal y el vinagre de frambuesa. Batir el conjunto con la varilla y añadir un poco de la tinta, remover según se añade.

CHORIZO A LA SIDRA CON PIPERRADA

Ingredientes para 4 personas:
1 ristra de chorizo • 1 cebolla • 1 pimiento rojo • 2 pimientos verdes
½ botella de sidra natural • sal • aceite de oliva

Limpiar bien el chorizo y conservarlo con la piel.

Poner un cazo al fuego, echar el chorizo y cubrir con la sidra. Cocer a fuego suave hasta que el chorizo esté tierno.

Poner una cazuela con aceite al fuego, echar la cebolla y el pimiento bien picadito. Añadir un poco del caldo de la cocción del chorizo y rehogar el conjunto durante 10 minutos.

En la base de un plato hondo, poner un poco de la piperrada, encima colocar el chorizo cortado a lo largo por la mitad y cubrir con el resto de la piperrada.

CHULETAS DE SAJONIA CON PURÉ DE PERA

Ingredientes para 4 personas:
8 chuletas de Sajonia • 3 peras limoneras
100 gr de queso Mascarpone • orégano • sal • aceite de oliva

Retirar el hueso de las chuletas y cuadrar.

Pelar las peras y retirar el centro con ayuda de un descorazonador. Cortar a lo largo en finas láminas con ayuda de una mandolina.

En el centro de un plato poner un poco del puré de pera, encima la chuleta de Sajonia, poner unas láminas de pera encima y cubrir con otra chuleta de Sajonia.

Añadir un poco del puré por encima y un poco de orégano. Decorar el plato con un hilito del puré y un chorrito de aceite.

Montar el plato en el momento de servir.

Para el puré de pera:

En el robot, echar la pera restante, el queso, un poco de sal, un chorrito de aceite y un poco de agua. Triturar y reservar.

CIGALITAS CON VERDURAS REHOGADAS

Ingredientes para 4 personas:
8 brochetas de madera • 16 cigalas (100 gr/unidad) • ½ calabacín
100 gr de champiñones • 2 zanahorias • cebollino
1 cucharada de azafrán • sal • aceite de oliva

Poner una cazuela al fuego, echar un poco de aceite y añadir el calabacín y el champiñón, ambos picados muy finitos. Rehogar, añadir un poco de sal y reservar.

Pelar las cigalas —reservar las cabezas—, unir de cuatro en cuatro mediante dos brochetas y añadir un poco de sal. Dorar en una sartén con un poco de aceite, vuelta y vuelta.

En la base del plato, dibujar una línea transversal con el puré de zanahoria con ayuda de un pincel.

Colocar en el centro un poco de las verduritas rehogadas y cubrir con las cigalitas. Retirar las brochetas y salsear por encima. Añadir un poco de cebollino muy picadito por encima.

Para el puré de zanahoria:

Poner una cazuela al fuego, echar agua y sal. Pelar las zanahorias e introducir en la cazuela. Tapar y cocer durante 15 minutos.

Transcurrido este tiempo, echar las zanahorias cocidas en un robot, triturar y reservar.

Para la salsa:

Poner una sartén al fuego, echar el azafrán y las cabezas de las cigalas. Añadir un chorrito de aceite y machacar un poco las cabezas.

Añadir un poco de agua, machacar de nuevo y dejar reducir.

Por último, colar, echar en un bol y reservar.

COCA DE AGUJAS EN CONSERVA

Ingredientes para 4 personas:
3 láminas de pasta phylo • 1 bote de agujas en conserva • ½ calabacín
2 rábanos • 3 cucharadas de salsa de tomate • 50 gr de mantequilla
orégano • hojas de menta • sal • aceite de oliva

Cortar las tres láminas superpuestas de pasta phylo en rectángulos.

Pintar las láminas con un poco de mantequilla con ayuda de un pincel.

Cubrir la bandeja del horno con papel encerado.

Colocar los rectángulos de pasta phylo sobre la bandeja y añadir un poco del relleno en la parte central.

Limpiar los rábanos y cortar en rodajas muy finitas con ayuda de una mandolina.

Colocar sobre el relleno y añadir un lomito de aguja por encima.

Pintar los bordes de la pasta phylo con un poco de mantequilla con ayuda del pincel.

Introducir en la parte media del horno en posición aire caliente a 200 ºC durante 4 minutos.

Transcurrido este tiempo, retirar del horno y emplatar. Decorar con una hojita de menta.

Para el relleno:

Poner una sartén al fuego y echar un poco de aceite.

Lavar el calabacín y picar muy finito. Echar en la sartén, añadir un poco de sal y la salsa de tomate. Mezclar bien y rehogar durante 3 minutos.

Echar en un bol y reservar.

COCA DE VERDURAS

Ingredientes para 4 personas:
2 masas de pizza • 1 calabacín • 1 manojo de espárragos verdes
trigueros • 200 gr de tomate cherry • 1 pimiento rojo
1 pimiento verde • 1 cebolla • 3 dientes de ajo
200 ml de salsa de tomate • 100 ml de mayonesa
2 cucharadas de pimentón • harina • sal • aceite de oliva

Lavar el pimiento, cortar en tiritas y dejar macerar en un recipiente con pimentón y aceite durante 2 horas.

Limpiar los espárragos, retirar la parte final del tallo y cortar en trozos.

Lavar bien el calabacín y cortar en rodajas. Cortar la cebolla también en rodajas.

Lavar los tomates y cortar por la mitad.

Mezclar las dos masas de pizza, echar harina sobre una superficie lisa y extender bien la masa. Colocar sobre la superficie de la bandeja del horno.

Extender sobre la masa la salsa de tomate y colocar toda la verdura en hileras.

Añadir un poco de sal por encima de la verdura y un poco del aceite utilizado para macerar el pimiento.

Introducir en la parte media del horno en posición aire caliente a 200 ºC durante 20 minutos.

Transcurrido este tiempo, retirar del horno. Emplatar una ración y acompañar de la salsa ali-oli.

Para la salsa ali-oli:

En el vaso de la batidora, echar la mayonesa, los ajos y dos cucharadas del aceite resultante de macerar el pimiento. Triturar y reservar.

COCA HOJALDRADA DE PIÑA

Ingredientes para 4 personas:
1 placa de hojaldre • ½ piña • 1 pomelo • 3 ramas de canela
100 gr de mantequilla • azúcar glaceé • 50 gr de azúcar
1 cucharada de canela en polvo

Para decorar:
gominola de naranja picada • pensamientos (flores)

Poner el hojaldre sobre una superficie lisa —reservar en la nevera hasta el momento de su uso—, añadir azúcar glaceé por encima y estirar bien con ayuda de un rodillo.

Poner un poco de papel blanco encerado sobre la bandeja del horno dada la vuelta, colocar la masa de hojaldre por la parte que no tiene azúcar, añadir azúcar glaceé y extender bien.

Cubrir con papel encerado y colocar otra bandeja del horno dada la vuelta, para ejercer presión y de esta manera la masa no suba en el horno.

Introducir en la parte media del horno en posición aire caliente a 180 ºC durante 35 minutos.

Transcurrido este tiempo, retirar del horno, dejar enfriar y reservar.

Pelar la piña, retirar el tronco, cortar a lo largo en cuatro trozos y cada trozo en láminas.

Colocar en un recipiente que sirva para el horno, añadir el azúcar, la canela en polvo, las ramas de canela y la mantequilla cortada en trozos.

Introducir en la parte media del horno en posición aire caliente a 180 ºC durante 40 minutos.

Transcurrido este tiempo, retirar del horno, dejar enfriar y reservar.

Cortar el hojaldre en rectángulos, cubrir con las láminas de piña y emplatar. Colocar encima una flor.

Decorar el plato con unos gajos de pomelo y un poco de gominola.

COCHINILLO ASADO

Ingredientes para 4 personas:
½ cochinillo • 2 patatas • 2 cebolletas • 1 vaso de vino blanco
sal • aceite de oliva

Encender el horno en posición aire caliente a 200 ºC.

Colocar el cochinillo en la bandeja más profunda del horno sobre papel de aluminio y echar sal por encima. Introducir en la parte media del horno durante 30 minutos.

Transcurrido este tiempo, retirar el cochinillo del horno. Sobre la bandeja, colocar la patata y la cebolleta cortadas en rodajas, encima colocar el cochinillo. Introducir de nuevo en la parte media del horno durante 30 minutos.

A continuación, añadir el vino por encima y cambiar a la posición gratinar a 230 ºC durante 5 minutos.

Por último, retirar del horno, servir en una fuente y salsear por encima con el jugo obtenido en la bandeja del horno.

COCHINILLO CONFITADO CON CANELA

Ingredientes para 4 personas:
1 cochinillo (4 kg) • 2 patatas • 1 berenjena • 1 rama de canela
pimienta negra en grano • sal • aceite de oliva

Limpiar el cochinillo, pasar una máquina de afeitar por la piel para eliminar los pelitos.

Cortar en trozos grandes y retirar la cabeza. Hacer unas incisiones profundas en la piel para que penetre fácilmente el calor.

Poner una cazuela al fuego, echar un litro de aceite y la rama de canela.

Añadir los trozos de cochinillo y confitar a fuego suave durante 1 hora.

Transcurrido este tiempo, comprobar que la carne esté tierna con ayuda de un cuchillo. Retirar del aceite y reservar.

Lavar la berenjena, cortar en rodajas con ayuda de una mandolina y echar en la cazuela junto con el aceite aromatizado.

Pelar la patata, lavar, cortar en rodajas con la mandolina y echar en la cazuela. Cocer el conjunto a fuego suave durante 15 minutos.

Transcurrido este tiempo, retirar del aceite y escurrir bien.

En la base de un plato, poner un poco de la verdura y encima colocar el cochinillo.

Añadir un poco de pimienta negra recién molida y un poco de sal. Decorar con un poco de la canela confitada.

COCKTAIL DE MARISCO

Ingredientes para 4 personas:
2 piñas • 1 lomo de cabracho • 1 bogavante • 12 langostinos
2 aguacates • 2 limones • mayonesa • 1 pastilla de caldo vegetal
sal • aceite de oliva

Poner un cazo con agua al fuego y echar la pastilla de caldo. Remover con la varilla y cocer durante 10 minutos.

Cocer el bogavante y dejar enfriar. Sacar la carne del cuerpo y de las pinzas. Cortar en trozos la carne del cuerpo y reservar —la carne de las pinzas reservarlas enteras para decorar.

Cortar el cabracho en daditos y reservar.

Pelar los langostinos, cortar en tres trozos y reservar.

En un bol amplio, echar el aguacate cortado en daditos, el zumo de limón, un poco del caldo y la mayonesa. Remover bien el conjunto.

Abrir la piña a lo largo por la mitad, cortar una pequeña base y emplatar.

Vaciar la piña con ayuda de una puntilla y retirar el tronco. Cortar la piña en daditos y añadir en el bol.

Añadir el bogavante en el bol y mezclar bien.

Poner una sartén en el fuego con un poco de aceite, añadir un poco de sal al cabracho y echar en la sartén.

A continuación, añadir el langostino. Saltear y añadir en el bol.

Mezclar bien el conjunto, rellenar la piña y decorar con la carne de las pinzas.

COCKTAIL DE SALMÓN AHUMADO Y ESPÁRRAGOS

Ingredientes para 4 personas:
200 gr de pan • 200 gr de salmón ahumado
1 lata de espárragos •1 lata de anchoas en salazón
bouquet de ensalada • mayonesa • sal
vinagre de Módena • aceite de oliva

En el centro de un plato, colocar el bouquet aliñado con un poco de sal, vinagre y aceite. Encima colocar unas rebanadas finas de pan previamente tostadas en una sartén con un poco de aceite.

Sobre el pan poner el salmón en forma de rollito o picado en juliana. Por encima colocar unas anchoas.

Adornar el plato con las puntas de los espárragos y reservar la parte final de los tallos.

Salsear por encima con la mayonesa de espárragos, añadir una pizca de sal y servir frío.

Para la mayonesa de espárragos:

En un bol, echar la mayonesa, un poco del agua de los espárragos y la parte final de los tallos de los espárragos bien picaditos. Mezclar bien el conjunto y reservar.

CODORNICES AL OPORTO

Ingredientes para 4 personas:
4 codornices • 2 cebollas • 2 manzanas • 2 vasos de Oporto
sal • aceite de oliva

Poner una cazuela al fuego y echar un poco de aceite.

Cortar la cebolla en juliana, echar en la cazuela y rehogar hasta que esté bien pochadita. Pelar la manzana, cortarla en cuatro trozos y echar en la cazuela.

Pasar las codornices por la llama del fuego para limpiarlas bien.

Atar las codornices para que no se rompan, añadir sal y ponerlas en la cazuela. Mezclar bien con la cebolla pochadita y la manzana. Subir el fuego al máximo, añadir el vino y dejar reducir durante 5 minutos.

Transcurrido este tiempo, poner un poco de agua en la tapa al revés para evitar que se evapore el agua del interior y tapar la cazuela. Cuando comience a hervir, bajar el fuego y dejar el conjunto a fuego suave durante 1 hora.

En el momento de servir, quitar la cuerda, abrirlas por la mitad y emplatar boca abajo. Salsear por encima, como guarnición acompañar de la manzana y la cebolla pochadita.

CODORNICES ESTOFADAS

Ingredientes para 4 personas:
4 codornices • 3 tomates de rama • 3 zanahorias • 2 cebollas
2 puerros • 1 vaso de vino de Jerez • sal • aceite de oliva

Limpiar las codornices, quitar la cabeza y las vísceras y atar las patas.

Poner una cazuela con aceite al fuego, añadir la cebolla, el puerro y la zanahoria, todo bien picadito. Rehogar durante 15 minutos.

Echar sal a las codornices y frotar bien para que la sal penetre a través de la piel. Poner las codornices en la cazuela y añadir el tomate cortado en rodajas. Rehogar el conjunto durante 8 minutos.

A continuación, añadir el vino y dejar que reduzca a fuego fuerte.

Posteriormente, bajar el fuego, añadir un poco de agua y cocer durante 15 minutos hasta que la codorniz esté tierna.

Transcurrido este tiempo, sacar las codornices con cuidado, quitar la cuerda y abrirlas por la mitad con ayuda de unas tijeras.

Triturar la salsa y colar. Añadir un poco de sal y mezclar bien.

Emplatar las codornices y salsear por encima.

COGOLLOS ASADOS CON CREMA
DE JUDÍAS VERDES

Ingredientes para 4 personas:
200 gr de judías verdes • 4 cogollos de Tudela • 1 patata • 1 cabeza
de ajos • sal • aceite de oliva

Encender el horno en posición aire caliente a 200 ºC.

Hacer unos cortes en los cogollos y poner en un recipiente con abundante
agua. Dejar reposar unos minutos.

Cortar los cogollos en cuatro trozos. En un recipiente que sirva para el
horno, echar un poco de aceite, pasar los cogollos por el aceite y colocarlos en el recipiente. Añadir un poco de sal y poner unos dientes de ajo
por encima.

Introducir en el horno durante 10 minutos.

Transcurrido este tiempo, retirar del horno, emplatar y salsear con la crema de judías por encima.

Para la crema de judías verdes:

Cortar las judías en trozos. Pelar la patata y cortar en trozos.

Poner una cazuela con agua al fuego, echar un poco de sal. Cuando el
agua comience a hervir, añadir las judías verdes, la patata y ½ cabeza de
ajos. Cocer el conjunto durante 10 minutos.

Transcurrido este tiempo, triturar con la batidora. Bajar el fuego para que
la salsa espese. Una vez haya espesado, colar con ayuda de un colador.

COGOLLOS CON CREMA DE ROQUEFORT
Y ANCHOAS EN SALAZÓN

Ingredientes para 4 personas:
3 cogollos de Tudela • ½ de pimiento rojo • 1 lata de anchoas en
salazón • 1 cuña de queso Roquefort • 150 gr de nata líquida • 50 gr
de nueces peladas • sal • vinagre de Módena • aceite de oliva

Cortar los cogollos en cuatro trozos y dejar reposar unos minutos en un
recipiente con agua y sal.

Escurrir bien los cogollos y emplatar.

Añadir la vinagreta por encima y a continuación la crema de Roquefort.

Por último, añadir un poco de nuez picada por encima.

Para la vinagreta:

Picar las anchoas y el pimiento muy finito.

Poner en un recipiente y añadir un poco de aceite y vinagre. Mezclar bien.

Para la crema de Roquefort:

Poner el queso en un recipiente amplio e introducir en el microondas durante 1 minuto para que se funda.

Transcurrido este tiempo, añadir la nata, mezclar bien con ayuda de una varilla y reservar.

COGOLLOS DE TUDELA ASADOS

Ingredientes para 4 personas:
4 cogollos de Tudela • 6 brotes de ajo • 200 gr de bacón • ½ l de leche
50 gr de harina • 50 gr de aceite de oliva • sal • aceite de oliva

Encender el horno en posición aire caliente a 200 ºC.

Limpiar bien los cogollos en un recipiente con agua fría. Dejar reposar durante unos minutos.

Cortar los cogollos a lo largo por la mitad. Colocar en un recipiente que sirva para el horno. Añadir un poco de sal y un chorrito de aceite.

Limpiar los brotes de ajo y retirar la parte verde.

Poner una cazuela con agua al fuego, echar los brotes de ajo y cocer durante 20 minutos.

Si los cogollos han absorbido el aceite, añadir un poco más.

Introducir en la parte media del horno durante 20 minutos.

Poner una cazuela al fuego, echar la leche. Cuando comience a hervir, añadir la mezcla de harina y aceite. Mezclar bien con ayuda de una varilla.

Una vez cocidos los brotes, escurrir bien y picar finito. Echar en la bechamel, añadir un poco de sal y mezclar bien con la varilla.

Poner una sartén al fuego, echar el bacón cortado en daditos y dorar.

En la base de un plato, echar un poco de la bechamel y colocar encima dos medios cogollos. Añadir unos daditos de bacón por encima y servir.

COLIFLOR EN SALSA VERDE

Ingredientes para 4 personas:
8 láminas de pasta phylo • 1 coliflor • 1 trozo de pan • 100 gr de apio
100 gr de encurtidos varios • 2 cucharadas de alcaparras
1 lata de anchoas en salazón • 2 cucharadas grandes de harina
4 huevos cocidos • mantequilla a punto pomada • perejil fresco
sal • vinagre • aceite de oliva

Poner una cazuela alta al fuego, echar agua, un chorrito de aceite, un poco de sal y el pan impregnado en vinagre.

Separar la coliflor en ramilletes, lavar e introducir en la cazuela. Tapar y cocer durante 40 minutos.

En la cazuela de la salsa verde, añadir la anchoa picadita, las alcaparras, la mezcla de encurtidos y los ramilletes de coliflor cocidos. Cocer el conjunto durante 15 minutos.

Servir en cuencos individuales y rallar una yema de huevo por encima.

Pintar una lámina de pasta phylo con un poco de mantequilla con ayuda de un pincel y cubrir con otra lámina de pasta phylo.

Doblar por la mitad y de nuevo unir con un poco de mantequilla. Recortar del tamaño del contorno del cuenco.

Pintar el borde del cuenco con un poco de mantequilla y cubrir con la pasta phylo. Pintar la superficie con un poco de mantequilla e introducir en la parte alta del horno en posición gratinar a 230 ºC durante 2 minutos.

Para la salsa verde:

En el vaso de la batidora, echar un poco de agua, unas ramitas de perejil, el apio, un chorrito generoso de aceite, un poco de sal y la harina. Triturar con la batidora y reservar.

Poner una cazuela amplia al fuego, echar agua y tapar. Cuando comience a hervir, añadir la mezcla y remover con la varilla según se añade.

COMPOTA DE FRUTOS ROJOS

Ingredientes para 4 personas:
100 gr de fresas • 70 gr de frambuesas • 70 gr de moras • 1 limón
2 petit suis • ½ vaso de Cointreau • 100 gr de azúcar de caña • anís

Limpiar bien los frutos rojos. Cortar las fresas del tamaño de los otros frutos.

En una cazuela, echar el licor, el azúcar y la ralladura de limón.

Echar los frutos, añadir una pizca de anís y cocer el conjunto durante 10 minutos.

Transcurrido este tiempo, echar un poco del almíbar resultante de la cocción en una sartén con ayuda de un cacillo y dejar reducir durante unos minutos.

Por último, emplatar, añadir un poco de petit suis en el centro y salsear por encima con el almíbar reducido.

COMPOTA NAVIDEÑA

Ingredientes para 4 personas:
1 l de agua • ½ l de vino tinto • 175 gr de azúcar • cáscara de naranja
cáscara de limón • 1 rama de canela • 1 manzana Reineta
1 pera de invierno • 200 gr de orejones de albaricoque
200 gr de orejones de melocotón • 200 gr de ciruelas pasas
200 gr de uvas pasas • 200 gr de higos secos • helado de vainilla

Poner una cazuela a fuego máximo, echar el vino, el agua y el azúcar. Añadir la cáscara de naranja, de limón y la rama de canela. Hervir durante 15 minutos.

Transcurrido este tiempo, bajar el fuego y añadir los orejones. Cocer durante 20 minutos.

Posteriormente, añadir las ciruelas, las uvas y los higos. Cocer durante 20 minutos.

A continuación, pelar la manzana y la pera. Cortar cada pieza en ocho partes iguales. Echar en la cazuela y cocer el conjunto durante 30 minutos.

Por último, servir tibia en un plato con un poco del jugo y acompañar con una bolita de helado de vainilla.

CONEJO A LA MOSTAZA EN PAPILLOT

Ingredientes para 4 personas:
1 conejo en cuartos • 2 tomates de pera • 1 diente de ajo
3 cucharadas de salsa de mostaza • 1 cucharada de nata líquida
1 cucharada de azúcar • pan rallado • harina • perejil fresco
sal • aceite de oliva

Cortar un trozo grande de papel blanco encerado, colocar sobre la bandeja del horno y echar en el centro del papel un chorrito de aceite.

Añadir un poco de sal sobre el conejo y untar con la salsa de mostaza aligerada por ambos lados con ayuda de un pincel. Colocar sobre el aceite.

Pintar el borde exterior del papel con el engrudo, doblar el papel sobre sí mismo y sellar bien los extremos. Envolver cada cuarto de conejo de forma independiente.

Introducir en el horno en posición aire caliente a 230 °C durante 20 minutos.

Transcurrido este tiempo, retirar del horno y dejar reposar 2 minutos. Retirar el papel, emplatar y añadir el jugo obtenido por encima.

Acompañar con un trozo de tomate y añadir un poco de perejil picadito por encima.

Para la guarnición:

Lavar los tomates, retirar los extremos y cortar a lo largo por la mitad. Hacer una pequeña base.

En una fuente que sirva para el horno, echar un chorrito de aceite.

Colocar los tomates, añadir por encima una pizca de sal, ajo muy picadito, un poco de pan rallado y un chorrito de aceite.

Introducir en el horno junto al conejo durante 20 minutos.

Transcurrido este tiempo, retirar del horno y reservar.

Para la salsa de mostaza aligerada:

En un bol, echar la salsa de mostaza, la nata y el azúcar. Mezclar bien y reservar.

Para el engrudo:

En un bol, echar la harina y añadir un poco de agua. Mezclar bien y reservar.

CONEJO ADOBADO

Ingredientes para 4 personas:
1 conejo troceado • 2 patatas • 1 vaso de leche • 50 gr de mantequilla
2 cucharadas de azúcar • 2 cucharadas de pimentón • comino
orégano fresco • sal • aceite de oliva

En un recipiente, echar el azúcar, el pimentón, una pizca de comino, sal, aceite, un poco de orégano muy picadito y un chorrito de agua. Mezclar bien con ayuda de una varilla.

A continuación, añadir el conejo y dejar en el adobo durante 2 horas.

Transcurrido este tiempo, poner el conejo adobado sobre la bandeja del horno e introducir en la parte alta del horno en posición aire caliente y grill a 230 ºC durante 15 minutos.

Por último, emplatar y acompañar con la crema de patata. Decorar con una ramita de orégano.

Para la crema de patata:

En un cazo, poner la patata y cubrir con agua. Añadir un poco de sal y cocer durante 20 minutos.

Transcurrido este tiempo, pelar las patatas y echar en el robot. Añadir la leche, la mantequilla y un poco de sal. Triturar el conjunto y reservar.

CONEJO AL ROMESCO

Ingredientes para 4 personas:
1 conejo troceado • 1 trozo de pan de hogaza
300 ml de salsa de tomate • 2 ñoras • 50 gr de almendras tostadas
4 dientes de ajo • 1 cucharada de pimentón • romero fresco
sal • vinagre • aceite de oliva

Poner una cazuela antiadherente a fuego suave y echar aceite.

Añadir un poco de sal al conejo e introducir en la cazuela. Rehogar durante 10 minutos.

Transcurrido este tiempo, añadir un chorrito generoso de vinagre y dejar reducir durante 10 minutos.

Por último, añadir la salsa romesco, mezclar bien el conjunto y emplatar. Decorar con una ramita de romero.

Para la salsa romesco:

Lavar las ñoras, retirar las pepitas e introducir en un bol con agua. Hidratar durante 5 minutos.

Poner el wok al fuego, echar un chorrito de aceite, el pan cortado en trocitos, la almendra y el ajo. Rehogar durante 5 minutos.

A continuación, añadir las ñoras hidratadas, el pimentón y la salsa de tomate. Rehogar el conjunto durante 5 minutos.

Echar en el robot, triturar y reservar.

CONEJO ASADO A LA ESPALDA

Ingredientes para 4 personas:
1 conejo (1 kg) • 1 berenjena • ½ pimiento rojo • 1 pimiento verde
1 vaso de Oporto • 1 vaso de vino blanco • sal • aceite de oliva

Encender el horno en posición aire caliente a 200 ºC.

Limpiar el conejo, quitar la cabeza y abrirlo por la mitad. Añadir un poco de sal por encima.

En un recipiente que sirva para el horno, echar un poco de aceite y colocar el conejo abierto. Añadir un poco de aceite por encima y extenderlo bien con ayuda de un pincel.

Introducir en el horno durante 10 minutos.

Transcurrido este tiempo, añadir el vino. Dejar en el horno otros 15 minutos.

Lavar el pimiento y la berenjena. Cortar la verdura fina y del mismo tamaño.

Poner una sartén a fuego máximo, echar aceite y rehogar la verdura durante 10 minutos.

A continuación, añadir la verdura rehogada sobre el conejo y dejar en el horno durante 2 minutos para que se integren los sabores.

Por último, retirar del horno y emplatar. Añadir la salsa y las verduritas por encima.

CONEJO ASADO CON TOMATES

Ingredientes para 4 personas:
1 conejo (1 kg) • 4 tomates • 2 dientes de ajo • azúcar • sal
aceite de oliva

En la bandeja del horno, echar un chorrito de aceite y colocar el tomate cortado en rodajas. Añadir el ajo bien picadito, un poco de sal, aceite y una pizca de azúcar para restar acidez al tomate.

Limpiar el conejo, abrirlo por la mitad y colocarlo sobre el tomate. Echar sal y aceite por encima. Introducir en la parte baja del horno en posición turbo-grill a 200 °C durante 20 minutos.

Transcurrido este tiempo, retirar del horno y dejar reposar unos minutos para que se temple.

Por último, servir en una fuente y salsear por encima con el jugo obtenido en la bandeja del horno.

CONEJO CON ALMENDRAS

Ingredientes para 4 personas:
1 conejo (1 kg) • 1 zanahoria • 1 cebolla • 50 gr de almendras
1 vaso de vino de Jerez • sal • aceite de oliva

Poner una cazuela al fuego y echar un chorrito de aceite. Cortar el conejo en trozos, añadir un poco de sal y echar en la cazuela.

Pelar la zanahoria y cortar en láminas. Cortar la cebolla en juliana. Cubrir el conejo con la verdura.

A continuación, añadir el vino y las almendras por encima.

Introducir en la parte media del horno en posición aire caliente a 160 ºC durante 30 minutos.

Transcurrido este tiempo, retirar del horno. Romper un poco la verdura con ayuda de un tenedor para que la salsa espese un poco.

Por último, emplatar y añadir un poco de sal y aceite por encima.

CONEJO GUISADO CON MANZANAS

Ingredientes para 4 personas:
1 conejo (1 kg) • 1 cebolla • 1 puerro • 1 zanahoria
3 manzanas Reineta • 1 vaso de vino dulce • sal • aceite de oliva

Poner una cazuela al fuego y echar un poco de aceite. Cortar el conejo en trozos, echar sal y rehogar hasta que se dore bien.

Pelar la zanahoria y la cebolla y picar finito. Limpiar el puerro y cortar fino. Echar toda la verdura en la cazuela. Rehogar el conjunto.

A continuación, pelar las manzanas, cortarlas en cuatro trozos y echar en la cazuela. Añadir el vino y dejar hasta que reduzca.

Por último, cubrir con agua. Añadir un poco de sal y dejar cocer el conjunto a fuego suave hasta que el conejo esté tierno. Emplatar y salsear por encima.

CONFITURA DE MORAS CON CREMA DE YOGUR Y NATA

Ingredientes 4 personas:
400 gr de moras de zarza • 400 gr de azúcar • 1 yogur natural
250 ml de nata líquida • 1 limón

Lavar las moras en un recipiente con agua y escurrirlas bien. Echarlas en una cazuela, añadir el azúcar, un poco de corteza y zumo de limón. Poner a fuego máximo y dejar cocer durante 15 minutos.

Transcurrido este tiempo, retirar del fuego, quitar la corteza y triturar un poco las moras con ayuda de un tenedor.

A continuación, poner en un recipiente frío —no enfriar en la nevera.

En un cuenco, echar la crema de yogur y nata y añadir la mermelada de moras por encima.

Para la crema de yogur y nata:

En un bol, echar el yogur, añadir la nata poco a poco y remover según se añade con ayuda de una varilla para que la mezcla espese.

COOKIES

Ingredientes para 4 personas:
300 gr de harina • 125 gr de mantequilla • 125 gr de azúcar
125 gr de cobertura de chocolate (perlas de chocolate)
100 gr de nueces peladas • 1 huevo
1 cucharada de levadura en polvo

Derretir la mantequilla en el microondas.

En un recipiente amplio, echar el azúcar y la mantequilla derretida. Remover bien con ayuda de una varilla.

Echar la harina en el dosificador y añadir a la mezcla poco a poco para evitar la formación de grumos. Mezclar bien con la varilla.

A continuación, batir el huevo y añadir al conjunto. Mezclar bien.

Por último, añadir las perlas de chocolate y la nuez previamente triturada en el robot. Unificar la masa con las manos.

Poner la masa en un recipiente, cubrir con un paño y dejar reposar en la nevera durante 1 hora.

Encender el horno en posición aire caliente a 180 ºC.

Retirar de la nevera, hacer unas bolitas y aplastar. Colocar en un salvabandejas sobre la bandeja del horno.

Introducir en la parte media del horno durante 10 minutos.

Transcurrido este tiempo, retirar del horno, dejar reposar unos minutos y emplatar.

COPA DE FRUTAS CON SALSA DE GORGONZOLA

Ingredientes para 4 personas:
1 racimo pequeño de uva negra • 1 melocotón • 1 nectarina
4 higos • 50 gr de queso Gorgonzola
1 bote de mermelada de frambuesa

Pelar los higos y cortarlos en cuatro trozos. Ponerlos en la base de una copa. A continuación, pelar el melocotón y la nectarina, sacar unas bolitas con ayuda de un sacabocados y ponerlas en la copa. Por último, pelar las uvas y añadirlas al resto de la fruta.

Cubrir la fruta con la salsa de Gorgonzola y decorar por encima con unas bolitas de fruta.

Para la salsa de Gorgonzola:

En un bol, poner el queso y calentar en el microondas en la posición máxima durante 20 seg.

En otro bol, poner la mermelada y calentar en el microondas en la posición máxima durante 10 seg.

Mezclar el queso y la mermelada. Añadir un poquito de agua para hacer la mezcla más ligera y más cremosa.

COPITA DE AZAFRÁN, MIEL Y MELOCOTÓN

Ingredientes para 4 personas:
1 base de bizcocho • 140 gr de leche • 140 gr de nata líquida
5 yemas • 25 gr de miel • 18 gr de azúcar • 1 bote pequeño de
melocotón en almíbar • mermelada de melocotón • hebras de azafrán

Poner una cazuela al fuego, echar la leche, el azúcar, las hebras de azafrán y la miel.

Cuando comience a hervir, remover bien con ayuda de una varilla.

En un bol, echar las yemas y la nata. Mezclar con la varilla.

A continuación, añadir la mezcla de leche, azúcar, azafrán y miel al bol junto a las yemas y la nata. Remover según se añade.

Rellenar 1/3 de las copas con la mezcla con ayuda de un cacillo.

Introducir las copas en la parte media del horno en posición aire caliente a 90 ºC durante 40 minutos.

Transcurrido este tiempo, retirar del horno y dejar enfriar.

Cortar la placa de bizcocho con ayuda de un cortapastas del diámetro de la copa.

Empapar el bizcocho en el almíbar y escurrir. Cubrir la crema de la copa con el bizcocho.

Colocar por encima una capa de melocotón cortado en daditos. Cubrir de nuevo con bizcocho y añadir una capa de mermelada por encima.

COPITA DE ESCOCÉS DEL SIGLO XXI

Ingredientes para 4 personas:
1 sifón • 1 carga de nitrógeno • 250 ml de café • 200 gr de nata
100 gr de azúcar • 1½ colas de pescado • canela en polvo
helado de vainilla

En la base de la copa, colocar una cenefa de helado.

Agitar el sifón hacia abajo y añadir un poco de la espuma de café por encima.

Semimontar la nata con ayuda de una varilla.

Sobre la espuma de café, añadir un poco de la nata y espolvorear una pizca de canela por encima.

Para la espuma de café:

Hidratar las colas de pescado en un recipiente con agua fría.

Poner un cazo al fuego y echar un poco del café. Cuando esté caliente, añadir las colas de pescado bien escurridas. Remover según se añade con ayuda de una varilla.

A continuación, añadir el azúcar y mezclar bien.

Echar en el recipiente donde se encuentra el café restante e introducir el conjunto en el sifón.

Introducir la carga en el sifón, agitar y enfriar en la nevera durante 6 horas.

Transcurrido este tiempo, retirar de la nevera y reservar.

COPITA DE ESPINACAS EN TRES COLORES

Ingredientes para 4 personas:
200 gr de espinacas frescas • 50 gr de bacalao desalado desmigado
250 ml de nata líquida • 2 yemas • nuez moscada
pimienta blanca • sal • aceite de oliva

Poner una cazuela con agua al fuego, echar un poco de sal y las espinacas. Cocer durante 5 minutos.

Transcurrido este tiempo, escurrir bien y echar en el robot. Añadir un poco de pimienta, sal y rallar un poco de nuez moscada con ayuda de un rallador.

Triturar el conjunto y añadir un poco en las copas —cubrir 1/3 de la copa.

A continuación, añadir un poco de nata en el robot y triturar de nuevo. Añadir en las copas —cubrir otro tercio de la copa.

Por último, añadir en el robot la nata restante y triturar. Añadir en las copas —cubrir el último tercio de la copa.

En un cazo, echar las yemas. Montar dentro y fuera del fuego con ayuda de una varilla.

Una vez montadas, añadir el bacalao picadito y mezclar bien.

Echar la mezcla en las copas, añadir un poco de pimienta y rallar por encima un poco de nuez moscada.

COPITA DE PUERROS CON CREMA DE BACALAO

Ingredientes para 4 personas:
150 gr de bacalao desalado desmigado • 125 ml de leche • 3 gelatinas neutras o colas de pescado • 3 puerros • 1 patata • 2 dientes de ajo sal • aceite de oliva virgen extra

Limpiar los puerros y cortar en trozos. Pelar la patata y cortar en trozos.

Poner un cazo con agua al fuego, echar un poco de sal y añadir el puerro y la patata. Cocer el conjunto durante 20 minutos.

Una vez cocido, echar el puerro y el caldo resultante de la cocción en el robot y triturar.

Colar con ayuda de un colador.

Introducir las gelatinas una a una en un recipiente con agua fría durante unos minutos para que se ablanden.

Escurrir las gelatinas y añadirlas una a una a 300 gr del caldo caliente ya colado (1 cola de pescado/100 gr de caldo). Remover bien hasta que se disuelvan completamente en el caldo con ayuda de una varilla y servir en unas copas.

Dejar enfriar a temperatura ambiente y posteriormente enfriar en la nevera durante 1 hora.

Transcurrido este tiempo, retirar de la nevera y añadir por encima la crema de bacalao.

Poner una sartén con aceite al fuego, freír un poco de ajo muy picadito y añadirlo por encima.

Para la crema de bacalao:

En el vaso de la batidora, echar la patata cocida, añadir el bacalao y la leche. Triturar el conjunto con la batidora.

COPITA DE SALMOREJO CON LOMITOS
DE SARDINA

Ingredientes para 4 personas:
5 tomates maduros • ½ cebolla • 2 dientes de ajo • ½ barra de pan
Candeal (o en su defecto pan blanco) • 100 gr de morcón
2 huevos cocidos • 2 sardinas • 2 cucharadas de pimienta verde en
grano • sal • vinagre • aceite de oliva

Lavar los tomates, cortar en trozos y echar en el robot. Añadir los dientes de ajo y la cebolla picadita.

Echar la miga de pan, un poco de sal y un chorrito generoso de aceite.

Triturar, colar y servir en una copa.

Colocar encima un trocito de sardina, rallar huevo cocido y añadir un poco de morcón picadito.

Por último, añadir unas gotitas de aceite por encima.

Para la guarnición:

Limpiar las sardinas, sacar los lomitos y añadir un poco de sal por encima.

En un bol, echar la pimienta verde en grano, añadir un chorrito generoso de vinagre e introducir los lomitos. Marinar durante 15 minutos y reservar.

CORAZONES DE VERDURA CON MOUSSE
DE LANGOSTINOS

Ingredientes para 4 personas:
1 coliflor • ½ kg de apio • 12 alcachofas • 4 zanahorias
8 langostinos frescos o congelados • 200 ml de nata líquida
50 ml de vinagre de Jerez • pimienta negra en grano
sal • aceite de oliva

Pelar la verdura, sacar la parte más tierna de cada verdura y cortar en láminas finas del mismo tamaño.

Colocar de forma alterna en el borde exterior de un plato y en el centro, añadir un poco de la mousse de langostinos con ayuda de un cacillo.

Para la mousse de langostinos:

En el robot, echar los langostinos, añadir el vinagre, un poco de sal, pimienta negra recién molida de forma generosa y la nata.

Triturar suavemente hasta conseguir una emulsión.

Colar con ayuda de un colador, enfriar en la nevera durante 15 minutos y reservar.

CORDERO AL CURRY

Ingredientes para 4 personas:
½ kg de cordero en trozos • 1 calabacín • 1 pimiento verde
1 pimiento rojo • 1 cebolla • polvo de curry • salsa barbacoa
sal • aceite de oliva

Picar muy fino el pimiento rojo, el pimiento verde, el calabacín y la cebolla. Poner la olla a presión con aceite a fuego máximo, echar toda la verdura y saltear el conjunto.

Poner una sartén con aceite al fuego y freír el cordero, previamente sazonado, hasta que tome un color dorado.

A continuación, introducir el cordero en la olla junto con la verdura. Añadir el curry, un vaso de salsa barbacoa y dos vasos de agua. Tapar la olla y una vez se levante la válvula, bajar el fuego al mínimo y cocer durante 25 minutos.

Dejar enfriar la olla antes de abrir. Probar de sal y corregir si fuera necesario. Emplatar.

CORDERO AL VINO BLANCO

Ingredientes para 4 personas:
½ kg de cordero lechal (2 kg) • 1 vaso de vino blanco • sal

Encender el horno en posición aire caliente a 120 ºC.

Cortar el cordero en trozos y colocarlos en la bandeja más profunda del horno. Añadir sal y el vino. Introducir en la parte media del horno durante 1 hora.

Transcurrido este tiempo, cambiar a la posición gratinar a 230 ºC durante 20 minutos para que el cordero quede bien doradito.

Por último, retirar del horno, servir en una fuente y salsear por encima con el jugo obtenido en la bandeja del horno.

CORDERO EN PAPILLOT A LA GRIEGA

Ingredientes para 4 personas:
300 gr de paletilla de cordero deshuesada • ½ berenjena
1 pimiento verde • 3 dientes de ajo • 300 ml de tomate natural
triturado • 200 ml de vino blanco • orégano fresco
sal • aceite de oliva

Poner una cazuela amplia al fuego y echar un poco de aceite.

Cortar el ajo en láminas y echar en la cazuela.

Picar el orégano finito y echar sobre el cordero. Añadir un poco de sal por encima.

Introducir el cordero en la cazuela y rehogar durante 2 minutos.

A continuación, añadir el vino blanco. Cuando haya reducido, añadir la salsa de tomate. Tapar y cocer el conjunto durante 15 minutos.

Lavar el pimiento y la berenjena, cortar en bastoncitos y reservar.

Poner el cordero y la salsa en una cazuela de barro. Colocar los bastoncitos de verdura por encima del cordero.

Cubrir con dos hojas de papel de aluminio con la parte mate hacia abajo. Sellar bien los extremos.

Introducir en la parte media del horno a 200 ºC durante 30 minutos.

Transcurrido este tiempo, sacar del horno, retirar el papel, decorar con unas hojas de orégano y servir.

CORNETES DE MOUSSE DE CHOCOLATE

Ingredientes para 4 personas:
cucuruchos de metal • pasta phylo • 6 huevos
120 gr de cobertura de chocolate al 33% de cacao
120 gr de cobertura de chocolate al 75% de cacao • 90 gr de agua
75 gr de azúcar • 70 gr de mantequilla • aceite de oliva

Cortar la pasta phylo en cuadrados, pintar con mantequilla por uno de los lados con ayuda de un pincel. Envolver sobre un cucurucho y encajar en otro cucurucho.

Freír en abundante aceite caliente y retirar a un plato con papel absorbente.

Dejar reposar, rellenar con la mousse de chocolate con ayuda de una manga pastelera y emplatar.

Para la mousse de chocolate:

Separar las claras de las yemas.

Echar las yemas en un cazo, añadir el azúcar y montar al baño María con ayuda de una varilla.

Echar las claras en un bol amplio y montar con ayuda de otra varilla.

En otro bol amplio, echar el chocolate, añadir un poco de agua y calentar en el microondas durante 1 minuto.

A las claras montadas, añadir el chocolate derretido y mezclar bien con la varilla.

A continuación, añadir las yemas montadas al baño María, mezclar con la varilla y enfriar la mezcla en la nevera durante 3 horas.

COSTILLA DE CERDO CON ESPECIAS

Ingredientes para 4 personas:
1 kg de costilla de cerdo • pimentón dulce • tomillo
romero • sal • aceite de oliva

En un bol, mezclar un poco de aceite, sal, pimentón, tomillo y romero.

Cortar la costilla en trozos, untar bien cada trozo con la mezcla y colocar en la bandeja del horno. Introducir en la parte media del horno en posición aire caliente a 180 °C durante 30 minutos.

Transcurrido este tiempo, cambiar a posición gratinar durante 10 minutos para que la costilla quede bien doradita.

Por último, retirar del horno, servir en una fuente y salsear por encima con el jugo obtenido en la bandeja del horno.

COSTILLAR DE CORDERO

Ingredientes para 4 personas:
½ costillar de cordero
1 hígado de cordero • 2 patatas • 200 ml de Oporto • 50 ml de nata líquida • 2 dientes de ajo • pan rallado • corteza de limón • tomillo limonero • sal • aceite de oliva

Lavar las patatas y poner en un recipiente que sirva para el horno.

Introducir en la parte media del horno en posición aire caliente a 200 °C durante 20 minutos.

Transcurrido este tiempo, retirar del horno y reservar.

Cortar el costillar en raciones de cuatro costillas. Retirar un poco de la carne del hueso con ayuda de una puntilla y reservar para el paté.

En la picadora, echar el pan rallado, los dientes de ajo, unas hojitas de perejil y un poco de la corteza de limón. Triturar y echar en un bol amplio.

Pasar cada trozo de costillar por el pan rallado aromatizado.

En un recipiente que sirva para el horno, echar una gotita de aceite y colocar las raciones de costillar. Añadir un chorrito de aceite por encima.

Introducir en la parte alta del horno en posición aire caliente y gratinar a 200 °C durante 15 minutos.

Transcurrido este tiempo, retirar del horno y reservar.

Cortar las patatas en rodajas —con la piel— y untar con un poco de paté.

Emplatar las raciones de costillar y acompañar de la patata. Decorar con una hojita de tomillo limonero.

Para el paté:

Poner una sartén a fuego fuerte, echar un poco de aceite y echar la carne del costillar cortada en trocitos.

A continuación, añadir el hígado también cortado en trozos y un poco de sal. Rehogar durante 2 minutos.

Echar el vino y dejar reducir hasta que evapore el alcohol.

Por último, añadir la nata y cocer el conjunto durante 15 minutos. Echar en el robot y triturar.

Poner en un molde y dejar enfriar para que espese.

CREMA AGRIDULCE

Ingredientes para 4 personas:
½ pomelo • ½ naranja • ½ limón • 4 yemas • 140 gr de leche
150 gr de azúcar • 210 gr de nata líquida • 30 gr de almendra
garrapiñada picada • 30 ml de café descafeinado

Poner un cazo al fuego, echar la leche, la nata y 45 gr de azúcar. Mezclar con ayuda de una varilla y cuando comience a hervir retirar el cazo del fuego.

En un bol, echar las yemas, otros 45 gr de azúcar y un poco de la mezcla de leche, nata y azúcar. Remover bien con la varilla y echar en el cazo.

Poner el cazo de nuevo al fuego y remover el conjunto con la varilla para que espese un poco, evitar que sobrepase los 85 ºC ya que la mezcla cuajaría.

Dejar reposar durante 10 minutos y reservar.

Echar el azúcar restante en un bol, añadir el café y mezclar bien.

Poner un poco en la base de cada cuenco individual. Colocar encima un gajo de cada cítrico y cubrir con la crema.

Decorar con un poco de almendra por encima.

NOTA: Este plato es típico en algunos restaurantes para amenizar la espera de la llegada del postre, por lo que en realidad lo podemos considerar como un pre-postre.

CREMA CATALANA

Ingredientes para 4 personas:
4 huevos • 90 gr de azúcar • 250 ml de leche • 250 ml de nata líquida
• 1 rama de vainilla • azúcar (para decorar)

Encender el horno en la posición aire caliente a 100 ºC.

Poner un cazo al fuego con la leche, la nata y la rama de vainilla para que suelte todo su aroma. Cuando comience a hervir, retirar la rama de vainilla.

En un recipiente, echar los huevos y 90 gr de azúcar, mezclar bien hasta disolver el azúcar con ayuda de una varilla. Añadir la mezcla de leche y la nata, remover según se añade con la varilla.

Abrir la rama de vainilla a lo largo por la mitad, raspar el interior con ayuda de un cuchillo y añadirlo a la mezcla.

El resto de la rama de vainilla, añadirla al azúcar que se va a utilizar para decorar.

En la bandeja del horno, poner los recipientes y rellenarlos con la mezcla.

Introducir en el horno durante 1 hora hasta que cuaje.

Transcurrido este tiempo, retirar del horno y dejar enfriar.

En el momento de servir, echar un poco del azúcar con aroma de vainilla por encima y quemar con ayuda de un quemador eléctrico para que el azúcar quede caramelizado.

CREMA CATALANA CON COULIS DE FRESA

Ingredientes para 4 personas:
300 ml de nata líquida • 150 ml de leche • 100 gr de azúcar
6 yemas • 1 rama de canela

Para el coulis de fresa:
150 gr de fresas • 50 gr de azúcar

Para decorar:
20 gr de fresas desecadas • 20 gr de azúcar

Poner una cazuela con agua al fuego, echar la leche, la nata y la rama de canela.

Cuando comience a hervir, retirar la cazuela del fuego y dejar reposar unos minutos.

En un recipiente, echar el azúcar, añadir las yemas una a una y mezclar bien con ayuda de una varilla.

A continuación, añadir la mezcla de leche y nata —no muy caliente para evitar que la yema cuaje con el calor—. Remover bien con la varilla.

Rellenar los moldes con la mezcla e introducir en la parte media del horno en posición aire caliente a 90 ºC durante 45 minutos.

Transcurrido este tiempo, retirar de los moldes y emplatar. Añadir un poco de azúcar por encima y quemar con ayuda de un quemador eléctrico.

Decorar con unas láminas de fresa desecada —para ello cortar las fresas en láminas y guardar en un lugar cálido y seco durante 24 horas.

Por último, añadir un poco de coulis alrededor de la crema.

Para el coulis de fresa:

Lavar las fresas, echar en un recipiente con un poco de agua y calentar en el microondas durante 20 seg.

A continuación, echar las fresas en el robot, añadir el azúcar y triturar. Echar en un bol y reservar.

CREMA DE AGUACATE CON SANDÍA

Ingredientes para 4 personas:
2 aguacates • ½ sandía • 1 lima • 50 gr de queso brie
sal • aceite de oliva virgen extra

Pelar el aguacate, cortar en trozos y echar en el vaso de la batidora. Cortar unas rodajas finas de lima y echar junto con el aguacate. Añadir un poco de sal, aceite y un poco de agua. Triturar el conjunto con la batidora.

Sacar unas bolas de sandía con ayuda de un sacabocados.

En un bol, poner un poco de queso e introducir en el microondas durante 30 seg.

Emplatar la crema de aguacate, poner por encima las bolas de sandía y decorar con unos hilitos de queso por encima.

CREMA DE AVE CON BISCOTTES DE PASTA FRITA

Ingredientes para 4 personas:
1 pata de gallina • 2 tomates • 1 cebolla • 1 vaso de leche ideal
20 gr de macarrones • sal • aceite de oliva

Poner una cazuela con agua al fuego, echar la pata de gallina, la cebolla cortada en cuatro partes y los tomates enteros.

Añadir un puñado de sal y cocer el conjunto durante 40 minutos.

Transcurrido este tiempo, retirar la pata de gallina y reservar. Triturar la verdura con la batidora, añadir la leche ideal y mezclar bien.

Poner un cazo con agua al fuego, añadir un chorrito de aceite y un poco de sal. Cuando el agua comience a hervir, añadir la pasta y cocer durante 10 minutos.

A continuación, poner una sartén al fuego, echar aceite y freír la pasta previamente cocida y escurrida hasta que quede crujiente. Retirar a un plato con papel absorbente.

En la base de un plato hondo, poner un poco de gallina desmigada, añadir la crema de ave y decorar con la pasta frita.

CREMA DE BACALAO

Ingredientes para 4 personas:
3 colas de bacalao salado desalado • 2 cucharadas de arroz
250 ml de leche • ½ berenjena • 3 cabezas de ajo
2 pimientos choriceros • nuez moscada • sal • aceite de oliva

Poner una cazuela al fuego, echar la leche y las colas de bacalao cortadas por la mitad.

Añadir el arroz, tapar y cocer durante 20 minutos.

Transcurrido este tiempo, triturar, echar en un bol y dejar templar.

Emplatar la crema de bacalao, añadir un chorrito de aceite aromatizado y unos costrones de berenjena. Rallar una pizca de nuez moscada por encima.

Para el aceite aromatizado:

Cortar la base de las cabezas de ajo y colocar en un recipiente que sirva para el horno —sin retirar la piel.

Lavar los pimientos, abrir a lo largo por la mitad, retirar las pepitas y poner en el recipiente junto a los ajos.

Añadir un chorrito de aceite e introducir en la parte media del horno en posición aire caliente a 200 °C durante 30 minutos.

Transcurrido este tiempo, retirar del horno y echar en el mortero. Añadir un poco de aceite y sal. Triturar, colar y reservar.

Para la guarnición:

Lavar la berenjena, cortar en daditos y freír en aceite muy caliente.

Retirar a un plato con papel absorbente y añadir un poco de sal por encima.

CREMA DE BRÓCOLI CON BACALAO MARINADO Y CREMA DE MOSTAZA

Ingredientes para 4 personas:
400 gr de brócoli • 1 lomo de bacalao salado desalado • 2 patatas
4 yemas • 1 cucharada de mostaza sin triturar • aceite de sésamo
sal • vinagre de Módena en vaporizador • aceite de oliva virgen extra

Envolver el lomo de bacalao en film transparente, aplastar un poco y enfriar en el congelador durante 45 minutos.

Transcurrido este tiempo, retirar del congelador, cortar en láminas finas y reservar.

Poner una cazuela alta al fuego, echar agua y un poco de sal. Echar los ramilletes de brócoli previamente lavados.

A continuación, añadir las patatas peladas y cortadas en trozos. Tapar y cocer el conjunto durante 15 minutos.

Transcurrido este tiempo, echar en el robot y añadir un chorrito generoso de aceite. Triturar y emplatar.

Colocar encima unas láminas de bacalao, pintar las láminas con aceite de sésamo con ayuda de un pincel y vaporizar un poco de vinagre por encima.

Decorar con una pincelada de la crema de mostaza.

Para la crema de mostaza:

Poner un cazo al fuego, echar las yemas y la mostaza. Montar con ayuda de una varilla dentro y fuera del fuego para que no cuajen las yemas —evitar que supere los 60 ºC.

CREMA DE CALABAZA

Ingredientes para 4 personas:
300 gr calabaza • 50 gr de caracolas de pasta • 200 gr de nata líquida
100 gr de queso Camembert • 1 cebolla • sal • aceite de oliva

Poner una cazuela al fuego, echar un poco de aceite y añadir la cebolla previamente pelada y cortada en juliana fina. Sofreír durante 5 minutos, hasta conseguir un dorado intenso.

Pelar la calabaza, cortarla en dados y echarla en la cazuela junto a la cebolla bien pochadita. Rehogar y añadir agua. Dejar el conjunto a fuego suave hasta conseguir que la calabaza esté tierna, aproximadamente unos 20 minutos.

Transcurrido este tiempo, añadir el queso y triturar el conjunto con la batidora.

Por último, añadir la sal y la nata. Dejar hervir el conjunto a fuego suave y retirar la espuma que se forma al hervir.

Como guarnición, en una sartén con aceite caliente, sofreír la pasta —previamente cocida y bien seca con ayuda de un paño— hasta obtener unos costrones.

Emplatar la crema y acompañar de los costrones de pasta frita.

CREMA DE CALABAZA

Ingredientes para 4 personas:
1 calabaza cacahuete • 1 cebolleta • 1 trozo de salmón (200 gr)
4 lonchas de queso Havarti • pimienta negra en grano
sal • aceite de oliva

Deshuesar el salmón, sacar los lomos y retirar la piel.

Cortar los lomos en rectángulos y colocar sobre un plato. Añadir pimienta negra recién molida de forma generosa.

Envolver cada rectángulo en film transparente como si se tratara de un caramelo y dejar reposar durante 30 minutos.

Vaciar la calabaza con ayuda de un sacabocados, cortar una pequeña tapa en uno de los extremos y reservar la parte más ancha para usar como recipiente.

Poner una cazuela al fuego, echar un chorrito de aceite y la cebolleta cortada en trozos.

A continuación, añadir la calabaza y un poco de sal. Tapar y cocer el conjunto durante 30 minutos.

Transcurrido este tiempo, triturar y echar en el interior de la calabaza. Cubrir con unas lonchas de queso.

Retirar el film transparente y colocar unos caramelos de salmón encima.

Introducir en la parte alta del horno en posición gratinar a 200 °C durante 2 minutos.

Transcurrido este tiempo, retirar la calabaza del horno y colocar sobre un plato. Cubrir con la tapa y servir.

CREMA DE CALABAZA CON BACALAO AHUMADO

Ingredientes para 4 personas:
300 gr de calabaza • 2 patatas nuevas • 100 gr de bacalao ahumado
2 dientes de ajo • 1 trozo de pan de chapata • hierbas de Provenza
sal • aceite de oliva

Pelar la calabaza y cortar en dados.

Poner una cazuela con aceite al fuego y echar la calabaza. Aplastar el ajo con la piel y echar en la cazuela.

Pelar la patata, cortar en trozos y echar en la cazuela. Cubrir con agua y cocer el conjunto durante 20 minutos.

Transcurrido este tiempo, echar en el robot y triturar. A continuación, colar con ayuda de un colador y reservar.

Cortar unos daditos de pan y echar en un recipiente que sirva para el horno. Añadir sal, un chorrito generoso de aceite y hierbas de Provenza.

Mezclar todo bien e introducir en la parte alta del horno en posición gratinar a 230 ºC durante 3 minutos.

Transcurrido este tiempo, retirar del horno y reservar.

En la base de un cuenco, poner un poco del bacalao ahumado muy picadito, echar la crema de calabaza por encima con ayuda de un cacillo y añadir unos costrones de pan.

CREMA DE CASTAÑAS Y CHOCOLATE

Ingredientes para 4 personas:
1 l de leche • 12 yemas de huevo • 350 gr de puré de castañas confitadas • 250 gr de chocolate negro
sal en escamas • aceite de oliva

Poner una cazuela al baño María, echar las yemas y batir con ayuda de una varilla.

A continuación, añadir la leche y remover con la varilla según se añade —evitar que supere los 60 ºC porque las natillas se cortarían.

Colar con ayuda de un colador y enfriar en la nevera durante 40 minutos.

Transcurrido este tiempo, retirar de la nevera.

En un recipiente amplio, echar el puré de castañas confitadas y añadir las natillas con ayuda de un cacillo. Remover con la varilla según se añade.

Servir en copas y añadir el chocolate por encima rallado con ayuda de un rallador. Añadir tres gotitas de aceite con ayuda de una jeringa y una pizca de sal.

CREMA DE COLIFLOR

Ingredientes para 4 personas:
200 gr de coliflor congelada • 250 ml de nata líquida
2 patatas nuevas • 2 huevos • perejil • sal • aceite de oliva

Poner una cazuela con agua al fuego, echar las patatas peladas y cortadas en trozos. Cocer durante 10 minutos.

Transcurrido este tiempo, añadir los ramilletes de coliflor y tapar la cazuela.

Cuando la coliflor esté tierna, retirar parte del agua y dejar sólo la base cubierta. Añadir unas hojas de perejil picadito y triturar el conjunto con la batidora.

A continuación, añadir la nata, un poco de sal y un poco de aceite. Triturar moviendo la batidora para que se integre bien la nata.

Echar la crema en un recipiente que sirva para el horno. Batir las yemas un poco con ayuda de un tenedor y añadir por encima de la crema. Extender con ayuda de una espátula.

Introducir en la parte alta del horno en posición gratinar a 250 ºC durante 5 minutos.

Por último, retirar del horno y emplatar.

CREMA DE COLIFLOR Y BACALAO

Ingredientes para 4 personas:
125 gr de bacalao desalado • 1 coliflor • 250 gr de leche
2 huevos cocidos • perejil fresco • sal • aceite de oliva

Poner una cazuela con agua al fuego (echar un poco de pan impregnado en vinagre para que al cocer la coliflor no huela). Separar la coliflor en ramilletes y echar en la cazuela. Añadir un poco de sal y un poco de aceite. Cocer durante 30 minutos.

Transcurrido este tiempo, comprobar que esté tierna. Retirar la coliflor a una cazuela, añadir la leche y triturar con la batidora hasta conseguir una crema.

Poner otra cazuela al fuego, echar un poco de agua y unas hojas de perejil. Cuando el agua comience a hervir, añadir el bacalao, dejar unos segundos y retirar la cazuela del fuego. Tapar la cazuela con papel de aluminio y dejar reposar durante 10 minutos (el bacalao se hace en el agua fuera del fuego para que no se seque).

Transcurrido este tiempo, retirar la piel del bacalao y exfoliar en láminas.

Servir la crema en un bol y añadir por encima las láminas de bacalao. Para decorar el plato, rallar un poco de huevo cocido por encima.

CREMA DE CONGRIO

Ingredientes para 4 personas:
½ kg de congrio fresco • 200 gr de guisantes congelados
2 puerros • 1 calabacín • 1 cebolla • 300 ml de vino blanco
sal • aceite de oliva

Poner una cazuela alta al fuego y echar un poco de aceite.

Limpiar el puerro, retirar la parte verde, cortar la parte blanca en rodajas y echar en la cazuela.

Añadir la cebolla cortada en trozos y el calabacín con la piel —previamente lavado— cortado en trozos.

Por último, añadir los guisantes. Rehogar el conjunto durante 10 minutos.

Transcurrido este tiempo, echar el congrio con la piel cortado en trozos. Rehogar durante unos minutos y añadir el vino blanco.

A continuación, cubrir con agua y cocer el conjunto durante 25 minutos.

Transcurrido este tiempo, triturar en el robot y colar con ayuda de un colador.

Emplatar y añadir un chorrito de aceite por encima.

CREMA DE GALLINA

Ingredientes para 4 personas:
2 muslos de gallina • 50 gr de macarrones anchos
3 huevos • 3 puerros • curry • sal

Poner una cazuela alta con agua al fuego e introducir los muslos. Añadir sal.

Lavar bien el puerro y echar en la cazuela. Cocer el conjunto durante 1 hora.

Transcurrido este tiempo, retirar el puerro y los muslos. Echar los macarrones en el caldo, cocer durante 15 minutos y reservar.

A continuación, deshilachar la carne en hebras y echar en el vaso de la batidora. Añadir un poco del caldo de su cocción y triturar.

Una vez cocida la pasta, poner la carne triturada en la manga pastelera, rellenar los macarrones y reservar.

En el caldo, añadir una cucharada de curry, mezclar bien y apagar el fuego.

En un bol grande, echar los huevos y batir suavemente con ayuda de una varilla.

Añadir poco a poco el caldo con ayuda de un cacillo —remover según se añade.

En la base de un plato hondo, poner unos macarrones rellenos de la carne y cubrir con la crema de gallina. Añadir un poco de curry por encima y servir.

CREMA DE MAÍZ CON CUBOS DE PIÑA

Ingredientes para 4 personas:
1 piña • 1 bote de maíz dulce • 200 gr de azúcar
150 gr de mantequilla • 50 gr de nata líquida
50 gr de cobertura de chocolate • 1 yogur

En la batidora, echar el maíz con su jugo y la nata. Triturar, colar y reservar.

Pelar la piña, igualar los extremos y cortar en cubos o rectángulos.

Poner una sartén al fuego, echar un poco de mantequilla y extender por toda la base.

A continuación, añadir un poco de azúcar. Cuando caramelice, echar los trozos de piña, dorar bien y reservar.

Añadir una cucharada de cobertura de chocolate fundida al yogur, mezclar bien y reservar.

En el centro del plato, echar un poco de la crema de maíz y extender por toda la base.

En un lado, colocar una cenefa de la mezcla de yogur y chocolate y en el otro lado colocar los trozos de piña.

CREMA DE MARISCO CON CARDO REBOZADO

Ingredientes para 4 personas:
1 bote de cardo cocido • 8 cabezas de cigala • 2 nécoras
1 puerro • 1 cebolla • 3 huevos • ½ l de agua • 1 vaso de brandy
2 cucharadas de harina • sal • aceite de oliva

Poner una cazuela al fuego, echar aceite y rehogar el puerro y la cebolla, todo muy picadito.

A continuación, añadir las nécoras y las cabezas de cigala. Rehogar durante unos minutos —retirar cuatro de las cabezas y reservar parar decorar el plato—. Añadir el brandy y flambear.

Cuando el alcohol se evapore, añadir la harina y mezclar bien. A continuación, añadir el agua y cocer el conjunto durante 30 minutos.

Transcurrido este tiempo, triturar y colar.

Escurrir bien el cardo, pasar por harina y huevo y freír en abundante aceite caliente. Retirar a un plato con papel absorbente.

En un plato, cubrir la base con un poco de la crema de marisco, poner encima un poco de cardo rebozado y decorar el plato con una cabeza de cigala.

CREMA DE MASCAVADO CON VAINILLA

Ingredientes para 4 personas:
½ l de leche • 5 yemas • 60 gr de azúcar blanquilla
60 gr de azúcar Mascavado • 1 cucharada pequeña de Maizena

Para decorar:
tejas de naranja

Poner una cazuela al fuego, echar la leche y la rama de vainilla.

En un cazo, echar las yemas, añadir el azúcar y mezclar bien con ayuda de una cuchara. Añadir un poco de la leche caliente para evitar la formación de grumos.

Cuando la leche comience a hervir, retirar la cazuela del fuego, sacar la rama de vainilla, abrir a lo largo por la mitad, rascar el interior con ayuda de una puntilla y echar junto a la leche.

Poner de nuevo la cazuela al fuego y cuando comience a hervir, retirar del fuego.

En el cazo de las yemas y el azúcar, echar la Maizena y mezclar bien.

A continuación, añadir la leche hirviendo. Remover bien el conjunto.

Poner otra cazuela con agua al fuego, introducir el cazo con la mezcla para generar un baño María. Hervir el conjunto durante 5 minutos. Colar y emplatar.

Decorar por encima con unas tejas.

CREMA DE PEPINO CON SABOR A MAR

Ingredientes para 4 personas:
4 pepinos • 2 zanahorias • 24 gambas • alga Kombu
4 rebanadas de pan de chapata • 2 dientes de ajo
sal • aceite de oliva

Poner un cazo con agua al fuego, echar el alga y cocer durante 30 minutos.

Cortar los dientes de ajo a lo largo por la mitad y frotar las rebanadas de pan por ambos lados con el ajo.

Cortar las rebanadas de pan en daditos, poner en un recipiente que sirva para el horno y añadir un chorrito de aceite por encima.

Introducir en la parte media del horno en posición aire caliente a 200 ºC durante 5 minutos.

Pelar el pepino, retirar las pepitas con ayuda de un sacabocados y poner en un recipiente con agua fría durante unos minutos para suavizar su sabor.

Transcurrido este tiempo, retirar el pepino del agua, cortar en trozos y echar en el robot.

Pelar la zanahoria, cortar en rodajas y echar en el robot. Añadir un chorrito de aceite, un poco de sal, el alga cocida y un poco de agua.

Triturar el conjunto, colar y reservar.

Poner una sartén con aceite al fuego, echar las gambas y un poco de sal. Sofreír vuelta y vuelta hasta que tomen color.

Emplatar la crema de pepino, añadir unos costrones de pan y unas gambas por encima.

CREMA DE PEPINO Y MELÓN

Ingredientes para 4 personas:
1 melón Galia • 3 pepinos pequeños • 1 yogur natural
salsa Perrins • licor de cereza • pimienta negra en grano
sal • aceite de oliva

Cortar medio pepino, acanalar y cortar en rodajas. Reservar para decorar.

El resto del pepino, pelar, cortar a lo largo por la mitad y retirar las pepitas con ayuda de una cuchara. Cortar en trozos y echar en el robot.

Pelar el melón, retirar las pepitas, cortar en trozos y echar en el robot.

Añadir un chorrito de licor de cereza, un poquito de salsa Perrins, sal, pimienta negra recién molida y el yogur. Triturar el conjunto.

A continuación, colar con ayuda de un colador.

Servir en una copa con ayuda de un cacillo.

Añadir una pizca de pimienta negra recién molida, unas gotas de aceite y dos rodajas de pepino.

CREMA DE REMOLACHA CON COQUINAS

Ingredientes para 4 personas:
4 remolachas cocidas envasadas al vacío • 100 gr de coquinas
1 rama de apio • 1 vaso de vino blanco • 50 gr de azúcar
sal • aceite de oliva

En el robot, echar la remolacha cortada en trozos, añadir un poco del caldo de apio y triturar.

Echar en un bol amplio y reservar.

En otro bol amplio, echar las coquinas, tapar con film transparente y calentar en el microondas durante 30 seg.

Transcurrido este tiempo, sacar del microondas, retirar el film, separar la carne de la concha y reservar.

Servir la crema de remolacha en un cuenco con ayuda de un cacillo, añadir un poco del almíbar de vino blanco y unas coquinas por encima.

Para el caldo de apio:

Poner una cazuela al fuego y echar agua. Limpiar bien el apio, cortar en trozos y echar en la cazuela. Añadir un poco de sal y cocer durante 30 minutos.

Transcurrido este tiempo, retirar el apio y reservar el caldo.

Para el almíbar de vino blanco:

Poner un cazo a fuego máximo, echar el vino y el azúcar. Dejar que el vino reduzca y reservar.

CREMA DE REMOLACHA CON QUESO DE CABRA A LA PLANCHA

Ingredientes para 4 personas:
6 remolachas cocidas envasadas al vacío • 1 rulo de queso de cabra
2 puerros • 1 cabeza de ajo • ½ l de vino blanco • tomillo
sal • aceite de oliva

Poner un cazo al fuego, echar el vino y los dientes de ajo pelados.

Limpiar los puerros, hacer un corte en la parte verde y lavar bajo el chorro de agua fría.

Cortar el puerro en dos trozos y echar en el cazo. Cocer el conjunto durante 30 minutos.

Transcurrido este tiempo, colar con ayuda de un colador y reservar.

Para la crema de remolacha:

Cortar una remolacha en rodajas finitas, cortar cada rodaja con un cortapastas ovalado para darle forma y reservar.

Los restos de remolacha, echar en el robot, añadir las otras cinco remolachas cortadas en trozos y su jugo.

Añadir el caldo —retirar el puerro y el ajo— en el robot poco a poco y triturar según se añade.

Colar la crema obtenida con ayuda de un colador.

Poner una sartén antiadherente al fuego, cortar unas rodajas de queso y dorar en la sartén.

En un plato hondo, echar un poco de la crema de remolacha y añadir por encima dos rodajas de queso.

Decorar cada plato con cuatro de las rodajas de remolacha cortadas con el cortapastas y con una ramita de tomillo.

CREMA DE TOMATE Y BERENJENA

Ingredientes para 4 personas:
1 kg de tomates de pera maduros • 1 berenjena • 1 cabeza de ajos
250 gr de harina • 250 gr de agua • 1 clara de huevo
pimienta negra en grano • hojas de salvia • sal • aceite de oliva

Pelar la berenjena, cortar en daditos y echar en un recipiente que sirva para el horno.

Añadir un poco de sal y un chorrito de aceite.

Introducir en la parte media del horno en posición aire caliente a 200 ºC durante 10 minutos.

Transcurrido este tiempo, retirar del horno y reservar.

Pelar los ajos y echar en un bol, añadir un poco de sal y un chorrito de aceite. Tapar con film transparente e introducir en el microondas durante 3 minutos.

Lavar los tomates, abrir a lo largo por la mitad, retirar las pepitas y reservar como guarnición.

En el robot, echar los tomates, unas hojas de salvia, la berenjena, un chorrito de aceite, un poco de agua y los dientes de ajo.

Triturar, colar y emplatar. Decorar con unas pepitas de tomate, unos churritos y una hoja de salvia.

Para los churros:

Poner un cazo al fuego y echar el agua. Cuando comience a hervir, echar sal y retirar el cazo del fuego.

Añadir la harina de golpe y remover con ayuda de una cuchara de palo.

A continuación, añadir la clara y mezclar bien con la cuchara.

Tapar con film transparente y dejar reposar durante 10 minutos.

Transcurrido este tiempo, hacer unos churros finitos y freír en abundante aceite caliente. Retirar a un plato con papel absorbente y reservar.

CREMA DE ZANAHORIA Y UVAS PASAS CON ALI-OLI

Ingredientes para 4 personas:
1 kg de zanahorias • 100 gr de uvas pasas • 1 vaso de vino dulce
½ vaso de leche • ½ cucharada de pimentón dulce
sal • aceite de oliva

Poner una sartén al fuego, echar el vino y las uvas pasas. Dejar unos minutos que hidraten. A continuación, echar en un bol y reservar.

Poner una cazuela con agua al fuego, echar un poco de sal y añadir las zanahorias peladas —reservar una zanahoria cruda y sacar unas tiritas con ayuda de un pelador para decorar el plato—. Cocer las zanahorias durante 15 minutos.

Una vez cocidas, echar en el vaso de la batidora y triturar. Añadir las uvas pasas y el pimentón. Triturar de nuevo.

Por último, emplatar y decorar con las tiritas de zanahoria cruda.

Para el ali-oli de leche:

En el vaso de la batidora, echar la leche y tres veces más de aceite. Batir con la batidora a velocidad mínima.

Antes de conseguir la mezcla completa, añadir el ajo muy picadito y terminar de batir. Servir en una salsera.

CREMA FRÍA DE MELÓN CON JAMÓN DE PATO Y CIRUELAS

Ingredientes para 4 personas:
8 brochetas de madera • 1 melón • 1 sobre de jamón de pato
2 yogures de melocotón • 100 gr de ciruelas pasas
1 vaso de Oporto • salvia

Limpiar el melón, retirar las pepitas y sacar la pulpa. Cortar en trozos y echar en el robot.

Añadir el vino, el yogur y unas hojas de salvia. Triturar el conjunto.

A continuación, colar con ayuda de un colador. Enfriar en la nevera durante 30 minutos.

Transcurrido este tiempo, retirar de la nevera y emplatar.

Montar las brochetas, pinchar una loncha de jamón, una ciruela y otra loncha de jamón.

Decorar la crema con las brochetas y servir.

CREMA FRÍA DE PEPINO CON GUARNICIÓN DE TOMATE

Ingredientes para 4 personas:
1 barra pequeña de pan • 3 pepinos • 2 tomates • 1 cebolla
comino • sal • aceite de oliva virgen extra

Pelar los pepinos, abrir a lo largo por la mitad y quitar las pepitas. Poner el pepino en un bol con abundante agua para rebajar su intenso sabor. Dejar reposar durante 30 minutos.

Transcurrido este tiempo, retirar el agua, añadir de nuevo otro poco de agua y echar unos trozos de pan. Añadir un poco de sal, aceite y una pizca de comino. Triturar el conjunto, colar con ayuda de un colador y emplatar.

En un bol, poner la cebolla muy picadita, tapar con film transparente e introducir en el microondas durante 2 minutos.

Cortar un tomate en dos mitades, sacar las pepitas y reservarlas como guarnición.

Por último, añadir a la crema un poco de la cebolla picadita y las pepitas de tomate para darle un punto de acidez.

CREMA PASTELERA

Ingredientes para 4 personas:
1 l de leche • 6 huevos • 40 gr de maizena • 20 gr de harina
100 gr de azúcar • 1 rama de canela • corteza de naranja
corteza de limón

Poner un cazo al fuego, echar la leche, la canela y la corteza de naranja y limón. Dejar hervir el conjunto.

En un bol, mezclar la maizena y la harina con ayuda de una varilla para evitar la formación de grumos. A continuación, añadir el azúcar y remover bien. Añadir cuatro huevos y dos yemas. Mezclar todo bien con la varilla.

A continuación, añadir a la mezcla un poco de la leche cuando ésta comience a hervir para diluir un poco la mezcla.

Cuando la leche hierva, retirar la rama de canela y las cortezas. Añadir la mezcla a la leche y remover en el fuego durante 5 minutos para que espese.

Transcurrido este tiempo, colar con ayuda de un colador. Echar en un recipiente y dejar enfriar a temperatura ambiente.

CREMOSO DE JENGIBRE

Ingredientes para 4 personas:
70 gr de jengibre • 400 gr de nata líquida • 100 gr de azúcar
4 yemas de huevo • 2 gelatinas neutras o colas de pescado grandes

Para decorar:
50 gr de mantequilla • 50 gr de azúcar • 200 gr de frutas variadas
vinagre de Módena

Limpiar el jengibre y rallar con ayuda de un rallador.

Poner un cazo al fuego, echar la nata y el jengibre rallado. Cuando comience a hervir, retirar del fuego y dejar reposar durante 5 minutos.

Transcurrido este tiempo, colar con ayuda de un colador y dejar templar.

Hidratar las colas de pescado en un recipiente con agua fría.

En un bol amplio, echar las yemas y romper con ayuda de una varilla.

A continuación, añadir los 100 gr de azúcar y montar bien el conjunto.

Poner una cazuela al fuego al baño María, echar la mezcla de yemas y azúcar. Añadir la infusión de nata y jengibre.

Añadir las colas de pescado y remover continuamente hasta obtener una textura de natilla.

Echar la mezcla en los moldes y enfriar en la nevera durante 1,30 h.

Transcurrido este tiempo, retirar de la nevera y reservar.

Poner una sartén a fuego fuerte, echar la mantequilla y el azúcar. Remover un poco con ayuda de una cuchara.

Cuando se haya fundido la mantequilla, añadir las frutas variadas y un chorrito de vinagre de Módena.

Cuando reduzca el vinagre, poner las frutas en la base del plato, desmoldar el cremoso y colocar sobre la fruta.

CREPPES DE BERENJENA CON BACALAO Y MEJILLONES

Ingredientes para 4 personas:
1 paquete de mejillones cocidos • 250 gr de bacalao desalado desmigado • 2 berenjenas • 1 cebolla • aceite de oliva

Lavar las berenjenas y cortar unas láminas finas a lo largo.

Poner una sartén amplia al fuego y echar un poco de aceite. Dorar un poquito las láminas de berenjena.

Una vez estén doraditas por ambos lados, retirar de la sartén, poner un poco del relleno encima y hacer unos rollitos.

Emplatar y pintar con un poco de aceite por encima con ayuda de un pincel.

En el centro del plato, poner un poco del relleno como guarnición.

Para el relleno:

Poner una sartén al fuego, echar un poco de aceite y rehogar la cebolla muy picadita.

A continuación, añadir el bacalao y el mejillón muy picadito. Mezclar bien el conjunto.

CREPPES DE BORRAJAS

Ingredientes para 4 personas:
100 gr de harina especial para creppes • 1 bote de borrajas
250 ml de leche • 1 huevo • pimienta • sal • aceite de oliva

En un bol, echar la harina y el huevo. Mezclar bien con ayuda de una varilla. Añadir la leche poco a poco y remover según se añade para evitar la formación de grumos.

Poner una sartén al fuego, impregnar un papel con un poco de aceite y untar con él la sartén. Con un cacillo, echar un poco de la mezcla en la sartén, mover la sartén para que se extienda por toda la base. Cuando cuaje, dar la vuelta y emplatar.

Entre una y otra, untar la sartén con un papel impregnado en aceite.

Poner otra sartén al fuego, echar aceite y añadir las borrajas bien escurridas. Añadir un poco de sal y pimienta y saltear.

Rellenar las creppes con las borrajas y emplatar.

CREPPES DE CHOCOLATE CON CREMA DE MANDARINA

Ingredientes para 4 personas:
250 ml de leche • 80 gr de harina • 30 gr de mantequilla a punto pomada • 10 gr de cacao en polvo • 2 huevos • 2 yogures griegos
1 bote de mermelada de mandarina

Calentar la leche en el microondas durante 30 seg.

En un bol, echar el cacao y la harina, remover con ayuda de una varilla para evitar la formación de grumos. Añadir los huevos y mezclar bien.

A continuación, echar la leche poco a poco y remover según se añade. Añadir la mantequilla a punto pomada y mezclar todo bien hasta conseguir una masa homogénea.

Poner una sartén al fuego, untar la sartén con un poco de mantequilla, echar un poco de la mezcla con un cacillo y extender bien por toda la base de la sartén. Cuando cuaje, dar la vuelta y emplatar.

Rellenar las crepes con la crema de mandarina y decorar por encima con un poco de la misma.

Para la crema de mandarina:

En un recipiente, echar el yogur y añadir un poco de mermelada. Mezclar bien.

CREPPES DE ESPINACAS

Ingredientes para 4 personas:
100 gr de espinacas congeladas • 100 gr de zanahoria
100 gr de tomates • 100 gr de cebolla • 100 gr de champiñón
100 gr de preparado para creppes • 250 ml de leche
1 vaso de cava • sal • aceite de oliva

Poner un cazo con agua al fuego. Cuando comience a hervir, echar un poco de sal y las espinacas.

Una vez cocidas, escurrir bien y picar muy finitas.

Calentar la leche en el microondas. En un bol, echar el preparado para creppes, añadir la leche poco a poco y remover según se añade con ayuda de una varilla para evitar la formación de grumos. Añadir las espinacas y triturar con la batidora.

Poner una sartén al fuego, echar una gotita de aceite y extender bien con ayuda de un pincel. Echar un poco de la masa con un cacillo y extender bien por toda la base de la sartén. Cuando cuaje, dar la vuelta y emplatar.

En el centro, poner un poco del relleno, envolver y emplatar.

Para el relleno:

Poner una sartén con aceite al fuego. Cuando esté caliente, echar la zanahoria, la cebolla, el tomate y el champiñón, todo muy picadito. Rehogar el conjunto a fuego suave.

Cuando la verdura esté rehogada, subir el fuego al máximo, añadir un poco de cava y dejar reducir. Por último, añadir un poco de sal y remover.

CREPPES DE MOLLEJAS A LA SIDRA

Ingredientes para 4 personas:
Masa de creppes • 200 gr de mollejas de ternera • 1 hongo congelado
300 ml de leche • 200 ml de sidra • 3 cucharadas de polvo de setas
1 cucharada de harina • perejil fresco • sal • aceite de oliva

Poner una cazuela con agua fría al fuego, echar las mollejas y tapar la cazuela.

Cuando comience a hervir, pasar las mollejas a un recipiente con agua fría.

Limpiar las mollejas y cortar muy finitas con ayuda de unas tijeras.

Poner una cazuela al fuego, echar la sidra y una cucharada de polvo de setas. Mezclar bien.

A continuación, añadir las mollejas y cocer el conjunto durante 5 minutos.

Para las creppes:

En la masa de creppes, añadir dos cucharadas de polvo de setas y mezclar bien.

Poner una sartén antiadherente al fuego, echar una gotita de aceite y extender bien por toda la base con ayuda de un pincel.

Echar un poco de la masa de creppes y extender bien por toda la superficie. Dorar vuelta y vuelta, retirar a un plato y reservar.

Rellenar las creppes con las mollejitas. Envolver, emplatar, salsear y añadir unos daditos de hongo por encima.

Decorar con una ramita de perejil.

Para la salsa:

Poner un cazo al fuego y echar la mitad de la leche.

En el vaso de la batidora, echar la leche restante, unas hojas de perejil, harina, una pizca de sal y un chorrito de aceite. Triturar el conjunto y echar en el cazo cuando la leche comience a hervir.

Remover con ayuda de una varilla, dejar hasta que espese y reservar.

Para la guarnición:

Poner una sartén al fuego, echar un poco de aceite y el hongo cortado en daditos.

Añadir un poco de sal por encima, dorar y reservar.

CREPPES DE PULPO

Ingredientes para 4 personas:
masa de creppes • 2 patas de pulpo cocidas • 2 patatas cocidas con piel • 1 cebolla roja • 300 ml de vino tinto dulce • 2 cucharadas de azúcar • 2 cucharadas de pimentón dulce • tomillo fresco
sal • aceite de oliva

Colocar un poco del relleno sobre las creppes, enrollar las creppes, retirar los extremos y emplatar.

Cubrir las creppes con la crema de patata y colocar encima de cada una dos rodajas de pulpo —previamente doradas en la sartén a fuego fuerte con una gotita de aceite—. Decorar con una ramita de tomillo.

Para las creppes:

Poner una sartén antiadherente al fuego, añadir un cacillo de la masa de creppes, extender bien, dejar durante 1 minuto y dar la vuelta.

Retirar de la sartén, emplatar y reservar.

Para el relleno:

Poner un cazo al fuego, echar un chorrito de aceite y echar la cebolla cortada en juliana fina. Rehogar durante 2 minutos.

Añadir el azúcar y el vino. Confitar el conjunto durante 20 minutos.

Transcurrido este tiempo, echar la cebolla confitada en un bol y reservar.

Picar el pulpo finito —reservar ocho rodajas para decorar—, echar en el bol junto a la cebolla y mezclar bien.

Para la crema de patata:

En un robot, echar la patata cortada en trozos, el pimentón, un chorrito de aceite y un poco de agua.

Triturar, echar en un bol y reservar.

CREPPES DE SUSHI CON JENGIBRE

Ingredientes para 4 personas:
4 obleas de creppes de alga de sushi • 100 gr de arroz especial para sushi • 100 gr de pulpo cocido • 50 gr de setas Shitake
½ de pimiento rojo • jengibre • sal • aceite de oliva

Poner una cazuela al fuego, echar 100 gr de agua y el arroz. Cocer durante 20 minutos.

Transcurrido este tiempo, dejar enfriar.

Poner una sartén al fuego, echar un poco de aceite y saltear las setas cortadas muy finitas.

En un bol, echar el arroz, el pulpo muy picadito y las setas. Mezclar bien.

Añadir un poco de sal. Pelar un poco de jengibre, rallar y añadir al conjunto. Mezclar todo bien.

Coger un poco de la mezcla con la mano, moldear y poner sobre la oblea. Hacer un rollito.

Colocar en un plato y humedecer con agua con ayuda de un pincel.

A continuación, enfriar en la nevera durante 30 minutos.

Transcurrido este tiempo, retirar de la nevera, cortar en rodajas gruesas, emplatar y decorar con un poco de pimiento muy picadito por encima.

CREPPES DE VERDURAS

Ingredientes para 4 personas:
1 bote de menestra de verduras • 250 ml de leche • 180 gr de harina
40 gr de mantequilla • 2 huevos • bechamel (250 ml de leche, 30 gr
de harina) • 1 diente de ajo • sal • aceite de oliva

En un bol, echar 250 ml de leche y 40 gr de mantequilla. Calentar en el microondas en la posición máxima durante 20 seg.

En un recipiente amplio, echar 180 gr de harina y los huevos. Mezclar bien con ayuda de una varilla. A continuación, añadir la mezcla de leche y mantequilla. Mezclar bien el conjunto y colar la mezcla con ayuda de un colador para eliminar posibles grumos.

Poner una sartén al fuego, untar con un poco de aceite. Cuando la sartén esté caliente, echar un poco de la mezcla y extenderla bien por toda la base de la sartén. Cuando cuaje, dar la vuelta y emplatar.

En el centro, poner un poco del relleno, extenderlo bien y cubrir con otra creppe.

Para el relleno:

Poner al fuego una sartén amplia, echar aceite y el ajo muy picadito. Cuando el ajo comience a dorarse, retirar del fuego y echar 30 gr de harina. Remover bien con ayuda de una varilla.

A continuación, poner de nuevo al fuego, añadir 250 ml de leche y remover bien hasta obtener una bechamel.

Escurrir bien las verduras, echarlas en la bechamel y mezclar para que ensamble todo bien con ayuda de una cuchara de madera. Dejar que espese un poco y añadir un poco de sal.

CREPPES RELLENOS DE BONITO

Ingredientes para 4 personas:
masa de creppes • 1 rodaja de bonito • 2 tomates • 1 cebolleta
1 guindilla • 1 cucharada de pimentón • 50 gr de mantequilla
50 gr de harina • sal • aceite de oliva

Poner una sartén al fuego, untar la superficie con un poco de mantequilla con ayuda de un pincel.

Añadir un poco de la masa de creppes con ayuda de un cacillo y extender bien por la superficie de la sartén.

Cuando los bordes comiencen a tomar color, dar la vuelta, dejar dorar y retirar a un plato.

Poner encima un poco del relleno, enrollar, emplatar y salsear por encima. Decorar alrededor con unas tiritas de guindilla.

Para el relleno:

Lavar los tomates, cortar en daditos y reservar.

Cortar la cebolleta en trocitos —reservar la parte verde para la salsa.

Limpiar bien el bonito, retirar la piel y deshuesar. Cortar en daditos.

Poner una sartén al fuego y echar un poco de aceite. Echar la verdura picadita y añadir un poco de sal.

A continuación, añadir el bonito y otro poco de sal.

Cortar unas tiritas de guindilla con ayuda de unas tijeras y añadir otro poco de aceite. Rehogar el conjunto durante 5 minutos.

Para la salsa:

Poner un cazo con agua al fuego, echar la parte verde de la cebolleta y añadir el pimentón.

En un bol, echar harina y aceite en las mismas cantidades y mezclar bien el conjunto con ayuda de una varilla.

Cuando el caldo comience a hervir, añadir la mezcla de harina y aceite poco a poco. Remover según se añade con la varilla. Añadir un poco de sal.

Mezclar bien, colar con ayuda de un colador y reservar.

CREPPES RELLENOS DE VERDURAS

Ingredientes para 4 personas:
100 gr de masa especial para creppes • 125 ml de leche • 1 huevo
25 gr de mantequilla • ½ calabacín • ½ pimiento rojo
1 pimiento verde • bechamel (125 ml de leche, 40 gr de harina)
cebollino • sal • aceite de oliva

En un bol, echar la masa para creppes y el huevo. Mezclar con ayuda de una varilla.

Añadir la leche poco a poco y remover con la varilla según se añade para evitar la formación de grumos. Dejar reposar la mezcla unos minutos.

Poner una sartén al fuego y untar un poco de mantequilla con ayuda de un pincel.

A continuación, echar un poco de la mezcla con ayuda de un cacillo y extenderla bien por toda la base de la sartén. Cuando cuaje, dar la vuelta y emplatar.

Cortar las creppes con un cortapastas redondo para igualarlas. Poner un poco del relleno en el centro y hacer un hatillo. Atar con el cebollino y emplatar.

Para el relleno:

Limpiar la verdura y picarla muy finita.

Poner una cazuela a fuego suave, echar aceite y rehogar la verdura.

Cuando la verdura esté rehogada, añadir la harina y mezclar bien con el aceite.

Añadir la leche poco a poco y remover con ayuda de la varilla hasta que la mezcla espese. Añadir un poco de sal y reservar.

CROQUETAS DE CALABACÍN CON ENSALADA DE TOMATE

Ingredientes para 4 personas:
1 calabacín grande • 1 cebolla • 50 gr de harina
50 gr de aceite de oliva • 3 huevos • pan rallado
200 gr de jamón de recebo en lonchas • 2 tomates
sal • aceite de oliva

Poner una cazuela a fuego suave y echar tres cucharadas de aceite (de los 50 gr).

Lavar el calabacín, picar muy finito y echar en la cazuela.

A continuación, añadir la cebolla muy picadita y sofreír el conjunto.

En un bol, mezclar el resto de los 50 gr de aceite y la harina con ayuda de una varilla.

Añadir la mezcla a la cazuela poco a poco y remover según se añade.

Echar el conjunto en un recipiente amplio y extender bien.

Cubrir con papel especial para repostería —para evitar que se forme costra—, dejar reposar unos minutos a temperatura ambiente y posteriormente, enfriar en la nevera durante 30 minutos.

Transcurrido este tiempo, retirar de la nevera, hacer las croquetas, pasar por huevo, pan rallado y dar forma con la mano.

Freír en abundante aceite caliente y retirar a un plato con papel absorbente.

En un bol, echar el jamón muy picadito y calentar en el microondas durante 30 segundos para que suelte toda la grasa.

Pelar el tomate, cortar en gajos y colocar en el plato en forma de corona, en el centro colocar las croquetas y por encima del tomate añadir el jamón.

CROQUETAS DE CALAMAR

Ingredientes para 4 personas:
4 calamares pequeños • 2 sobres de tinta • 3 huevos
½ l de leche • 80 gr de harina • 80 gr de aceite de oliva
pan rallado • sal • aceite de oliva

Limpiar bien los calamares en un recipiente con abundante agua. Picarlos muy finitos.

Poner un cazo al fuego, echar la leche y añadir la tinta. Dejar hervir el conjunto.

Poner una cazuela grande al fuego, echar 80 gr de aceite, añadir los calamares bien picaditos y rehogar a fuego suave.

Una vez rehogado el calamar, dejar enfriar un poco el aceite y añadir la harina. Remover bien para evitar la formación de grumos.

Poner la cazuela a fuego máximo y añadir la leche con la tinta. Remover el conjunto con ayuda de una varilla.

Echar la mezcla en un recipiente, dejar reposar a temperatura ambiente unos minutos y posteriormente enfriar en la nevera durante 30 minutos.

Transcurrido este tiempo, retirar de la nevera, hacer unas croquetas, dar forma con un poco de pan rallado, pasar por huevo y pasar de nuevo por pan rallado.

Freír en abundante aceite caliente y sacar a un plato con papel absorbente. Emplatar.

CROQUETAS DE HONGOS

Ingredientes para 4 personas:
100 gr de hongos congelados • 3 huevos • ½ l de leche
80 gr de harina • 80 gr de aceite de oliva • pan rallado
sal • aceite de oliva

Poner una sartén a fuego máximo, añadir 80 gr de aceite y los hongos cortados muy finitos. Freír a fuego suave durante 10 minutos.

Transcurrido este tiempo, retirar los hongos del aceite y reservar. Dejar enfriar el aceite y añadir la harina. Mezclar bien con ayuda de una varilla.

Poner una cazuela al fuego, echar la leche y cuando comience a hervir añadir la mezcla de aceite y harina. Remover bien para evitar la formación de grumos.

A continuación, añadir los hongos, mezclar bien, añadir un poco de sal y triturar el conjunto con la batidora.

Echar la mezcla en un recipiente amplio, dejar reposar a temperatura ambiente unos minutos y posteriormente enfriar en la nevera durante 1 hora.

Transcurrido este tiempo, retirar de la nevera, hacer unas croquetas y pasar por huevo y pan rallado.

Freír en abundante aceite y sacar a un plato con papel absorbente. Emplatar.

CROQUETAS DE LANGOSTINOS

Ingredientes para 4 personas:
8 langostinos congelados • ½ l de leche • 60 gr de harina
60 gr de aceite de oliva • pan rallado • sal • aceite de oliva

Pelar los langostinos y reservar las cabezas y la piel.

Poner un cazo a fuego máximo, echar 60 gr de aceite, las cabezas y la piel de los langostinos. Rehogar hasta que la cáscara tome un color blanco.

Retirar las cabezas y las cáscaras, dejar enfriar el aceite y añadir la harina. Mezclar bien con ayuda de una varilla para evitar la formación de grumos.

Poner una cazuela con leche al fuego. Cuando comience a hervir, añadir la mezcla de harina y aceite. Añadir un poco de sal y remover con la varilla.

Cortar los langostinos en trozos pequeños y añadir a la cazuela. Mezclar bien con la varilla.

En un recipiente amplio, echar un poco de aceite y extender bien por la superficie del recipiente. Echar la mezcla, dejar reposar a temperatura ambiente unos minutos y posteriormente enfriar en la nevera durante 30 minutos.

Transcurrido este tiempo, retirar de la nevera, hacer una croquetas y pasar por pan rallado, por huevo y por último, de nuevo por pan rallado.

Freír en abundante aceite y sacar a un plato con papel absorbente. Emplatar.

CROQUETAS DE MAIZENA Y NARANJA CON SALSA DE ALBARICOQUE

Ingredientes para 4 personas:
½ l de leche • 100 gr de azúcar • 50 gr de maizena • 3 yemas
50 gr de confitura de naranja • 35 gr de mantequilla
1 rama de vainilla

Para la salsa de albaricoque:
2 cucharadas de mermelada de albaricoque • 200 ml de limoncelo
30 gr de azúcar

Para rebozar:
3 huevos • pan rallado • aceite de oliva

Poner una cazuela al fuego, echar la leche, la mantequilla y la rama de vainilla abierta a lo largo por la mitad.

En un bol amplio, echar la maizena y el azúcar. Remover con ayuda de una varilla para romper los grumos.

Añadir las yemas, un poco de la leche de la cazuela y mezclar el conjunto.

Cuando la leche hierva, retirar la cazuela del fuego, sacar la rama de vainilla y vaciar su contenido. Echar de nuevo todo en la cazuela y remover bien.

A continuación, echar la leche en el bol junto a la maizena y el azúcar. Mezclar el conjunto y echar de nuevo en la cazuela.

Poner al fuego, cuando comience a hervir, bajar el fuego y remover con la varilla para que la mezcla engorde.

Por último, retirar la rama de vainilla, añadir la confitura de naranja muy picadita y mezclar bien.

Encamisar un molde con film transparente, rellenar con la mezcla, tapar con el film sobrante y enfriar en la nevera durante 6 horas.

Transcurrido este tiempo, sacar de la nevera, retirar el film y cortar en rectángulos.

Pasar los rectángulos por huevo y pan rallado —triturado para que sea más fino.

Dorar en una sartén con aceite y retirar a un papel absorbente.

En la base del plato, echar un poco de la salsa de albaricoque y extender bien. Colocar dos croquetas encima y añadir un poco de la salsa por encima.

Para la salsa de albaricoque:

Poner una sartén al fuego y echar la mermelada.

Cuando esté caliente, añadir el azúcar y el limoncelo. Dejar hasta que evapore el alcohol y reservar.

NOTA: el pan rallado se puede aromatizar con un poco de regaliz, vainilla, etcétera.

CROQUETAS DE PATATA Y QUESO

Ingredientes para 4 personas:
3 patatas • 4 lonchas de queso cremoso • 200 gr de trucha ahumada
2 zanahorias • 2 huevos • pan rallado • nuez moscada
sal • aceite de oliva

Poner una cazuela con agua al fuego, echar sal e introducir las patatas. Cocer durante 25 minutos.

Transcurrido este tiempo, retirar del agua, dejar enfriar y pelar. Cortar en trozos y echar en un bol.

Añadir las lonchas de queso y calentar en el microondas durante 2 minutos.

A continuación, picar la trucha ahumada muy finita, echar en el bol y amasar bien el conjunto.

Extender la mezcla en un recipiente amplio y liso. Enfriar en la nevera durante 30 minutos.

Transcurrido este tiempo, retirar de la nevera y cortar con los cortapastas de figuras.

Pasar por huevo y pan rallado. Freír en abundante aceite caliente y retirar a un plato con papel absorbente.

Pelar la zanahoria y cortar unas láminas finitas con ayuda de una mandolina.

Colocar en el centro del plato, rallar un poco de nuez moscada por encima, añadir un poco de sal y unas gotitas de aceite. Colocar cuatro croquetas alrededor de la zanahoria.

CROQUETAS DE ZANAHORIA RELLENAS DE QUESO

Ingredientes para 4 personas:
6 zanahorias • 100 gr de queso Gruyère • 100 gr de queso Parmesano
100 gr de nueces peladas • 1 cucharada de pimienta de Jamaica
2 huevos • pan rallado • sal • vinagre de Módena en vaporizador
aceite de oliva

Poner una cazuela al fuego, echar un poco de agua y sal. Tapar la cazuela.

Cuando el agua comience a hervir, introducir las zanahorias peladas, tapar y cocer durante 20 minutos.

Transcurrido este tiempo, echar las zanahorias en el robot, añadir un poco del agua de la cocción y triturar.

A continuación, echar en un bol, rallar el queso parmesano con ayuda de un rallador y mezclar bien el conjunto.

Dejar enfriar la mezcla durante 20 minutos, hacer unas cenefas e introducir un dadito de queso Gruyère en cada cenefa.

Pasar por huevo y pan rallado. Freír en abundante aceite caliente y retirar a un plato con papel absorbente.

Emplatar y acompañar con la ensalada de nueces.

Para la ensalada de nueces:

En un bol pequeño, echar las nueces peladas y troceadas.

Vaporizar un poco de vinagre por encima, añadir un poco de aceite y la pimienta previamente triturada en un mortero. Mezclar bien el conjunto y reservar.

CRUJIENTE DE PLÁTANO

Ingredientes para 4 personas:
4 hojas de pasta brick • 4 plátanos muy maduros
100 gr de azúcar moreno • 30 gr de mantequilla

Para la crema de natillas:
½ l de leche • 6 galletas María • 125 gr de azúcar • 3 huevos

Pelar el plátano y retirar las puntas.

Separar la pasta brick del papel y cuadrar la lámina.

Pasar el plátano por azúcar moreno y colocar en el centro de la lámina.

Calentar la mantequilla en el microondas durante 30 segundos.

Pintar los bordes de la lámina con un poco de mantequilla con ayuda de un pincel y hacer un rollito.

Pintar la superficie de arriba del rollito con mantequilla y colocar los rollitos en un recipiente que sirva para el horno.

Introducir en la parte media del horno en posición aire caliente a 200 ºC durante 10 minutos.

En la base de un plato, echar un poco de la crema de natillas con ayuda de un cacillo, colocar el rollito encima y decorar con un poco de azúcar moreno por encima.

Para la crema de natillas:

En un recipiente, echar el huevo y el azúcar. Mezclar un poco con ayuda de una varilla.

Añadir poco a poco la leche. Remover según se añade.

Tapar el recipiente con film transparente y calentar en el microondas durante 2 minutos para que cuaje.

Transcurrido este tiempo, echar en el robot, añadir las galletas y triturar. Echar en un bol y reservar.

CUAJADA DE OVEJA CON SALSA DE MIEL Y PLÁTANO

Ingredientes para 4 personas:

Para la cuajada de oveja:
1 l de leche de oveja • cuajo

Para la salsa de miel y plátano:
200 gr de plátano • 150 gr de agua • 150 gr de azúcar
60 gr de miel • zumo de 1 limón • 5 gr de jengibre

Para decorar:
1 zanahoria • azúcar glaceé • almendras garrapiñadas picadas

Para la cuajada:

Poner un cazo al fuego y echar la leche. Cuando comience a calentar, retirar el cazo del fuego —no debe superar nunca los 60 ºC, la temperatura idónea son 50 ºC.

En cada copa, echar tres gotas de cuajo y añadir la leche. Dejar reposar las copas durante 30 minutos —es importante no mover las copas para que cuaje bien.

Añadir un poco de la salsa por encima, decorar con unos rollitos de zanahoria y añadir un poco de almendra garrapiñada por encima.

Para la salsa de miel y plátano:

Poner una cazuela a fuego máximo, echar el agua, el azúcar y el jengibre. Remover bien con ayuda de una cuchara.

Cuando comience a hervir, añadir el zumo de limón y la miel. Remover bien.

A continuación, cortar el plátano en rodajas y echar en la cazuela. Dejar reducir el conjunto durante 5 minutos.

Transcurrido este tiempo, triturar, colar con ayuda de un colador y dejar enfriar a temperatura ambiente.

Para la decoración:

Pelar las zanahorias y sacar unas tiritas con ayuda de un pelador.

Extender sobre una superficie lisa, espolvorear azúcar glaceé por encima con ayuda de un dosificador para que queden moldeables y reservar.

DADITOS DE PIXIN CON CREMA DE PUERRO

Ingredientes para 4 personas:
1 pixin (1 rape fresco del día de 1 kg) • 2 pimientos verdes
2 puerros • 2 huevos • harina • sal • aceite de oliva

Limpiar el rape, cortar las aletas y quitar la cabeza. Retirar la piel de la cola y cortar en daditos.

Poner una sartén con abundante aceite a fuego máximo. Echar un poco de sal en los daditos, pasar por harina y a continuación por huevo batido.

Freír los daditos vuelta y vuelta y retirar a un plato con papel absorbente —se termina de hacer fuera del aceite.

Lavar el pimiento, cortar en anillas finas y freír en la sartén.

En las cucharas, poner un poco de la crema de puerro y colocar encima el dadito de pixin. Decorar con una anilla de pimiento.

Para la crema de puerro:

Limpiar el puerro, hacer un corte en la parte verde y lavar bajo el chorro de agua fría.

Poner una cazuela con agua al fuego, echar el puerro y un poco de sal. Cocer durante 30 minutos.

Transcurrido este tiempo, echar en el robot y añadir un poco del caldo resultante de la cocción. Triturar y reservar en un bol.

DADITOS DE SALMÓN SOBRE GAZPACHO

Ingredientes para 4 personas:
1 rodaja de salmón • 5 tomates de rama • 4 zanahorias
pimienta verde liofilizada • pimienta negra en grano • sal
vinagre de manzana • aceite de oliva

Encender el horno en posición gratinar a 230 °C.

Retirar la piel y las espinas del salmón. Cortar en daditos.

En un recipiente que sirva para el horno, echar un poco de sal, pimienta negra recién molida, un chorrito de aceite y un chorrito de vinagre.

A continuación, añadir el salmón y mezclar bien el conjunto.

Introducir en la parte alta del horno durante 2 minutos.

Transcurrido este tiempo, retirar del horno y reservar.

Lavar el tomate y cortar en trozos.

En el robot, echar el tomate, un poco de la rama de la tomatera para potenciar el sabor —no mucho porque puede resultar tóxica.

A continuación, añadir un chorrito de aceite, vinagre y sal.

Pelar la zanahoria y cortar en trozos. Añadir la zanahoria y triturar el conjunto.

Una vez triturado, colar con ayuda de un colador.

En un plato hondo, servir un poco del gazpacho con ayuda de un cacillo y añadir como guarnición unos daditos de salmón.

Por último, añadir un poco de pimienta negra recién molida y un poco de pimienta verde.

DELICIAS DE PIMIENTO CON BECHAMEL

Ingredientes para 4 personas:
2 pimientos de asar entreverados • 8 kokotxas de bacalao desaladas
½ l de leche • 70 gr de aceite de oliva • 70 gr de harina
pimienta negra en grano • sal • aceite de oliva

Lavar los pimientos, secar y sobar bien con aceite. Colocar en un recipiente que sirva para el horno.

Introducir en la parte media del horno en posición aire caliente a 230 °C durante 20 minutos.

Transcurrido este tiempo, retirar del horno y dejar enfriar. Pelar, cortar cada pimiento a lo largo en cuatro tiras y reservar.

Envolver un plato con film transparente bien tirante.

En el centro de cada tira de pimiento, poner un poco de la bechamel espesa, hacer un rollito y colocar sobre el film transparente.

Enfriar en la nevera durante 1 hora para que compacte bien.

Transcurrido este tiempo, retirar de la nevera y emplatar en un plato que sirva para el horno.

Introducir en la parte media del horno en posición aire caliente a 180 °C durante 5 minutos.

Poner una sartén antiadherente a fuego máximo, impregnar bien con aceite las kokotxas, dorar en la sartén vuelta y vuelta —primero por la parte de la piel— y reservar.

Retirar los rollitos del horno y colocar encima de cada uno una kokotxa.

Para la bechamel:

Poner un cazo al fuego, echar un poco de sal y pimienta negra recién molida.

Cuando la leche comience a hervir, añadir la mezcla de aceite y harina poco a poco —remover según se añade con ayuda de una varilla.

Retirar el cazo del fuego, remover, dejar enfriar para que espese bien y reservar.

DORADA A LA SAL

Ingredientes para 4 personas:
1 dorada (2 kg) • sal marina

Limpiar la dorada, quitar las aletas y la tripa sin abrir la dorada para evitar la entrada de sal.

Echar la sal en un recipiente y mezclar con un poco de agua hasta conseguir una masa consistente.

En la bandeja del horno, poner un poco de la mezcla de agua y sal, colocar la dorada encima y cubrir con el resto de la mezcla.

Introducir en la parte alta del horno en posición aire caliente a 250 ºC durante 40 minutos (20 minutos/1 kg).

Transcurrido este tiempo, retirar del horno, quitar la costra de sal y emplatar.

EMPANADA DE PULPO Y CHORIZO

Ingredientes para 4 personas:
1 lámina de masa de empanada • ½ kg de pulpo • 1 ristra de chorizo
1 yema • harina

Poner la olla a presión a fuego máximo —sin agua—, introducir el pulpo y cerrar la olla.

En el momento que suba la válvula, bajar a fuego medio y cocer durante 5 minutos.

Transcurrido este tiempo, sacar de la olla, dejar enfriar, picar finito y reservar.

Picar finito el chorizo, echar en un bol, introducir en el microondas durante 1 minuto y reservar.

Echar un poco de harina sobre una superficie lisa, colocar la masa de empanada, añadir un poco de harina por encima y estirar bien con ayuda de un rodillo.

Cuadrar la masa y cortar por la mitad.

Sobre la bandeja del horno, echar un poco de harina y colocar una de las mitades.

Poner encima la mezcla de pulpo y chorizo. Pintar el borde del hojaldre con la yema de huevo batida con ayuda de un pincel y cubrir con la otra mitad del hojaldre.

Sellar el borde exterior con ayuda de un tenedor y pintar toda la superficie con la yema.

Introducir en la parte baja del horno en posición aire caliente a 180 ºC durante 10 minutos.

Transcurrido este tiempo, retirar del horno y emplatar.

EMPANADILLAS DE BACALAO Y PASAS

Ingredientes para 4 personas:
16 obleas de empanadillas • 200 gr de bacalao desalado desmigado
50 gr de uvas pasas • 1 cebolla • 1 huevo • 1 vaso de vino dulce
sal • aceite de oliva

Encender el horno en posición aire caliente a 150 ºC.

Cuadrar las obleas, poner un poco del relleno en la oblea, pintar el borde con un poco de agua y cubrir con otra oblea por encima. Presionar los bordes con un tenedor para que queden bien selladas.

En la bandeja del horno echar un poco de aceite y extenderlo bien con ayuda de un pincel. Colocar las empanadillas encima, pintar con un poco de aceite por encima para que tomen un color dorado e introducir en el horno durante 10 minutos.

Transcurrido este tiempo, retirar del horno y emplatar.

Para el relleno:

Poner una sartén con aceite al fuego, añadir la cebolla muy picadita y rehogar.

Cuando esté doradita, añadir las uvas pasas y el vino. Rehogar el conjunto durante 5 minutos.

Transcurrido este tiempo, echar la mezcla en un bol.

A continuación, añadir el bacalao desmenuzado con las manos para que suelte toda la gelatina, añadir la yema y mezclar para que ligue todo bien.

EMPANADILLAS DE CARNE DE CERDO AGRIDULCE

Ingredientes para 4 personas:
16 obleas de empanadillas grandes • 200 gr de carne de cerdo picada
200 gr de rúcula • 2 zanahorias • 2 huevos • 2 cucharadas de miel
sal • vinagre de manzana • aceite de oliva

Poner una cazuela al fuego y echar un chorrito de aceite.

Pelar la zanahoria, picar muy finita y echar en la cazuela.

A continuación, añadir la carne, un poco de sal, un chorrito de vinagre y la miel. Mezclar bien el conjunto.

Cuando la carne esté hecha, echar la mezcla en un recipiente y enfriar en la nevera durante 30 minutos.

Transcurrido este tiempo, retirar de la nevera y colocar un poco del relleno en el centro de la oblea.

Pintar el borde de la oblea con un poco de huevo batido con ayuda de un pincel.

Cubrir con otra oblea y sellar el borde con ayuda de un tenedor.

Lubricar la bandeja del horno con un poco de aceite y colocar las empanadillas encima.

Pintar las empanadillas con un poco de huevo batido.

Introducir en la parte media del horno en posición aire caliente y grill a 200 ºC durante 10 minutos.

Transcurrido este tiempo, retirar del horno y emplatar.

Lavar la rúcula y echar en un bol. Añadir un poco de sal, vinagre y aceite de forma generosa. Mezclar bien.

En el centro del plato, colocar un poco de la rúcula aliñada.

ENDIBIAS RELLENAS

Ingredientes para 4 personas:
4 endibias verdes • 4 endibias rojas • 300 ml de nata líquida
150 gr de queso Roquefort • 150 gr de salmón ahumado
tomillo fresco • sal • aceite de oliva

Echar el queso en un bol y derretir en el microondas durante 2 minutos.

Retirar la parte final del tallo de la endibia, separar las hojas y limpiar con un paño húmedo.

En un recipiente, echar la nata y batir un poco con ayuda de una varilla.

A continuación, añadir el queso templado —para evitar que se corte la nata— y remover con la varilla según se añade.

Añadir un poco de sal y un chorrito de aceite. Espesar bien.

Rellenar las hojas de endibia con la crema obtenida, emplatar y añadir un poco de salmón picadito por encima. Decorar con una ramita de tomillo.

ENSALADA DE ALCACHOFAS

Ingredientes para 4 personas:
8 alcachofas • 6 tomates de rama • ½ kg de judías verdes
4 cucharadas de azúcar • pimienta negra en grano • sal
aceite de oliva virgen extra

Poner una cazuela con un poco de agua al fuego y echar un poco de sal.

Pelar las alcachofas y cortar en rodajas. Echar en la cazuela y cocer durante 10 minutos.

Limpiar las judías verdes, retirar los extremos —reservar dos judías verdes para decorar— y cortar en trozos.

Poner una sartén con aceite al fuego. Cuando el aceite esté caliente, echar las judías verdes y freír durante unos minutos.

Retirar a un plato con papel absorbente y añadir un poco de sal por encima.

Picar muy finitas las judías verdes reservadas para decorar.

En el centro del plato, echar un poco de la crema de tomate y añadir una cucharada de azúcar por encima.

Colocar encima unas judías verdes y alrededor unas rodajas de alcachofa. Decorar con la judía verde picadita y un poco de pimienta negra recién molida.

Para la crema de tomate asado:

Encender el horno en posición aire caliente a 200 ºC.

Echar un poco de aceite sobre los tomates, sobar bien y poner en un recipiente que sirva para el horno.

Introducir en la parte media del horno durante 15 minutos.

Transcurrido este tiempo, echar el tomate en el robot, añadir un chorrito generoso de aceite y una pizca de sal.

Triturar bien el conjunto, colar con ayuda de un colador y reservar.

ENSALADA DE ALCACHOFAS Y SALMONETES

Ingredientes para 4 personas:
8 alcachofas • 2 salmonetes • surtido de setas • azafrán
pimienta blanca molida • sal • vinagre de vino • aceite de oliva

Limpiar bien las alcachofas, retirar las hojas y el tallo. Cortar el corazón de las alcachofas en láminas.

En un bol, echar aceite, un poco de sal y las alcachofas cortadas en láminas.

Añadir un poco de agua y mezclar bien con ayuda de una cuchara de palo.

Calentar en el microondas durante 4 minutos.

Limpiar los salmonetes, sacar los lomos y cortar en tiras sesgadas.

Poner una sartén al fuego, echar un poco de aceite y freír vuelta y vuelta.

En la base del plato, poner unas láminas de alcachofa, colocar encima unas tiras de salmonete y aliñar con la vinagreta de setas por encima.

Para la vinagreta de setas:

Limpiar las setas y picar finitas.

Poner una sartén al fuego con un poco de aceite, echar las setas picaditas y saltear.

En un bol amplio, echar un poco de vinagre, un poco de sal, pimienta blanca molida, un chorrito generoso de aceite y un poco de azafrán —previamente tostado cerca del fuego envuelto en papel de aluminio.

A continuación, añadir las setas salteadas y mezclar bien el conjunto.

ENSALADA DE ALUBIAS BLANCAS

Ingredientes para 4 personas:
1 bote de alubias blancas • 1 bote de espinacas • 250 gr de bacalao
desalado desmigado • 1 pimiento rojo morrón • 1 pimiento verde
1 cebolla • sal • vinagre de Jerez • aceite de oliva virgen extra

En un bol, echar las alubias y templar en el microondas durante 30 seg.

Lavar la verdura, picarla muy finita y añadirla a las alubias.

Picar el bacalao, añadirlo y mezclar bien.

Escurrir muy bien las espinacas, picarlas muy finitas y añadirlas al conjunto.

Echar un poco de sal, vinagre y aceite. Mezclar bien con ayuda de una cuchara de madera para evitar que se rompan las alubias y emplatar.

ENSALADA DE ARROZ

Ingredientes para 4 personas:
1 trozo de pierna de cerdo (600 gr) • 100 gr de arroz bomba
1 lechuga • 3 tomates de rama • 2 manzanas verdes ácidas
perejil rizado • sal • aceite de oliva

En la bandeja del horno, colocar la pieza de cerdo y añadir un poco de sal.

Introducir en la parte media del horno en posición vapor a 100 ºC durante 40 minutos —o en su defecto, cocer en una cazuela con un poco de agua.

Poner una cazuela a fuego máximo y tapar.

Cuando el agua comience a hervir, echar el arroz, remover bien y tapar de nuevo. Cocer durante 18 minutos.

Limpiar la lechuga en un recipiente con agua y sal, escurrir bien y centrifugar.

Cortar la lechuga en juliana fina y echar en un bol amplio.

A continuación, añadir el arroz cocido y mezclar bien.

En otro bol, echar el yogur y añadir aceite poco a poco. Remover según se añade con ayuda de una varilla. Añadir un poco de sal.

Añadir la salsa junto al arroz y la lechuga. Mezclar bien el conjunto.

Pelar el tomate, cortar por la mitad y retirar las pepitas. Picar finito y echar en el bol.

Pelar la manzana, cortar en daditos y echar en el bol.

Por último, cortar la carne cocida en daditos, echar en el bol y mezclar bien el conjunto.

Emplatar, dar un poco de forma con ayuda de una cuchara y decorar con un poco de perejil rizado.

ENSALADA DE ARROZ CON SALMÓN

Ingredientes para 4 personas:
200 gr de arroz basmatti • 100 gr de salmón ahumado • 3 tomates
2 aguacates • 1 lima • 50 gr de mayonesa • eneldo • sal
aceite de oliva

Poner una cazuela con agua al fuego, echar un poco de sal, añadir el arroz y cocer durante 15 minutos.

Transcurrido este tiempo, escurrir bien y reservar.

En un bol grande, echar el aguacate cortado en daditos, añadir el arroz y mezclar bien.

A continuación, echar el salmón picadito, añadir una pizca de eneldo y rallar un poco de lima con ayuda de un rallador.

Por último, añadir la mayonesa y ensamblar bien el conjunto.

Lavar el tomate, cortar en medias lunas y colocar por el borde exterior del plato.

En el centro del plato, colocar un poco de la mezcla de arroz y aguacate. Echar una pizca de eneldo por encima.

Añadir un poco de sal y un chorrito de aceite por encima del tomate.

ENSALADA DE ARROZ Y BONITO

Ingredientes para 4 personas:
300 gr de arroz basmatti • 1 lata de bonito • 1 lechuga • leche
sal • aceite de oliva virgen extra

Poner una cazuela con agua al fuego, echar un poco de aceite y sal. Añadir el arroz y dejar cocer durante 13 minutos. Transcurrido este tiempo, escurrir y dejar enfriar.

Cortar la lechuga en juliana fina y poner en un recipiente con agua. Dejar reposar durante 10 minutos.

En un recipiente amplio, echar la lechuga bien escurrida, el arroz y salsear por encima con la mayonesa de leche. Mezclar todo bien con ayuda de una cuchara de madera y enfriar en la nevera durante 30 minutos para que la mezcla quede más compacta.

Transcurrido este tiempo, retirar de la nevera, emplatar y añadir un poco de aceite por encima.

Para la mayonesa de leche con bonito:

En el vaso de la batidora, echar un poco de leche, cuatro veces más de aceite y el bonito. Mezclar suave con la batidora en la posición mínima hasta que emulsione.

ENSALADA DE ARROZ, LENTEJAS Y RAPE
CON CREMA DE QUESO Y ANCHOAS

Ingredientes para 4 personas:
100 gr de arroz basmatti • 100 gr de lenteja pardina • 1 cola de rape
(300 gr) • 1 lata de anchoas • 200 gr de crema de Camembert
2 huevos cocidos • 2 zanahorias • sal • aceite de oliva

Poner una cazuela con agua al fuego, añadir un poco de sal y cocer el arroz durante 15 minutos.

Poner otra cazuela con agua al fuego, añadir un poco de sal y cocer las lentejas durante 40 minutos.

Una vez cocido todo, dejar enfriar y reservar.

Limpiar el rape, quitar la piel, la espina central y sacar los lomos.

Poner otra cazuela con agua al fuego, añadir aceite de forma generosa y un poco de sal. Echar el rape y cocer durante 12 minutos.

En un recipiente, echar el arroz y las lentejas. Añadir la crema de Camembert y la anchoa picadita. Mezclar bien el conjunto.

Poner un poco de la mezcla en el centro del plato, alrededor unos medallones de rape. Rallar un poco de huevo y zanahoria por encima.

ENSALADA DE BACALAO MARINADO

Ingredientes para 4 personas:
500 gr de bacalao desalado • 6 pimientos verdes • 3 puerros cocidos
sal • vinagre de Módena • aceite de oliva

Poner un recipiente con agua al fuego y en el momento antes de comenzar a hervir, introducir el bacalao. Cocer a fuego suave durante 4 minutos.

Transcurrido este tiempo, retirar del fuego y dejar reposar. Posteriormente, sacar unas láminas finas de bacalao.

Freír los pimientos en abundante aceite caliente hasta dorar —reservar uno crudo para la vinagreta—. Retirar del fuego, dejar reposar durante unos minutos y posteriormente quitar la piel.

En un plato, colocar extendido la mitad del puerro, encima el pimiento frito y una última capa con láminas de bacalao. Salsear por encima con la vinagreta.

Para la vinagreta:

En un bol, echar un poco de aceite, vinagre, sal y el pimiento verde bien picadito. Mezclar bien el conjunto y reservar.

ENSALADA DE BERROS

Ingredientes para 4 personas:
1 manojo de berros • 1 bote pequeño de brotes de soja germinada
50 gr de almendra laminada • sal • aceite de oliva virgen extra

En un bol, poner los berros, cubrir con agua y echar sal. Lavarlos bien, retirar del agua poco a poco y escurrirlos bien.

En el centro del plato, colocar los brotes de soja y alrededor poner los berros. Echar un poco de sal y en el momento de servir añadir un poco de aceite de almendras por encima.

Para el aceite de almendras:

Encender el horno en posición gratinar a 230 °C, poner las almendras en un recipiente que sirva para el horno e introducir en el horno durante 2 minutos para que se doren un poquito —si se tuestan mucho amargan.

Transcurrido este tiempo, retirar del horno, echarlas en un bol y triturarlas un poco con ayuda de una cuchara de madera. Añadir un poco de aceite y dejar reposar para que se integren los sabores.

ENSALADA DE BOGAVANTE

Ingredientes para 4 personas:
2 bogavantes (½ kg/unidad) • 2 patatas • bouquet de ensalada
1 yogur natural • sal • vinagre de Módena
aceite de oliva virgen extra

Limpiar las patatas. Ponerlas en una cazuela, cubrir con agua y echar abundante sal. Dejar cocer a fuego fuerte durante 20-25 minutos.

Transcurrido este tiempo, comprobar que la patata esté tierna. Retirar las patatas de la cazuela y dejar enfriar. A continuación, quitar la piel y cortar en rodajas.

Poner otra cazuela con agua al fuego, cuando el agua esté hirviendo introducir los bogavantes. Dejar cocer durante 5 minutos.

A continuación, retirar del agua y enfriar en un recipiente con agua y hielo.

Una vez frío, pelar los bogavantes y cortar en rodajas.

En la base de un plato, colocar las rodajas de patata y aliñar con un poco de aceite, vinagre y sal. Sobre la patata colocar las rodajas de bogavante y el bouquet bien aliñado. Salsear por encima con la salsa de yogur.

Para la salsa de yogur:

En el vaso de la batidora, echar el yogur, las cabezas de los bogavantes y un chorrito de aceite. Triturar bien el conjunto.

ENSALADA DE CALAMAR Y HABITAS

Ingredientes para 4 personas:
1 bandeja de cogollos de Tudela • 1 bote de habitas cocidas
100 gr de calamares • 1 tomate • 1 pimiento verde
sal • aceite de oliva

Cortar los cogollos en cuatro partes iguales e introducir en un recipiente con abundante agua y sal.

Limpiar el calamar, cortar en daditos y añadir sal por encima.

Poner una sartén a fuego máximo, echar un poco de aceite y cuando esté muy caliente, echar el calamar. Dejar hasta que se dore un poquito.

A continuación, lavar el tomate, retirar las pepitas y cortar en daditos.

Echar el tomate en la sartén y saltear el conjunto durante unos minutos.

En el borde exterior de un plato, colocar los cogollos bien escurridos. En el centro, colocar el calamar y el tomate salteados. Aliñar con la vinagreta.

Para la vinagreta:

En un bol, echar un poco de vinagre, aceite, sal, pimiento verde bien picadito y las habas. Mezclar bien el conjunto y reservar.

ENSALADA DE CALAMAR Y MANZANA

Ingredientes para 4 personas:
250 gr de calamares • bouquet de ensalada • 1 manzana
1 limón • sal • vinagre de Módena • aceite de oliva

Pelar la manzana, cortar en cuatro partes y posteriormente en láminas finas.

Conservar en un bol cubierta con zumo de limón hasta el momento de montar el plato.

Limpiar los calamares y dejar secar a temperatura ambiente. Añadir un poco de sal por encima, pasar por un recipiente con aceite y dorar en la plancha durante 2 minutos.

En un bol, aliñar el bouquet con un poco de sal, vinagre y aceite.

Colocar unas láminas de manzana en dos extremos del plato, en otro extremo colocar los calamares y en el centro, colocar la ensalada aliñada.

Añadir por encima el jugo resultante del aliño.

ENSALADA DE CALAMARES

Ingredientes para 4 personas:
12 calamares pequeños • 100 gr de perretxicos • 1 manzana Golden
lechugas variadas • pimienta negra en grano • sal
vinagre de manzana • aceite de oliva virgen extra

Limpiar los calamares y reservar.

Pelar la manzana, cortar en láminas finas con ayuda de un pelador y emplatar.

Poner una sartén a fuego fuerte, echar un chorrito de aceite y añadir un poco de sal a los calamares.

Saltear vuelta y vuelta. Colocar por encima de la manzana.

Limpiar los perretxicos —reservar varios enteros para rallar posteriormente— y desmenuzar con la mano.

Poner otra sartén a fuego fuerte, echar un chorrito de aceite y añadir los perretxicos. Añadir un poco de sal y saltear.

Una vez salteados, añadir por encima del calamar.

En un bol, añadir el jugo resultante de freír los calamares, añadir un poco de pimienta negra recién molida y el vinagre de manzana. Remover bien con ayuda de una varilla.

A continuación, echar la lechuga en el bol y aliñar bien.

Añadir la lechuga aliñada por encima del calamar y perretxico.

Por último, rallar un poco de perretxico y servir.

ENSALADA DE CHICHARRO

Ingredientes para 4 personas:
3 chicharros • 3 patatas sin piel cocidas • 2 cebollas
1 bandeja de tomates cherry • 1 lata de anchoas en salazón
mayonesa • pimienta negra en grano • sal • aceite de oliva

En el robot, echar el tomate cherry bien lavado, triturar, colar y reservar.

Limpiar el chicharro, retirar las aletas, la cabeza y la cola. Deshuesar, sacar los lomos sin piel y retirar las espinas.

Colocar los lomos en un recipiente que sirva para el horno, echar sal y pimienta negra recién molida. Cubrir con el jugo de tomate y añadir un chorrito de aceite por encima. Dejar marinar durante 15 minutos.

Transcurrido este tiempo, introducir en la parte alta del horno en posición aire caliente a 200 ºC durante 3 minutos.

Cortar la patata en rodajas y colocar en el plato en forma de corona. En el centro, poner un poco de cebolla muy picadita. Colocar unos lomos con el jugo de tomate por encima y entre los lomos un poco de la mayonesa de anchoas.

Para la mayonesa de anchoas:

En el vaso de la batidora, echar la mayonesa y las anchoas. Triturar el conjunto y reservar.

ENSALADA DE CHICHARRO
CON ENDIBIAS ROJAS

Ingredientes para 4 personas:
1 chicharro (1 kg) • 2 endibias rojas • 1 bote pequeño de aceitunas
negras sin hueso • azúcar • sal • aceite de oliva virgen extra

Limpiar bien el chicharro y sacar los lomos de la zona central. Quitar la
piel y las espinas centrales con ayuda de unos alicates.

En un recipiente, poner un poco de la salsa, colocar los lomos encima,
añadir un poco de sal y cubrir por encima con otro poco de la salsa.

Limpiar las hojas de endibia con un paño húmedo, hacerles unos cortes
en la base en forma de v invertida y decorar el plato.

Para la salsa:

En el vaso de la batidora, echar las aceitunas negras, un poco de azúcar,
sal y aceite. Añadir un poco del agua de las aceitunas para obtener una
textura más cremosa y triturar el conjunto.

ENSALADA DE CHOPITOS

Ingredientes para 4 personas:
1 kg de chopitos (calamares pequeños) • 1 lechuga iceberg
3 endibias • 100 gr de rúcula • 100 gr de champiñones
1 sobre de tinta de calamar • perejil rizado
sal • vinagre • aceite de oliva

Colocar los chopitos en un recipiente que sirva para el horno e introducir en la parte media del horno en posición aire caliente a 230 °C durante
3 minutos para que pierdan la humedad.

Transcurrido este tiempo, retirar del horno y reservar.

Picar la lechuga muy finita e introducir en un recipiente con agua fría.

Limpiar la endibia y picar finita. Por último, limpiar la rúcula, picar y
reservar.

Poner una sartén al fuego con abundante aceite. Cuando el aceite esté muy caliente, echar los chopitos, dejar durante 20 segundos y retirar a un plato con papel absorbente. Añadir un poco de sal.

Cubrir la base del plato con las verduras picaditas, colocar los chopitos, añadir la vinagreta de tinta por encima y decorar con unas hojitas de perejil rizado.

Para la vinagreta de tinta:

Poner un cazo al fuego, echar el vinagre, la tinta y remover bien.

Limpiar el champiñón, picar muy finito y echar en un bol amplio. Añadir aceite, un poco de sal y el vinagre con sabor a tinta. Mezclar bien el conjunto y reservar.

ENSALADA DE CÍTRICOS

Ingredientes para 4 personas:
2 patatas nuevas cocidas • 2 naranjas • 1 pomelo rojo
100 gr de ciruelas pasas sin hueso • 100 gr de aceitunas verdes sin hueso • 2 cucharadas de azúcar • 2 cucharadas de canela en polvo
sal • aceite de oliva

Pelar las patatas en templado y cortar en rodajas. Poner en un recipiente amplio y añadir por encima el azúcar y la canela. Dejar unos minutos.

A continuación, pelar la fruta, eliminar la parte blanca para evitar que amargue y cortar en rodajas.

En la base de una fuente, poner la patata, el pomelo y por último, la naranja. Aliñar por encima.

Para el aliño:

En un bol, echar la ciruela y la aceituna, todo muy picadito. Añadir un chorrito de aceite y un poco de sal. Mezclar bien el conjunto.

ENSALADA DE COGOLLOS

Ingredientes para 4 personas:
4 cogollos de Tudela • 100 gr de pasta Udon • 50 ml de leche
6 gambas • 1 limón • 2 dientes de ajo • menta • sal • aceite de oliva

Poner una cazuela con agua al fuego. Cuando comience a hervir, echar la pasta y añadir un chorrito de aceite.

Cuando comience a hervir de nuevo, retirar del fuego y escurrir bien.

Limpiar los cogollos en un recipiente con agua y sal. Una vez limpios, escurrir bien y cortar en juliana fina.

En la base de un plato, poner un poco del cogollo, un poco del ajo picadito, un chorrito de aceite de oliva y la pasta por encima. Añadir la mayonesa de gambas y decorar con una ramita de menta.

Para la mayonesa de gambas a la plancha:

En el vaso de la batidora, echar la leche y tres veces más de aceite. Batir con la batidora a velocidad mínima.

Poner una sartén con un poco de aceite a fuego máximo, echar un poco de sal, poner las gambas y añadir otro poco de sal y aceite por encima. Dorar vuelta y vuelta.

Cuando estén doraditas, añadir el zumo del limón.

A continuación, retirar la sartén del fuego, echar en el vaso de la batidora las gambas y el jugo obtenido.

Triturar el conjunto y colar con ayuda de un colador. Echar en un recipiente y reservar.

ENSALADA DE COLIFLOR

Ingredientes para 4 personas:
1 coliflor • 400 gr de salmón fresco • 2 patatas • 1 cebolla
12 pastillas de alga Spirulina • sal • vinagre • aceite de oliva

Poner una cazuela alta al fuego, echar agua, sal y un chorrito de vinagre.

Limpiar la coliflor, separar en ramilletes, introducir en la cazuela y cocer durante 40 minutos.

Transcurrido este tiempo, retirar de la cazuela y reservar.

Lavar las patatas, pinchar por toda la superficie con ayuda de un cuchillo y envolver en film transparente de manera individual.

Colocar en un recipiente e introducir en el microondas durante 7 minutos.

Transcurrido este tiempo, retirar del microondas, dejar reposar y reservar.

Limpiar el salmón, retirar las espinas, sacar unas tranchas finitas y reservar.

Retirar la piel de la patata, colocar unos trozos de patata en la base del plato y encima un poco de coliflor.

Cubrir con las lonchas de salmón, añadir una pizca de sal y pintar con aceite con ayuda de un pincel.

Introducir en la parte alta del horno en posición gratinar a 230 ºC durante 2 minutos.

Transcurrido este tiempo, retirar del horno y decorar el plato con unas pinceladas de la mayonesa de alga.

Para la mayonesa de alga:

En la picadora, echar las pastillas de alga y triturar.

A continuación, añadir un chorro de aceite y triturar de nuevo.

Si queda muy espesa, aligerar con un poco de agua, triturar de nuevo y reservar.

ENSALADA DE COUS-COUS

Ingredientes para 4 personas:
200 gr de cous-cous • 150 gr de fiambre de pavo • 150 gr de mozarella
100 gr de bacalao ahumado • 1 manzana Granny Smith
¼ de ristra de chorizo • sal • aceite de oliva

Poner una cazuela de agua a fuego máximo y echar 300 ml de agua. Añadir un poco de sal.

Cuando el agua comience a hervir, añadir el cous-cous. Mover un poco la cazuela, tapar y retirar la cazuela del fuego. Dejar reposar durante 20 minutos.

Pelar la manzana, cortar en daditos y echar en un bol grande.

A continuación, cortar el fiambre y el queso en daditos. Añadir en el bol.

Picar el bacalao ahumado y echar en el bol.

Añadir el cous-cous y mezclar bien.

Por último, añadir el aceite de chorizo —reservar un poco para la decoración— y un poco de sal. Mezclar el conjunto y emplatar. Dibujar un hilito de aceite de chorizo por encima.

Para el aceite de chorizo:

Poner una sartén a fuego mínimo y echar abundante aceite. Picar el chorizo finito y echar en la sartén.

Cocer durante 3 minutos para que suelte toda la grasa en el aceite. Colar y reservar.

ENSALADA DE ENDIBIAS CON QUESO Y NUECES

Ingredientes para 4 personas:
1 bandeja de endibias • 8 lonchas de queso cremoso
100 gr de nueces • 1 pera • 1 limón • sal • aceite de oliva

Separar las hojas de las endibias y pasar por ellas un paño húmedo para limpiarlas. Una vez limpias, colocar las hojas en el borde exterior de un plato.

En el centro del plato, poner unos daditos de queso y añadir por encima unas nueces.

Aliñar la ensalada con la vinagreta y servir.

Para la vinagreta:

En un bol, poner unos daditos de pera, añadir un poco de aceite, unas nueces y la ralladura y el zumo de limón. Mezclar todo bien y reservar.

ENSALADA DE ESPÁRRAGOS, MOZARELLA Y LANGOSTINOS

Ingredientes para 4 personas:
8 espárragos frescos • 12 langostinos cocidos
150 gr de Mozarella en barra • 50 gr de mermelada de frambuesa
hierbabuena • pimienta • sal • vinagre de frambuesa
aceite de oliva virgen extra

Poner al fuego una olla a presión con un poco de agua. Echar un poco de sal y aceite.

Limpiar los espárragos, cortar la parte final del tallo y ponerlos en la olla.

Cerrar la olla y una vez que suba la válvula dejar cocer durante 1 minuto.

Cortar unos trozos de Mozarella del tamaño del langostino.

En el centro del plato, colocar un langostino, semimontar un trozo de queso, encima otro langostino, etc. Alternar cinco langostinos con cuatro trozos de Mozarella.

Colocar cuatro espárragos a cada lado del plato. Salsear con la vinagreta de frambuesa y añadir un poco de hierbabuena muy picadita por encima.

Para la vinagreta de frambuesa:

En un bol, echar la mermelada, un poco de vinagre, pimienta, sal y aceite. Mezclar todo bien.

ENSALADA DE FRESAS

Ingredientes para 4 personas:
1 cola de salmón • 200 gr de fresas • 1 vaso de vino tinto
pimienta negra en grano • hinojo fresco • sal
aceite de oliva virgen extra

Deshuesar el salmón, retirar la piel y cortar en daditos.

Poner en un recipiente amplio, añadir un poco de sal, pimienta negra recién molida de forma generosa y un chorrito de aceite. Remover bien, colocar unas ramitas de hinojo por encima y dejar macerar el conjunto durante 30 minutos.

Retirar la parte verde de las fresas y echar en un recipiente con agua. Dejar reposar durante 30 minutos.

Transcurrido este tiempo, retirar las fresas, escurrir bien y echar en un bol. Añadir un poco de sal, el vino y un chorrito de aceite. Mezclar bien y dejar reposar durante 5 minutos.

Una vez macerado el salmón, retirar el hinojo. Introducir el recipiente en la parte alta del horno en posición gratinar a 230 ºC durante 5 minutos.

En el borde exterior del plato, dibujar una corona con las fresas y en el centro colocar el salmón. Decorar el salmón con una ramita de hinojo.

ENSALADA DE GARBANZOS CON FIAMBRE DE POLLO

Ingredientes para 4 personas:
250 gr de garbanzos cocidos • 200 gr de pasta fillei calabrese
½ pechuga de pollo • ½ lechuga • 50 gr de curry • 1 cucharada de
pimentón • 1 cucharada de pimienta blanca • sal • aceite de oliva

Encender el horno en posición aire caliente a 200 ºC.

Poner una cazuela al fuego y echar agua.

Cuando comience a hervir, echar el curry, un poco de sal y un chorrito de aceite. Añadir la pasta y cocer durante 30 minutos.

Transcurrido este tiempo, echar en un bol, dejar reposar y enfriar en la nevera hasta el momento de servir.

En un recipiente que sirva para el horno, poner la pechuga, añadir un poco de sal, pimienta blanca y pimentón por ambos lados.

Añadir un chorrito de aceite por encima e introducir en la parte media del horno durante 30 minutos.

Transcurrido este tiempo, retirar del horno, dejar reposar y enfriar en la nevera hasta el momento de servir.

En un bol amplio, echar los garbanzos, añadir la cebolleta picadita —reservar la parte verde para decorar— y el pollo cortado en daditos del tamaño de los garbanzos.

Añadir el jugo resultante de asar el pollo, mezclar bien y reservar.

Lavar la lechuga, cortar en juliana fina y poner en un recipiente con agua y un poco de sal. Dejar durante unos minutos y centrifugar.

En la base de un plato hondo, colocar una cama de lechuga, encima los garbanzos y fiambre y por último, un poco de la pasta.

Decorar por encima con unas láminas de la parte verde de la cebolleta.

ENSALADA DE JUDÍAS VERDES CON MOZARELLA

Ingredientes para 4 personas:
500 gr de judías verdes • 500 gr de chopitos (calamares pequeños)
500 gr de Mozarella fresca • sal • aceite de oliva

Encender el horno en posición aire caliente a 230 °C.

Lavar las judías verdes, retirar las puntas y cortar en trozos.

Poner una sartén al fuego, echar un chorrito de aceite y añadir las judías verdes.

En un recipiente que sirva para el horno, poner los chopitos limpios e introducir en el horno durante 3 minutos para que pierdan el agua.

Sacar unas bolitas de Mozarella con ayuda de un sacabocados y reservar.

Cuando la judía verde esté casi hecha, añadir un poco de sal a los chopitos y echar en la sartén. Saltear bien el conjunto.

Emplatar y decorar con las bolitas de Mozarella.

Introducir en la parte alta del horno en posición gratinar a 230 °C durante 2 minutos.

ENSALADA DE JUDÍAS VERDES
Y FIAMBRE DE PAVO

Ingredientes para 4 personas:
300 gr de judías verdes • 250 gr de fiambre de pavo • 3 zanahorias
1 cabeza de ajo • sal • vinagre • aceite de oliva

Poner al fuego la olla a presión con cuatro dedos de agua. Echar un poco de sal, las judías cortadas en cuadraditos y la zanahoria cortada en daditos —previamente pelada—. Echar los dientes de ajo enteros.

Tapar la olla y una vez se levante la válvula, cocer durante 10 minutos.

Transcurrido este tiempo, colar la verdura. Retirar el ajo y el caldo. Enfriar la verdura con un poco de agua fría y escurrir.

Echar en un bol y aliñar con un poco de vinagre y aceite.

Emplatar la verdura en el centro de un plato y en los extremos colocar el fiambre de pavo en forma de rollitos.

ENSALADA DE LEGUMBRES CON MOLLEJAS

Ingredientes para 4 personas:
1 bote de alubias blancas cocidas • 1 bote de garbanzos cocidos
1 bote de lentejas cocidas • 1 lata de mollejas de pato confitadas
50 gr de espinacas frescas • ½ limón • salsa de soja • aceite de nuez
50 gr de harina de tempura • 70 gr de agua • sal • aceite de oliva

En un bol amplio, echar las legumbres bien escurridas.

Añadir un chorrito de salsa de soja, de aceite de nuez y el zumo de limón. Mezclar bien el conjunto.

Poner una sartén al fuego, añadir las mollejas cortadas en trozos, calentar y reservar en un bol.

Emplatar las legumbres aliñadas, en el centro unas mollejitas y decorar por encima con la guarnición.

Para la guarnición:

En un bol, echar la harina y el agua —remover según se añade con ayuda de una varilla.

Cubrir con film transparente y reservar.

Limpiar las espinacas.

Poner un wok al fuego y echar aceite de forma generosa.

Cuando esté caliente, pasar las hojas de espinaca por la tempura y freír en el aceite muy caliente.

Retirar a un plato con papel absorbente, añadir un poco de sal por encima y reservar.

ENSALADA DE LENTEJAS

Ingredientes para 4 personas:
400 gr de lenteja pardina • 2 latas de anchoas en salazón
1 bote pequeño de zanahoria rallada • 1 huevo cocido • 1 cebolleta
1 diente de ajo • comino • sal • aceite de oliva

Poner la olla a presión al fuego, echar las lentejas, el doble de agua, la cebolleta cortada en dos mitades, un poco de sal y un chorrito de aceite. Cerrar la olla y cocer durante 10 minutos.

Transcurrido este tiempo, abrir la olla y enfriar bajo el chorro de agua fría.

A continuación, escurrir bien y echar en un bol. Añadir la anchoa picadita, la zanahoria rallada, una pizca de comino, un poco de sal y un chorrito de aceite. Remover bien el conjunto.

Poner una sartén al fuego y freír el ajo cortado en láminas.

Servir la ensalada en una fuente, añadir el sofrito de ajo y picar el huevo cocido por encima.

ENSALADA DE LOMOS DE BONITO

Ingredientes para 4 personas:
1 cola de bonito • 24 tomates cherry • 4 nueces peladas
salsa Teriyaky • aceite de sésamo • sal • aceite de oliva

Sacar los lomos de la cola del bonito y retirar la piel. Sacar de cada lomo unos lomitos.

Lavar los tomates y hacer un corte en forma de cruz en la base.

Poner un cazo con agua al fuego, cuando comience a hervir, introducir los tomates. Dejar durante 40 segundos y sacar a un recipiente con agua fría.

Pelar los tomates y reservar.

En el borde exterior del plato, colocar seis tomatitos en forma de corona. Añadir un poco de sal sobre cada tomatito.

Poner una sartén al fuego, echar un poco de aceite, pasar cada lomito por el aceite y freír vuelta y vuelta.

Colocar dos lomitos en el centro del plato, pintar cada lomo con un poco de salsa Teriyaky con ayuda de un pincel.

Añadir unas gotitas de aceite de sésamo por encima y rallar un poco de nuez con ayuda de un rallador.

ENSALADA DE LUBINA CON AGUACATE, ESCAROLA Y GRANADA

Ingredientes para 4 personas:
1 lubina (1 kg) • 1 escarola • 1 aguacate • 1 granada • pimienta negra molida • sal • vinagre de Jerez • aceite de oliva virgen extra

Encender el horno en posición aire caliente a 200 ºC.

Limpiar la lubina y sacar los lomos con la piel. Cortar cada lomo por la mitad e igualarlos.

En un trozo de papel de aluminio, echar un poco de aceite y extenderlo con ayuda de un pincel. Colocar el lomo sobre el papel y añadir un poco de sal, pimienta y un poco de aceite. Cerrar herméticamente para evitar que salga el vapor.

Introducir en la parte alta del horno durante 5 minutos.

Pelar el aguacate, abrirlo a lo largo por la mitad, cortar en rodajas y colocar en la parte exterior del plato.

En el centro del plato, colocar la escarola aliñada con la vinagreta, poner los lomos de lubina encima y aliñar con la vinagreta de granada.

Para la vinagreta de granada:

En un bol, echar un poco de aceite, pimienta, sal, vinagre y unos granos de granada. Añadir la escarola limpia y mezclar bien con la varilla.

ENSALADA DE MANGO Y JAMÓN

Ingredientes para 4 personas:
8 brochetas de madera • 300 gr de canónigos • 50 gr de paleta ibérica
1 mango • 1 yogur natural • pimienta negra • perejil rizado
sal • aceite de oliva

Pelar el mango y cortar en láminas finas con ayuda de una mandolina.
Hacer rollitos.

A continuación, cortar cada loncha de jamón en dos mitades, hacer un
rollito con cada mitad.

Montar la brocheta, alternar los rollitos de mango y de jamón, hasta conseguir un total de dos rollitos de mango y dos de jamón en cada brocheta.

Lavar los canónigos y escurrir bien con ayuda de un centrifugador.

En un bol amplio, echar un poco de sal, aceite y pimienta negra recién
molida. Añadir los canónigos y mezclar bien.

Por último, poner los canónigos en una fuente y colocar las brochetas
alrededor. Añadir la salsa de yogur por encima y decorar con unas ramitas de perejil rizado.

Para la salsa de yogur:

En un cuenco, echar el yogur, un poco de pimienta negra recién molida,
sal y un chorrito de aceite. Mezclar bien y reservar.

ENSALADA DE MARISCO

Ingredientes para 4 personas:
2 brochetas largas de madera • 3 cogollos de Tudela
1 cola de langosta congelada • 4 cigalas vivas
4 carabineros congelados • 5 langostinos congelados
125 gr de mayonesa • 1 yogur natural • perejil rizado
sal • vinagre de manzana • aceite de oliva

Limpiar los cogollos en un recipiente con agua y sal.

Poner una cazuela con agua al fuego, echar abundante sal e introducir las
cigalas. Cocer durante 4 minutos.

Transcurrido este tiempo, retirar del agua y pasar a un recipiente con agua y hielos.

En el agua de cocción de las cigalas, introducir los langostinos y cocer durante 3 minutos.

Transcurrido este tiempo, retirar del agua y pasar al recipiente con agua y hielos.

La parte de la cola de la langosta que queda al descubierto, cubrir con un poco de papel de aluminio.

Poner otra cazuela con agua al fuego, echar abundante sal e introducir la langosta. Cocer durante 10 minutos.

Transcurrido este tiempo, retirar del agua y pasar al recipiente con agua y hielos.

En el agua de cocción de la langosta, introducir los carabineros y cocer durante 5 minutos.

Transcurrido este tiempo, retirar del agua, introducir dos brochetas por la parte superior para que la langosta quede estirada y pasar al recipiente con agua y hielos.

En una fuente, decorar el borde exterior con las hojas de cogollo más grandes.

En el centro, poner las hojas de cogollo más pequeñas cortadas en juliana fina.

Sobre la cama de cogollo, colocar la langosta cortada en rodajas y colocar alrededor el resto de los mariscos sin la piel.

En un bol, echar la mayonesa, añadir un chorrito de vinagre y el yogur. Mezclar bien.

Salsear la langosta y el resto del marisco por encima. Decorar por encima con unas hojitas de perejil rizado.

ENSALADA DE NARANJA

Ingredientes para 4 personas:
12 naranjas de zumo • 20 kiwis baby • 6 cebolletas
cilantro fresco • cilantro en especia • sal • aceite de oliva

Limpiar cuatro cebolletas, retirar la parte verde y cortar en bastoncitos.

Poner una sartén al fuego, echar un poco de aceite y la cebolleta. Añadir un poco de cilantro fresco y rehogar a fuego suave durante 15 minutos.

Pelar las naranjas, cortar en rodajas finas y emplatar.

Por encima de la naranja, poner la cebolla rehogada.

Picar finita la cebolleta restante y añadir por encima de la cebolleta rehogada.

Decorar cada plato con unos kiwis cortados por la mitad.

En el mortero, echar el cilantro en especia, un poco de sal y aceite. Machacar bien y añadir por encima de la ensalada.

ENSALADA DE OSTRAS CON AGUA DE GAZPACHO

Ingredientes para 4 personas:
4 ostras • 4 tomates maduros • 2 zanahorias • ½ rodaja de calabaza
½ pimiento verde • 1 diente de ajo • comino • romero • sal
vinagre de manzana • aceite de oliva

Echar en el robot el tomate lavado y cortado en trozos, el diente de ajo, el pimiento verde, un chorrito de aceite y vinagre.

Añadir un poco de agua y triturar el conjunto.

Una vez triturado, colar con ayuda de un colador, echar en un recipiente y enfriar en la nevera durante 30 minutos.

Poner un cazo con agua al fuego. Cuando comience a hervir, echar las ostras. Dejar durante 1 minuto para que se abran.

En la base de un plato hondo, echar un poco del gazpacho con ayuda de un cacillo y añadir una pizca de comino.

Colocar encima una ostra y cubrir la ostra con la crema de calabaza y zanahoria. Decorar con una ramita de romero.

Para la crema de calabaza y zanahoria:

Pelar la calabaza, retirar las pepitas y cortar en daditos. Pelar la zanahoria y cortar en trocitos.

Poner una cazuela al fuego, echar un poco de aceite, añadir la calabaza y la zanahoria. Rehogar el conjunto durante 30 minutos.

Una vez rehogado, echar en el robot, añadir unas ramitas de romero y triturar.

A continuación, echar de nuevo en la cazuela y calentar.

ENSALADA DE PALMITOS

Ingredientes para 4 personas:
1 bote de corazones de palmito • 1 escarola • 1 rulo de queso de cabra
4 tomates de rama • 1 rodaja de calabaza • 1 yogur natural • sal
vinagre de frambuesa • aceite de oliva

Pelar el tomate y cortar en rodajas.

En el centro de la fuente, colocar las rodajas de tomate y alrededor la escarola —previamente lavada.

Cortar el queso en rodajas y colocar por encima del tomate.

Cortar los palmitos a lo largo por la mitad y cada mitad cortar en dos de forma sesgada, añadir sobre el queso.

Vaporizar el aliño sobre la ensalada y añadir la mousse por encima con ayuda de una cuchara.

Para el aliño:

En un bol, echar un poco de sal, un chorrito de vinagre de frambuesa y aceite. Batir con ayuda de una varilla y echar en un vaporizador.

Para la mousse de calabaza y yogur:

Pelar la calabaza, cortar en daditos y echar en un bol. Añadir un poco de sal, aceite y un poco de agua.

Tapar con film transparente y calentar en el microondas durante 5 minutos.

Transcurrido este tiempo, echar en el robot y añadir el yogur. Triturar, echar en un bol y reservar.

ENSALADA DE PAN, BACÓN Y VINAGRETA DE NARANJA

Ingredientes para 4 personas:
pan de chapata • ½ escarola • 2 cogollos de Tudela
150 gr de bacón • 1 naranja • 2 dientes de ajo • sal
vinagre de Módena • aceite de oliva

Cortar los cogollos en cuatro partes.

Limpiar bien la escarola y los cogollos en un recipiente con abundante agua.

Cortar dos rebanadas de pan y frotar ambos lados de la rebanada con un ajo cortado por la mitad.

Poner una sartén a fuego suave y echar un poco de aceite. Cuando esté caliente, echar el bacón cortado en daditos y el pan impregnado en ajo en dados del tamaño del bacón. Freír hasta que el pan esté crujiente y reservar.

Escurrir la verdura y emplatar directamente, los cogollos en el borde exterior de un plato y el bouquet de escarola en el centro. Encima de la escarola, colocar el refrito de bacón y pan y aliñar con la vinagreta.

Para la vinagreta:

En un bol, echar un poco de sal, unas gotitas de vinagre, el aceite y el zumo de ½ naranja. Batir enérgicamente con ayuda de una varilla y reservar.

ENSALADA DE PASTA

Ingredientes para 4 personas:
400 gr de espaguetti extralargo • 200 gr de rúcula • 8 brotes de ajos tiernos • 1 cuña de queso Parmesano • 100 gr de piñones
sal • aceite de oliva

Poner una cazuela con agua al fuego, añadir un chorrito de aceite y un poco de sal.

Cuando el agua comience a hervir, echar la pasta, tapar y cocer durante 10 minutos.

Transcurrido este tiempo, escurrir con ayuda de un colador, echar en un bol, lubricar con un poco de aceite y reservar.

Poner una sartén al fuego con un poco del agua de cocción de la pasta.

Limpiar los ajos tiernos, retirar la capa exterior, cortar en rodajas y echar en la sartén. Cocer durante unos minutos.

Lavar bien la rúcula y picar finita.

Emplatar la pasta, hacer un nido en el centro y colocar un poco de la rúcula picadita, unos piñones y una pizca de sal. Rallar un poco de queso por encima.

Escurrir bien los ajos tiernos y añadir por encima de la pasta.

Decorar el centro del nido con galleta de parmesano.

Para la galleta de parmesano:

Colocar un salvabandejas en la bandeja del horno y rallar queso por encima.

Introducir en la parte alta del horno, en posición gratinar a 200 ºC durante 10 minutos.

Transcurrido este tiempo, retirar del horno y reservar.

ENSALADA DE PASTA FRESCA Y RÚCULA

Ingredientes para 4 personas:
200 gr de tallarines verdes • 1 escarola • 100 gr de nueces
2 yogures griegos • tomates cherry • mostaza • orégano
sal • aceite de oliva

Cocer la pasta en una cazuela con agua, sal y aceite. Tras cocer, enfriar un poco con agua, ya que se trata de una ensalada fría. Para aliñarla, en un recipiente echar la pasta, un poco de sal y aceite. Mezclar bien con las manos.

Limpiar la escarola en un recipiente con abundante agua. Para la ensalada, utilizar sólo las hojas y eliminar el tronco que es más leñoso y por lo tanto más duro. Para aliñarla, en el mismo recipiente donde se ha aliñado la pasta, repetir el proceso, poner la escarola, echar un poco de sal y aceite. Mezclar con las manos.

Lavar bien los tomates y abrirlos por la mitad.

Colocar los tomates en el borde exterior de un plato, en el centro poner la pasta cocida bien escurrida y encima de la pasta colocar la escarola.

Adornar por encima con unas nueces y salsear.

Para la salsa:

En un bol, echar el yogur y añadir un poco de mostaza, sal, orégano y aceite. Remover bien y si resulta muy espesa, añadir un poquito de agua.

ENSALADA DE PASTA MARINERA

Ingredientes para 4 personas:
300 gr de hélices • 100 gr de gamba arrocera congelada
1 calamar limpio (½ kg) • 8 mejillones • 1 zanahoria
300 ml de salsa de tomate • vino blanco • salvia fresca
sal • aceite de oliva

Poner una cazuela con agua al fuego, echar un poco de sal y un chorrito generoso de aceite.

Añadir la pasta en el agua fría, remover un poco, tapar y cocer durante 10 minutos.

Transcurrido este tiempo, escurrir bien y echar en un bol. Añadir un poco de aceite y reservar.

Echar la pasta en la cazuela de la salsa marinera y mezclar bien el conjunto.

Emplatar y decorar con el tubo de calamar, los mejillones a la plancha y una hojita de salvia.

Para la salsa marinera:

Poner una cazuela al fuego, echar un chorrito de aceite, añadir la zanahoria muy picadita y rehogar durante 2 minutos.

Añadir un poco de sal sobre la gamba descongelada y echar en la cazuela.

A continuación, añadir un chorrito de vino blanco y dejar en el fuego hasta que el alcohol evapore.

Una vez haya evaporado, añadir la salsa de tomate, unas hojas de salvia picaditas y cocer el conjunto a fuego suave durante 20 minutos.

Para la decoración:

Poner una sartén al fuego, echar un poco de agua para generar vapor y colocar los mejillones para que el calor se distribuya de forma homogénea.

Doblar un trozo de papel de aluminio sobre sí mismo y cubrir la sartén sellando bien el borde para evitar la pérdida de vapor. Dejar 2 minutos para que el mejillón se abra.

Poner una sartén antiadherente al fuego, echar una gotita de aceite.

Cortar el calamar en cuatro rectángulos. Por la parte interior, hacer un corte en forma de rejilla y añadir un poco de sal por encima.

Dorar en la sartén vuelta y vuelta, primero por la parte del corte y reservar.

Dorar los mejillones en la sartén y reservar.

ENSALADA DE PASTA, YEMAS Y BACALAO

Ingredientes para 4 personas:
400 gr de pasta tricolor • 400 gr de bacalao desalado desmigado
3 huevos • 2 dientes de ajo • pimienta • sal
aceite de oliva virgen extra

Poner una cazuela con agua al fuego, echar un poco de sal, aceite y pimienta. Cuando el agua comience a hervir, añadir la pasta y dejar cocer.

Una vez cocida, escurrir y dejar enfriar.

Poner una sartén al fuego, echar un poco de aceite y freír los dientes de ajo cortados a la mitad. Cuando el ajo esté doradito, retirar la sartén del fuego y añadir el bacalao desmigado cortado en trozos. Dejar reposar unos minutos.

En un plato hondo, echar la pasta. Hacer un nido en medio y colocar el bacalao.

En el momento de servir, añadir la salsa de yema y un poco de pimienta por encima.

Para la salsa de yema:

Poner un cazo con un poco de agua al fuego, añadir las yemas, un poco de sal y pimienta. Montar dentro y fuera del fuego con ayuda de una varilla para evitar que cuaje.

ENSALADA DE PECHUGAS DE CODORNIZ CON MAYONESA DE REMOLACHA

Ingredientes para 4 personas:
4 codornices • 1 bote de remolacha • ½ lechuga
1 bote de mayonesa ligera • sal • vinagre de Módena
aceite de oliva virgen extra

Limpiar la lechuga, cortar en juliana fina y dejar reposar en un recipiente con abundante agua y hielo.

Deshuesar las codornices y reservar las pechugas.

Poner una sartén a fuego máximo y echar un poco de aceite. Añadir un poco de sal a las pechugas y freír hasta que estén doraditas.

Escurrir la lechuga y poner en el centro del plato. Añadir un poco de remolacha picadita y salsear por encima con un poco de mayonesa ligera. Colocar las pechugas bien doraditas por encima.

Dejar enfriar la sartén utilizada para freír las pechugas y añadir un poco de vinagre. Remover con la espátula de madera para obtener toda la sustancia. Salsear la ensalada con el jugo obtenido.

ENSALADA DE PENCAS, REMOLACHA Y CALABACÍN

Ingredientes para 4 personas:
½ kg de pencas (acelgas) • 1 remolacha • 1 calabacín
2 cucharadas de miel de flores • 2 cucharadas de pimentón dulce
sal • aceite de oliva

Poner la olla a presión al fuego con un poco de agua. Cocer la remolacha durante 30 minutos.

Limpiar bien las pencas y cortar en trozos de unos cuatro dedos de grosor.

Poner una cazuela al fuego, echar agua, un poco de sal y las pencas. Tapar la cazuela y cocer durante 25 minutos.

Lavar bien el calabacín y cortar en rodajas.

En un recipiente que sirva para el horno, echar un poco de aceite y colocar las rodajas de calabacín. Añadir un poco de sal y un chorrito de aceite por encima.

Introducir en la parte media del horno en posición aire caliente a 200 ºC durante 15 minutos.

Transcurrido este tiempo, colocar unas rodajas de calabacín en el centro del plato y alrededor unos daditos de remolacha cocida.

Cortar las pencas cocidas en juliana fina y echar en el bol de la vinagreta para que se integren los sabores.

Añadir por encima del calabacín.

Para la vinagreta:

En un bol echar el pimentón, la miel y un chorrito de aceite. Mezclar bien con ayuda de una varilla y reservar.

ENSALADA DE POLLO ESCABECHADO

Ingredientes para 4 personas:
1 pollo de corral • 3 patatas pequeñas • 1 cebolleta • 10 cerezas
1 cuña de queso Idiazábal ahumado • pimienta negra en grano
tomillo limonero • sal • 250 ml de vinagre • aceite de oliva

Esterilizar el pollo con ayuda de un soplete.

Sacar la pechuga con la piel y poner en un recipiente. Añadir sal y pimienta negra recién molida por ambos lados y colocar con la piel hacia arriba.

Añadir por encima la cebolleta cortada en trozos, una ramita de tomillo limonero y cubrir con el vinagre.

Introducir en el microondas durante 6 minutos.

Transcurrido este tiempo, retirar del microondas y dejar enfriar.

Lavar las patatas, retirar los extremos y cortar en rodajas.

Poner un cazo al fuego, echar abundante aceite e introducir las rodajas de patata. Confitar durante 15 minutos y retirar a un plato con papel absorbente.

En un mortero, poner las cerezas deshuesadas. Añadir un poco de sal, un chorrito de aceite y unas gotitas de agua. Aplastar y reservar.

En la base del plato, colocar cinco rodajas de patata, el pollo cortado en daditos y las cerezas por encima.

Decorar con unas tiritas de queso y una ramita de tomillo limonero.

ENSALADA DE QUESO DE BURGOS CON ANCHOAS Y ZUMO DE TOMATE

Ingredientes para 4 personas:
2 botellines de zumo de tomate • 1 lata de anchoas en salazón
½ kg de queso de Burgos • orégano • sal • aceite de oliva

Cortar unos triángulos de queso de Burgos y colocar en un plato.

Colocar las anchoas encima del queso.

Añadir por encima la salsa de tomate y servir frío.

Para la salsa de tomate:

En el vaso de la batidora, echar el zumo de tomate, batir un poco y agregar el aceite poco a poco hasta conseguir una emulsión de tomate y aceite.

Echar en una jarra, añadir un poco de orégano y una pizca de sal. Mezclar todo bien y reservar.

ENSALADA DE QUESO DE BURGOS Y SALMÓN AHUMADO

Ingredientes para 4 personas:
1 terrina de queso de Burgos • 1 sobre pequeño de salmón ahumado
1 escarola • 1 tomate • orégano • sal • vinagre de Módena
aceite de oliva virgen extra

Pelar el tomate, cortar a la mitad, retirar las pepitas —reservarlas para la vinagreta— y cortar en daditos pequeños.

Cortar las lonchas de salmón en cuadrados. Las puntas, picarlas finitas y mezclarlas con el tomate.

En un plato, echar un poquito de aceite, extenderlo bien por toda la superficie y colocar las lonchas de salmón en la parte exterior del plato.

Cortar el queso en bastoncillos y colocarlos sobre el salmón.

En el centro del plato, colocar la escarola, añadir la mezcla de tomate y salmón picado y aliñar con la vinagreta por encima.

Para la vinagreta:

En un bol, echar las pepitas del tomate, añadir un poco de sal, orégano, aceite y vinagre. Mezclar bien con ayuda de una varilla.

ENSALADA DE RAPE Y CHATKA

Ingredientes para 4 personas:
1 cola de rape (200 gr) • 200 gr de patas de cangrejo real de
Kamchatka (chatka auténtico) • 100 gr de almejas • 16 rábanos
4 huevos cocidos • 2 dientes de ajo • perejil fresco
mayonesa • sal • aceite de oliva

Poner una cazuela grande al fuego, echar agua y sal de forma generosa. Cuando comience a hervir, introducir las patas de cangrejo, tapar y cocer durante 10 minutos.

Transcurrido este tiempo, retirar las patas de la cazuela, dejar enfriar, sacar la carne y desmigar —reservar unas tiritas para decorar.

Poner otra cazuela al fuego, echar agua y sal e introducir la cola de rape sin retirar la piel. Tapar y cocer durante 10 minutos.

Transcurrido este tiempo, retirar de la cazuela, dejar enfriar y picar finito.

En un bol amplio, echar el chatka, el rape y dos huevos rallados con ayuda de un rallador grueso.

A continuación, añadir la mayonesa de salsa verde. Mezclar bien el conjunto.

Emplatar y rallar un poco de huevo por encima con ayuda de un rallador fino.

Decorar por encima con unas tiritas de chatka y alrededor con unos rábanos.

Para la mayonesa de salsa verde:

Poner una cazuela al fuego, echar un chorrito de aceite, el ajo y el perejil —ambos bien picaditos—. Añadir las almejas, un poco de agua y dejar hasta que se abran.

En el vaso de la batidora, echar las almejas, junto con el aceite, ajo y perejil. Triturar el conjunto.

En un bol, echar la mayonesa y añadir la salsa verde triturada. Mezclar bien y reservar.

Para la decoración:

Alrededor del eje central del rábano, pelar un poco los cuatro extremos y hacer un corte en la carne para abrirlos como si se tratara de una flor.

Introducir en un recipiente con agua y hielos para que se abran.

ENSALADA DE RAPE Y LANGOSTINOS

Ingredientes para 4 personas:
bouquet de verduras • 8 langostinos congelados • 100 gr de rape
1 puerro • sal • vinagre de Jerez • aceite de oliva virgen extra

Poner un cazo al fuego con agua y sal. Echar el rape y los langostinos. Dejar cocer el conjunto.

Una vez cocido, dejar enfriar el rape por un lado y los langostinos en un recipiente con agua y hielo durante unos minutos.

A continuación, pelar los langostinos y cortar el rape en rodajas.

En un recipiente amplio, poner el bouquet, cubrir con agua y añadir unos hielos. Dejar reposar unos minutos. Transcurrido este tiempo, escurrir las verduras y añadirlas a la vinagreta. Mezclar bien el conjunto.

En el centro del plato, colocar el bouquet aliñado con la vinagreta, alrededor poner los medallones de rape. Adornar el bouquet con los langostinos en cascada. Aliñar con la vinagreta y añadir una pizca de sal por encima.

Para la vinagreta:

Lavar bien el puerro y sacar el corazón, cortarlo muy finito. En un bol, poner el puerro muy picadito, un poco de sal, un chorrito de vinagre y aceite. Batir el conjunto con ayuda de un tenedor.

ENSALADA DE REMOLACHA

Ingredientes para 4 personas:
1 paquete de remolacha envasada al vacío • 300 gr de queso fresco
cremoso • 4 tomates de rama • jengibre • hierbas de Provenza
sal • vinagre • aceite de oliva

Cortar los extremos de la remolacha y retirar. Cortar la remolacha en rodajas y colocar en el borde exterior del plato.

Cortar el queso en daditos y poner en el centro del plato. Aliñar por encima.

Acompañar con una copita de zumo de tomate licuado.

Para el aliño:

En un bol, echar un poco de sal, hierbas de Provenza, un poco de vinagre y un chorrito generoso de aceite. Batir bien con ayuda de una varilla.

Para el zumo de tomate licuado:

Lavar el tomate, cortar en trozos y echar en la licuadora.

Pelar un poco de jengibre y echar en la licuadora. Licuar y servir en copas.

ENSALADA DE REMOLACHA Y QUESO

Ingredientes para 4 personas:
1 bote de remolacha • 2 cogollos de Tudela • 1 patata
200 gr de Mozarella en barra • sal • vinagre de manzana
aceite de oliva virgen extra

Poner una sartén al fuego, echar abundante aceite y freír la patata cortada en bastoncillos muy finos. Retirar a un plato con papel absorbente y añadir un poco de sal por encima.

Cortar los cogollos en juliana fina y dejar reposar en un recipiente con agua.

Cortar la Mozarella en rodajas finas.

En la parte exterior del plato, colocar las rodajas de Mozarella dibujando un círculo, en el centro hacer una especie de cama con el cogollo cortado en juliana fina y aliñado con la vinagreta.

Escurrir la remolacha y cortar en tiras finas. Colocar encima del cogollo aliñado y añadir por encima un poco de la vinagreta.

Decorar el plato con las patatas.

Para la vinagreta:

En un bol, echar un poco de vinagre, sal y aceite. Batir bien con ayuda de una varilla y añadir el cogollo picadito y bien escurrido. Mezclar todo bien.

ENSALADA DE REMOLACHA, COLIFLOR Y PATATA

Ingredientes para 4 personas:
1 coliflor pequeña • 3 patatas • 2 remolachas cocidas envasadas al vacío • crema de queso Manchego • nuez moscada
½ limón • sal • aceite de oliva

Poner una cazuela con agua al fuego, echar el limón y un poco de sal.

Limpiar la coliflor, sacar los ramilletes, echar en la cazuela y cocer durante 30 minutos. Transcurrido este tiempo, retirar del agua, dejar enfriar, cortar en rodajas y reservar.

Poner otra cazuela con agua al fuego y echar sal de forma generosa. Introducir las patatas lavadas y cocer durante 30 minutos.

Transcurrido este tiempo, retirar del agua, dejar enfriar y pelar. Cortar a lo largo en rodajas y reservar.

Lavar bien la remolacha y cortar en rodajas.

En la base del plato, colocar en este orden, una rodaja de patata, encima coliflor y remolacha. De nuevo, encima patata, coliflor y por último, remolacha.

Añadir por encima unas cucharadas de aceite de nuez moscada y la crema de queso —previamente calentada en el microondas durante 2 minutos.

Decorar a ambos lados con unas rodajas de remolacha cortada con ayuda de un cortapastas y rallar un poco de nuez moscada por encima.

Para el aceite de nuez moscada:

En un bol, echar aceite, rallar un poco de nuez moscada con ayuda de un rallador, mezclar bien y reservar.

ENSALADA DE REMOLACHA, QUESO Y TOMATE

Ingredientes para 4 personas:
1 bote de remolacha • 300 gr de Mozarella en barra
4 tomates de rama • orégano • sal • aceite de oliva virgen extra

Cortar la remolacha en rodajas y colocar en el plato dibujando un cuadrado. Sacar unas bolas de Mozarella con ayuda de un sacabocados y colocar en el centro del plato. Decorar la parte exterior del plato con un poco de la crema de tomate. Añadir por encima un poco de la vinagreta.

Para la crema de tomate:

En el vaso de la batidora, echar el tomate cortado en trozos, añadir un chorro de aceite, un poco de sal y orégano. Triturar el conjunto y colar con ayuda de un colador.

Para la vinagreta:

En un bol, echar un poco de remolacha y queso bien picadito, añadir un poco de orégano, sal y aceite de oliva. Mezclar bien el conjunto.

ENSALADA DE TOMATE CON QUESO DE CABRA

Ingredientes para 4 personas:
1 lechuga de hoja de roble • 1 rulo de queso de cabra
8 tomates maduros del mismo tamaño • 2 mandarinas
1 manzana Granny Smith • sésamo • mezcla de 5 pimientas en grano
pimienta de Jamaica en grano • pimienta negra en grano
pimienta blanca en grano • sal • aceite de oliva

Lavar los tomates y cortar horizontalmente en dos mitades. Retirar las pepitas con ayuda de una cuchara.

En una fuente que sirva para el horno, echar un chorrito de aceite. Pasar los tomates por el aceite y colocar en el recipiente.

Añadir un poco de sal e introducir en la parte media del horno en posición aire caliente a 60 ºC durante 3 horas.

Transcurrido este tiempo, retirar del horno y dejar reposar.

Lavar la lechuga, escurrir con ayuda de un centrifugador y retirar la parte blanca más carnosa.

En un mortero, poner un poco de la mezcla de las pimientas, triturar y reservar.

Cortar unas rodajas finas de queso con el filo del cuchillo caliente, pasar el queso por la pimienta y reservar.

Lavar la manzana y retirar el corazón con ayuda de un descorazonador. Cortar en láminas finas con ayuda de una mandolina y reservar.

En el borde exterior del plato, colocar las hojas de lechuga, unas láminas de manzana, el tomate, y en el centro colocar el queso.

Salsear con la vinagreta de mandarina y añadir un poco de sésamo por encima.

Para la vinagreta de mandarina:

En un bol echar el zumo de las mandarinas, un poco de pimienta negra recién molida y un poco de aceite. Batir con ayuda de una varilla según se añade y reservar.

ENSALADA DE TOMATE Y TARTAR DE BACALAO

Ingredientes para 4 personas:
2 lomos de bacalao desalado • 8 tomates • 100 gr de rúcula
1 lima • 8 barritas de regaliz de Zara • sal
aceite de oliva virgen extra

Cortar el regaliz en trozos, echar en el robot, triturar hasta conseguir polvo de regaliz y reservar.

Pelar los tomates, cortar por la mitad, retirar las pepitas y picar finito.

En un bol, echar el tomate picadito. Añadir una pizca de sal, un poco de polvo de regaliz, un chorrito de aceite y unas hojas de rúcula muy picadita. Mezclar bien el conjunto.

Retirar la piel del bacalao y picar finito. Echar en un recipiente, añadir un chorrito de aceite, mezclar bien y dejar reposar unos minutos.

En el centro de una fuente, poner el bacalao y alrededor el tomate.

Lavar la lima y rallar un poco por encima con ayuda de un rallador.

Decorar con unas hojas de rúcula y añadir un poco de polvo de regaliz por encima.

ENSALADA DE TOMATES A LA MURCIANA

Ingredientes para 4 personas:
1 lata de tomates embotados • 1 lata de ventresca de atún
1 lata de aceitunas negras deshuesadas • 2 huevos cocidos
1 cebolleta • pimienta negra en grano • sal • aceite de oliva

Retirar los extremos de los tomates, cortar cada tomate en cuatro trozos y poner en la base de una fuente.

Cubrir con una capa de aceitunas cortadas por la mitad.

Rallar por encima el huevo cocido con ayuda de un rallador grueso.

Cortar la cebolleta en daditos y echar en un bol. Añadir una gotita de agua para que quede bien suelta.

Añadir la cebolleta por encima del huevo y cubrir con las lascas de ventresca.

Moler un poco de pimienta, añadir un poco de sal y un chorrito de aceite.

Cubrir con film transparente y enfriar en la nevera durante 2 horas.

Transcurrido este tiempo, retirar de la nevera y decorar con una ramita de perejil.

ENSALADA DE TRIGO TIERNO Y CHATKA

Ingredientes para 4 personas:
200 gr de trigo tierno • 3 patas de cangrejo real de Kamchatka
(chatka auténtico) • 8 huevos de codorniz • 8 tomatitos cherry
½ lechuga de hoja de roble • 50 gr de canónigos • 5 fresas
sal • aceite de oliva

Poner una cazuela al fuego, echar agua y un poco de sal.

Cuando comience a hervir, echar el trigo, tapar y cocer durante 20 minutos.

Poner otra cazuela alta al fuego, echar agua y sal de forma generosa. Introducir las patas de cangrejo y cocer durante 5 minutos.

Transcurrido este tiempo, retirar de la cazuela, dejar enfriar, sacar la carne y reservar.

Poner un wok a fuego máximo, echar un poco de aceite y rehogar los tomatitos durante 1 minuto.

A continuación, añadir el trigo cocido, un poco de sal y remover el conjunto. Rehogar durante 2 minutos y echar en un bol.

Añadir el chatka cortado en rodajas, los huevos y los canónigos —previamente lavados.

Por último, añadir las fresas cortadas en trocitos —reservar una entera para la decoración— y un chorrito de aceite. Mezclar bien el conjunto y reservar.

En la parte exterior de una fuente, colocar las hojas de lechuga —previamente lavadas—. En el centro, poner la mezcla y decorar con la fresa por encima.

ENSALADA DE TRUCHA CON AGUACATE

Ingredientes para 4 personas:
1 trucha (1 kg) • bouquet de ensalada • 1 bote pequeño de huevas de
trucha • 1 cebolleta • 1 aguacate • sal • vinagre de Módena
aceite de oliva virgen extra

Limpiar la trucha y quitar la cabeza. Sacar los lomos, quitar las espinas con ayuda de unos alicates y quitar la piel.

En un recipiente, echar sal, vinagre y aceite. Mezclar bien con ayuda de una varilla y poner los lomos de trucha. Dejar marinar durante 3 horas.

Transcurrido este tiempo, echar en un recipiente un poco de la mezcla de aceite, vinagre y sal donde ha estado marinando la trucha, añadir el bouquet y mezclar bien.

Abrir el aguacate a lo largo por la mitad y cortar en láminas.

En la base de un plato amplio, colocar dos hileras de láminas de aguacate, entre las dos hileras poner un poco de cebolleta muy picadita. Colocar encima el bouquet aliñado y sobre el bouquet poner la trucha cortada en tiras. Decorar con unas huevas de trucha por encima.

ENSALADA DE VERDES CON SALSA DE MOSTAZA

Ingredientes para 4 personas:
bouquet de verduras • 1 escarola • 2 cogollos de Tudela
1 manojo de berros • 1 paquete de rúcula • 2 endibias rojas
2 endibias verdes • 1 bote pequeño de mostaza francesa
1 bote pequeño de mostaza alemana • 1 bote pequeño de mostaza
americana • sal • aceite de oliva virgen extra

En un bol amplio echar abundante agua y hielos, añadir un poco de sal y echar toda la verdura excepto las endibias. Dejar reposar durante 10 minutos.

Transcurrido este tiempo, escurrir bien la verdura.

Limpiar las hojas de las endibias con un paño húmedo para que no amarguen y hacerles unos cortes en la base en forma de v invertida.

En el centro del plato, poner la verdura en un montículo. Clavar las endibias y salsear por encima con la vinagreta.

Para la vinagreta francesa:

En un bol, poner un poco de cada mostaza, añadir poco a poco el aceite y remover según se añade con ayuda de una varilla.

ENSALADA DE VERDURA Y ARROZ
CON BERBERECHOS

Ingredientes para 4 personas:
250 gr de arroz bomba • 20 berberechos • 1 patata • 1 trozo de
calabaza • 1 zanahoria • 1 manojo de espárragos verdes trigueros
2 hojas de lombarda • 1 hoja de laurel • 50 gr de alga Dulse • 1 cuña
de queso de León • 50 gr de avellanas peladas • sal • aceite de oliva

Poner el arroz sobre la bandeja del horno, añadir doble cantidad de agua, un poco de sal y la hoja de laurel.

Extender bien el arroz sobre la bandeja e introducir en la parte media del horno en posición aire caliente a 200 ºC durante 17 minutos.

Poner una cazuela al fuego, echar un poco de agua, sal y un chorrito de aceite.

Rallar sobre la cazuela, la zanahoria pelada, la calabaza, la patata pelada y los espárragos con ayuda de un rallador grueso. Cocer el conjunto durante 10 minutos.

Transcurrido este tiempo, en un bol amplio, echar el arroz y la verdura cocida. Mezclar bien.

En un recipiente amplio, echar los berberechos, tapar con film transparente e introducir en el microondas durante 2 minutos para que se abran.

En el centro del plato, colocar la mezcla de arroz y verdura, decorar alrededor con unos berberechos y añadir un poco de la vinagreta por encima.

Decorar con un poco de lombarda muy picadita por encima.

Para la vinagreta de algas, frutos secos y queso:

En un bol, echar el alga y un poco de agua. Dejar 2 minutos para que hidrate bien.

En otro bol, echar las avellanas aplastadas, añadir un chorrito generoso de aceite y un poco de queso cortado en daditos muy pequeños.

Añadir el alga hidratada, mezclar bien y reservar.

ENSALADA PERIÑACA

Ingredientes para 4 personas:
4 patatas para cocer • 4 huevos • 4 tomates de rama • 2 cebollas
sal • vinagre de vino • aceite de oliva virgen extra

Poner una cazuela con agua al fuego, echar un poco de sal e introducir las patatas. Cocer durante 20 minutos.

Transcurrido este tiempo, retirar el agua y dejar enfriar. Pelar y cortar en rodajas.

Poner un cazo con agua al fuego e introducir los huevos. Cocer durante 10 minutos desde el momento que comience a hervir.

Transcurrido este tiempo, retirar el agua y dejar enfriar. Pelar y cortar en rodajas.

Lavar bien el tomate, pelar y cortar en rodajas.

Pelar la cebolla y cortar en rodajas.

Cubrir la base del plato con la patata, por encima el tomate, el huevo y unos aros de cebolla.

En un bol, echar un poco de sal, un poco de vinagre y aceite. Mezclar bien.

Aliñar la ensalada en el momento de servir.

ENSALADA TIPO SALPICÓN

Ingredientes para 4 personas:
8 barritas de mar o surimi • 1 cebolla • 1 pimiento verde
½ pimiento rojo • 1 bote pequeño de maíz
1 bote de corazón de palmitos • sal • vinagre de Módena
aceite de oliva virgen extra

En un bol, poner el pimiento rojo picadito, añadir un poco de agua y un poco de sal. Tapar con film transparente e introducir en el microondas durante 4 minutos. Repetir el mismo proceso con el pimiento verde.

Transcurrido este tiempo, retirar del microondas y reservar.

En un recipiente, echar la cebolla muy picadita y las barritas de mar cortadas en trozos. Añadir el maíz y los palmitos cortados. Por último, añadir el pimiento y el jugo resultante de su cocción. Mezclar todo bien y añadir un poco de sal, aceite y vinagre. Emplatar.

ENSALADILLA DE BATATA

Ingredientes para 4 personas:
1 batata • 200 gr de maíz dulce • 200 gr de guisantes cocidos
6 barras de chatka • 32 tomatitos cherry • 2 huevos cocidos
1 cucharada de alcaparras • 1 yogur natural • brotes de soja
pimienta negra en grano • sal • aceite de oliva

Envolver la batata en papel de aluminio e introducir en la parte media del horno en posición aire caliente a 200 ºC durante 40 minutos.

Transcurrido este tiempo, sacar del horno, retirar el papel y dejar enfriar.

En un bol amplio, echar la batata cortada en daditos, el maíz, los guisantes y el chatka cortado en trozos. Añadir la mayonesa de yogur y mezclar con ayuda de una cuchara.

Lavar los tomatitos, cortar una pequeña base y colocar en forma de corona en el borde exterior del plato.

En el centro, emplatar la ensaladilla, rallar un poco de huevo cocido por encima con ayuda de un rallador y decorar con unos brotes de soja.

Para la mayonesa de yogur:

En un bol amplio, echar el yogur y añadir un chorrito generoso de aceite. Remover según se añade con ayuda de una varilla.

Añadir un poco de sal, las alcaparras y un poco de pimienta negra recién molida. Mezclar bien y reservar.

ENSALADILLA DE COUS-COUS Y PULPO

Ingredientes para 4 personas:
1 pulpo pequeño (1 kg) • 200 gr de cous-cous
200 gr de champiñones de cultivo • 1 rama de apio • 2 endibias
200 ml de mayonesa • 1 cucharada de curry • sal • aceite de oliva

Poner la olla a presión al fuego —sin agua—, meter el pulpo y tapar la olla. En el momento que suba la válvula, dejar cocer durante 7 minutos.

Poner una cazuela al fuego, echar 200 gr de agua y un poco de sal. Cuando comience a hervir, añadir el cous-cous, apagar el fuego, tapar y dejar reposar durante 5 minutos.

Limpiar el apio y el champiñón, picar todo muy finito.

En un bol, echar la mayonesa, el apio y el champiñón. Añadir el curry y mezclar bien el conjunto.

Limpiar las hojas de endibia con un paño húmedo —para evitar que amarguen.

En la parte exterior de una fuente, colocar las hojas de endibia y en la parte central el cous-cous.

Echar un poco de mayonesa por encima y el pulpo cortado en trozos. Añadir un chorrito de aceite y un poco de sal.

ENSALADILLA DE MARISCO

Ingredientes para 4 personas:
1 bote de macedonia de verduras • 1 lechuga de hoja de roble
100 gr de pulpo cocido • 100 gr de gulas • 1 paquete de barritas de
mar o surimi • 1 paquete de mejillones cocidos • 8 langostinos
1 bote de maíz • 1 bote de mayonesa • sal • aceite de oliva

Poner un cazo al fuego con agua y sal. Echar los langostinos y dejar cocer durante 2 minutos.

Una vez cocidos, dejar enfriar en un recipiente con agua y hielo durante unos minutos.

En un recipiente amplio, echar la macedonia bien escurrida, añadir las gulas. Cortar el pulpo, los mejillones, las barritas de mar y los langostinos del tamaño de la verdura y añadirlo.

Añadir la mayonesa para ensamblar todo bien e introducir la mezcla en la nevera durante 30 minutos.

Transcurrido este tiempo, retirar de la nevera y reservar.

Poner unas hojas de lechuga en un recipiente con agua y un poco de sal. Dejar reposar unos minutos y escurrirlas bien.

En el centro del plato, colocar las hojas de lechuga para dar volumen a la ensalada. Poner la mezcla encima y decorar con un poco de maíz. Añadir un chorrito de aceite por encima.

ENSALADILLA RUSA CON BONITO FRESCO

Ingredientes para 4 personas:
1 rodaja gruesa de bonito (300 gr) • 4 patatas nuevas
4 zanahorias • 4 huevos cocidos • 1 bote de guisantes
mayonesa • sal • aceite de oliva

Limpiar el bonito.

Poner una cazuela con agua y abundante sal. Introducir la rodaja de bonito con la piel y la espina. Cocer durante 20 minutos.

Poner otra cazuela con agua al fuego, echar un poco de sal, las patatas lavadas y las zanahorias peladas. Cocer el conjunto durante 20 minutos.

Transcurrido este tiempo, retirar la patata y la zanahoria, picar bien y echar en un recipiente amplio.

A continuación, añadir el bonito desmigado y los guisantes.

Por último, picar tres huevos con ayuda de un pasapurés —reservar un huevo para decorar.

Añadir mayonesa, sal y mezclar bien el conjunto. Enfriar en la nevera durante 30 minutos.

Transcurrido este tiempo, retirar de la nevera y servir en una fuente.

Decorar con un poco de mayonesa y con huevo rallado por encima.

ENSALADILLA RUSA CON REMOLACHA

Ingredientes para 4 personas:
1 lechuga • 2 remolachas • 2 huevos cocidos
100 gr de jamón de york • 6 barritas de cangrejo o surimi
1 lata de bonito • mayonesa • sal

Limpiar la lechuga y cortar en juliana muy fina. Dejar reposar en un recipiente con agua fría hasta el momento de su uso.

En un bol, echar el bonito y machacarlo con ayuda de un tenedor. A continuación, añadir las barritas de cangrejo separadas en hebras —para ello, poner la barrita de cangrejo entre las dos manos y frotar una contra la otra, de esta forma se consiguen las hebras— y el huevo cocido picadito.

Por último, añadir la remolacha cortada en trozos y la mayonesa. Echar una pizca de sal y mezclar el conjunto.

Emplatar y adornar con la lechuga.

ESCALOPINES RELLENOS DE SALVIA Y JAMÓN

Ingredientes para 4 personas:
8 escalopines de redondo • 100 gr de jamón serrano
200 gr de uvas de vino • 200 ml de caldo de carne
pimienta negra en grano • hojas de salvia • pan rallado
sal • aceite de oliva

En un trozo de film transparente, echar una gotita de agua, poner un escalope encima, cubrir con film y espalmar. Repetir el proceso para cada escalope.

Retirar el escalope del film, sobre el escalope echar una pizca de sal, colocar encima dos hojas de salvia, un poco de jamón y cubrir con otro escalope.

Espalmar de nuevo para que selle bien y pasar por pan rallado.

Dibujar unas líneas perpendiculares sobre una de las superficies con ayuda de un cuchillo.

Poner una sartén al fuego, echar un poco de aceite, freír vuelta y vuelta. Añadir un poco del caldo.

Por último, emplatar y salsear por encima. Decorar con una hoja de salvia.

En el borde exterior de un plato dibujar una corona de uvas peladas.

Para la salsa:

Echar unos granos de pimienta negra en el mortero y machacar un poco para que suelte todo el aroma.

Poner una cazuela al fuego, echar la pimienta machacada, un poco de aceite y las uvas previamente lavadas —reservar unas pocas para decorar—. Rehogar durante 5 minutos.

A continuación, añadir el caldo y dejar reducir durante 20 minutos.

Transcurrido este tiempo, aplastar un poco las uvas, colar la salsa con ayuda de un colador y reservar.

ESCAROLA CON GULAS Y PIL-PIL DE HONGOS

Ingredientes para 4 personas:
1 escarola • 1 bandeja de gulas • 3 hongos grandes congelados
4 dientes de ajo • 1 cebollino • sal • aceite de oliva

Separar las ramas de los tronquitos de la escarola.

Introducir las ramitas en un recipiente con agua y dejar reposar unos minutos.

En una fuente, frotar bien con un diente de ajo partido por la mitad.

Echar la escarola bien escurrida y añadir las gulas por encima.

Salsear con el pil-pil de hongos y añadir un poco de cebollino picadito por encima.

Para el pil-pil de hongos:

Poner un cazo al fuego, echar aceite de forma generosa.

Cortar los hongos a lo largo por la mitad, echar en el cazo y añadir tres dientes de ajo pelados. Cocer a fuego suave durante 10 minutos.

Transcurrido este tiempo, echar los hongos, los ajos confitados y un poco del aceite en el robot. Triturar el conjunto.

Añadir poco a poco el resto del aceite, triturar según se añade y reservar.

ESPAGUETTI A LA CARBONARA

Ingredientes para 4 personas:
400 gr de espaguetti • 100 gr de bacón • 200 gr de nata
2 cebollas • orégano • sal • aceite de oliva

Poner una cazuela con agua al fuego, echar un poco de sal y aceite. Cuando el agua comience a hervir, añadir la pasta y dejar cocer.

Cuando la pasta esté al dente, escurrir bien —no enfriar con agua para evitar la pérdida de sabor.

Integrar la pasta en la salsa, mezclar bien y emplatar.

Para la salsa carbonara:

Poner una sartén amplia a fuego suave, echar un poco de aceite y añadir la cebolla muy picadita. Pochar la cebolla.

Cortar el bacón en daditos y sofreír un poquito. A continuación, añadirlo a la cebolla ya pochada.

Por último, añadir la nata y dejar reducir hasta que quede como una crema —no dejar reducir mucho tiempo para evitar que la nata se corte—. Añadir un poco de orégano y sal.

ESPAGUETTI CON BOLOÑESA DE POLLO

Ingredientes para 4 personas:
200 gr de espaguetti extralargo • 100 gr de carne de pollo picada
2 tomates • 1 cebolleta • 1 zanahoria • queso rallado
½ vaso de vino tinto • orégano fresco • sal • aceite de oliva

Poner una cazuela con agua al fuego, echar un chorrito de aceite y un poco de sal. Cocer la pasta durante 10 minutos.

Transcurrido este tiempo, emplatar y echar la boloñesa por encima. Añadir un poco de queso rallado y decorar con una ramita de orégano.

Para la boloñesa de pollo:

Poner una sartén con aceite al fuego, echar la zanahoria muy picadita.

A continuación, añadir la cebolleta y por último, el tomate, todo muy picadito.

Cuando la verdura esté rehogada, añadir la carne de pollo y un poco de sal.

Cuando la carne comience a tomar color, añadir el vino y un poco de orégano picadito.

Dejar el conjunto hasta que el vino reduzca y reservar.

ESPAGUETTI CON PESTO DE RÚCULA Y ALCACHOFAS

Ingredientes para 4 personas:
300 gr de espaguetti • 100 gr de rúcula • 3 alcachofas • 4 rábanos
2 dientes de ajo • sal • aceite de oliva

Poner una cazuela con agua al fuego, echar un poco de aceite y sal. Cuando el agua comience a hervir, cocer la pasta durante 10 minutos.

Limpiar bien las alcachofas y cortar en daditos.

Poner una sartén al fuego, echar un poco de aceite y saltear la alcachofa.

En la cazuela donde previamente se ha cocido la pasta, retirar el agua, añadir un chorrito de aceite para evitar que los espaguetti se peguen.

A continuación, añadir el pesto y la alcachofa. Poner al fuego y mezclar bien para que se integren los sabores. Emplatar.

Para el pesto de rúcula:

En el vaso de la batidora, echar el rábano y el ajo, previamente pelados. Añadir la rúcula, un chorrito de aceite y un poco de sal. Triturar bien el conjunto.

ESPÁRRAGOS CON SALMÓN Y MAYONESA

Ingredientes para 4 personas:
1 manojo de espárragos blancos • 1 manojo de espárragos verdes trigueros • 1 sobre pequeño de salmón ahumado • 1 bote de mayonesa extra suave • eneldo • romero • tomillo • sal • aceite de oliva

Pelar los espárragos e igualarlos por la parte del tallo.

Poner una olla a presión al fuego, echar un poco de agua, un poco de azúcar —para contrarrestar el amargor de los espárragos—, sal y aceite. Cerrar la olla y cocer durante 3 minutos.

Transcurrido este tiempo, sacar de la olla y dejar enfriar.

A continuación, emplatar y salsear con la mayonesa de especias. Añadir por encima un poco de salmón cortado en juliana fina.

Por último, dar una pincelada con un poco de mayonesa, un poco de especias y un chorrito de aceite.

Para la mayonesa de especias:

En un bol, echar un poco de mayonesa, un poco de eneldo, romero y tomillo. Añadir un poco del agua resultante de la cocción de los espárragos y mezclar bien con ayuda de una varilla.

ESPÁRRAGOS CON SALSA DE NUECES

Ingredientes para 4 personas:
2 manojos de espárragos blancos • 150 gr de nueces
azúcar • sal • aceite de oliva

Pelar los espárragos con ayuda de un pelador haciendo especial hincapié en la parte final del tallo que tiene la piel más dura. Igualar el tamaño de los espárragos por la parte final del tallo.

Poner la olla a presión a fuego máximo, echar un poco de agua, aceite, sal, una pizca de azúcar y los espárragos. Cerrar la olla y cocer durante 3 minutos desde el momento en que suba la válvula.

Transcurrido este tiempo, comprobar que los espárragos estén tiernos. Retirar la olla del fuego y dejar enfriar.

Por último, emplatar y salsear por encima.

Para la salsa de nueces:

En el vaso de la batidora, echar las nueces y el caldo resultante de la cocción de los espárragos. Triturar.

Probar de sal y corregir si fuera necesario.

ESPÁRRAGOS FINOS CON PASTA PHYLO

Ingredientes para 4 personas:
1 lámina de pasta phylo • 2 manojos de espárragos verdes trigueros
finos • 1 pomelo rojo • 1 aguacate • 1 huevo • 50 gr de mantequilla
2 cucharadas de sésamo • sal • aceite de oliva

Poner una cazuela al fuego, echar agua, un poco de sal y aceite. Tapar la cazuela.

Limpiar los espárragos y retirar la parte final del tallo.

Cuando el agua comience a hervir, echar los espárragos y blanquear durante 4 minutos.

Transcurrido este tiempo, retirar del agua y reservar.

Cortar la pasta phylo en cuadrados, pintar con la mantequilla con ayuda de un pincel.

Poner cinco capas de pasta phylo una sobre la otra, colocar cinco espárragos y hacer un fardito —dejar al descubierto las puntas de los espárragos.

En un recipiente que sirva para el horno, echar un chorrito de aceite, colocar los farditos y pintar la pasta phylo con huevo batido con ayuda de un pincel.

Introducir en la parte media del horno en posición aire caliente a 180 °C durante 10 minutos.

Transcurrido este tiempo, emplatar y acompañar con la guarnición.

Para la guarnición:

Cortar el aguacate en daditos y echar en un bol.

Añadir el pomelo cortado en daditos, una pizca de sal, el sésamo y un chorrito de aceite. Mezclar bien el conjunto y reservar.

ESPÁRRAGOS VERDES CON SALMÓN Y MAYONESA DE BERENJENA ASADA

Ingredientes para 4 personas:
1 manojo de espárragos verdes • 1 sobre pequeño de salmón ahumado
1 berenjena • 1 huevo • 1 lima • pimienta blanca
sal • aceite de oliva

Poner una cazuela con un poco de agua al fuego, echar un poco de sal y cocer los espárragos.

Una vez cocidos, poner cinco espárragos sobre cada loncha de salmón y hacer unos rollitos.

Emplatar y salsear por encima con la mayonesa de berenjena.

Para la mayonesa de berenjena:

Pelar la berenjena y cortar en daditos.

Poner una sartén al fuego, añadir un poco de aceite y saltear la berenjena.

En el vaso de la batidora, echar el huevo, un chorro generoso de aceite y batir.

A continuación, añadir un poco de pimienta, el zumo de la lima y por último la berenjena.

Batir de nuevo hasta que se integre todo bien y reservar.

ESPINACAS CON CREMA DE ZANAHORIA Y CALABAZA

Ingredientes para 4 personas:
1 kg de espinacas frescas • 200 gr de calabaza • 5 zanahorias
2 dientes de ajo • 1 sobre de queso rallado • sal • aceite de oliva

Limpiar bien las espinacas con abundante agua.

Poner una cazuela con agua al fuego, echar las espinacas y cocer durante 5 minutos.

Transcurrido este tiempo, escurrirlas bien y picarlas muy finitas.

En un recipiente que sirva para el horno, echar las espinacas, añadir un poco de sal y un poco de queso rallado por encima. Cubrir con la crema de zanahoria y calabaza y añadir otro poco de queso rallado por encima.

Introducir en el horno en posición gratinar a 230 ºC durante 5 minutos.

Transcurrido este tiempo, retirar del horno y emplatar.

Para la crema de zanahoria y calabaza:

Poner una cazuela con un poco de agua al fuego, echar la zanahoria y la calabaza cortadas en trozos. Añadir los dientes de ajo enteros y dejar cocer el conjunto.

Una vez cocido, echar la zanahoria y la calabaza en el vaso de la batidora, añadir un poco del agua resultante de la cocción y triturar. Añadir un poco de sal.

ESPUMA DE GACHAS CON COMPOTA DE MANZANA

Ingredientes para 4 personas:

Para la espuma de gachas:
1 l de leche • 125 gr de azúcar • 75 gr de aceite de oliva virgen extra
75 gr de harina • cáscara de lima • 1 cucharada de matalauva

Para la guarnición:
1 panecillo duro • helado • 4 manzanas Reineta • 300 gr de azúcar
70 gr de mantequilla • hojas de menta

En la base de la copa, colocar tres gajos de manzana asada, encima colocar una cenefa de helado y cubrir con la espuma de gachas.

Añadir los daditos de pan y un chorrito de aceite por encima. Decorar con una hojita de menta.

Para las manzanas asadas:

Pelar las manzanas, descorazonar y cortar en gajos (cada manzana en seis gajos). Poner en un recipiente, añadir el azúcar y la mantequilla. Introducir en el microondas durante 25 minutos.

Transcurrido este tiempo, retirar del microondas y reservar.

Para la espuma de gachas:

Poner una sartén al fuego y echar el aceite. Aromatizar con un poco de cáscara de lima y una cucharada de matalauva.

Cuando el aceite esté caliente, colar y echar el aceite aromatizado en una cazuela. Añadir el pan cortado en daditos muy pequeños, dorar, retirar a un plato y reservar.

En la cazuela, añadir la harina poco a poco y remover según se añade con ayuda de una cuchara durante unos minutos para quitar el sabor a crudo de la harina.

A continuación, añadir la leche —previamente calentada en el microondas— poco a poco. Remover bien según se añade para evitar la formación de grumos.

Por último, añadir el azúcar y hervir el conjunto durante 3 minutos. Remover durante este tiempo para que espese bien.

Colar y rellenar el sifón con la mezcla.

ESTOFADO DE CORZO

Ingredientes para 4 personas:
1 lomo de corzo • 100 gr de setas secas • 5 zanahorias
1 cebolla • 100 ml de leche ideal • 1 vaso de vino tinto
orégano fresco • sal • aceite de oliva

Poner una cazuela amplia al fuego y echar un chorrito de aceite.

Cortar la cebolla en dados, echar en la cazuela y rehogar unos minutos.

Cortar la carne en dados, añadir un poco de sal y echar en la cazuela.

A continuación, añadir las setas y unas ramitas de orégano. Añadir el vino y cocer el conjunto durante 30 minutos.

Transcurrido este tiempo, emplatar la carne en un plato hondo.

En el borde exterior del plato, añadir unos montoncitos de puré de zanahoria.

Decorar el plato con una ramita de orégano.

Para el puré de zanahoria:

Poner una cazuela con agua al fuego, pelar las zanahorias y echar en la cazuela. Añadir un poco de sal y cocer durante 15 minutos.

Transcurrido este tiempo, echar la zanahoria en el robot, añadir la leche ideal, triturar el conjunto y reservar.

ESTOFADO DE SETAS CON BERENJENA

Ingredientes para 4 personas:
½ kg de setas salvajes variadas • 1 berenjena • ½ cebolla
8 higos secos • 1 vaso de vino blanco • tomillo fresco • sal
aceite de oliva

Encender el horno en posición aire caliente a 230 ºC.

Lavar la berenjena y abrir a lo largo por la mitad. Hacer unos cortes en la superficie de la carne para que el calor penetre fácilmente.

Poner en un recipiente que sirva para el horno. Añadir un chorrito de aceite y un poco de sal.

Introducir en la parte media del horno durante 15 minutos.

Transcurrido este tiempo, retirar del horno y dejar reposar.

A continuación, retirar la piel, aplastar la carne de la berenjena con ayuda de una cuchara y reservar.

Limpiar bien las setas y picar finitas.

Poner una cazuela al fuego y echar aceite de forma generosa.

Echar la cebolla picadita y rehogar durante 2 minutos.

A continuación, añadir las setas y rehogar durante 3 minutos.

Añadir los higos, el vino y unas ramitas de tomillo. Tapar y cocer el conjunto durante 20 minutos.

Transcurrido este tiempo, añadir el puré de berenjena para que ligue el conjunto, añadir un poco de sal y mezclar bien.

Emplatar y decorar con una ramita de tomillo.

FALAFEL (CROQUETAS DE GARBANZOS)

Ingredientes para 4 personas:
250 gr de garbanzos (hidratados durante 24 horas) • 1 cebolla
2 dientes de ajo • harina • 1 cucharada de pimentón
cilantro (especia) • cilantro (hierba aromática) • sal • aceite de oliva

Echar los garbanzos —previamente en remojo durante 24 horas— en la picadora, añadir unas hojas y unas semillas de cilantro.

A continuación, añadir el pimentón, el ajo y la cebolla, ambos bien picaditos.

Por último, añadir un chorrito de aceite y un poco de sal.

Triturar el conjunto hasta que quede una mezcla bien ligada —si fuera necesario, añadir otro poco de aceite y triturar de nuevo.

Echar un poco de aceite en las manos y hacer unas bolitas con la mezcla obtenida, pasar por harina y freír en la sartén con un poco de aceite.

Retirar a un plato con papel absorbente.

Emplatar y decorar con unas hojitas de cilantro.

FALDA DE TERNERA

Ingredientes para 4 personas:
1 kg de falda de ternera • 3 cebollas • 3 dientes de ajo
1 vaso de brandy • sal • aceite de oliva

Atar la carne con una cuerda y echar sal.

Poner una olla a presión al fuego, echar un poco de aceite y la cebolla cortada en láminas. Rehogar a fuego fuerte durante 10 minutos.

A continuación, añadir el ajo bien picadito y la carne. Añadir el brandy y quemar. Cuando el alcohol se evapore, cerrar la olla.

Una vez que suba la válvula, bajar el fuego al mínimo y dejar cocer durante 20 minutos.

Transcurrido este tiempo, sacar la carne de la olla, quitar la cuerda y trocear. Emplatar y salsear por encima con el jugo resultante de la cocción.

FALDA DE TERNERA RELLENA

Ingredientes para 4 personas:
1 falda de ternera • 100 gr de carne picada
100 gr de champiñones pequeños • 4 huevos cocidos
1 lata pequeña de aceitunas deshuesadas • 1 cebolla
1 zanahoria • 100 gr de rúcula • harina • 1 vaso de vino de Jerez
sal • vinagre • aceite de oliva

Igualar la falda de ternera si no fuera del mismo grosor y añadir un poco de sal por encima.

Poner un poco del relleno por uno de los extremos y un huevo cortado a lo largo por la mitad. Enrollar un poquito y colocar de nuevo otro poco del relleno.

Así, sucesivamente hasta terminar el rollito —es importante que quede bien prensado.

Colocar sobre un trozo de papel de aluminio, añadir por encima un poco de sal y aceite.

Poner en un recipiente que sirva para el horno y añadir por encima un chorrito de vino de Jerez.

Introducir en la parte media del horno en posición aire caliente a 150 ºC durante 1 hora.

Transcurrido este tiempo, retirar del horno y dejar enfriar.

Cortar la carne, emplatar y salsear por encima. Acompañar con un poco de rúcula aliñada.

Para el relleno:

Poner una sartén al fuego y echar un poco de aceite.

Echar la cebolla y la zanahoria, ambas muy picaditas. Rehogar durante 2 minutos.

Posteriormente, añadir la carne picada y rehogar durante 1 minuto para que coja un poco de calor y de esta manera, facilitar la mezcla.

Echar el conjunto en un bol amplio, añadir las aceitunas y los champiñones enteros bien limpios. Añadir un poco de sal y un chorrito de vino de Jerez. Mezclar el conjunto y reservar.

Para la salsa:

En un recipiente que sirva para el horno, echar un poco de harina bien extendida y tostar en la parte alta del horno en posición aire caliente a 230 ºC durante 2 minutos, para eliminar el sabor a crudo.

Transcurrido este tiempo, retirar del horno y echar en un bol. Añadir un chorrito de aceite y mezclar con ayuda de una varilla para hacer un roux.

Poner un cazo al fuego y echar el jugo obtenido de asar la carne.

Cuando comience a hervir, añadir el roux, remover con la varilla según se añade y reservar.

Para la ensalada de rúcula:

En un bol amplio, echar un poco de sal, un chorrito de aceite y un poco de vinagre. Remover con ayuda de una varilla.

Añadir la rúcula, mezclar el conjunto y reservar.

FALSA EMPANADA DE QUESO

Ingredientes para 4 personas:

150 gr de harina • 150 gr de mantequilla • 8 huevos
1 trozo de queso Gruyère • 100 gr de berros frescos
100 ml de nata líquida • 200 ml de salsa de tomate
2 bolsas de té • 50 gr de almendras crudas
nuez moscada • pimienta negra en grano • sal • aceite de oliva

Encender el horno en posición aire caliente a 180 °C.

Untar la base de la bandeja del horno con un poco de mantequilla con ayuda de un pincel.

Dibujar unos círculos concéntricos con la manga pastelera y dejar un hueco en la zona central. Colocar unas almendras sobre la masa.

Introducir en la parte media del horno durante 15 minutos.

En la base de un plato hondo, echar un poco de la salsa de tomate, encima colocar la empanada y en el centro poner el huevo. Añadir alrededor un poco de la crema de berros.

Para la masa:

Poner una cazuela al fuego, echar 250 gr de agua, 100 gr de mantequilla y un poco de sal. Remover con ayuda de una cuchara de madera hasta que la mantequilla se derrita.

Una vez fundida, añadir la harina de golpe, remover con la cuchara durante unos segundos y retirar la cazuela del fuego.

Fuera del fuego, mezclar enérgicamente y dejar enfriar durante 6 minutos.

A continuación, añadir cuatro huevos uno a uno y remover bien cada vez que se añade. Mezclar el conjunto y echar en la manga pastelera.

Cortar el queso en láminas finitas y echar en la cazuela.

Añadir un poco de pimienta negra recién molida y rallar un poco de nuez moscada.

Para la crema de berros:

Limpiar los berros y retirar los tallos.

Poner una cazuela al fuego, echar las hojas, un chorrito de agua y un poco de sal.

Dejar hervir durante 3 minutos, retirar del fuego y triturar.

Poner de nuevo al fuego, añadir la nata, un poco de pimienta negra recién molida y batir el conjunto con ayuda de una varilla.

Para la guarnición:

Poner un cazo con agua al fuego, introducir cuatro huevos y dejar durante 2 minutos.

Transcurrido este tiempo, retirar los huevos del agua y agrietar la cáscara con pequeños golpecitos.

Poner de nuevo en el cazo, introducir las bolsas de té y cocer el conjunto durante 6 minutos.

Transcurrido este tiempo, retirar los huevos del agua y dejar enfriar. A continuación, pelar y reservar.

FARDITOS DE LECHUGA CON MEJILLONES Y MANITAS DE CERDO

Ingredientes para 4 personas:
1 lata de manitas de cerdo cocinadas • 300 gr de mejillones
1 lechuga • 150 gr de harina • 3 huevos • sal • aceite de oliva

Escaldar en agua hirviendo unas hojas verdes de lechuga durante 10 segundos y retirarlas a un recipiente con agua fría.

En un bol, picar la carne de las manitas ya cocidas y deshuesadas. A continuación, añadir los mejillones cocidos bien picaditos. Mezclar bien.

Rellenar la hoja de lechuga con la mezcla. Hacer unos pequeños fardos y envolverlos en film transparente.

Introducir los farditos en la nevera durante 10 minutos.

Transcurrido este tiempo, retirar de la nevera, quitar el film y pasar los farditos por harina y huevo. Freír en la freidora a fuego fuerte.

Retirar a un plato con papel absorbente y emplatar.

FIAMBRE DE CORDERO

Ingredientes para 4 personas:
1 pierna trasera de cordero (450 gr) • 1 lata pequeña de maíz dulce
1 tomate de ensalada duro • 1 pera Conferencia • salsa de mostaza
polvo de mostaza • romero fresco • sal
vinagre en vaporizador • aceite de oliva

Deshuesar la pierna, embadurnar bien con la salsa de mostaza por dentro y por fuera. Darle forma de nuevo y atar con un trozo de cuerda.

Poner en un recipiente que sirva para el horno, echar bien de sal y un poco de aceite.

Introducir en la parte media del horno en posición aire caliente a 200 ºC durante 40 minutos.

Transcurrido este tiempo, retirar del horno, dejar reposar a temperatura ambiente durante 30 minutos y posteriormente enfriar en la nevera durante 1 hora.

Retirar de la nevera, quitar la cuerda, cortar en láminas finas y emplatar.

Acompañar de la guarnición, añadir una pizca de polvo de mostaza por encima y decorar con una ramita de romero.

Para la guarnición:

En un bol amplio, añadir la pera pelada cortada en trocitos.

A continuación, pelar el tomate, retirar las pepitas, cortar en daditos y echar en el bol.

Añadir el maíz y vaporizar un poco de vinagre por encima.

Por último, añadir un poco de sal y un chorrito de aceite de oliva. Mezclar bien el conjunto y reservar.

FIDEUÁ CASERA

Ingredientes para 4 personas:
400 gr de fideuá • 200 gr de rape • 8 langostinos • 1 cebolla
2 dientes de ajo • 1 bote de salsa de tomate • 400 gr de caldo
de pescado • perejil • pimentón • sal • aceite de oliva

Poner una cazuela amplia al fuego, echar aceite y freír los langostinos con la cabeza y la piel para obtener toda la sustancia. Cuando tomen un color rojo, retirar de la cazuela y reservar.

Limpiar el rape y cortar en trozos pequeños. Echar un poco de sal y freír en la cazuela. Cuando tome un color dorado, retirar de la cazuela y reservar.

Añadir un poco más de aceite en la cazuela y rehogar la cebolla cortada finita. Añadir el ajo bien picadito y rehogar el conjunto.

Cuando comience a dorarse, añadir el perejil muy picado, el pimentón y la salsa de tomate. Rehogar bien el conjunto.

A continuación, añadir el rape, los fideos y el caldo. Cocer el conjunto durante 12 minutos.

Transcurrido este tiempo, añadir los langostinos. Subir el fuego al máximo y dejar hasta que se evapore todo el agua.

Dejar reposar 5 minutos y emplatar.

FIDEUÁ CON CREMA DE VERDURAS

Ingredientes para 4 personas:
200 gr de fideos de fideuá • 1 rulito de queso de cabra
1 kg de calabaza • 2 endibias • 1 cebolla • jengibre • tomillo
sal • vinagre • aceite de oliva

Limpiar las endibias con un paño húmedo y lavar la cebolla. Cortar en trozos del mismo tamaño.

Poner una cazuela al fuego y echar un chorrito de aceite. Añadir la cebolla y la endibia.

Pelar la calabaza, retirar las pepitas, cortar en dados y echar en la cazuela. Rehogar el conjunto durante 20 minutos.

Transcurrido este tiempo, echar en el robot, añadir un poco de jengibre pelado y triturar el conjunto.

Una vez triturado, echar en una cazuela antiadherente amplia, poner al fuego y añadir los fideos.

Añadir un poco de sal y unas ramitas de tomillo. Cocer el conjunto durante 6 minutos.

A continuación, echar por encima unas rodajas de queso. Cocer otros 4 minutos para que el queso se funda y se integren los sabores.

Por último, retirar la cazuela del fuego, remover la cazuela y emplatar. Decorar con una ramita de tomillo.

FIDEUÁ DE GRELOS, CIGALAS Y PULPO

Ingredientes para 4 personas:
300 gr de fideuá • 100 gr de grelos • 4 cigalas frescas
2 patas de pulpo cocidas • 2 tomates maduros • 1 hoja de laurel
sal • aceite de oliva

Lavar bien los grelos y picar finito.

Pelar los tomates, retirar las pepitas y picar.

Poner una paella al fuego, echar aceite de forma generosa y añadir el tomate picadito. A continuación, añadir los grelos.

Cortar el pulpo en rodajas finas y echar en la paella.

Una vez rehogado el conjunto, añadir el doble de agua que de fideuá, la hoja de laurel cortada en trozos y la fideuá en el centro de la paella.

Cuando comience a hervir el conjunto, distribuir la fideuá por toda la paella. Añadir un poco de sal y cocer durante 5 minutos.

Cortar las cigalas a lo largo por la mitad, quitar la boca y el intestino. Añadir un poco de sal en las cigalas y semienterrar en la fideuá.

Retirar del fuego, cubrir y dejar reposar durante 5 minutos.

FIDEUÁ DE MARISCO

Ingredientes para 4 personas:
400 gr de fideuá • 6 langostinos • 12 almejas • 3 calamares pequeños
2 zanahorias • 1 pimiento verde • 2 dientes de ajo
1 pastilla de caldo de pescado • sal • aceite de oliva

Poner una cazuela con agua al fuego, echar la pastilla de caldo de pescado. Añadir las cabezas y la piel de los langostinos para obtener un caldo con sabor a pescado y marisco.

Limpiar bien los calamares y cortarlos finitos. Picar langostinos finitos. Lavar bien la verdura y cortarla muy fina.

Poner la paellera al fuego con abundante aceite, añadir el pimiento, la zanahoria y el ajo, todo bien picadito. Rehogar la verdura.

Una vez rehogada, añadir el calamar y el langostino, todo muy picadito. Añadir las almejas y rehogar el conjunto hasta que el calamar y el langostino esté dorado.

A continuación, añadir el caldo hirviendo con ayuda de un colador. Echar un poco de sal y cocer el conjunto durante 10 minutos hasta que el agua se evapore.

Transcurrido este tiempo, dejar reposar durante 2 minutos y emplatar.

FIDEUÁ DE TOMATE Y BACALAO

Ingredientes para 4 personas:
300 gr de fideos (cabello de ángel) • 200 gr de bacalao desalado
desmigado • 1 bote de salsa de tomate • 3 tomates en rama
5 dientes de ajo • 1 huevo • perejil fresco • orégano
sal • aceite de oliva

Poner una paella al fuego, echar aceite, el tomate pelado y cortado en daditos —retirar las pepitas.

Sofreír bien el tomate y añadir el fideo. Rehogar hasta que dore bien y añadir 750 gr de agua. Echar un poco de sal y orégano. Cocer el conjunto durante 12 minutos y retirar del fuego.

Transcurrido este tiempo, cortar el bacalao con las manos en trocitos y colocar sobre la fideuá. Tapar y reservar.

Poner una sartén al fuego, echar la salsa de tomate y calentar.

Emplatar el arroz, añadir por encima un poco de la salsa de tomate y acompañar con un poco de mayonesa de ajo.

Para la mayonesa de ajo:

Poner un cazo a fuego suave, echar aceite de forma generosa y los dientes de ajo pelados.

Cuando comience a hervir, retirar el cazo del fuego y dejar reposar.

En el vaso de la batidora, echar el aceite templado —retirar los ajos—, añadir unas hojas de perejil y el huevo —a igual temperatura que el aceite para que la mayonesa no se corte.

Por último, añadir un poco de sal, batir hasta que emulsione y reservar.

FILATINNI CON BACALAO EN SALSA VIZCAÍNA

Ingredientes para 4 personas:
200 gr de pasta fresca (filatinni) • 1 tajada de bacalao
desalado (200 gr) • 50 gr de algas • 3 cebollas rojas
2 cucharadas de pulpa de pimiento choricero
2 cucharadas de tomate italiano concentrado
2 cucharadas de pimentón dulce • ½ yuca
romero fresco • sal • aceite de oliva

Poner una cazuela al fuego y echar agua. Cuando comience a hervir, echar las algas y un poco de sal.

A continuación, añadir la pasta y una pizca de aceite. Subir el fuego, tapar la cazuela y cocer durante 2 minutos.

Transcurrido este tiempo, retirar las algas, escurrir la pasta y echar en la cazuela junto a la salsa vizcaína. Calentar el conjunto durante 1 minuto para que se integren bien los sabores.

Por último, emplatar, añadir un poco de bacalao marinado por encima y en el momento de servir añadir la yuca por encima. Decorar con una ramita de romero.

Para la salsa vizcaína:

Poner una cazuela a fuego fuerte y echar un chorrito generoso de aceite. Añadir la cebolla cortada en juliana fina y un poco de sal. Rehogar durante 2 minutos.

A continuación, añadir la pulpa de pimiento choricero y el tomate concentrado. Mezclar bien, tapar la cazuela, bajar el fuego y cocer durante 30 minutos.

Transcurrido este tiempo, triturar, colar y echar en una cazuela amplia.

Para marinar el bacalao:

En un bol, echar el pimentón dulce y un poco de sal. Añadir un chorrito generoso de aceite y mezclar bien según se añade.

Retirar la piel del bacalao, cortar en trocitos y echar en el bol. Mezclar bien el conjunto y dejar marinar durante 15 minutos.

Para la guarnición:

Pelar la yuca y cortar en láminas finas con ayuda de una mandolina.

Freír en aceite caliente, retirar a un plato con papel absorbente, añadir un poco de sal por encima y reservar.

FILETES DE BACALAO

Ingredientes para 4 personas:
1 paquete de filetes de bacalao congelado • 100 gr de tocino
1 bote de aceitunas verdes sin hueso • 1 bote de salsa de tomate
sal • aceite de oliva

Poner una sartén al fuego, echar un poco de aceite y freír el tocino cortado en daditos a fuego suave para que no amargue.

Cuando la grasa se funda, añadir la salsa de tomate, las aceitunas bien escurridas y el bacalao cortado en tacos —cortar el bacalao en frío para que no se rompa—. Dejar en el fuego hasta que la salsa espese. Añadir un poco de sal.

Emplatar y salsear por encima.

FILETES DE BACALAO CON CREMA DE PATATA Y AJO

Ingredientes para 4 personas:
1 paquete de filetes de bacalao congelado • 2 patatas
5 dientes de ajo • sal • aceite de oliva

Poner una cazuela con agua al fuego. Pelar las patatas, cortarlas tipo cachelo y echar en la cazuela. Pelar los dientes de ajo y añadirlos enteros. Dejar cocer el conjunto durante 25 minutos.

Transcurrido este tiempo, triturar hasta obtener una crema.

En un recipiente que sirva para el horno, cubrir el fondo con un poco de la crema, colocar encima las tajadas de bacalao y cubrir por encima con el resto de la crema.

Introducir en la parte media del horno en posición aire caliente a 200 ºC durante 10 minutos.

Emplatar con la piel hacia abajo en un plato hondo y salsear por encima.

FILETES DE SALMÓN AL VAPOR

Ingredientes para 4 personas:
1 trozo de salmón (300 gr) • 100 gr de espinacas frescas
20 tomatitos cherry • 250 ml de nata para cocinar
250 ml de Martini blanco • sal • aceite de oliva

Encender el horno en posición aire caliente a 200 ºC.

Sacar unos filetes finos de salmón.

Sobre un trozo de papel encerado, echar un poco de aceite, colocar el filete de salmón y añadir un poco de sal por encima.

Colocar sobre la bandeja del horno e introducir en la parte media del horno —generando un baño María— durante 1 minuto.

Transcurrido este tiempo, retirar del horno.

Dibujar una corona con los tomatitos cherry aliñados en la borde exterior del plato.

En el centro, poner un poco de la salsa de espinacas y nata. Colocar encima el filete de salmón, decorar con dos hojas de espinacas y añadir un poco del aliño de los tomatitos por encima.

Para la salsa de espinacas y nata:

Poner una cazuela al fuego y echar el Martini. Cuando comience a hervir, añadir las espinacas —reservar 8 hojas para decorar— y dejar durante 2 minutos.

A continuación, añadir la nata y un poco de sal. Tapar, cocer durante 5 minutos y reservar.

Para decorar:

Lavar los tomates y hacer un corte en forma de cruz en la base.

Poner una cazuela con agua al fuego y echar los tomates.

Cuando el agua comience a hervir, pasar los tomates a un recipiente con agua fría. Dejar durante unos minutos.

A continuación, pelar y echar los tomatitos en un bol. Añadir un poco de sal, un chorrito de aceite y reservar.

FLAN DE AVELLANAS

Ingredientes para 4 personas:
½ l de leche • 300 gr de avellanas • 150 gr de azúcar • 4 yemas
1 rama de canela • 50 gr de azúcar (caramelo)

Poner una cazuela al fuego, echar la leche, las avellanas enteras y la rama de canela.

Cuando la leche esté caliente, retirar la rama de canela y triturar el resto en el robot.

En un bol, poner las yemas, una gotita de agua y 150 gr de azúcar. Mezclar bien hasta conseguir una masa homogénea. Añadir la mezcla de leche y avellanas poco a poco —remover según se añade.

Echar un poco de caramelo en cada molde individual.

Rellenar los moldes con la mezcla obtenida y colocar en la bandeja del horno con un poco de agua para generar un baño María.

Introducir en la parte media del horno en posición aire caliente a 150 °C durante 40 minutos.

Transcurrido este tiempo, pinchar con un cuchillo y comprobar que éste sale seco, lo cual indica que está hecho.

Retirar del horno, dejar reposar unos minutos a temperatura ambiente y posteriormente enfriar en la nevera.

Desmoldar y emplatar.

Para el caramelo:

Poner al fuego una sartén con un poco de agua y añadir el azúcar. Remover con una cuchara de madera y dejar hervir hasta que el agua evapore.

De esta manera el azúcar pasa a tener un color caramelo (evitar que oscurezca más porque se quemaría).

FLAN DE CAFÉ CON FRUTOS ROJOS

Ingredientes para 4 personas:
400 gr de leche • 200 gr de nata líquida • 100 gr de café soluble
100 gr de azúcar • 6 huevos

Para el caramelo:
200 gr de azúcar

Para el coulis de fresa:
100 gr de fresas • 100 gr de azúcar

Para la decoración:
cerezas • frambuesas

Poner una cazuela al fuego, echar la leche y el café. Calentar, disolver bien y reservar.

En un bol amplio, echar los huevos y batir con ayuda de una varilla. Añadir la nata y mezclar bien.

A continuación, echar la mezcla de leche y café en el bol, añadir el azúcar y mezclar el conjunto.

En la base del molde, echar el caramelo y rellenar con la mezcla. Colocar el molde sobre la bandeja del horno con un poco de agua para generar un baño María.

Introducir en la parte media del horno en posición aire caliente a 200 °C durante 30 minutos.

Transcurrido este tiempo, retirar del horno, dejar reposar a temperatura ambiente y posteriormente, enfriar en la nevera durante 1 hora.

Retirar de la nevera, desmoldar y decorar alrededor con las cerezas y frambuesas. Dibujar unas líneas de coulis de fresa por encima.

Para el caramelo:

Poner una cazuela al fuego, echar el azúcar y remover bien con ayuda de una cuchara de palo.

Cuando pase a tener color de caramelo, retirar del fuego y reservar.

Para el coulis de fresa:

Limpiar las fresas en un recipiente con agua y cortar en trozos.

Poner un cazo al fuego, echar las fresas y añadir el azúcar. Dejar durante 5 minutos.

Transcurrido este tiempo, retirar del fuego, echar en el vaso de la batidora, triturar y reservar.

FLAN DE CHOCOLATE BLANCO

Ingredientes para 4 personas:
½ l de leche • 100 gr de chocolate blanco • 100 gr de azúcar
6 huevos

Para la salsa:
50 gr de chocolate de cobertura • 100 gr de nata líquida
2 cucharadas de mermelada de fresa o frambuesa
pimienta negra en grano

Echar el chocolate blanco en un bol y derretir al baño María o con ayuda de un secador —no calentar en el microondas porque se quema con facilidad.

En un bol grande, echar los huevos y batir un poco con ayuda de una varilla.

A continuación, añadir el azúcar y la leche, remover según se añade.

Por último, añadir el chocolate blanco y mezclar bien.

Echar la mezcla en el molde y poner en la bandeja del horno con un poco de agua para generar un baño María.

Introducir en la parte media del horno en posición aire caliente a 170 °C durante 25 minutos.

Transcurrido este tiempo, pinchar con un cuchillo y comprobar que éste sale seco.

Retirar del horno, dejar enfriar y desmoldar.

Servir en una fuente y cubrir con la salsa.

Para la salsa:

Poner una cazuela al fuego, echar la nata y el chocolate de cobertura.

Añadir la mermelada y un poco de pimienta negra recién molida. Mezclar bien y reservar.

FLAN DE ESPINACAS

Ingredientes para 4 personas:
8 huevos • 2 vasos de leche • 100 gr de espinacas frescas
100 gr de gambas peladas • 100 gr de brotes de bambú
2 cucharadas de salsa de soja • sal • aceite de oliva

Encender el horno en la posición aire caliente a 180 °C.

Lavar las espinacas en un recipiente con agua y sal.

En un bol amplio, echar los huevos y romper con ayuda de una varilla.

A continuación, añadir la leche y remover según se añade. Añadir un poco de sal.

En la bandeja del horno, colocar las flaneras individuales. En la base de la flanera, colocar unas hojas de espinaca hasta cubrir la mitad del molde y prensar bien con la mano.

Cubrir con la mezcla de huevo y leche con ayuda de un cacillo.

Añadir un poco de agua en la bandeja del horno para generar un baño María e introducir en la parte media del horno a 180 °C durante 30 minutos.

Transcurrido este tiempo, retirar del horno, desmoldar y emplatar. Acompañar alrededor de la guarnición.

Para la guarnición:

Hacer un pequeño corte en las gambas a lo largo por la mitad.

Poner una sartén al fuego, echar un poco de aceite, añadir un poco de sal a las gambas y saltear.

A continuación, añadir los brotes de bambú bien lavados, dos cucharadas de salsa de soja y saltear el conjunto.

FLAN DE HUEVO A LA CANELA

Ingredientes para 4 personas:
½ l de leche • 100 gr de azúcar • 2 huevos • 4 yemas
1 rama de vainilla • 1 rama de canela
corteza de naranja • azúcar (caramelo)

Poner una cazuela al fuego, echar la leche, la rama de vainilla y la corteza de naranja.

En un bol amplio, echar los huevos y las yemas. Añadir el azúcar y mezclar bien con ayuda de una cuchara.

Cuando la leche comience a hervir, retirar la corteza de naranja y la rama de vainilla —esta última reservar.

Echar la leche en el bol, abrir la rama de vainilla a lo largo por la mitad y raspar el interior con ayuda de una puntilla. Añadir en el bol y mezclar el conjunto con ayuda de una varilla.

En la base de los moldes, echar un poco de caramelo. A continuación, añadir la mezcla con ayuda de un cacillo. Añadir un trozo de la rama de canela en cada molde.

Poner los moldes en un recipiente que sirva para el horno.

Echar un poco de agua para generar un baño María.

Introducir en la parte media del horno en posición aire caliente a 160 ºC durante 20 minutos.

Transcurrido este tiempo, pinchar con un cuchillo para comprobar que están hechos, sacar del horno y retirar los trozos de rama de canela.

Desmoldar, emplatar y decorar con la rama de canela y de vainilla.

Para el caramelo:

Poner un cazo al fuego, echar el azúcar y un poco de agua. Mezclar bien con ayuda de una varilla.

Dejar en el fuego hasta que tome un color oscuro —con cuidado de que no se queme.

FLAN DE LECHE AL PRALINÉ

Ingredientes para 4 personas:
250 ml de leche • 60 gr de praliné de avellana • 60 gr de azúcar
2 huevos • 2 yemas • azúcar (caramelo)

Para la guarnición:
300 gr de fresones • 3 naranjas • 1 lima o limón • 70 gr de azúcar
1 rama de vainilla • 1 cucharada de pimienta negra en grano

En un bol amplio, echar los huevos, las yemas y el azúcar. Mezclar con ayuda de una varilla.

A continuación, añadir la leche —previamente calentada en el microondas— y el praliné. Remover bien el conjunto.

Colocar los moldes en la bandeja del horno y en la base del molde echar un poco del caramelo.

Cuando haya endurecido, añadir la mezcla e introducir en la parte alta del horno en posición aire caliente a 185 ºC durante 25 minutos.

Transcurrido este tiempo, retirar del horno, dejar enfriar y desmoldar.

Emplatar y acompañar de la guarnición. Salsear por encima.

Para el caramelo:

Poner una sartén al fuego, echar el azúcar y unas gotitas de agua. Remover con ayuda de una cuchara de palo y retirar cuando tome un color oscuro —tener cuidado de que no se queme.

Para la guarnición:

Poner un cazo al fuego, echar el zumo de naranja y de lima —reservar un poco de la piel de ambas y cortar en tiritas—. Abrir la rama de vainilla, raspar el interior y echar en el cazo. Añadir las tiritas de la piel.

A continuación, echar el azúcar y la pimienta negra.

Cuando comience a hervir, echar las fresas —previamente lavadas y cortadas por la mitad—. Dejar macerar el conjunto durante 15 minutos.

Para la salsa:

En una sartén, echar un poco del almíbar resultante de macerar las fresas, dejar reducir y reservar.

FLAN DE LECHE CONDENSADA

Ingredientes para 4 personas:
½ l de leche entera • 200 gr de leche condensada • 150 gr de azúcar
7 huevos • azúcar (caramelo)

Encender el horno en posición aire caliente a 200 ºC.

Poner una sartén al fuego, echar un poco de azúcar y un poco de agua. Hervir hasta que tome un color de caramelo.

En un recipiente, echar la leche condensada, el azúcar y añadir los huevos uno a uno. Batir según se añade con ayuda de una varilla.

A continuación, añadir la leche y mezclar bien el conjunto.

Echar el caramelo en el molde y añadir la mezcla.

Introducir en el horno durante 40 minutos, generando un baño María.

Transcurrido este tiempo, retirar del horno y dejar enfriar a temperatura ambiente. Desmoldar y emplatar.

FLAN DE MACEDONIA

Ingredientes para 4 personas:
1 bote de macedonia de frutas • ½ l de leche
2 croissants de chocolate • 6 huevos • 50 gr de azúcar

Encender el horno en posición aire caliente a 160 ºC.

Poner un cazo al fuego, echar el azúcar y un poco de agua. Cuando tome un color caramelo, echarlo en el molde.

Escurrir la macedonia y cortar en trozos pequeños.

En un bol amplio, echar los huevos, romper un poco las yemas y añadir la leche. Remover con ayuda de una varilla.

A continuación, añadir la macedonia y los croissants cortados en trozos pequeños. Mezclar bien el conjunto.

Echar la mezcla en el molde e introducir en el horno durante 40 minutos al baño María.

Transcurrido este tiempo, comprobar que está cuajado. Retirar del horno y dejar enfriar a temperatura ambiente.

Por último, desmoldar y emplatar.

FLAN DE MANZANA

Ingredientes para 4 personas:
1 l de leche • 200 dl de nata • 2 manzanas Golden
80 gr de mantequilla • 200 gr de azúcar • 3 huevos
azúcar glaceé • canela en polvo • 1 yogur natural

Pelar las manzanas y cortar en daditos.

Poner una sartén a fuego suave, echar la mantequilla y la manzana.

Añadir el azúcar, dejar durante 5 minutos hasta que la manzana se dore y triturar con ayuda de un tenedor.

En un bol, batir los huevos y añadir la leche, la nata, y la manzana. Mezclar bien el conjunto.

Echar la mezcla en moldes individuales e introducir en la parte superior del horno en posición aire caliente a 150 ºC durante 20 minutos al baño María.

Transcurrido este tiempo, pinchar con un cuchillo y comprobar que éste sale seco, lo cual indica que está hecho.

Retirar del horno, dejar reposar unos minutos a temperatura ambiente y posteriormente enfriar en la nevera.

Por último, desmoldar, cubrir con la salsa de yogur y espolvorear un poco de canela por encima.

Para la salsa de yogur:

En un bol, mezclar el yogur, un poco de azúcar glaceé, canela y nata. Batir bien el conjunto y reservar.

FLAN DE QUESO

Ingredientes para 4 personas:
200 gr de queso Philadelphia • 1 bote pequeño de leche condensada
6 huevos • 200 gr de azúcar

Encender el horno en posición aire caliente a 180 °C.

Poner una sartén al fuego y añadir el azúcar con una gotita de agua. Cuando tome un color caramelo, echarlo en el molde.

En un recipiente, echar el queso, batir un poco con ayuda de una varilla. Añadir la leche condensada y mezclar con la varilla para evitar la formación de grumos.

A continuación, añadir los huevos y mezclar bien el conjunto.

Echar la mezcla en el molde e introducir en el horno durante 25 minutos.

Transcurrido este tiempo, retirar del horno y dejar enfriar a temperatura ambiente.

Por último, desmoldar y emplatar.

FLAN DE TURRÓN

Ingredientes para 4 personas:
½ tableta de turrón blando • 250 ml de leche • 250 ml de nata líquida
2 huevos • 1 sobre de caramelo líquido
1 sobre de café descafeinado

Encender el horno en posición aire caliente a 160 °C.

En el vaso de la batidora, echar la leche y el turrón blando cortado en trozos. Triturar el conjunto.

A continuación, añadir los huevos y la nata —reservar un poco de nata para decorar—. Mezclar con la batidora en la posición mínima para que la nata no se corte.

Echar el caramelo en los moldes individuales y añadir la mezcla.

Poner un poco de agua en la bandeja del horno para generar vapor e introducir los moldes en el horno durante 20 minutos.

Transcurrido este tiempo, retirar del horno, dejar reposar a temperatura ambiente y posteriormente enfriar en la nevera.

A continuación, retirar de la nevera y desmoldar.

Para decorar, mezclar un poco de nata con un sobre de café descafeinado y batir con ayuda de una varilla.

En el centro del plato, poner un poco de la mezcla de nata y café y colocar el flan encima.

FLAN FRÍO DE ARROZ

Ingredientes para 4 personas:
400 gr de arroz de shushi • 3 hojas grandes de alga Nori
20 gr de alga Kombu • 1 docena de langostinos cocidos • menta fresca
1 cucharada de azúcar • sal • vinagre de arroz • aceite de oliva

En un bol amplio, echar el arroz y cubrir con agua. Trabajar el arroz con ayuda de una espátula.

Cuando el agua esté de color blanquecino, retirar, cubrir de nuevo con agua y remover con la espátula.

Repetir el proceso tres veces, de esta forma conseguimos que el arroz suelte el almidón y por lo tanto, quede pegajoso.

Una vez realizada esta operación, echar el arroz en una cazuela, añadir doble cantidad de agua, tapar y poner a fuego máximo.

Cuando comience a hervir, bajar el fuego al mínimo y cocer durante 20 minutos.

Transcurrido este tiempo, introducir el alga Kombu y dejar durante el reposo para que aromatice el arroz.

Tras el reposo, en otro bol amplio, echar el arroz, el azúcar, un chorrito de vinagre y un poco de sal. Mezclar bien el conjunto con la espátula.

Pelar los langostinos, hacer un corte a lo largo por la mitad, retirar el intestino, abrir como si fuera un libro y reservar.

Encamisar el molde con film transparente, añadir una gotita de aceite y colocar los langostinos en forma de corona con la parte rayada hacia abajo.

Por encima, colocar una capa de arroz, cubrir con una hoja de alga Nori, poner otra capa de arroz y por último, otra hoja de alga Nori.

Enfriar en la nevera durante 10 minutos para que el arroz compacte bien.

Transcurrido este tiempo, retirar de la nevera y desmoldar. Decorar por encima con unas hojitas de menta.

FONDUE DE CHOCOLATE

Ingredientes para 4 personas:
200 gr de chocolate fuerte • 150 gr de leche • 50 gr de nata líquida
30 gr de azúcar • 30 gr de mantequilla • frutas variadas

En un bol amplio, echar el chocolate cortado en trozos.

Poner una cazuela al fuego, echar la leche, la nata y el azúcar.

Cuando comience a hervir, echar en el bol junto al chocolate.

Mezclar bien el conjunto con ayuda de una varilla hasta que el chocolate se derrita por completo.

Echar el conjunto de nuevo a la cazuela, añadir la mantequilla y poner de nuevo al fuego. Mezclar bien y echar en la fondue.

Cortar las frutas en trozos, pinchar en los cubiertos y pasar por la fondue.

FRESAS RELLENAS DE QUESO MASCARPONE CON PISTACHOS

Ingredientes para 4 personas:
16 fresas medianas • 100 gr de queso Mascarpone • 16 pistachos
pelados • 100 ml de leche • pimienta blanca molida
tomillo limonero fresco • sal • aceite de oliva

Retirar la parte verde de las fresas y lavar en un recipiente con agua fría.

A continuación, vaciar con ayuda de un descorazonador.

Colocar las fresas sobre una bandeja.

En un bol, echar el queso Mascarpone, añadir la leche, un poco de pimienta blanca, una pizca de sal y unas gotitas de aceite. Mezclar bien el conjunto con ayuda de una varilla.

Introducir la mezcla en una manga pastelera y rellenar las fresas con la mezcla.

Decorar cada fresa con un pistacho y una ramita de tomillo limonero.

NOTA: introducir la pulpa de la fresa retirada en un recipiente con vinagre de vino y unas hojitas de romero para obtener un vinagre muy aromático.

FRITADA CRUJIENTE

Ingredientes para 4 personas:
4 calamares pequeños • 2 sobres de tinta • 1 cebolla
1 pimiento rojo • sal de ajo • sal • aceite de oliva

Poner una sartén honda a fuego máximo y echar aceite de forma generosa.

Cortar el calamar y el pimiento en tiras finas y la cebolla bien picadita.

Mezclar todo bien y echar en la sartén en pequeñas cantidades. Freír durante unos segundos y retirar a un plato con papel absorbente. Echar un poco de sal de ajo por encima, mezclar bien con las manos y emplatar. Añadir un poco de la vinagreta de tinta por encima.

Para la vinagreta de tinta:

Poner una sartén con un poco de agua al fuego y añadir la tinta. Dejar hervir unos minutos —para eliminar la toxicidad de la tinta.

En un bol, echar un poco de aceite de oliva, un poco de la tinta diluida en agua y sal. Mezclar con ayuda de una cuchara de madera.

GACHAS DULCES CON COMPOTA DE MANZANA

Ingredientes para 4 personas:

Para las gachas:
½ l de leche • 100 gr de azúcar • 40 gr de harina
20 gr de mantequilla • 20 gr de aceite de oliva
1 cucharada de anís en grano

Para la compota de manzana:
2 manzanas • 50 gr de mantequilla • 30 gr de azúcar

Para la guarnición:
2 rebanadas de pan de molde • helado • menta

Para las gachas:

Poner una cazuela al fuego, echar la leche, el azúcar y el anís. Remover bien con ayuda de una varilla.

Cuando comience a hervir, añadir la mezcla de harina y aceite.

A continuación, echar la mantequilla previamente derretida en el microondas. Remover bien y dejar que hierva para que engorde.

Por último, colar con ayuda de un colador y dejar reposar.

Para la compota de manzana:

Poner una cazuela al fuego, echar la mantequilla y el azúcar.

Pelar la manzana, cortar en rodajas finas y echar en la cazuela. Dejar durante 5 minutos y triturar.

Para la guarnición:

Poner una sartén al fuego y freír unos daditos de pan.

Para montar el postre, en la base de una copa, echar un poco de la compota de manzana. A continuación, cubrir con las gachas.

Decorar cada copa con unos costrones de pan, una bola de helado y una hoja de menta.

GALLETAS DE NARANJA

——— •◦•◦• ———

Ingredientes para 4 personas:
125 gr de harina • 60 gr de mantequilla a punto pomada
50 gr de azúcar glaceé • 1 huevo • ralladura de naranja • azúcar
glaceé (para decorar)

Encender el horno en posición aire caliente a 200 ºC.

En un bol amplio, echar los 50 gr de azúcar y la mantequilla. Mezclar bien con ayuda de una cuchara de madera. Añadir la yema y mezclar. Echar poco a poco la harina, remover según se añade hasta obtener una masa homogénea. Añadir la ralladura de naranja y amasar el conjunto con las manos.

Envolver la masa en papel de aluminio y enfriar en la nevera durante 1 hora.

Transcurrido este tiempo, retirar de la nevera, añadir un poco de harina a la masa y estirar. Cortar con un cortapastas.

Echar un poco de harina en la bandeja del horno y colocar las galletas. Introducir en el horno durante 20 minutos.

A continuación, retirar del horno, dejar enfriar y emplatar.

Por último, decorar con un poco de azúcar glaceé por encima.

GALLETAS MORENAS MARÍA

Ingredientes para 4 personas:
275 gr de harina • 75 gr de mantequilla • 100 gr de azúcar moreno
200 gr de azúcar blanquilla • 50 gr de azúcar glaceé • 1 huevo
1 sobre de levadura • 1 cucharada de canela

En un cazo, echar agua y el azúcar blanquilla —ambas en la misma cantidad—. Dejar que hierva hasta obtener un almíbar.

En un bol, echar la harina y el azúcar moreno. Mezclar con ayuda de una varilla. Añadir la canela y la levadura. Mezclar bien el conjunto.

Calentar la mantequilla durante 10 segundos en el microondas y añadirla al conjunto. Añadir el huevo y el almíbar. Mezclar todo bien y enfriar en la nevera durante 30 minutos.

Transcurrido este tiempo, retirar de la nevera, añadir un poco de harina a la masa y estirarla con ayuda de un rodillo. Cortar con un cortapastas.

En la bandeja del horno echar un poco de harina y colocar las galletas. Introducir en el horno en posición aire caliente a 170 ºC durante 15 minutos.

A continuación, retirar del horno, dejar enfriar y emplatar.

Por último, decorar con un poco de azúcar glaceé por encima.

GAMBA ROJA DEL MEDITERRÁNEO

Ingredientes para 4 personas:
4 gambas rojas del Mediterráneo grandes (80-100 gr)
50 gr de alga Wakame • 1 limón • sal marina • aceite de oliva

Retirar las cabezas de las gambas y reservar. Pelar las gambas.

Sobre un trozo de film transparente, echar un chorrito de aceite, colocar la gamba pelada encima y añadir un poco de la sal de algas por encima.

Impregnar bien de aceite la gamba y envolver en el film.

Hacer paquetitos individuales con cada gamba y dar calor por ambas partes con ayuda de un secador durante 2 minutos.

Transcurrido este tiempo, retirar el film y emplatar.

Poner una sartén a fuego máximo y echar un poco de aceite.

Cortar las cabezas de las gambas a lo largo por la mitad y freír en la sartén vuelta y vuelta.

Emplatar al lado de la cola y vaporizar un poco de zumo de limón por encima con ayuda de un vaporizador.

Decorar el plato con unas tiritas de cáscara de limón.

Para la sal de algas:

En un robot, echar un puñado generoso de sal y el alga. Triturar y reservar.

GAMBAS ASADAS CON PEREJIL Y LIMÓN

Ingredientes para 4 personas:
2 docenas de gambas frescas • 1 manojo de perejil • 1 limón
2 dientes de ajo • sal marina • aceite de oliva virgen extra

Encender el horno en posición gratinar a 230 ºC.

Sobre la bandeja caliente del horno, echar sal y colocar las gambas. Añadir un poco de sal y un chorrito de aceite por encima.

Introducir en la parte alta del horno durante 3 minutos.

Transcurrido este tiempo, retirar del horno, emplatar y salsear por encima con la salsa de perejil.

Para la salsa de perejil:

En un bol, echar el aceite, el ajo y el perejil bien picadito y el zumo de limón. Mezclar bien el conjunto.

GARBANZOS CON CARRILLERAS

Ingredientes para 4 personas:
400 gr de garbanzos • 2 carrilleras • 4 tomates de rama • ½ cebolla
2 dientes de ajo • orégano • sal • aceite de oliva

Limpiar bien las carrilleras y cortar cada carrillera en dos trozos.

Poner una cazuela con agua al fuego. Cuando el agua comience a hervir, echar la carrillera y cocer durante 30 minutos.

Retirar la espuma generada durante la cocción con ayuda de un cacillo.

Transcurrido este tiempo, añadir un poco de sal y los garbanzos que previamente han estado en remojo durante 12 horas.

A continuación, lavar el tomate, cortar a la mitad y echar en la cazuela. Cocer el conjunto durante 1 hora.

Poner una sartén al fuego, echar un poco de aceite y añadir la cebolla y el ajo, todo muy picadito. Rehogar el conjunto.

Por último, añadir un poco de orégano, saltear y echar en la cazuela. Emplatar.

GAZPACHO DE FRESAS

Ingredientes para 4 personas:
½ kg de fresas maduras • 1 tomate maduro • ½ de cebolleta
100 gr de pan brioche • albahaca fresca • pimienta negra molida
25 gr de aceite de oliva • 10 gr de vinagre de Módena

Para la guarnición:
macarrones cocidos • 1 panecillo de pan brioche

Lavar las fresas, retirar la parte verde y cortar por la mitad —reservar cuatro fresas enteras para decorar.

Echar en un bol amplio, añadir la cebolleta y el tomate cortados en trozos.

A continuación, añadir el aceite, vinagre, unas hojas de albahaca, un poco de sal y pimienta.

Por último, añadir medio litro de agua y el pan brioche cortado en rebanadas.

Cubrir el bol con film transparente y dejar macerar en la nevera durante 2 horas mínimo.

Transcurrido este tiempo, echar la mezcla macerada en el robot, triturar y reservar.

En el centro de un cuenco, poner un montículo de macarrones fritos partidos por la mitad y costrones de pan, encima la fresa cortada en láminas y añadir el gazpacho de fresas alrededor.

Para la guarnición:

Poner un cazo con abundante aceite al fuego y freír los macarrones en el aceite caliente. Cuando estén doraditos, retirar a un plato con papel absorbente.

A continuación, cortar el panecillo en daditos y freír en el aceite. Retirar al plato con papel absorbente y reservar.

GAZPACHO DE REMOLACHA

Ingredientes para 4 personas:
4 remolachas cocidas envasadas al vacío • 100 gr de queso cremoso
100 gr de nata líquida • 1 pepino • 1 naranja • 2 dientes de ajo
pimienta negra en grano • comino • hojas de menta
sal • aceite de oliva

Abrir el pepino a lo largo por la mitad, retirar las pepitas y la piel.

Echar en el robot, añadir la remolacha y su jugo.

A continuación, añadir una pizca de comino y los dientes de ajo.

Acanalar la naranja, cortar dos rodajas y reservar para la decoración. Pelar el resto de la naranja, cortar en trozos y echar en el robot.

Por último, añadir un poco de agua y un chorrito de aceite. Triturar el conjunto y servir en copas.

Añadir un poco de la mousse de queso por encima. Decorar con una hoja de menta y media rodaja de naranja.

Para la mousse de queso:

En un bol, echar el queso, añadir poco a poco la nata y remover según se añade con ayuda de una cuchara.

Añadir un poco de pimienta negra recién molida y un poco de sal. Mezclar bien el conjunto y reservar.

GELEÉ DE NARANJA Y ZANAHORIA

Ingredientes para 4 personas:
4 zanahorias • 2 naranjas • 3 gelatinas neutras o colas de pescado
50 gr de azúcar

Pelar las zanahorias y las naranjas y licuar. Introducir en el microondas la mezcla durante 30 segundos para que se temple.

Introducir las gelatinas una a una en un recipiente con agua fría durante unos minutos para que se ablanden.

Escurrir las gelatinas y añadirlas una a una a la mezcla templada de zanahoria y naranja. Remover según se añade con ayuda de una varilla.

Echar en un molde, dejar reposar a temperatura ambiente y posteriormente enfriar en la nevera durante 15 minutos.

Transcurrido este tiempo, retirar de la nevera, desmoldar, cortar en dados y emplatar. Por último, añadir el azúcar por encima.

GOMINOLAS DE TOMATE

Ingredientes para 4 personas:
½ l de zumo de tomate • 100 gr de azúcar • 10 gr de goma Xantana
10 gr de agar-agar

Para decorar:
azúcar • papel de seda blanco • papel de celofán blanco
papel de celofán rojo

Poner una cazuela al fuego y echar el zumo de tomate. Añadir el agar-agar y el azúcar. Remover bien con ayuda de una varilla.

En la batidora, echar la goma Xantana y el zumo de tomate en el momento que comience a hervir.

Batir, echar en el molde y enfriar en la nevera durante 5-10 minutos.

Transcurrido este tiempo, retirar de la nevera, desmoldar, cortar en daditos y pasar por el azúcar.

Envolver en papel y emplatar.

NOTA: el zumo de tomate puede ser sustituido por cualquier zumo de frutas.

GOXUA

Ingredientes para 4 personas:

Para la crema pastelera:
½ l de leche • 100 gr de azúcar • 40 gr de maizena • 3 huevos

Para el bizcocho:
75 gr de harina • 75 gr de azúcar • 3 huevos

Otros ingredientes:
250 gr de nata líquida • azúcar • ron

En la base de las copas, poner un poco de nata montada y cubrir con el bizcocho.

Pintar el bizcocho con un poco de ron con ayuda de un pincel.

Cubrir con la crema pastelera con ayuda de una manga pastelera describiendo círculos concéntricos.

Por último, añadir un poco de azúcar por encima y quemar con ayuda de un quemador —quemar poco para que no amargue.

Para la crema pastelera:

Poner una cazuela al fuego y echar la leche.

En un bol, mezclar el azúcar y la maizena. Añadir los huevos uno a uno y remover según se añade con ayuda de una cuchara.

Cuando la leche comience a hervir, añadir la mezcla y remover según se añade con ayuda de una varilla.

A continuación, dejar enfriar para que la mezcla espese y reservar.

Para el bizcocho:

Poner una cazuela al fuego, echar los huevos y el azúcar. Batir con la varilla a fuego mínimo para que el huevo no cuaje.

Cuando haya montado, añadir la harina con ayuda de un dosificador y remover según se añade con la varilla.

Cubrir la bandeja del horno con papel de repostería, echar la mezcla y extender bien con ayuda de una espátula.

Introducir en la parte media del horno en posición aire caliente a 200 °C durante 10 minutos.

Transcurrido este tiempo, retirar del horno, cortar cuatro círculos del diámetro de la copa con ayuda de un cortapastas y reservar.

GRANIZADO DE TÉ CON RON DE CAÑA

Ingredientes para 4 personas:
5 bolsas de té • 2 limones • 80 gr de ciruelas pasas
150 gr de azúcar moreno • 75 ml de ron
3/4 l de agua • hojas de menta

Poner una cazuela al fuego, echar el agua, el ron y las bolsas de té.

Cuando comience a hervir, retirar la cazuela del fuego y dejar reposar durante 15 minutos para que el té suelte todo el sabor.

Transcurrido este tiempo, añadir el azúcar y remover para que se disuelva bien con ayuda de una varilla.

Calentar los limones en el microondas durante 15 segundos para obtener todo el zumo. Añadir en la cazuela el zumo de limón y unas hojas de menta.

En un recipiente amplio, echar el líquido y dejar enfriar a temperatura ambiente durante 15 minutos. Posteriormente, enfriar en el congelador durante 1 hora.

Transcurrido este tiempo, retirar del congelador y picar con ayuda de un cuchillo.

En la base de una copa, poner la ciruela muy picadita y añadir el granizado por encima. Decorar con unas hojas de menta.

GRANIZADO DE VINO TINTO
CON SIROPE DE COLA

Ingredientes para 4 personas:

Para el granizado de vino tinto:
400 ml de vino tinto • 300 ml de zumo de naranja
200 ml de zumo de lima • 250 ml de agua
125 gr de azúcar • hojas de menta

Para el sirope de cola:
½ l de cola • 125 gr de azúcar

Para decorar:
50 ml de granadina • 1 lima • azúcar • hojas de menta

En un plato, verter la granadina, pasar el borde de la copa por la granadina.

A continuación, pasar el borde por el azúcar. En el fondo de la copa, dibujar un enrejado con el sirope de cola.

Añadir el granizado por encima, alrededor poner unas hojitas de menta muy picaditas.

Dibujar de nuevo unas líneas de sirope por encima y decorar el borde de la copa con una rodaja de lima.

Para el granizado de vino tinto:

Poner una cazuela al fuego y echar el zumo de naranja, el zumo de lima, el agua, el azúcar y unas hojas de menta. Remover bien el conjunto con ayuda de una cuchara.

Cuando comience a hervir, retirar del fuego, colar y echar en un recipiente amplio. Añadir el vino y mezclar bien.

Introducir la mezcla en el congelador durante 10 horas. Cada 2 horas, remover para romper los cristales.

Para el sirope de cola:

Poner una cazuela al fuego, echar la cola y el azúcar. Remover bien con ayuda de una varilla.

Dejar reducir durante 10 minutos para que el agua evapore y la mezcla espese.

GRATÉN DE FRUTOS ROJOS

Ingredientes para 4 personas:
200 gr de frambuesas naturales • 250 ml de nata líquida
40 gr de azúcar • 4 yemas

Poner una cazuela con agua al fuego, encima colocar otra cazuela para generar un baño María.

En la cazuela, echar las yemas, el azúcar y una gota de agua. Montar con ayuda de una varilla y reservar.

Poner un cazo al fuego, echar la nata y dejar hervir hasta que reduzca —de este modo se evapora el agua y la nata queda más espesa.

Encender el horno en posición gratinar a 230 ºC.

Echar la nata en la cazuela de la mezcla de yemas y azúcar. Mezclar bien el conjunto.

Emplatar con ayuda de un cacillo, decorar con unas frambuesas por encima y gratinar en el horno durante 10 seg.

GRATINADO DE FRESAS

Ingredientes para 4 personas:
½ kg de fresas • ½ l de nata líquida • 8 huevos • 100 gr de azúcar

Lavar las fresas y cortar la parte del tallo de forma generosa.

Poner un cazo al fuego, echar la nata y dejar hervir hasta que reduzca a la mitad del volumen. Transcurrido este tiempo, retirar del fuego y dejar que temple.

En un bol, batir las yemas junto con el azúcar. A continuación, añadir la nata templada y mezclar bien el conjunto.

Cubrir la base de un plato hondo con la mezcla y decorar con las fresas en forma de corona.

Introducir en la parte alta del horno en posición gratinar a 230 ºC durante 2 minutos.

Transcurrido este tiempo, retirar del horno y servir caliente.

GRATINADO DE PATATA, JAMÓN Y QUESO

Ingredientes para 4 personas:
4 patatas • 1 dl de nata • 100 gr de jamón ibérico • 4 endibias
sal • aceite de oliva

Encender el horno en posición gratinar a 230 ºC.

Lavar bien las patatas, poner en una cazuela, cubrir con agua y echar abundante sal. Hervir a fuego máximo durante 25 minutos.

Echar un poco de aceite en la bandeja caliente del horno.

Cortar las endibias a lo largo por la mitad y colocar en la bandeja del horno. Añadir un poco de sal por encima.

Introducir en la parte alta del horno y gratinar durante 5 minutos para que se doren un poquito.

Transcurrido este tiempo, retirar del horno y dejar enfriar.

Cortar el jamón en juliana fina y picar las endibias finitas.

Pelar las patatas y cortar en trozos pequeños.

En un recipiente que sirva para el horno, echar la patata, la endibia y el jamón. Mezclar bien el conjunto.

Cubrir con la nata, introducir en la parte alta del horno y gratinar durante 2 minutos.

Transcurrido este tiempo, retirar del horno y servir.

GUISADO DE FALDA DE TERNERA

Ingredientes para 4 personas:
1 kg de falda de ternera • 2 cebollas • 2 zanahorias
1 rama de canela • 1 pastilla de caldo de carne
1 vaso de vino blanco • sal • aceite de oliva

Pelar la verdura y picarla finita.

Poner una olla a presión al fuego, echar un poco de aceite y rehogar la verdura durante 10 minutos.

Cortar la carne en trozos pequeños, echar un poco de sal y aplastar un poco la carne para que penetre bien la sal. Echar la carne en la olla, añadir la rama de canela, la pastilla de caldo y el vino. Dejar reducir durante 3 minutos.

A continuación, echar un poco de agua y cerrar la olla. Cuando la válvula suba, bajar el fuego y dejar cocer durante 20 minutos.

Transcurrido este tiempo, retirar del fuego y emplatar.

GUISANTES A LA CREMA

Ingredientes para 4 personas:
300 gr de guisantes congelados • 50 gr de bacón • 1 patata
1 cebolla • 2 dientes de ajo • 200 ml de leche • romero
sal • aceite de oliva

Poner una cazuela a fuego máximo, echar aceite y rehogar el ajo cortado en láminas. Añadir la cebolla picadita y la patata cortada en trozos pequeños. Rehogar el conjunto.

Una vez rehogado, añadir el bacón cortado en dados y dejar hasta que quede doradito.

A continuación, añadir los guisantes, un poco de sal, romero y cubrir con agua.

Cuando comience a hervir, bajar el fuego y cocer el conjunto durante 20 minutos.

Transcurrido este tiempo, añadir la leche y subir el fuego al máximo. Dejar que hierva para que se integren todos los sabores, la patata suelte la fécula y conseguir una textura más cremosa. Emplatar.

GUISANTES EN SALSA VERDE CON HUEVOS DE CODORNIZ

Ingredientes para 4 personas:
400 gr de guisantes congelados • 200 gr de espinacas congeladas
8 huevos de codorniz • ½ cebolla • 2 cucharadas de harina
2 vasos de vino blanco • sal • aceite de oliva

Poner una cazuela amplia al fuego, echar un poco de aceite y rehogar la cebolla cortada muy finita.

Cuando la cebolla esté rehogada, echar la espinaca muy picadita y los guisantes. Añadir la harina y remover para que la salsa espese con ayuda de una cuchara de madera.

A continuación, añadir el vino blanco, subir el fuego al máximo y dejar hasta que reduzca.

Por último, añadir un vaso de agua, mezclar bien y echar los huevos. Bajar el fuego, dejar que los huevos cuajen y emplatar.

GUISO DE RODABALLO CON ESPINACAS Y PATATAS

Ingredientes para 4 personas:
1 rodaballo (1,5 kg) • 100 gr de espinacas • 2 patatas nuevas
1 cebolleta • 1 tomate • 2 vasos de vino blanco • sal • aceite de oliva

Encender el horno en posición aire caliente a 240 °C.

Poner una cazuela al fuego, echar el vino blanco, un poco de sal y un chorrito de aceite.

Pelar las patatas, lavar y sacar unas láminas finas con ayuda de una mandolina. Echar en la cazuela.

A continuación, añadir el tomate y la cebolleta, ambos cortados en láminas con ayuda de una mandolina.

Por último, lavar la espinaca y echar en la cazuela.

Cuando la verdura comience a cocer, echar en la bandeja profunda del horno.

Limpiar el rodaballo, sacar los lomos y colocar en la bandeja sobre la verdura con la piel hacia abajo.

Añadir un poco de sal y un chorrito de aceite en cada lomo.

Introducir en la parte media del horno durante 20 minutos.

Transcurrido este tiempo, comprobar que la carne se exfolia en láminas.

Retirar del horno, emplatar y añadir un poco de la verdura y el jugo por encima.

GUISO DE SOJA

Ingredientes para 4 personas:
200 gr de legumbre de soja • 100 gr de costilla adobada
100 gr de tocino • 2 zanahorias • sal

Poner a remojo la legumbre de soja la noche anterior.

Poner la olla a presión al fuego, retirar el agua de la legumbre y echar la legumbre en la olla.

Añadir cuatro veces más de agua, un poco de sal y la zanahoria pelada cortada en dos trozos.

Cortar el tocino y la costilla en trozos y echar en la olla. Cerrar la olla y cocer el conjunto durante 20 minutos.

Transcurrido este tiempo, dejar reposar unos minutos y abrir la olla.

Si está demasiado caldoso, dejar hervir unos minutos sin la tapa para que espese.

Probar de sal y añadir un poco más si fuera necesario.

Emplatar, añadir un poco de zanahoria, costilla y tocino.

GULAS CON CHAMPIÑONES EN SALSA VERDE

Ingredientes para 4 personas:
1 paquete de gulas • 200 gr de champiñones • 1 calabacín
2 puerros • 4 huevos • 2 cucharadas de harina • sal • aceite de oliva

Poner una cazuela al fuego y echar un chorrito de aceite.

Pelar el calabacín con ayuda de un pelador, picar la piel muy finita y echar en la cazuela.

Limpiar el puerro y retirar la parte verde. Picar la parte blanca muy finita y echar en la cazuela. Rehogar el conjunto durante 5 minutos.

Transcurrido este tiempo, añadir la harina y remover con ayuda de una varilla.

A continuación, añadir un poco de agua y los champiñones —previamente lavados y cortados en trozos del mismo tamaño—. Añadir un poco de sal y cocer el conjunto a fuego suave durante 5 minutos.

En un bol, echar un poco de agua y las gulas. Manipular con las manos para que queden bien sueltas.

Añadir las gulas a la cazuela y mezclar bien el conjunto.

Por último, añadir los huevos uno a uno, batir las claras para que cuajen bien con ayuda de una cuchara.

A continuación, romper las yemas. Añadir un poco de sal y emplatar.

Sacar unas tiritas de calabacín, anudar y decorar el plato con una tirita por encima.

GULAS SALTEADAS CON CALAMARES

Ingredientes para 4 personas:
2 paquetes de gulas • 4 calamares pequeños • 2 dientes de ajo
1 guindilla • sal • aceite de oliva

Limpiar los calamares en un recipiente con agua y cortar en juliana fina.

Poner una sartén amplia a fuego máximo y echar aceite de forma generosa. Añadir el ajo y la guindilla cortados en láminas.

Cuando el ajo esté doradito, añadir el calamar.

Cuando el calamar tome un color blanco, añadir las gulas y un poco de sal. Saltear y emplatar.

HABITAS CON HUEVO Y BACÓN

Ingredientes para 4 persona:
400 gr de habitas • 1 huevo • 50 gr de bacón • 2 dientes de ajo
sal • aceite de oliva

Poner un cazo con agua al fuego y echar el huevo. Cuando el agua comience a hervir, dejar cocer durante 10 minutos.

Desgranar las habas.

Poner una sartén al fuego y echar un poco de aceite. Añadir el bacón cortado en daditos y el ajo muy picadito.

Cuando el ajo esté doradito, añadir las habitas. Cubrir con agua y cocer a fuego mínimo durante 10 minutos. Añadir un poco de sal.

Por último, picar el huevo cocido muy finito, añadir a las habitas y mezclar bien con ayuda de una cuchara de madera. Emplatar.

HAMBURGUESAS DE CERDO CON PIÑONES Y ESPINACAS

Ingredientes para 4 personas:
300 gr de pierna de cerdo • 50 gr de espinacas frescas
30 gr de piñones • 1 huevo • 1 manzana • 1 granada
sal • aceite de oliva

Picar la carne y echar en un bol amplio.

Limpiar las espinacas en un recipiente con agua, picar finitas —reservar cuatro hojas enteras para decorar— y echar en el bol junto a la carne.

A continuación, añadir los piñones, un poco de sal y la clara de huevo —reservar la yema.

Amasar el conjunto con ayuda de una espátula.

Lubricar las manos con un poco de aceite, coger un poco de la mezcla, hacer una bolita, colocar encima de un trozo de papel blanco encerado y aplastar con la palma de la mano.

Poner una sartén antiadherente al fuego y echar una gotita de aceite.

Cuando esté caliente, echar la hamburguesa y pintar con la yema con ayuda de un pincel. Freír vuelta y vuelta y emplatar.

Decorar el plato con una hoja de espinaca y acompañar de unas láminas de manzana y unos granos de granada.

Añadir por encima un chorrito de aceite y una pizca de sal.

Para la guarnición:

Lavar la manzana y cortar en medias lunas finitas.

En un bol, sacar los granos de granada y reservar.

HATILLO DE CALABACÍN CON SETAS Y MANOS DE CERDO

Ingredientes para 4 personas:
1 lata de manitas de cerdo cocinadas • 1 calabacín • 100 gr de setas
mayonesa • pimentón • sal • aceite de oliva

Cortar unas tiras finas de calabacín, escaldar en agua hirviendo durante 2 minutos y dejar enfriar.

Sobre las tiras de calabacín frías, poner el relleno y hacer unos rollitos.

Emplatar y salsear por encima con una mezcla de mayonesa y un poco de pimentón.

Para el relleno:

Calentar las manitas, deshuesar en caliente y picar muy finitas.

Limpiar las setas y picar finitas.

Poner una sartén a fuego máximo y cuando la sartén esté muy caliente, echar un poco de aceite. A continuación, añadir las manitas y las setas. Dejar al fuego durante 1 minuto. Retirar la sartén del fuego y tapar con papel de aluminio para que el vapor termine de cocinar el conjunto.

Por último, añadir un poco de sal y reservar.

HELADO DE LECHE MERENGADA

Ingredientes para 4 personas:
250 ml de leche • 200 ml de nata líquida • 200 ml de leche
condensada • 1 rama de canela • ralladura de naranja
ralladura de limón • 1 vaso de ron de caña

Poner una cazuela al fuego, echar la leche, la nata, la leche condensada, la ralladura de naranja y de limón y el ron. Remover con ayuda de una espátula de madera para que no se pegue. Cocer el conjunto a fuego suave durante 10 minutos.

Transcurrido este tiempo, quitar del fuego. Retirar la rama de canela y la ralladura, cortarlas en tiras finitas y reservar.

Echar la mezcla en un molde antiadherente y dejar enfriar a temperatura ambiente. A continuación, introducir en el congelador durante 2 horas.

Transcurrido este tiempo, retirar del congelador, sacar unas bolitas con un sacabocados y emplatar. Decorar con un poco de canela y ralladura cortada en tiras finas.

HELADO DE REQUESÓN CON SALSA CALIENTE DE MIEL Y PASAS

Ingredientes para 4 personas:

Para el helado:
400 gr de agua • 350 gr de requesón • 240 gr de azúcar glaceé
1 limón

Para la salsa:
200 gr de Cacsis • 100 gr de azúcar • 2 cucharadas de miel
uvas pasas • nata líquida

Para decorar:
tejas de vinagre • almendras garrapiñadas trituradas

Anteriormente, dejar reposar en un bol, la corteza de limón junto con el agua durante 4-5 horas.

Transcurrido este tiempo, poner una cazuela al fuego y echar el agua con aroma a limón —retirar la corteza.

A continuación, añadir el azúcar glaceé y el zumo de limón. Remover bien con ayuda de una cuchara. Dejar durante 2 minutos hasta conseguir un almíbar.

En el robot, echar el almíbar y el requesón. Triturar y rellenar los moldes individuales con la mezcla. Introducir en el congelador durante 2-3 horas.

Transcurrido este tiempo, retirar del congelador, dejar templar y desmoldar.

En la base de un plato, echar un poco de la salsa, colocar el helado encima y añadir otro poco de la salsa por encima.

Decorar con unas tejas y un poco de almendra garrapiñada.

Para la salsa:

Poner una sartén al fuego, echar el Cacsis, el azúcar y la miel. Remover bien con la cuchara y dejar que reduzca durante unos minutos.

A continuación, añadir las pasas. Dejar que la salsa espese un poco y las pasas hidraten.

Por último, añadir un chorrito de nata para romper la cocción e impedir que la salsa caramelice.

HOJALDRE DE BACALAO Y LANGOSTINOS

Ingredientes para 4 personas:
200 gr de hojaldre • 500 gr de bacalao desmigado
1 docena de langostinos • 2 pimientos verdes • 1 tomate • 1 cebolla
salsa de tomate triturado • 1 yema • harina • sal • aceite de oliva

En una superficie lisa, trabajar la masa de hojaldre con ayuda de un poco de harina y un rodillo. Una vez estirada, poner un poco de harina sobre la bandeja del horno y colocar encima la lámina de hojaldre.

Batir una yema de huevo y untar la superficie del hojaldre con ayuda de un pincel para que quede doradito.

Introducir en la parte media del horno en posición aire caliente a 200 °C durante 15 minutos.

Transcurrido este tiempo, retirar del horno y cortar el hojaldre por la mitad. Sobre una de las mitades poner el relleno y cubrir con la otra mitad.

Limpiar y pelar los langostinos, abrirlos por la mitad y sazonar. Freír en una sartén con un poco de aceite caliente.

Decorar el hojaldre con unos langostinos.

Para el relleno:

Poner un cazo al fuego, echar un poco de aceite, el tomate, la cebolla y el pimiento verde, todo bien picadito. Pochar la verdura durante 10 minutos.

Transcurrido este tiempo, añadir el bacalao y unos langostinos —previamente pelados y cortados en daditos—. Añadir un poco de sal y la salsa de tomate. Dejar el conjunto al fuego durante 2 minutos y reservar.

HOJALDRE DE ESPÁRRAGOS

Ingredientes para 4 personas:
1 hoja de pasta brisa o pasta quebrada • 1 manojo de espárragos
verdes trigueros • 50 gr de queso Mascarpone • 50 gr de sésamo
2 huevos • 1 cucharada de azúcar • harina • perejil fresco
sal • aceite de oliva

Limpiar los espárragos, pelar la parte final del tallo con ayuda de un pelador e igualar en tamaño.

Poner la olla a presión a fuego máximo, echar un poco de aceite, un chorrito de agua, el azúcar y una pizca de sal.

Introducir los espárragos en la olla, cerrar la olla y en el momento que suba la válvula, retirar la olla del fuego. Dejar reposar durante 1 minuto.

A continuación, poner la olla bajo el chorro de agua fría y abrir. Sacar los espárragos de la olla, dejar enfriar y reservar.

Echar un poco de harina sobre una superficie lisa, poner la pasta encima, añadir un poco de harina por encima y estirar con ayuda de un rodillo.

Cortar la pasta en rectángulos, colocar sobre la bandeja del horno y pintar con huevo batido con ayuda de un pincel la mitad de los rectángulos —la otra mitad es para cubrir.

Colocar un poco de queso en la mitad de los rectángulos en la zona del centro, encima colocar un espárrago cortado en dos mitades y cubrir con otro rectángulo. Cerrar bien los bordes.

Pintar con huevo batido con ayuda del pincel y añadir un poco de sésamo por encima.

Introducir en la parte media del horno en posición aire caliente a 180 °C durante 15 minutos.

Poner una sartén con abundante aceite al fuego, echar unas hojas de perejil y freír vuelta y vuelta. Retirar a un plato con papel absorbente.

Transcurrido este tiempo, retirar del horno, emplatar y decorar el plato con el perejil frito.

HOJALDRE DE PIÑA Y MOUSSE DE COCO

Ingredientes para 4 personas:

Para el hojaldre de piña:
1 lámina de hojaldre • ½ piña • 1 huevo • 50 gr de azúcar
35 gr de mantequilla • 25 gr de aceite de oliva
50 ml de ron de caña • harina

Para la mousse de coco:
100 gr de coco rallado • 100 gr de nata líquida

Encender el horno en posición aire caliente a 170 ºC.

Echar un poco de harina sobre una superficie lisa, colocar el hojaldre encima, añadir el resto de la harina por encima y estirar con ayuda de un rodillo.

Una vez estirado, cortar el hojaldre en cuadrados y colocar sobre la bandeja del horno.

Pintar el hojaldre con huevo batido con ayuda de un pincel.

Introducir en la parte media del horno durante 15 minutos.

Transcurrido este tiempo, retirar del horno y reservar.

Sacar unos cilindros de piña con ayuda de un descorazonador y cortar cada cilindro en tres partes del mismo tamaño.

Poner una sartén al fuego, echar la mantequilla y el aceite. Cuando la mantequilla se funda un poco, añadir el azúcar y mezclar bien.

A continuación, echar la piña. Cuando comience a dorar, retirar la sartén del fuego, añadir el ron y mezclar bien.

Abrir los hojaldres con ayuda de un cuchillo de sierra.

En la base de un plato, echar un poco del jugo resultante de dorar la piña, colocar encima el hojaldre, rellenar de piña y cubrir con la tapa del hojaldre.

Decorar con unos trocitos de piña alrededor y con una cenefa de mousse de coco.

Para la mousse de coco:

En un bol, echar la nata y montar con ayuda de una varilla.

A continuación, añadir el coco rallado y mezclar bien según se añade. Hacer una especie de cenefas con ayuda de dos cucharas y reservar.

HOJALDRE FRITO

Ingredientes para 4 personas:
1 masa de hojaldre • 1 cuña de queso Mahón curado • 4 huevos
harina • aceite de oliva

Cortar el queso en daditos.

Echar harina sobre una superficie lisa, poner el hojaldre, añadir un poco de harina por encima y estirar con ayuda de un rodillo hasta conseguir una masa muy finita.

Cortar el hojaldre en cuadraditos, colocar encima unos daditos de queso y pintar los bordes del hojaldre con huevo batido con ayuda de un pincel.

Hacer unos paquetitos y sellar bien por los extremos.

Pasar por huevo y freír en abundante aceite caliente. Dorar bien y retirar a un plato con papel absorbente.

Dejar reposar 2 minutos y emplatar.

HOJALDRE RELLENO DE VERDURAS

Ingredientes para 4 personas:
1 lámina de hojaldre • 1 pimiento rojo • 2 pimientos verdes
1 calabacín • 3 tomates • 1 huevo • 1 bote de aceitunas negras
deshuesadas • harina • azúcar • sal • aceite de oliva

Encender el horno en posición aire caliente a 200 ºC.

Echar un poco de harina sobre una superficie lisa, poner el hojaldre encima, añadir un poco de harina sobre el hojaldre y estirar bien con ayuda de un rodillo.

En la base de la bandeja del horno, echar un poco de harina.

Cortar la masa de hojaldre en cuadrados y colocar sobre la bandeja.

Pintar los hojaldres con huevo batido con ayuda de un pincel.

Introducir en la parte alta del horno durante 15 minutos.

Poner una cazuela al fuego y echar un chorrito de aceite.

Picar la cebolla, el tomate, el pimiento y medio calabacín. Echar en la cazuela y rehogar durante 15 minutos.

Abrir los hojaldres por la mitad, rellenar con la verdura rehogada, cubrir con la tapa y añadir un poco de aceituna picadita por encima.

Emplatar y decorar con unas galletas de calabacín.

Para las galletas de calabacín:

Cortar el calabacín restante en rodajas finas con ayuda de una mandolina.

Colocar sobre un salvabandejas en la bandeja del horno.

Espolvorear un poco de azúcar sobre el calabacín con ayuda de un colador.

Introducir en la parte alta del horno en posición turbo-grill a 200 °C durante 10 minutos.

HOJALDRITO DE ESPINACA Y MEJILLÓN

Ingredientes para 4 personas:
1 lámina de hojaldre • ½ kg de mejillones cocidos
200 gr de espinacas frescas • 100 gr de queso Gouda
2 yemas • harina • sal • aceite de oliva

Poner una sartén al fuego, echar un poco de aceite y las espinacas —previamente lavadas—. Rehogar durante 2 minutos.

A continuación, picar finitas, echar en un bol y reservar.

Picar el mejillón finito, echar en otro bol y reservar.

Echar la harina sobre una superficie lisa, colocar la masa de hojaldre, añadir un poco de harina por encima y extender bien con ayuda de un rodillo.

Cortar el hojaldre en cuadraditos.

Echar un poco de harina sobre la bandeja del horno y colocar los cuadraditos de hojaldre.

Poner un poco de queso en el centro del hojaldre, encima un poco del mejillón y por encima, la espinaca.

Pintar las cuatro puntas del hojaldre con la yema batida con ayuda de un pincel y doblar.

A continuación, pintar el resto de la superficie del hojaldre con la yema batida.

Cubrir con otro poco de queso e introducir en la parte alta del horno en posición aire caliente a 200 °C durante 10 minutos.

Transcurrido este tiempo, retirar del horno y emplatar.

HOJALDRITOS DE CHISTORRA Y QUESO

Ingredientes para 4 personas:
1 hoja de hojaldre • 1 chistorra • 100 gr de queso de cabra en lonchas
1 huevo • harina • sal • aceite de oliva

Encender el horno en posición aire caliente a 200 °C.

Echar un poco de harina sobre una superficie lisa y estirar la lámina de hojaldre con ayuda de un rodillo. Cortar el hojaldre en cuadrados.

Poner una sartén amplia a fuego máximo, echar un poco de aceite y freír la chistorra cortada en trozos durante poco tiempo —posteriormente se terminará de hacer en el horno.

Cortar las lonchas de queso en dos mitades, poner la chistorra sobre una de las mitades y hacer un rollito.

Envolver el rollito en el hojaldre y colocar en un recipiente que sirva para el horno.

Batir un huevo y pintar el hojaldre por encima con ayuda de un pincel.

Introducir en el horno durante 10 minutos.

Transcurrido este tiempo, retirar del horno y emplatar.

HOJALDRITOS DE CHORIZO

Ingredientes para 4 personas:
½ lámina de hojaldre congelado • 1 chorizo • 1 yema • leche • harina

Encender el horno en posición aire caliente a 200 °C y retirar la bandeja sobre la que vamos a hornear los hojaldritos.

Retirar la piel del chorizo, cortarlo en varios trozos grandes y cocer en leche a fuego máximo durante 10 minutos para que el chorizo pierda la grasa.

Transcurrido este tiempo, retirar de la leche, cortar a lo largo por la mitad en trozos de unos cuatro dedos de longitud.

Retirar el hojaldre de la nevera —conservar en la nevera hasta el momento de su manipulación—. Espolvorear un poco de harina en la superficie donde se va a trabajar el hojaldre y sobre el hojaldre. Estirar la masa con ayuda de un rodillo.

Cortar en cuadrados y colocar encima de cada hojaldre un trozo de chorizo. Envolver como si fueran paquetitos y colocar sobre la bandeja del horno.

Batir una yema con un poco de agua y con ayuda de un pincel, pintar la superficie superior de los hojaldritos.

Introducir en la parte media del horno durante 10 minutos.

Transcurrido este tiempo, retirar del horno, emplatar y dejar reposar antes de servir.

HUEVO ESCALFADO CON PASTA FRESCA

Ingredientes para 4 personas:
200 gr de papardelle fresco • 1 cuña de queso Manchego • 4 huevos
albahaca • sal • vinagre • aceite de oliva virgen extra

Poner una cazuela con agua al fuego, añadir un poco de sal y dos cucharadas del aceite de albahaca.

Cuando comience a hervir, añadir la pasta y cocer durante 3 minutos.

Transcurrido este tiempo, escurrir bien y enfriar bajo el chorro de agua fría.

En un recipiente amplio, echar el resto del aceite de albahaca y añadir la pasta.

Poner un cazo con agua a fuego suave, echar un poco de sal y un chorrito de vinagre.

Cuando el agua hierva, echar los huevos sin la cáscara y esperar hasta que queden encogidos.

A continuación, retirar a un recipiente con agua fría para quitar el sabor a vinagre.

En un plato hondo, poner un nido de pasta y encima en el centro colocar el huevo.

Añadir por encima un poco de queso rallado con ayuda de un rallador.

Introducir en la parte alta del horno en posición gratinar durante 2 minutos.

Transcurrido este tiempo, retirar del horno y decorar con una ramita de albahaca.

Para el aceite de albahaca:

En el robot, echar un chorro generoso de aceite y unas hojas de albahaca.

Triturar el conjunto, echar en un bol y reservar.

HUEVO, GAMBA Y JAMÓN

Ingredientes para 4 personas:
pan de chapata • 12 huevos de codorniz • 200 gr de jamón serrano
4 gambas arroceras • 3 huevos • mayonesa • sal

Cocer los huevos de gallina y de codorniz —cocer los huevos de codorniz dentro de su envase para evitar que choquen y se rompan—. Hacer unos agujeros en la base del envase para que entre el agua y no floten. Es suficiente cocer durante 4 minutos.

Cocer las gambas en agua hirviendo con abundante sal —cuando el ojo de la gamba esté blando indica que la gamba ya está cocida.

Cortar unas rebanadas de pan de forma sesgada con ayuda de un cuchillo de sierra. Sobre las rebanadas de pan poner un poco del relleno.

Decorar con un huevo de codorniz cortado a lo largo por la mitad y colocar encima una gamba pelada.

Para el relleno:

En un recipiente, echar el jamón picado en juliana fina, el huevo cocido cortado en trozos y la mayonesa. Triturar el conjunto con ayuda de un tenedor, mezclar bien y reservar.

HUEVOS A LA MARINERA CON ALMEJAS, MEJILLONES Y PULPO

Ingredientes para 4 personas:
200 gr de mejillones frescos • 100 gr de almejas
100 gr de pulpo cocido • 4 huevos • 100 ml de salsa de tomate
1 vaso de caldo de pescado • 1 vaso de vino blanco • perejil fresco
30 gr de harina • sal • aceite de oliva

Poner una cazuela amplia al fuego y echar un poco de aceite.

Cortar el pulpo en trozos pequeños. Echar en la cazuela y rehogar unos minutos.

A continuación, echar el mejillón y la almeja. Cuando se abran, añadir la salsa de tomate, la harina y el vino.

Dejar reducir unos minutos y añadir el caldo de pescado.

A continuación, echar los huevos uno a uno y dejar que cuajen. Añadir un poco de sal en las yemas.

Emplatar en plato hondo y añadir un poco de aceite de perejil por encima.

Para el aceite de perejil:

En el vaso de la batidora, echar unas hojas de perejil y un chorrito generoso de aceite. Triturar y reservar.

HUEVOS ESCALFADOS CON CEBOLLETA Y TOMATE

Ingredientes para 4 personas:
4 huevos • 1 cebolleta • 2 tomates de rama • 250 ml de leche
30 gr de harina • 30 gr de aceite de oliva virgen extra • sal
vinagre • aceite de oliva virgen extra

Poner una cazuela con agua al fuego. Echar un chorrito de vinagre —para que al echar el huevo se encoja—. Cuando el agua comience a hervir, bajar el fuego, añadir los huevos uno a uno sin la cáscara y dejar unos minutos a fuego suave. Sacar a un recipiente con agua y hielos con ayuda de una espumadera. Una vez fríos, retirar del agua.

Lavar los tomates, cortar en rodajas finas y cubrir la base del plato. Añadir un poco de sal y una pizca de aceite por encima. Calentar en el microondas durante 1 minuto para que se temple.

Transcurrido este tiempo, retirar del microondas, poner los huevos sobre las rodajas de tomate, añadir por encima una pizca de sal, una gotita de aceite y salsear con la bechamel de cebolla.

Para la bechamel de cebolla:

Poner una sartén al fuego, echar 30 gr de aceite y añadir la cebolleta bien picadita. Cuando comience a dorarse, retirar la sartén del fuego, añadir la harina y remover bien con ayuda de una varilla.

Poner un cazo al fuego, echar la leche y cuando comience a hervir, añadir la mezcla de aceite, cebolla y harina. Remover según se añade para evitar la formación de grumos.

Por último, añadir un poco de sal.

HUEVOS ESCALFADOS CON HOLANDESA DE CHORIZO

Ingredientes para 4 personas:
16 huevos • 2 patatas • ½ ristra de chorizo • 100 gr de mantequilla
pimienta negra en grano • sal • vinagre de manzana • aceite de oliva

Poner una cazuela amplia con agua al fuego.

En un recipiente del tamaño del huevo, cubrir con un poco de film transparente, echar un poco de aceite, echar el huevo, hacer una bolsita y cerrar.

Realizar esta operación con ocho huevos, echar en la cazuela y cocer durante 4 minutos.

Transcurrido este tiempo, retirar del agua, dejar enfriar, quitar el film y emplatar —dos huevos por ración.

Acompañar de la crema holandesa y un poco de chorizo.

Para la holandesa de chorizo:

Poner un cazo a fuego suave y echar la mantequilla.

Cuando comience a fundir, añadir el chorizo muy picadito y cocer durante 4 minutos. A continuación, retirar el chorizo y reservar.

De los ocho huevos restantes, separar las claras de las yemas. Echar las yemas en una cazuela, poner a fuego suave y montar con ayuda de una varilla con cuidado de que no cuaje.

Añadir la mantequilla con sabor a chorizo y remover según se añade con la varilla.

Por último, añadir un poco de sal, pimienta negra recién molida y un chorrito de vinagre. Remover bien.

Para las patatas souflé:

Pelar las patatas de forma generosa y lavar. Sacar de cada patata un rectángulo grande y cortar a lo ancho en láminas de 3 mm de grosor con ayuda de una mandolina.

Poner una sartén honda al fuego y echar abundante aceite.

Cuando el aceite esté templado, añadir las patatas. Cuando comiencen a salir burbujitas, remover la sartén unos minutos. Retirar la patata y reservar.

En el momento de servir, introducir las patatas de nuevo en la sartén en aceite muy caliente durante unos segundos para que se inflen, retirar del aceite y emplatar.

HUEVOS ESTRELLADOS AL ESTILO LUCIO

Ingredientes para 4 personas:
4 huevos • 2 patatas para freír • 1 cabeza de ajo • sal • aceite de oliva

Poner una sartén con abundante aceite al fuego. Cortar la cabeza de ajo en dos mitades y freír en el aceite para que coja todo el sabor.

Pelar las patatas, lavar y cortar en tiras del mismo tamaño.

En una primera fase, pochar las patatas para que pierdan la humedad hasta que queden blandas.

Una vez pochadas, retirar de la sartén y escurrir bien. Retirar el ajo de la sartén.

Poner otra sartén con aceite al fuego, echar los huevos y añadir un poco de sal. Cuajar las claras con ayuda de una espumadera pero dejar las yemas crudas.

En una segunda fase, echar las patatas de nuevo en la sartén y freír durante 5 minutos.

Una vez fritas, añadir a los huevos y mezclar bien rompiendo las yemas. Añadir una pizca de sal y emplatar.

HUEVOS FRITOS CON FRITADA

Ingredientes para 4 personas:
4 huevos • 1 pimiento rojo • 1 pimiento verde • 4 dientes de ajo
1 cebolla • 1 berenjena • 1 patata • sal • aceite de oliva

Lavar la verdura, picar el pimiento y la berenjena, todo muy finito. Cortar la patata en daditos.

Poner una sartén al fuego y echar aceite. Cuando esté caliente, echar el huevo y añadir un poco de sal. Frotar la espumadera con un poco de ajo para que el huevo coja sabor a ajo y emplatar.

En el mismo aceite freír la verdura durante 5 minutos. Retirar con la espumadera y añadir la verdura por encima del huevo. Echar un poco de sal por encima.

HUEVOS GRATINADOS CON PIMIENTOS ROJOS

Ingredientes para 4 personas:
2 pimientos rojos • 4 huevos • 1 cuña de queso Idiazábal
½ l de leche • 50 gr de harina • 50 gr de aceite de oliva
sal • aceite de oliva

Encender el horno en posición aire caliente a 200 ºC.

Lavar los pimientos, secar bien y sobar bien con aceite. Colocar en un recipiente que sirva para el horno e introducir en el horno durante 20 minutos.

Transcurrido este tiempo, retirar del horno, dejar enfriar, pelar y cortar en tiras. Reservar el jugo obtenido.

Poner un cazo con agua al fuego y echar los huevos. A partir de que el agua comience a hervir, dejar durante 10 minutos.

Transcurrido este tiempo, dejar enfriar, pelar y cortar a lo largo en dos mitades.

Poner otro cazo al fuego, echar la leche y el jugo resultante de asar los pimientos. Cuando comience a hervir, añadir la mezcla de harina y aceite. Remover bien el conjunto con ayuda de una varilla y añadir un poco de sal.

En la base de una fuente que sirva para el horno, colocar unas tiras de pimientos y añadir por encima un poco de la bechamel con ayuda de un cacillo.

A continuación, poner los huevos, encima otra capa de pimientos y cubrir con el resto de la bechamel. Rallar el queso por encima con ayuda de un rallador y gratinar en el horno durante 3 minutos.

Transcurrido este tiempo, retirar del horno y emplatar.

HUEVOS RELLENOS

Ingredientes para 4 personas:
4 huevos • 1 sepia • ½ coliflor • 1 cebolla • 400 ml de leche
300 ml de vino tinto • 1 sobre de tinta • perejil fresco
1 trozo de pan • sal • vinagre • aceite de oliva

Poner un cazo con agua al fuego, introducir los huevos y tapar. Cuando el agua comience a hervir, cocer durante 10 minutos.

Transcurrido este tiempo, retirar los huevos e introducir en un recipiente con agua y hielos.

Limpiar la coliflor y sacar los ramilletes.

Poner una cazuela al fuego, echar la coliflor, cubrir con agua y añadir el pan impregnado en vinagre. Añadir un poco de sal, tapar y cocer durante 20 minutos.

Transcurrido este tiempo, echar la coliflor en el robot, añadir la leche, un poco de sal y un chorrito de aceite. Triturar, echar en un recipiente y reservar.

Lavar la cebolla y cortar en juliana.

Poner otra cazuela al fuego, echar un chorrito de aceite y la cebolla. Rehogar durante 2 minutos.

Limpiar la sepia y cortar en trocitos.

A continuación, echar la sepia en la cazuela. Añadir la tinta, el vino, un poco de sal y unas hojas de perejil. Tapar y cocer el conjunto durante 30 minutos.

Transcurrido este tiempo, retirar el caldo resultante, triturar en el robot, colar y reservar.

En el robot, echar la sepia junto con un poco de la salsa colada. Triturar el conjunto y reservar.

Pelar los huevos, cortar a lo largo por la mitad y cortar una pequeña base.

Retirar las yemas y rellenar con la sepia triturada.

Cubrir la base del plato con la salsa negra, en el borde exterior dibujar unos círculos de crema de coliflor y unirlos mediante una línea con la punta del cuchillo.

En el centro, colocar las dos mitades de huevo y rallar por encima la yema. Decorar por encima con una hojita de perejil.

HUEVOS RELLENOS DE CHATKA

Ingredientes para 4 personas:
4 huevos • 4 barritas de mar o surimi • 2 pimientos verdes
1 cebolla • sal • aceite de oliva

Poner un cazo con agua al fuego y echar los huevos. Cuando el agua comience a hervir, dejar cocer durante 10 minutos.

Transcurrido este tiempo, poner los huevos en un recipiente con agua, hielo y sal y dejar enfriar.

Pelar los huevos, cortarlos a lo largo por la mitad, sacar las yemas y reservar.

Poner una sartén al fuego y echar un poco de aceite. Rehogar la cebolla y el pimiento, todo muy picadito.

Rellenar los huevos y emplatar. Introducir en la parte media del horno en posición aire caliente a 100 ºC durante 5 minutos para que se templen.

Para el relleno:

En un bol, picar las yemas y las barritas de mar. Añadir la cebolla y el pimiento bien pochadito. Triturar el conjunto con ayuda de un tenedor para que ensamble todo bien.

HUEVOS REVUELTOS CON CODORNICES

Ingredientes para 4 personas:
8 huevos • 2 codornices • ½ cebolla
1 rama de tomillo • sal • aceite de oliva

Limpiar bien las codornices, eliminar la cabeza, la parte final de las patas, los pulmones y el corazón.

Poner una cazuela a fuego máximo, echar un poco de aceite y la cebolla cortada en juliana.

A continuación, añadir las codornices, previamente sazonadas, y una rama de tomillo. Rehogar durante 4 minutos para que la carne se dore un poquito.

Transcurrido este tiempo, cubrir con agua las codornices y cocer durante 20 minutos (tapar la cazuela para conservar el calor). Comprobar que la codorniz esté tierna.

Retirar las codornices a un recipiente y desmigar en caliente.

Poner una sartén grande a fuego máximo, echar un poco de aceite y con el aceite templado, añadir los huevos.

Con ayuda de una espátula de madera, cuajar las claras y dejar las yemas crudas.

Añadir la codorniz desmigada y fuera del fuego mezclar todo bien.

Por último, añadir un poco de sal, remover y emplatar.

HUEVOS ROTOS CON SALMÓN

Ingredientes para 4 personas:
100 gr de salmón fresco • 1 sobre pequeño de salmón ahumado
8 espárragos verdes trigueros • 1 patata nueva • 2 huevos
4 dientes de ajo • sal • aceite de oliva

Poner un cazo a fuego suave, echar aceite de forma generosa y añadir la patata cortada en cachelos para que suelte toda la fécula. Añadir el ajo y rehogar el conjunto durante 20 minutos.

Transcurrido este tiempo, retirar la patata y el ajo confitados y reservar.

Lavar los espárragos y cortar en trozos pequeños.

Poner una sartén a fuego máximo, echar un poco de aceite y saltear los espárragos.

Limpiar el salmón, quitar las espinas y la piel. Cortar en daditos y echar en la sartén, añadir un poco de sal y saltear el conjunto.

Poner otra sartén a fuego máximo, echar un poco del aceite utilizado para confitar la patata y el ajo, añadir la patata y el ajo confitados, la mezcla de salmón y espárragos y el salmón ahumado picadito. Añadir los huevos y remover fuera del fuego para que el huevo no cuaje mucho. Añadir un poco de sal y emplatar.

IJADA DE BONITO AL HORNO

Ingredientes para 4 personas:
1 ijada de bonito grande • 2 cebollas • 30 gr de azúcar
sal • aceite de oliva

Encender el horno en la posición gratinar a 200 ºC.

Limpiar bien la ijada y quitar las espinas. Echar un poco de sal y una pizca de aceite.

Colocar la ijada sobre la bandeja del horno. Introducir en la parte alta del horno durante 10 minutos.

Transcurrido este tiempo, retirar del horno.

Poner una sartén a fuego máximo, echar aceite. Cuando el aceite esté muy caliente, añadir la cebolla picada muy finita y echar un poco de azúcar para que la cebolla se caramelice.

Por último, añadir la cebolla caramelizada por encima de la ijada.

JUDÍAS VERDES EN SALSA VERDE

Ingredientes para 4 personas:
200 gr de judías verdes • 200 gr de harina • 1 cebolla • 1 limón
1 diente de ajo • caldo vegetal • vino blanco • perejil fresco
sal • aceite de oliva

Lavar las judías verdes y cortarlas a lo largo por la mitad.

Poner una cazuela al fuego, echar un poco de aceite, el ajo y dejar dorar.

A continuación, añadir las judías verdes y rehogar.

Añadir la salsa verde, echar un poco de agua y mezclar bien.

Por último, añadir una pizca de sal y dejar cocer el conjunto durante 15 minutos. Probar de sal y corregir si fuera necesario.

Emplatar y decorar por encima con un poco de cebolla muy picadita.

Para la salsa verde:

Poner una sartén al fuego, echar aceite, la harina y mezclar bien con ayuda de una varilla.

Cuando el aceite esté caliente, añadir un poco de vino blanco y remover la mezcla hasta que espese.

Por último, añadir el perejil picadito, un poco de zumo de limón y el caldo vegetal. Remover durante unos minutos y reservar.

JUDÍAS VERDES FRITAS CON CREMA DE AJO Y PATATA

Ingredientes para 4 personas:
400 gr de judías verdes • 4 patatas nuevas • 2 zanahorias
8 dientes de ajo • sal • aceite de oliva

Pelar la zanahoria, lavar y sacar unas bolitas con ayuda de un sacabocados.

Poner un cazo con agua al fuego, echar las bolitas de zanahoria, un poco de sal y cocer durante 20 minutos.

Poner una sartén al fuego y echar aceite de forma generosa.

Cortar las judías en bastoncitos finos de unos cuatro dedos de largo y freír en el aceite caliente en pequeñas cantidades.

Una vez fritas, sacar a un colador para escurrir bien y añadir un poco de sal.

En un plato hondo, echar la crema de ajo y patata, poner encima unas judías verdes y decorar con las bolitas de zanahoria.

Para la crema de ajo y patata:

Lavar bien la patata.

Poner una cazuela con agua al fuego, echar la patata, el ajo y un poco de sal. Cocer el conjunto durante 20 minutos.

Transcurrido este tiempo, pelar los dientes de ajo y echar en el robot.

Añadir la patata con la piel y un poco del agua resultante de la cocción. Triturar y reservar.

JULIANA DE CALAMAR EN ESCABECHE

Ingredientes para 4 personas:
1 calamar grande • 6 ajos tiernos • 1 hoja de laurel
pimienta del Himalaya • jengibre • romero • sal
1 vaso de vinagre de vino • aceite de oliva

Cortar las aletas y las patas del calamar —reservar el cuerpo del calamar para otra ocasión—. Cortar las aletas en tiras.

En un recipiente, echar un poco de agua y limpiar las patas. Frotar bien para retirar las ventosas.

Poner una sartén al fuego, echar un poco de aceite y añadir las aletas y las patas del calamar. Cuando estén doraditas, añadir los ajos tiernos cortados en trozos.

A continuación, añadir el vinagre, la hoja de laurel y un poco de jengibre.

Por último, añadir la pimienta molida y una ramita de romero. Cocer el conjunto durante 30 minutos.

Transcurrido este tiempo, comprobar que el calamar esté tierno, dejar reposar y emplatar. Decorar con una ramita de romero.

JULIANA DE SETAS Y ZANAHORIAS CON SALSA DE SARDINAS EN ACEITE

Ingredientes para 4 personas:
surtido de setas • 3 zanahorias • 1 lata de sardinas
100 gr de mayonesa • romero fresco • sal • aceite de oliva

Encender el horno en posición aire caliente a 200 °C.

Limpiar las setas con un paño húmedo y cortar en juliana.

Pelar las zanahorias y cortar en juliana.

Sobre papel de aluminio, echar un chorrito de aceite, poner una rama de romero, las setas y encima la zanahoria.

Hacer un paquete e introducir en la parte media del horno durante 6 minutos.

Transcurrido este tiempo, emplatar las setas y la zanahoria, añadir el jugo obtenido y por encima la salsa de sardinas. Decorar con una ramita de romero.

Para la salsa de sardinas en aceite:

En el vaso de la batidora, echar la mayonesa, las sardinas y un poco de agua. Triturar bien el conjunto.

JUREL CON MOLLEJAS Y PURÉ DE ROMANESCU

Ingredientes para 4 personas:
1 jurel grande • 1 romanescu • 250 gr de mollejas
1 trozo de pan duro • vino blanco • sal • vinagre • aceite de oliva

Abrir el jurel a la espalda, retirar las espinas y limpiar bien.

Cubrir la bandeja del horno con papel de aluminio, añadir un poco de aceite y extender bien por toda la superficie.

Colocar el jurel, añadir un poco de sal, un chorrito de aceite y vino blanco por encima.

Introducir en la parte alta del horno en posición aire caliente a 230 °C durante 10 minutos.

Transcurrido este tiempo, retirar del horno y reservar.

En la base del plato, poner un poco de la crema de romanescu, un trozo de jurel y añadir unas mollejas por encima.

Para la crema de romanescu:

Poner una cazuela al fuego, echar agua y el pan impregnado en vinagre.

Limpiar el romanescu, cortar en trozos e introducir en la cazuela. Tapar y cocer durante 30 minutos.

Transcurrido este tiempo, añadir un chorrito de aceite, triturar con la batidora y reservar.

Para el sofrito de mollejas:

Poner el wok al fuego, echar un poco de aceite y las mollejas. Añadir un poco de sal.

Saltear durante 2 minutos y reservar.

KOKOTXAS DE BACALAO CON HONGOS

Ingredientes para 4 personas:
480 gr de kokotxas de bacalao desaladas • 5 hongos congelados
(Boletus edulis) • azúcar glaceé • sal
aceite de oliva virgen extra suave

Poner una cazuela amplia a fuego suave y añadir aceite abundante.

Cortar los hongos en daditos —reservar uno entero para la decoración— y echar en la cazuela. Añadir un poco de sal y confitar durante 15 minutos.

Transcurrido este tiempo, retirar la cazuela del fuego y dejar templar. Cuando el aceite esté templado, añadir las kokotxas y cocer el conjunto a fuego suave durante 5 minutos.

A continuación, retirar las kokotxas y los hongos a una cazuela de acero inoxidable.

En un cazo de acero inoxidable, echar el aceite de la cocción sin la gelatina obtenida y reservar.

La gelatina obtenida, echar en la cazuela de acero inoxidable junto a las kokotxas y hongos. Agitar la cazuela, añadir un poco de agua y agitar de nuevo.

Por último, añadir el aceite poco a poco y agitar la cazuela mientras se añade.

Emplatar y decorar por encima con las galletas de hongo caramelizadas.

Para las galletas de hongo caramelizadas:

Colocar un salvabandejas sobre la bandeja del horno. Cortar el hongo en láminas finas con ayuda de una mandolina y colocar sobre el salvabandejas.

Espolvorear por encima azúcar glaceé con ayuda de un dosificador.

Introducir en la parte alta del horno en posición aire caliente a 180 ºC durante 20 minutos.

Transcurrido este tiempo, retirar del horno y reservar.

KOKOTXAS DE MERLUZA REBOZADAS

Ingredientes para 4 personas:
½ kg de kokotxas de merluza • 3 huevos • harina • sal
aceite de oliva

Poner una sartén al fuego y echar abundante aceite.

En un bol, batir los huevos.

Echar sal a las kokotxas por la parte interna para que penetre bien.

Pasar las kokotxas una a una por harina y huevo. Freír vuelta y vuelta durante unos segundos y retirar a un plato con papel absorbente. Dejar reposar durante 5 minutos para que se terminen de hacer fuera del fuego y emplatar.

LÁGRIMAS DE CHOCOLATE CON MOUSSE DE AVELLANA

Ingredientes para 4 personas:
400 gr de cobertura de chocolate • 200 gr de nata líquida
60 gr de praliné de avellana (o Nocilla) • 3 claras
50 gr de almendra garrapiñada triturada • 50 gr de frambuesas
sirope de cacao

En un bol amplio, echar las claras y montar con ayuda de una varilla.

En otro bol amplio, echar la nata y montar con la varilla.

Mezclar las claras y la nata, añadir el praliné y remover bien el conjunto. Dejar reposar la mezcla en la nevera durante 30 minutos.

Cortar tres folios a lo largo en tres partes iguales.

Calentar el chocolate en el microondas durante 2 minutos.

Pasar cada trozo de folio por un lado por el chocolate derretido y cerrar en forma de lágrima.

Colocar las lágrimas en un recipiente cubierto de papel de repostería —para evitar que las lágrimas queden pegadas en la base del recipiente— y enfriar en el congelador durante 3 minutos.

Transcurrido este tiempo, sacar del congelador, retirar el papel con cuidado y emplatar dos lágrimas en cada plato.

Por último, rellenar el interior de cada lágrima con la mousse y decorar por encima, una con un poco de almendra y otra con unas frambuesas.

Dibujar por encima unas líneas de sirope y servir.

LANGOSTINOS A LAS TRES TEXTURAS

Ingredientes para 4 personas:
12 langostinos crudos congelados • 1 barra pequeña de pan de soja
1 bote de mayonesa • 2 limones • polvo de curry • 70 ml de leche
210 gr de aceite de oliva

Cocer cuatro langostinos.

Otros cuatro langostinos, pelarlos y picarlos muy finitos. Echar en un bol con un poco de sal, el zumo de un limón, un poco de aceite y un poco de curry. Mezclar bien y dejar macerar durante 10 minutos.

El resto de los langostinos, pelarlos y hacerlos a la plancha. Para ello, poner una sartén al fuego, cuando esté caliente, echar un poco de aceite. Añadir un poco de sal a los langostinos y ponerlos en la sartén. Añadir un poco de zumo de limón y dejar hasta que queden doraditos.

Cortar unas rebanadas de pan finas y tostarlas en la sartén en la que hemos hecho los langostinos para que cojan el sabor a langostino.

Sobre la rebanada de pan, extender un poco de mayonesa, poner un poco del langostino macerado, encima poner el langostino cocido cortado en dos mitades y por último poner el langostino hecho en la sartén. Salsear por encima.

Para la salsa:

En el vaso de la batidora, echar la leche, el triple de aceite, un poco de sal y un poco de curry. Mezclar el conjunto con la batidora en la posición mínima para que no se corte.

LANGOSTINOS FRITOS CON VINAGRETA DE CEBOLLA, PIÑONES Y NARANJA

Ingredientes para 4 personas:
8 langostinos grandes • 1 cebolla • 1 naranja • 30 gr de piñones
sal • aceite de oliva

Poner el wok al fuego, echar aceite y calentar. Freír los langostinos de dos en dos y retirar a un plato con papel absorbente.

Emplatar las rodajas de naranja acanalada y los langostinos. Acompañar al lado con un poco de la vinagreta y añadir un poco de sal a los langostinos.

Para la vinagreta de cebolla, piñones y naranja:

Poner una cazuela al fuego y echar un chorrito de aceite.

Cortar la cebolla en juliana fina y echar en la cazuela. Añadir un poco de sal y pochar durante 15 minutos.

Transcurrido este tiempo, echar en un bol y reservar.

Poner una sartén al fuego, echar los piñones y tostar durante 2 minutos. Añadir los piñones al bol junto a la cebolla.

Acanalar la naranja con ayuda de un acanalador y cortar unas rodajas —reservar para decorar.

Exprimir el resto de la naranja y echar en el bol. Añadir una pizca de sal, mezclar bien y reservar.

LASAÑA DE BERENJENAS Y GAMBAS

Ingredientes para 4 personas:
2 berenjenas • 8 gambas • 1 cebolla • 250 ml de leche
100 gr de harina • 1 sobre de queso rallado • sal • aceite de oliva

Cortar la berenjena en rodajas finas.

Poner una sartén grande al fuego y echar un poco de aceite. Freír la berenjena vuelta y vuelta en aceite muy caliente. Retirar a un plato con papel absorbente.

En una recipiente que sirva para el horno, echar un poco de aceite y extenderlo por toda la superficie. Cubrir la base con la berenjena, poner encima un poco del relleno, cubrir con otra capa de berenjena y otro poco del relleno por encima.

A continuación, añadir el queso rallado e introducir en el horno en posición gratinar durante 10 minutos.

Transcurrido este tiempo, retirar del horno y emplatar.

Para el relleno:

Poner una sartén al fuego y echar aceite de forma generosa.

Pelar la cebolla, picarla muy finita y echarla en la sartén.

Pelar los langostinos, picarlos muy finitos y echarlos en la sartén.

Cuando la cebolla comience a dorarse, retirar la sartén del fuego, dejar enfriar un poco y añadir la harina. Mezclar bien fuera del fuego con ayuda de una varilla.

Una vez esté bien mezclado, poner a fuego máximo. Añadir la leche —que se ha puesto a hervir previamente— poco a poco y remover según se añade con ayuda de la varilla. Añadir una pizca de sal.

LASAÑA DE CALABACÍN

Ingredientes para 4 personas:
2 calabacines • 24 espárragos verdes • 200 gr de bacón
100 gr de bacalao ahumado • ½ l de leche
2 cucharadas de espesante Kuzu • cebollino • sal • aceite de oliva

Lavar el calabacín y sacar unas tiras a lo largo con ayuda de una mandolina.

Colocar en una bandeja del horno e introducir en la parte media del horno en posición horno a vapor durante 5 minutos.

Transcurrido este tiempo, retirar del horno y reservar.

Limpiar los espárragos, retirar la parte final del tallo y enrollar de tres en tres con una loncha de bacón.

Colocar en otra bandeja del horno e introducir en la parte media del horno en posición horno a vapor durante 30 minutos.

Transcurrido este tiempo, retirar del horno y reservar.

En la base del plato colocar dos tiras de calabacín y encima dos lonchas de bacón. Repetir el proceso hasta obtener una lasaña de cinco capas —terminar con una capa de calabacín.

Cubrir la lasaña con la salsa de bacalao y decorar el plato con los hatillos de espárragos. Añadir un poco de cebollino muy picadito por encima.

Para la salsa de bacalao ahumado:

En el robot, echar la leche y el bacalao ahumado. Triturar el conjunto, echar en un cazo y poner al fuego.

Cuando comience a hervir, añadir el espesante —disuelto previamente en un poco de agua—, remover con ayuda de una varilla durante unos segundos y reservar.

LASAÑA DE MORCILLA

Ingredientes para 4 personas:
200 gr de macarrones • 200 gr de morcilla • 100 gr de bacalao salado
desalado desmigado • 12 lonchas de queso Havarti
½ berenjena • ½ cebolla • 2 dientes de ajo • ½ l de leche
50 gr de aceite de oliva • 50 gr de harina • romero fresco
sal • aceite de oliva

Poner una cazuela al fuego, echar agua, un poco de sal y un chorrito de aceite.

Cuando el agua comience a hervir, echar la pasta y cocer durante 10 minutos.

Transcurrido este tiempo, escurrir, echar en un recipiente y añadir un chorrito de aceite.

En la base del plato, echar un poco de la bechamel de morcilla y encima colocar dos hileras de macarrones alineados.

Poner encima una capa del relleno, echar otro poco de la bechamel y colocar de nuevo dos hileras de macarrones por encima.

Cubrir con bechamel y tres lonchas de queso.

Introducir en la parte alta del horno en posición gratinar a 230 ºC durante 2 minutos.

Retirar del horno y decorar con una ramita de romero.

Para el relleno:

Poner una cazuela al fuego y echar un chorrito de aceite. Añadir el ajo picadito y dorar.

Cuando esté doradito, añadir la cebolla bien picada y por último, la berenjena —previamente lavada y cortada en daditos—. Rehogar el conjunto durante 10 minutos.

Transcurrido este tiempo, retirar la cazuela del fuego, añadir el bacalao desmigado e integrar bien con ayuda de una cuchara.

Para la bechamel de morcilla:

Poner una cazuela al fuego y echar la leche.

Cuando comience a hervir, añadir la mezcla de harina y aceite poco a poco —remover con la varilla según se añade.

Abrir la morcilla a lo largo, retirar la piel, cortar en trozos y añadir en la bechamel. Mezclar con la varilla y reservar.

LASAÑA DE MORCILLA CON BECHAMEL DE PIQUILLOS

Ingredientes para 4 personas:
1 paquete de pasta fresca de canelones • 1 morcilla de arroz
1 bote de pimientos del piquillo • 1 puerro • 250 ml de leche
30 gr de harina • 30 gr de aceite de oliva • sal • aceite de oliva

En una cazuela amplia, echar agua y poner a fuego máximo. Añadir un poco de sal y un poco de aceite. Cuando el agua comience a hervir, echar la pasta y dejar cocer.

En una fuente que sirva para el horno, echar en la base un poco de la bechamel de piquillos, encima colocar una hoja de pasta, poner el relleno y cubrir con otra hoja de pasta. Poner otra capa del relleno y cubrir con otra hoja de pasta. Añadir por encima el resto de la bechamel de piquillos.

A continuación, echar un poco de puerro muy picadito por encima e introducir en el horno en posición turbo-grill a 180 ºC durante 5 minutos.

Transcurrido este tiempo, retirar del horno y emplatar.

Para el relleno:

En un bol, echar la carne de la morcilla, una pizca de aceite y un poquito de leche para ablandar la masa. Introducir en el microondas durante 2 minutos.

Transcurrido este tiempo, retirar del microondas y trabajar la masa con ayuda de un tenedor. Añadir un poco de la bechamel de piquillos para que el relleno resulte más cremoso. Mezclar bien el conjunto.

Para la bechamel de piquillos:

Poner un cazo con la leche al fuego. Cuando la leche comience a hervir, añadir la mezcla de harina y aceite. Mezclar bien y añadir el pimiento para potenciar el sabor de la bechamel. Triturar el conjunto con la batidora y hervir a fuego suave para quitar el sabor a crudo del pimiento.

LASAÑA DE MORCILLA Y CREMA DE PIQUILLO

Ingredientes para 4 personas:
6 hojas de lasaña de espinacas • 2 morcillas de verdura
100 gr de bacalao desalado desmigado
1 lata de pimientos del piquillo • 200 ml de nata líquida
pimienta negra en grano • sal • aceite de oliva

Limpiar la cebolleta, retirar la última capa y la parte verde.

Poner una cazuela con agua al fuego, echar la cebolleta entera, un poco de sal y un chorrito de aceite. Añadir las hojas de pasta de una en una y cocer durante 12 minutos.

Transcurrido este tiempo, retirar las hojas de pasta del agua y escurrir bien.

Cortar las hojas de pasta en dos mitades.

En el centro de un plato, poner un poco de la crema de piquillo, colocar la hoja de pasta, poner encima un poco del relleno, cubrir con otra hoja de pasta, añadir otro poco del relleno y por último, colocar de nuevo otra hoja de pasta.

Cubrir con la crema de piquillo y templar en el horno en posición aire caliente durante 2 minutos —para que la crema no se corte.

Transcurrido este tiempo, retirar del horno y decorar por encima con un poco de pimiento cortado en tiritas. Añadir un poco de pimienta negra recién molida. ·

Para el relleno:

En un bol, echar la morcilla y romper un poco con ayuda de un tenedor.

A continuación, añadir el bacalao, un poco de pimienta negra recién molida y un chorrito de aceite. Mezclar bien el conjunto.

Para la crema de piquillo:

En el robot, echar el pimiento —reservar dos para decorar—, añadir la nata y un poco de pimienta negra recién molida.

Triturar con cuidado de que no se corte y reservar.

LASAÑA DE MORCILLA, PUERRO Y PIMIENTO ROJO

Ingredientes para 4 personas:
2 morcillas • 2 puerros • 1 lata de pimientos del piquillo
1 l de bechamel comprada • 1 cebolla • aceite de oliva

Poner una sartén a fuego fuerte, echar un poco de aceite y cuando esté caliente echar la cebolla muy picadita. Rehogar hasta que esté doradita.

A continuación, añadir unos pimientos y la morcilla sin piel. Mezclar todo bien hasta conseguir una masa homogénea. Retirar del fuego y reservar.

Cocer los puerros, sacar las hojas externas y reservar. El centro del puerro, picar fino y añadirlo a la mezcla.

Colocar en el centro de un plato un poco del relleno, cubrir con una hoja de puerro, encima otro poco del relleno y finalizar con otra hoja de puerro.

Salsear por encima con la bechamel. Dar un golpe de calor en el horno durante 2 minutos para que se integren los sabores.

Para la salsa bechamel:

Poner un cazo al fuego y echar la bechamel. Añadir un poco del agua de cocción de los puerros y unos pimientos muy picaditos. Mezclar el conjunto y reservar.

LASAÑA DE POLLO COCIDO

Ingredientes para 4 personas:
1 lechuga romana • 4 muslos de pollo • 1 cuña de queso ahumado
¼ l de leche • ¼ l de caldo resultante de la cocción del pollo
50 gr de harina • 50 gr de aceite de oliva • nuez moscada
sal • aceite de oliva

Cortar las hojas de lechuga en cuadrados grandes e introducir en un recipiente con agua fría y un poco de sal. Dejar reposar durante 20 minutos.

Limpiar los muslos de pollo con ayuda de un soplete.

Poner una cazuela con agua al fuego, introducir los muslos de pollo y cocer durante 20 minutos.

Transcurrido este tiempo, dejar enfriar y desmigar.

Poner otra cazuela al fuego, echar la leche y el caldo resultante de la cocción del pollo.

Cuando comience a hervir, añadir la mezcla de harina y aceite. Remover el conjunto con ayuda de una varilla.

Cortar el queso en daditos y echar en la bechamel. Añadir una pizca de sal y rallar un poco de nuez moscada con ayuda de un rallador.

En el centro de un plato, colocar un poco de pollo desmigado y encima colocar una hoja de lechuga.

Poner otro poco de pollo, cubrir con otra hoja de lechuga, colocar de nuevo otro poco de pollo y otra hoja de lechuga.

Por último, cubrir con la bechamel e introducir en la parte alta del horno en posición gratinar a 230 ºC durante 3 minutos.

Transcurrido este tiempo, retirar del horno, decorar el borde exterior del plato con un poco de nuez moscada rallada y servir.

LASAÑA DE VERDURAS

Ingredientes para 4 personas:
3 hojas de pasta de lasaña de espinacas • 200 gr de espinacas frescas
3 tomates de rama maduros • 16 tomates cherry • 50 gr de piñones
queso rallado • ½ l de leche • 50 gr de aceite de oliva
50 gr de harina • sal • aceite de oliva

Poner una cazuela con agua al fuego, echar un poco de sal y un chorrito de aceite.

Cuando el agua comience a hervir, echar las hojas de pasta una a una y cocer durante 10 minutos.

Transcurrido este tiempo, enfriar las hojas de pasta en un recipiente amplio con agua fría.

Lavar el tomate y cortar en rodajas.

En la base de una fuente que sirva para el horno, colocar una capa de rodajas de tomate y cubrir con una hoja de pasta.

Echar por encima un poco de la bechamel de espinacas y otra capa de rodajas de tomate. Cubrir con otra hoja de pasta.

Añadir otro poco de la bechamel de espinacas, otra capa de tomate y de nuevo cubrir con otra hoja de pasta.

Por último, añadir el resto de la bechamel de espinacas, el queso rallado por encima y los piñones.

Introducir en la parte alta del horno en posición gratinar a 230 ºC durante 5 minutos.

Transcurrido este tiempo, retirar del horno, cortar en raciones y emplatar.

Decorar alrededor con unos tomatitos cherry cortados en dos mitades.

Añadir una pizca de sal y un chorrito de aceite por encima de los tomatitos.

Para la bechamel de espinacas:

En un bol, mezclar bien el aceite y la harina con ayuda de una varilla.

Poner una cazuela al fuego y echar la leche. Cuando la leche comience a hervir, añadir la mezcla de aceite y harina. Remover bien con la varilla.

Por último, añadir las espinacas enteras previamente lavadas. Añadir un poco de sal y cocer el conjunto durante 3 minutos.

LASAÑA FRÍA DE VERDEL

Ingredientes para 4 personas:
12 hojas de lasaña china • 2 verdeles frescos • 2 pimientos rojos
1 piña • 1 aguacate • 1 yogur natural • sal • aceite de oliva

Limpiar el verdel y cortar en trozos. Retirar la espina y sacar los lomitos sin piel.

Pelar la piña y cortar en cuadrados finos.

En la base de un recipiente, colocar una base de piña, encima los lomitos de verdel y cubrir con otra capa de piña. Dejar marinar a temperatura ambiente durante 30 minutos.

Con la piña restante, sacar unas bolitas con ayuda de un sacabocados y reservar para decorar.

Poner una cazuela con agua al fuego, echar un poco de sal y un chorrito de aceite. Cuando el agua comience a hervir, introducir las hojas de lasaña y cocer durante 2 minutos.

Transcurrido este tiempo, retirar del agua y escurrir bien.

En la base del plato, colocar una hoja de lasaña, cubrir con la crema, por encima poner unos lomitos de verdel, otra hoja de pasta encima, la crema y otros lomitos de verdel.

Por último, cubrir con otra hoja de pasta. Añadir otro poco de la crema por encima y decorar alrededor con las bolitas de piña.

Para la crema:

Lavar los pimientos y sobar bien con aceite. Colocar en un recipiente que sirva para el horno e introducir en la parte media del horno en posición aire caliente a 230 ºC durante 30 minutos.

Transcurrido este tiempo, retirar del horno y echar en el vaso de la batidora junto con el jugo resultante.

Añadir el yogur, el aguacate, un poco de sal y un chorrito de aceite. Triturar y reservar.

NOTA: si nos vemos apurados de tiempo, se pueden sustituir los pimientos rojos asados por pimientos del piquillo. En este caso, como el sabor del pimiento del piquillo es más fuerte, mezclar con dos yogures naturales, para suavizar el sabor.

LECHUGA RELLENA DE VERDURAS

Ingredientes para 4 personas:
1 lechuga • 1 berenjena • 1 calabacín • 1 cebolla
100 gr de frutos secos • sal • aceite de oliva

Poner una cazuela con agua al fuego, cuando comience a hervir, introducir las hojas de lechuga una a una durante 30 seg. Transcurrido este tiempo, retirar del agua y enfriar en un recipiente con agua fría.

Poner una sartén con aceite al fuego, añadir la cebolla muy picadita. A continuación, añadir la berenjena y el calabacín, todo cortado en daditos. Añadir un poco de sal y rehogar el conjunto durante 10 minutos.

Rellenar las hojas de lechuga con un poco de la verdura rehogada y los frutos secos. Hacer unos farditos.

Emplatar y añadir un poco de la salsa por encima. Decorar con frutos secos.

Para la salsa:

En el vaso de la batidora, poner un poco de la verdura rehogada, unos frutos secos, un poco de aceite y un poco de agua. Triturar el conjunto.

LENGUA CON VILLEROY DE CHAMPIÑÓN

Ingredientes para 4 personas:
1 lengua cocida (1 kg) • 250 gr de champiñones • 250 ml de leche
40 gr de aceite de oliva • 40 gr de harina • 3 huevos • pan rallado
pimienta • sal • aceite de oliva

Cortar la lengua en rodajas finas.

En un recipiente, echar un poco de aceite y extender por toda la base. Pasar las tajadas de lengua por la bechamel de champiñones y colocarlas en el recipiente.

Dejar reposar unos minutos a temperatura ambiente y posteriormente enfriar en la nevera durante 1 hora.

Transcurrido este tiempo, retirar de la nevera, pasar por huevo y pan rallado.

Poner una sartén con aceite al fuego, freír la lengua hasta que se dore un poquito.

Retirar a un plato con papel absorbente. Emplatar.

Para la bechamel de champiñones:

Poner un cazo con leche a fuego máximo. Cuando comience a hervir, añadir la mezcla de harina y aceite. Remover el conjunto con ayuda de una varilla.

Poner una cazuela al fuego con aceite, añadir los champiñones cortados finitos. Cuando el champiñón esté hecho, añadir la bechamel. Mezclar todo bien, añadir un poco de sal y triturar con la batidora.

LENGUA EN SALSA DE TOMATE Y PIQUILLO

Ingredientes para 4 personas:
1 lengua cocida (1 kg) • 1 bote de salsa de tomate
1 bote de pimientos del piquillo • 1 cebolla • 2 dientes de ajo
pimienta • sal • aceite de oliva

Pelar la lengua y cortar en rodajas finas.

Poner una sartén a fuego suave, echar la salsa de tomate y piquillo y añadir las rodajas de lengua. Añadir un poco de sal y pimienta. Remover para que se integren los sabores y emplatar.

Para la salsa de tomate y piquillo:

Poner una cazuela al fuego, rehogar la cebolla cortada en juliana, añadir los dientes de ajo y el pimiento del piquillo. Rehogar el conjunto durante 20 minutos.

A continuación, añadir la salsa de tomate y dejar a fuego suave durante 10 minutos.

Transcurrido este tiempo, echar en el vaso de la batidora y triturar.

Para que la salsa resulte más fina, colar con ayuda de un colador.

LENGUA EN SALSA DE TOMATE Y SETAS CON PATATAS PAJA

Ingredientes para 4 personas:
½ lengua cocida • 1 bandeja de setas de cultivo
1 bote de salsa de tomate • 1 patata • sal • aceite de oliva

Pelar la patata, lavar y cortar en forma de patatas paja con ayuda de una mandolina. Poner en un recipiente con agua fría e introducir en la nevera durante 25 minutos.

Poner una cazuela al fuego, echar un poco de aceite y rehogar las setas cortadas en tiras finas.

Una vez rehogadas, añadir la lengua cortada en dados y la salsa de tomate. Cocer el conjunto durante 25 minutos para que se integren los sabores.

Poner una sartén al fuego, echar abundante aceite y freír las patatas paja previamente escurridas.

Cuando estén doraditas, retirar a un plato con papel absorbente y añadir un poco de sal por encima.

Por último, emplatar la lengua y decorar alrededor con las patatas paja.

LENGUADO RELLENO DE MUSELINA

Ingredientes para 4 personas:
2 lenguados • 12 langostinos • 2 zanahorias • 2 tomates • 1 puerro
1 cebolla • 200 dl de nata • 3 huevos • pimienta
sal • aceite de oliva

Retirar la piel del lenguado y deshuesar, sacando los lomos enteros. Espalmar los lomos con ayuda de un cuchillo.

Sobre cada lomo, echar un poco de sal, poner un poco de muselina y hacer un rollito. Envolver cada rollito en papel de aluminio y cocer en la sartén en agua hirviendo durante 10 minutos.

Transcurrido este tiempo, comprobar que el rollito ha quedado cuajado por la acción del huevo que con el calor actúa como si se tratara de un pegamento.

Retirar el papel de aluminio, emplatar y salsear por encima.

Para la muselina:

En un robot, echar la carne de los langostinos —reservar las cabezas y la piel—, los huevos, la nata, un poco de sal y pimienta. Triturar bien el conjunto y reservar.

Para la salsa de marisco:

Poner una cazuela al fuego y echar un poco de aceite.

Añadir la cebolla, la zanahoria, el tomate y el puerro, todo muy picadito.

A continuación, añadir las cabezas y la piel de los langostinos. Rehogar el conjunto a fuego suave.

Por último, triturar en el robot, colar y reservar.

LENGUAS DE GATO

Ingredientes para 4 personas:
150 gr de harina • 120 gr de mantequilla a punto pomada
100 gr de azúcar • 4 claras • 1 sobre de levadura
cobertura de chocolate con leche • sal

Encender el horno en posición aire caliente a 160 °C.

En un bol amplio, echar la harina y el azúcar. Remover con ayuda de una varilla.

A continuación, añadir la mantequilla y mezclar bien.

Por último, añadir la levadura, las claras y una pizca de sal. Mezclar el conjunto hasta conseguir una masa homogénea.

Introducir la mezcla en la manga pastelera y dibujar unos bastones de un dedo de grosor en un papel de repostería sobre la bandeja del horno.

Introducir en la parte media del horno durante 12 minutos.

Transcurrido este tiempo, retirar del horno y dejar enfriar.

Calentar el chocolate en el microondas durante 2 minutos.

Pasar uno de los extremos de cada lengua por el chocolate derretido y colocar sobre un recipiente liso envuelto en film transparente.

Enfriar en el congelador durante 1 minuto para que el chocolate quede duro.

Retirar del congelador, emplatar y servir.

LENTEJAS CON AZAFRÁN

Ingredientes para 4 personas:
320 gr de lenteja pardina • 1 berenjena • 1 pimiento rojo morrón
1 pimiento rojo dulce • 4 puerros • 3 gr de azafrán tostado
1 cucharada de pimentón dulce • sal • aceite de oliva

Poner una cazuela alta al fuego, echar agua, sal y un chorrito de aceite de oliva.

Poner el azafrán en un mortero, triturar, añadir un poco de agua, disolver bien y echar en la cazuela.

A continuación, añadir las lentejas y cocer durante 20 minutos.

Encender el horno en posición aire caliente a 230 ºC.

Lavar la berenjena, cortar a lo largo en tiras gruesas y colocar en un recipiente que sirva para el horno.

Añadir un poco de sal y un chorrito de aceite por encima.

Retirar la parte verde de los puerros y limpiar bien. Colocar en otro recipiente que sirva para el horno.

Lavar los pimientos, añadir un poco de aceite por encima y sobar bien. Colocar en el recipiente junto a los puerros.

Introducir los dos recipientes en el horno durante 20 minutos.

Transcurrido este tiempo, sacar del horno. Retirar la piel y las pepitas de los pimientos.

En el robot, echar un poco del agua de cocción de las lentejas, añadir el pimiento dulce y el pimentón.

Triturar, echar en un bol y reservar.

En la base del plato, colocar un poco de las verduritas y cubrir con las lentejas.

Añadir un poco de la salsa de pimiento dulce y pimentón por encima.

LENTEJAS CON CALAMARES

Ingredientes para 4 personas:
1 bote de lentejas pardinas cocidas • 4 calamares limpios
1 rama de apio • 1 cebolla • 100 gr de harina de tempura
curry • sal • aceite de oliva

Pelar el apio, picar finito y reservar.

Cortar el calamar finito, añadir un poco de sal y reservar.

Poner el wok a fuego fuerte y echar un poco de aceite.

Cuando esté caliente, echar el calamar y el apio. Saltear durante 1 minuto.

Por último, añadir las lentejas y rehogar el conjunto durante 1 minuto.

Transcurrido este tiempo, añadir una pizca de curry y mezclar bien. Echar en un bol amplio y reservar.

Emplatar y acompañar de la guarnición. Añadir un poco de sal y decorar con una hojita de apio.

Para la guarnición:

En un bol, echar la harina de tempura, añadir 120 gr de agua poco a poco —remover según se añade con ayuda de una varilla— y reservar.

Poner un cazo al fuego y echar abundante aceite.

Cortar la cebolla en rodajas finas.

Pasar la cebolla por la tempura y freír en el aceite caliente.

Retirar a un plato con papel absorbente y reservar.

LENTEJAS CON COL

Ingredientes para 4 personas:
½ kg de lentejas • 250 gr de col • 1 cebolla • 1 puerro
1 pimiento verde • 2 zanahorias • 2 dientes de ajo
sal • aceite de oliva

Poner las lentejas en una cazuela, añadir el doble de agua. Echar un poco de sal y la col picada en juliana fina. Cocer a fuego suave durante 40 minutos. Si transcurrido este tiempo se observa que las lentejas están muy caldosas, ponerlas de nuevo al fuego para que espesen un poco con cuidado de que no se peguen.

Poner una sartén al fuego, echar aceite y freír la zanahoria bien picadita. A continuación, añadir la cebolla, el pimiento y el puerro, todo muy picadito. Cuando esté bien rehogado, añadir el ajo bien picadito.

Añadir el sofrito por encima de las lentejas, mezclar bien y emplatar.

LINGÜINIS CON CUATRO QUESOS

Ingredientes para 4 personas:
400 gr de lingüinis • 1 cuña de queso Parmesano
1 cuña de queso Manchego • 1 cuña de queso Idiazábal
1 cuña de queso Gruyère • 400 ml de leche • 1 cebolleta
jengibre • pimienta negra • albahaca • sal • aceite de oliva

Poner una cazuela con agua al fuego, echar un poco de aceite y sal. Cuando el agua comience a hervir, añadir la pasta y cocer durante 10 minutos.

Transcurrido este tiempo, escurrir bien y reservar.

Poner una sartén amplia al fuego, echar un poco de aceite y añadir la cebolleta muy picadita.

Cuando comience a tomar color, añadir la pasta y la crema de queso. Saltear el conjunto, añadir la pimienta negra recién molida y un poco de albahaca muy picadita.

Emplatar y decorar con una ramita de albahaca.

Para la crema de queso:

En un recipiente amplio, echar la leche y rallar las diferentes clases de queso con ayuda de un rallador.

Pelar un poco de jengibre y rallar con el rallador. Cubrir el recipiente con film transparente y calentar en el microondas durante 2 minutos.

Transcurrido este tiempo, echar en el robot y triturar.

LOMITOS DE ANCHOA A LA PLANCHA

Ingredientes para 4 personas:
1 docena de anchoas • 1 cabeza de ajo • 1 tomate maduro
½ pimiento verde • sal • aceite de oliva

Limpiar las anchoas, abrir y retirar la espina central. Sacar los lomitos e igualar los extremos.

Colocar cuatro lomitos alineados con la parte de la piel hacia abajo sobre un trozo de papel blanco encerado y añadir un poco de sal por encima.

Poner una sartén con un poco de aceite al fuego. Colocar los lomitos en la sartén con la parte de la piel hacia arriba y freír durante 1 minuto. Dar la vuelta durante unos segundos y emplatar.

Acompañar de la guarnición, añadir por encima el aceite de tomate y un poco de sal de ajo frito.

Para el aceite de tomate:

Abrir el tomate por la mitad y retirar las pepitas.

Echar en el robot, añadir un chorrito de aceite, triturar, colar y reservar.

Para la sal de ajo frito:

Poner una sartén al fuego y echar aceite.

Pelar los dientes de ajo, cortar en láminas finas y echar en la sartén.

Cuando el ajo comience a dorar, retirar la sartén del fuego, dejar durante 30 segundos y posteriormente, retirar a un plato con papel absorbente. Dejar reposar durante 10 minutos.

Transcurrido este tiempo, echar en el mortero, triturar y reservar.

Para la guarnición:

Lavar el pimiento y cortar en bastoncitos muy finitos.

En un bol, echar un poco de aceite, el pimiento y un poco de sal.

Cubrir con film transparente, calentar en el microondas durante 2 minutos y reservar.

LOMO DE CERDO RELLENO DE MANZANA

Ingredientes para 4 personas:
¼ kg de lomo de cerdo deshuesado • 2 manzanas Reineta
50 gr de uvas pasas • 300 ml de sidra
1 cucharada de maizena exprés • 1 cucharada de mostaza en pomada
¼ de sandía • romero fresco • sal • aceite de oliva

Encender el horno en posición aire caliente a 200 ºC.

Mojar el filo del cuchillo y abrir la carne como si fuera un libro.

Sobre un trozo de papel de aluminio, echar un chorrito de aceite y colocar la carne. Añadir un poco de sal y poner el relleno encima.

Enrollar, tapar y atar con una cuerda.

Colocar en un recipiente que sirva para el horno y añadir la sidra —reservar un poco para hidratar el relleno.

Introducir en la parte alta del horno durante 40 minutos.

Transcurrido este tiempo, retirar del horno y dejar reposar.

En un cazo, echar el jugo resultante y un poco de agua.

Cuando comience a hervir, añadir la mostaza y la maizena. Remover con ayuda de una varilla para que espese bien y reservar.

Retirar la cuerda y el papel. Cortar la carne en tajadas y emplatar. Salsear por encima y acompañar con unos rectángulos de sandía. Decorar con una ramita de romero.

Para el relleno:

Pelar la manzana y retirar el tronco con ayuda de un descorazonador. Cortar la manzana en daditos.

Poner una sartén al fuego, echar un poco de aceite, la manzana y las uvas pasas. Añadir una pizca de sal y un chorrito de sidra para que hidrate bien.

Para la guarnición:

Poner una sartén antiadherente al fuego y echar un poco de aceite.

Cortar unos rectángulos de sandía con la piel y dorar en la sartén.

Una vez dorados, retirar la piel, igualar los extremos y reservar.

LOMOS DE MERLUZA RELLENA DE CIGALAS

Ingredientes para 4 personas:
1 cola de merluza • 4 cigalas • 2 dientes de ajo • perejil
1 vaso de vino blanco • harina • sal • aceite de oliva

Sacar los lomos de la merluza y abrir cada lomo en librillo, colocar en uno de los extremos del filete una cigala pelada, añadir un poco de sal y hacer un rollito.

Echar en un cazo la salsa verde, poner los rollitos y cocer durante 5 minutos a fuego suave.

Transcurrido este tiempo, emplatar.

Batir un poco la salsa verde para que espese con ayuda de una varilla. Salsear los rollitos por encima.

Para la salsa verde:

Poner una sartén con aceite al fuego y echar un diente de ajo. Cuando el ajo comience a dorar, añadir unas hojas de perejil picadito.

Cuando el perejil comience a freír, añadir una cucharada de harina y mezclar bien con la varilla.

Por último, añadir un poco de vino blanco y un poco del caldo.

Para el caldo:

Poner una cazuela con un poco de agua al fuego, echar las cabezas de las cigalas, echar el tallo del perejil y un poco de vino blanco. Añadir las espinas, las aletas y la cola de la merluza. Dejar cocer el conjunto durante 30 minutos y colar con ayuda de un colador.

LOMOS DE MERLUZA Y SALSA DE PIQUILLO CALIENTE

Ingredientes para 4 personas:
½ kg de merluza congelada • 100 gr de pimientos del piquillo
100 gr de mantequilla • 4 langostinos • leche • sal • aceite de oliva

Encender el horno en posición aire caliente a 230 °C.

Cubrir la bandeja del horno caliente con un poco de papel de aluminio.

Sobre el papel colocar una capa de mantequilla, el lomo de merluza sazonado encima y cubrir con otra capa de mantequilla.

Introducir en la parte media del horno durante 5 minutos.

Transcurrido este tiempo, retirar del horno.

Poner una sartén a fuego máximo y echar un poco de aceite. Pelar los langostinos y abrirlos a lo largo por la mitad. Sazonar y freír durante poco tiempo en el aceite muy caliente.

Emplatar los lomos de merluza, salsear con la mayonesa de piquillos y decorar con los langostinos.

Para la mayonesa de piquillos:

En el vaso de la batidora echar un poco de leche y aceite (cuatro veces más de aceite que de leche).

Añadir el pimiento del piquillo a la mezcla y un poco de sal. Triturar bien el conjunto y reservar.

LOMOS DE SALMÓN CON PISTO

Ingredientes para 4 personas:
1 cola de salmón • 1 calabacín • 1 cebolla • 1 pimiento verde
½ pimiento rojo • 200 ml de nata líquida • eneldo
sal • aceite de oliva

Poner una cazuela amplia al fuego y echar aceite.

Lavar la verdura y cortar finita.

Echar el pimiento en la cazuela, añadir la cebolla y por último, el calabacín.

Una vez la verdura esté rehogada, añadir sal, un poco de eneldo y la nata.

Cuando comience a hervir, retirar la cazuela del fuego para que la nata no se corte.

Limpiar el salmón y quitar la espina central. Sacar los lomos y añadir un poco de sal.

En un recipiente que sirva para el horno, cubrir la base con la verdura, colocar los lomos de salmón encima y añadir un poco de sal.

Introducir en la parte media del horno en posición aire caliente a 230 ºC durante 10 minutos.

Transcurrido este tiempo, retirar del horno y emplatar.

LOMOS DE SALMONETES CON CREMA
DE COLIFLOR Y AZAFRÁN

Ingredientes para 4 personas:
4 salmonetes • ½ coliflor • 250 ml de leche • pan
1 sobre de azafrán en polvo • sal • vinagre de vino • aceite de oliva

Limpiar los salmonetes, quitar las cabezas y sacar los lomos. Quitar las espinas con ayuda de unos alicates.

Poner una sartén al fuego con un poco de aceite. Echar un poco de sal en los lomos y freír por la parte de la carne. Cuando esté doradito, dar la vuelta y freír por la parte de la piel.

En la base de un plato, poner un poco de la crema de coliflor y azafrán y colocar encima los lomos con la piel hacia arriba. Salsear por encima con el jugo obtenido al freír los salmonetes.

Para la crema de coliflor y azafrán:

Lavar la coliflor y separar en ramilletes.

Poner una cazuela con agua al fuego, echar un poco de sal, un trozo de pan impregnado en vinagre y la coliflor. Cocer a fuego suave durante 30 minutos.

Transcurrido este tiempo, echar la coliflor en el vaso de la batidora, añadir la leche, el azafrán y un poco de sal. Triturar el conjunto con la batidora.

LUBINETA RELLENA AL PAPILLOT

Ingredientes para 4 personas:
1 lubineta (1 kg) • 1 huevo cocido • 50 gr de mantequilla
pan rallado • perejil fresco • 1 limón • sal • aceite de oliva

Encender el horno en posición aire caliente a 230 ºC.

Limpiar la lubineta, quitar las escamas y abrir por la parte de arriba desde la cabeza hasta la cola. Quitar la espina central con ayuda de unas tijeras.

Sobre papel de aluminio, echar un poco de aceite, extender bien con ayuda de un pincel y colocar la lubineta encima. Rellenar la lubineta y cubrir el relleno con un poco de pan rallado.

Añadir un poco de sal a la lubineta, cerrar el paquete herméticamente e introducir en el horno durante 15 minutos.

Transcurrido este tiempo, retirar del horno y emplatar. Decorar con un poco de limón.

Para el relleno:

Poner la mantequilla en un bol e introducir en el microondas unos segundos hasta conseguir una mantequilla a punto pomada.

Añadir un poco de pan rallado, el perejil picadito y el huevo cocido bien picadito para dar consistencia a la masa. Mezclar bien con ayuda de un tenedor.

MACARRONES AL GRATÉN CON SETAS

Ingredientes para 4 personas:
150 gr de tirabuzones de pasta • 50 gr de setas • 1 cebolleta
2 dl de nata • orégano • sal • aceite de oliva

Poner un cazo con agua al fuego, echar un chorrito de aceite y un poco de sal.

Echar la pasta en el agua fría y dejar cocer. Remover para evitar que queden apelmazados.

En un recipiente que sirva para el horno, poner la pasta bien escurrida y añadir la farsa por encima.

Introducir en la parte alta del horno en posición gratinar a 230 ºC durante 4 minutos.

Transcurrido este tiempo, retirar del horno y añadir un poco de orégano por encima.

Para la farsa:

Picar las setas y la cebolla muy fina. Freír en abundante aceite hasta que esté bien pochadito.

A continuación, añadir la nata y un poco de sal.

Dejar el conjunto al fuego durante 3 minutos hasta que la nata comience a hervir, así se consigue que la nata reduzca y se unifique la mezcla.

MACARRONES CON COSTILLA DE CERDO

Ingredientes para 4 personas:
400 gr de macarrones anchos • 150 gr de costilla de cerdo • 5 tomates
de rama • 1 cebolleta • 1 cuña de queso zamorano • orégano
sal • aceite de oliva

Poner una cazuela con agua al fuego, echar un poco de sal y un chorrito de aceite. Añadir la pasta y cocer durante 15 minutos.

Transcurrido este tiempo, escurrir bien, lubricar con un poco de aceite y reservar.

Poner una sartén amplia al fuego, echar un poco de aceite, la cebolleta cortada en juliana y el tomate cortado en trozos.

Cortar la costilla, añadir un poco de sal y echar en la sartén. Añadir un chorrito de agua y un poco de orégano. Cocer el conjunto durante 15 minutos.

Transcurrido este tiempo, probar de sal y añadir un poco más si fuera necesario.

Echar la pasta en la sartén, saltear y mezclar bien para que se integren los sabores.

Emplatar la pasta, añadir un poco de orégano y rallar un poco de queso por encima con ayuda de un rallador.

Introducir el plato en la parte alta del horno en posición gratinar a 230 ºC durante 2 minutos y servir.

MACARRONES CON CREMA DE MORCILLA

Ingredientes para 4 personas:
400 gr de macarrones artesanales • 1 morcilla de arroz y verdura
1 lata de pimientos del piquillo • azúcar • vino blanco • sal
aceite de oliva

Poner una cazuela con agua al fuego, añadir un poco de sal y un chorrito de aceite. Tapar y cuando comience a hervir, añadir la pasta. Cocer durante 10 minutos.

Transcurrido este tiempo, retirar del agua y reservar.

Cortar los pimientos finitos y echar en un bol. Añadir un poco de azúcar, un chorrito de vino blanco y una pizca de sal. Tapar con film transparente y calentar en el microondas durante 2 minutos.

Poner una sartén al fuego, echar la pasta cocida —reservar unos macarrones cocidos— y añadir la crema de morcilla. Saltear y emplatar. Añadir el pimiento por encima.

Para la crema de morcilla:

Pelar la morcilla, echar en un bol y templar en el microondas durante 2 minutos.

A continuación, echar la morcilla en el robot, añadir unos macarrones cocidos, un poco del agua de cocción de la pasta y un chorrito de aceite.

Triturar, echar en un recipiente y reservar.

MACARRONES CON SALSA DE TOMATE CASERA

Ingredientes para 4 personas:
300 gr de macarrones • 1 hueso de jamón
5 tomates maduros de rama • 2 cebollas • 1 diente de ajo
1 trozo de pan • 3 cucharadas de azúcar • sal • aceite de oliva

Poner una cazuela con agua al fuego, echar un poco de sal y un chorrito de aceite.

Cuando comience a hervir, añadir la pasta y cocer durante 10 minutos.

Transcurrido este tiempo, escurrir, lubricar con un poco de aceite para que no se queden pegados y reservar.

Cuando la salsa de tomate esté hecha, añadir la pasta cocida, mezclar bien y emplatar.

Para la salsa de tomate:

Poner una cazuela al fuego, echar un buen chorro de aceite, el diente de ajo y el hueso de jamón.

Cuando el ajo esté doradito, añadir la cebolla cortada en juliana.

A continuación, cuando la cebolla comience a pochar, añadir el tomate cortado en trozos.

Por último, añadir el azúcar y el trozo de pan cortado en rebanadas. Añadir un poco de agua y cocer el conjunto a fuego mínimo durante 2 horas.

Transcurrido este tiempo, pasar por el pasapurés y reservar.

MACARRONES PICANTES

Ingredientes para 4 personas:
200 gr de macarrones • 3 tomates de rama • 2 pimientos verdes
1 pimiento rojo • 1 cebolla • ½ l de caldo de verdura • ½ l de agua
1 rulo de queso de cabra • 1 cuña de queso azul
2 cucharadas de salsa picante (tabasco) • sal • aceite de oliva

Poner una cazuela al fuego, echar el caldo de verdura y el agua. Añadir una cucharada de salsa picante, un poco de sal y un chorrito de aceite.

A continuación, añadir la pasta y cocer durante 15 minutos.

Transcurrido este tiempo, escurrir bien y reservar.

Poner una sartén con aceite al fuego, cortar la verdura muy finita y rehogar.

Una vez rehogada, triturar en el robot, colar con ayuda de un colador y echar en una cazuela.

Pelar el tomate, cortar por la mitad, retirar las pepitas y cortar en daditos.

Echar el tomate en la cazuela, añadir una cucharada de salsa picante y mezclar bien el conjunto.

Poner una sartén al fuego, echar un poco de la salsa, añadir una ración de pasta, saltear e integrar todo bien.

Por último, emplatar y colocar unas rodajas de queso por encima.

Introducir en la parte alta del horno, en posición gratinar a 230 °C durante 2 minutos.

Trascurrido este tiempo, retirar del horno y servir.

MAGDALENAS

Ingredientes para 4 personas:
175 gr de mantequilla • 175 gr de harina • 175 gr de azúcar
4 huevos • 30 gr azúcar avainillada

Encender el horno en posición aire caliente a 180 ºC.

En una cazuela, echar los huevos y el azúcar. Poner al baño María y batir hasta que esté bien montado con ayuda de una varilla.

Cuando esté montado, añadir la mezcla de harina y azúcar avainillada. Añadir poco a poco, remover según se añade con ayuda de la varilla.

Introducir la mantequilla en el microondas a la máxima potencia durante 30 seg.

A continuación, añadir la mantequilla al resto de los ingredientes y mezclar todo bien.

Poner los moldes en la bandeja del horno, encamisarlos con un poco de mantequilla y harina y rellenar hasta la mitad con la mezcla.

Introducir en el horno durante 20 minutos.

Transcurrido este tiempo, retirar del horno, dejar reposar durante 30 minutos y desmoldar.

MAGDALENAS DE AVELLANA RELLENAS DE MIEL

Ingredientes para 4 personas:
250 gr de harina • 250 gr de mantequilla • 250 gr de azúcar
100 gr de avellanas • 15 gr de levadura en polvo • 6 huevos
miel • azúcar glaceé

Encender el horno en posición aire caliente a 170 ºC.

Echar la avellana en el robot, triturar y reservar.

Poner la mantequilla en un bol y calentar en el microondas durante unos segundos.

En un bol amplio, echar los huevos y batir un poco con ayuda de una varilla.

A continuación, añadir por este orden el resto de ingredientes; el azúcar, la avellana, y la mezcla de harina y levadura con ayuda de un dosificador.

Cada vez que se añada un ingrediente, mezclar bien con la varilla hasta conseguir una mezcla homogénea.

Echar la mezcla en la manga pastelera y rellenar las porciones del molde con la mezcla —aproximadamente 3/4 de cada porción.

Poner el molde en la bandeja del horno e introducir en la parte media del horno durante 10 minutos.

Transcurrido este tiempo, retirar del horno, dejar enfriar y desmoldar.

Rellenar una jeringa con miel, pinchar la jeringa en la parte de abajo de la magdalena e inyectar la miel al gusto.

Por último, emplatar y decorar con un poco de azúcar glaceé por encima con el dosificador.

MAGDALENAS DE MIEL

Ingredientes para 4 personas:
75 gr de mantequilla • 75 gr de azúcar glaceé • 30 gr de harina
30 gr de almendra cruda molida • 10 gr de miel • 2 claras de huevo

Encender el horno en posición aire caliente a 180 ºC.

En un recipiente, echar la harina, la almendra y el azúcar. Mezclar bien con ayuda de una varilla.

Calentar la miel y la mantequilla en el microondas durante 10 segundos. Añadir al conjunto y mezclar bien.

En el vaso de la batidora, montar las claras con ayuda de la batidora.

Una vez montadas, añadir al conjunto y mezclar suavemente.

Rellenar los moldes aproximadamente por la mitad e introducir en la parte media del horno durante 20 minutos.

Transcurrido este tiempo, retirar del horno, dejar enfriar, desmoldar y emplatar.

MANITAS DE CERDO A LA VIZCAÍNA

Ingredientes para 4 personas:
4 manitas de cerdo • 10 pimientos choriceros • 2 cebollas rojas
1 cebolla blanca • 1 puerro • 1 zanahoria • 2 dientes de ajo
sal • aceite de oliva

Limpiar los pimientos, retirar las pepitas e introducir en un recipiente con agua templada para que se hidraten bien.

Poner la olla a presión con agua al fuego y echar un poco de sal. Añadir la parte verde del puerro, la zanahoria y las manitas.

Cocer el conjunto durante 40 minutos.

Transcurrido este tiempo, poner las manitas en una cazuela de barro. Añadir la salsa vizcaína por encima y poner al fuego para que se integren los sabores.

Para la salsa vizcaína:

Poner una cazuela con aceite al fuego, echar la cebolla roja cortada en juliana fina. Aplastar los dientes de ajo y echar en la cazuela.

A continuación, añadir la cebolla blanca cortada en juliana fina y cocer el conjunto durante 30 minutos.

Transcurrido este tiempo, añadir los pimientos hidratados y dejar en el fuego durante 20 minutos.

Por último, echar la cebolla y el pimiento en el vaso de la batidora. Añadir un poco del agua resultante de la cocción de las manitas.

Triturar el conjunto, colar y reservar.

MANITAS DE CERDO CON SALSA VIZCAÍNA

Ingredientes para 4 personas:
2 latas de manitas de cerdo cocinadas • 1 bote de pulpa de pimiento
choricero • 200 gr de salsa de tomate • 1 huevo • 50 gr de harina
aceite de oliva

Calentar las manitas y deshuesarlas en caliente. Una vez deshuesadas, echarlas en un bol e introducir en la nevera hasta obtener una masa compacta debido a la gelatina que tienen.

Retirar de la nevera, cortar en rodajas y pasarlas por harina y huevo. Freír a fuego fuerte hasta que doren y retirar a un plato con papel absorbente. Emplatar y añadir la salsa vizcaína por encima.

Para la salsa vizcaína:

Poner un cazo al fuego, echar la salsa de tomate y la pulpa de los pimientos choriceros. Mezclar bien y reservar.

MANITAS DE CERDO RELLENAS DE SETAS

Ingredientes para 4 personas:
1 lata de manitas de cerdo cocinadas • 100 gr de setas
1 cebolla • 1 huevo • sal • aceite de oliva

Poner una sartén a fuego fuerte, cuando esté caliente echar un poco de aceite y freír la cebolla bien picadita.

A continuación, añadir las setas picaditas y rehogar el conjunto a fuego suave.

Calentar las manitas y deshuesarlas en caliente. Reservar el caldo de cocción.

En un trozo de film transparente, echar un poco de aceite y extenderlo bien con ayuda de un pincel. Colocar la manita sobre el papel, poner el salteado de verdura por encima y añadir un poco de sal.

Hacer un rollito y enfriar en la nevera durante 20 minutos para que quede bien compacto.

Transcurrido este tiempo, sacar de la nevera, retirar el film y cortar en rodajas.

En el centro de un plato, colocar dos rodajas y calentar en el horno durante unos segundos.

En una sartén grande, hacer una tortilla muy fina.

Decorar las manitas con la tortilla muy picadita y salsear con el caldo resultante de la cocción de las manitas.

MANO DE TERNERA

Ingredientes para 4 personas:
1 mano de ternera • 100 gr de setas de cultivo • ½ l de salsa de tomate
2 patatas • 1 cebolla • 3 hojas de laurel • clavo
sal • aceite de oliva

Poner una cazuela grande con agua al fuego.

Pelar la cebolla, envolver la cebolla con las hojas de laurel y clavar unos clavos.

Poner en la cazuela, echar sal, introducir la mano y cocer durante 2 horas.

Transcurrido este tiempo, retirar de la cazuela la mano y la cebolla.

Separar la carne del hueso, cortar en trozos y reservar.

En la cazuela —donde se ha cocido la mano—, introducir las patatas bien lavadas y cocer durante 20 minutos.

Transcurrido este tiempo, introducir las patatas en el robot, un poco del caldo resultante de la cocción y triturar. Reservar el puré obtenido en un bol.

Limpiar las setas y cortar en juliana fina.

Poner una sartén al fuego y echar un poco de aceite. Añadir las setas, un poco de sal y saltear.

A continuación, añadir la salsa de tomate y dejar a fuego suave durante 10 minutos para que se integre todo bien.

Por último, añadir la mano cortada en trozos, mezclar bien y emplatar. Acompañar alrededor con un poco del puré de patata.

MANZANA ASADA CON SALSA DE NARANJA

Ingredientes para 4 personas:
4 manzanas • 8 ramas de canela • 8 naranjas • 4 huevos
100 gr de azúcar • 100 gr de maizena

Retirar el corazón de la manzana con ayuda de un descorazonador y rellenar el hueco con dos ramas de canela. Envolver cada manzana de forma individual en film transparente.

Introducir en el microondas durante 4 minutos.

Transcurrido este tiempo, retirar del microondas.

Servir la manzana en un bol y salsear generosamente.

Para la salsa de naranja:

Poner un cazo al fuego, echar el zumo de naranja previamente colado y añadir un poco de agua —la mitad de agua que de zumo de naranja.

En un bol, echar la maizena y el azúcar. Mezclar bien para evitar la formación de grumos.

Añadir los huevos y remover con ayuda de una varilla.

Cuando el zumo hierva, añadir la mezcla. Remover hasta que espese y conseguir la salsa. Dejar hervir el conjunto durante 2 minutos y reservar.

MANZANA CON CREMA DE YOGUR

Ingredientes para 4 personas:
4 manzanas • 4 yogures griegos
100 gr de mantequilla a punto pomada • 100 gr de azúcar
2 vasos de ron • cacao en polvo

Retirar el corazón de la manzana con ayuda de un descorazonador y rellenar el hueco con un poco de mantequilla. Hacer unos cortes en la superficie de la manzana para que no se abran con el calor.

Añadir por encima el azúcar e introducir en el microondas durante 4 minutos.

Transcurrido este tiempo, retirar del microondas.

Echar el jugo resultante en un cazo junto con el ron y hervir el conjunto a fuego fuerte hasta que evapore el alcohol.

En un bol, echar el yogur y el líquido reducido. Mezclar bien.

Emplatar la manzana y añadir por encima la salsa obtenida. Añadir un poco de cacao por encima en el momento de servir.

MANZANA FRITA CON CREMA DE YOGUR

Ingredientes para 4 personas:
4 manzanas • 50 gr de mantequilla • 50 gr de harina
50 ml de leche • 1 yogur de limón • 150 gr de azúcar
canela en polvo • azúcar glaceé

Pelar las manzanas, retirar el corazón y las pepitas. Cortar cada manzana en cuatro partes iguales.

En un recipiente, echar la harina y un poco de canela. Pasar la manzana por la mezcla.

Derretir la mantequilla en una sartén y freír la manzana durante 4 minutos.

Transcurrido este tiempo, comprobar que la manzana esté tierna.

En un recipiente, echar el yogur, añadir el azúcar previamente mezclado con un poco de canela y posteriormente añadir la leche. Remover bien el conjunto hasta obtener una crema sin grumos.

En la base de un plato, poner un poco de la crema, colocar los trozos de manzana y añadir por encima un poco de azúcar glaceé con ayuda de un colador.

MANZANAS RELLENAS

Ingredientes para 4 personas:
4 manzanas • menestra de verdura cocida
100 gr de salmón ahumado • 100 ml de vino blanco
sal • aceite de oliva

Lavar las manzanas, cortar unas tapas por la superficie superior para cubrir posteriormente el relleno y retirar el corazón con ayuda de un descorazonador.

Poner las manzanas y las tapas en un recipiente que sirva para el horno. Añadir un chorrito de aceite por encima.

Introducir en la parte media del horno en posición aire caliente a 200 ºC durante 30 minutos.

Transcurrido este tiempo, retirar del horno, dejar enfriar, vaciar un poco y reservar.

Poner una sartén al fuego, echar el vino blanco y la menestra. Dejar hervir durante 2 minutos.

A continuación, añadir la manzana, dejar hasta que reduzca y retirar la sartén del fuego.

Rellenar las manzanas con la mezcla y decorar con un poco de salmón picadito por encima. Cubrir con la tapa y servir.

MARMITA DE GARBANZOS Y CALAMAR

Ingredientes para 4 personas:
1 kg de calamar • 300 gr de garbanzos • 3 cebollas • 1 puerro
1 zanahoria • 2 dientes de ajo • sal • aceite de oliva

Poner la olla a presión al fuego, echar los garbanzos y añadir cuatro veces más de agua.

Echar un poco de sal, la zanahoria, el puerro y los dientes de ajo. Cocer el conjunto durante 1,30 h.

Poner una cazuela al fuego, echar un poco de aceite y rehogar la cebolla cortada muy finita.

Una vez esté rehogada, añadir el calamar cortado en daditos del tamaño del garbanzo.

Echar un poco de sal y un chorrito de agua. Cocer durante 20 minutos.

Transcurrido este tiempo, añadir los garbanzos a la cazuela. Mezclar bien y emplatar.

MARMITA DE MACARRONES Y CALAMARES

Ingredientes para 4 personas:
4 calamares pequeños • 250 gr de macarrones • 1 cebolla
1 pimiento verde • 2 zanahorias • sal • aceite de oliva

Limpiar los calamares y cortarlos en trozos.

Poner una cazuela al fuego con aceite, echar la zanahoria, el pimiento verde y la cebolla, todo cortado del mismo tamaño. Rehogar a fuego suave durante 10 minutos.

Transcurrido este tiempo, añadir el calamar y dejar cocer durante 5 minutos.

A continuación, añadir los macarrones, cubrir con agua y añadir un poco de sal. Dejar cocer el conjunto durante 15 minutos.

Por último, retirar la cazuela del fuego, añadir un chorro de aceite y mezclar bien para que el caldo espese. Probar de sal y emplatar en plato hondo.

MARMITA DE VERDURAS

Ingredientes para 4 personas:
½ kg de calabaza • 100 gr de setas de cultivo • 3 patatas
3 zanahorias • 2 dientes de ajo • azafrán • sal • aceite de oliva

Poner una cazuela alta al fuego y echar un poco de aceite. Añadir los dientes de ajo pelados y cortados en dos mitades. Pelar las patatas y cuando el ajo comience a dorarse, añadir la patata cortada en cachelos.

A continuación, añadir la zanahoria pelada y cortada en rodajas. Limpiar las setas, cortarlas finas y añadirlas al conjunto.

Por último, pelar la calabaza, cortar en dados y añadirla. Cubrir con agua y dejar cocer el conjunto durante 15 minutos.

Transcurrido este tiempo, comprobar que la patata esté tierna. Añadir un poco de sal.

Poner una sartén al fuego y tostar unas hebras de azafrán. Aplastarlo un poco para que suelte todo el aroma. Cuando el azafrán esté tostado, añadir un poco de agua.

En el vaso de la batidora, echar un poco de toda la verdura y el azafrán tostado. Triturar el conjunto hasta obtener una especie de puré.

Una vez triturado, añadirlo de nuevo a la cazuela, subir el fuego y hervir el conjunto durante 5 minutos para que se integre todo bien.

Emplatar en plato hondo.

MARMITAKO

Ingredientes para 4 personas:
400 gr de bonito • 4 patatas • 1 cebolla • 1 pimiento verde
1 pimiento rojo • 4 pimientos choriceros • sal • aceite de oliva

Limpiar el bonito, cortar en trozos, echar sal y reservar.

Lavar la verdura y picarla toda del mismo tamaño. Quitar las pepitas del pimiento choricero.

Pelar la patata y cortarla en cachelos para que suelte toda la fécula.

Poner una cazuela con agua fría a fuego suave, echar un chorrito de aceite, añadir la patata y la verdura. Cuando comience a hervir, retirar el pimiento choricero, rasparlo y volver a añadirlo al conjunto.

A continuación, subir el fuego al máximo hasta que el caldo espese. Añadir el bonito y dejar cocer el conjunto durante 1 minuto.

Transcurrido este tiempo, retirar la cazuela del fuego y mezclar bien con ayuda de una cuchara de madera —el bonito se termina de hacer fuera del fuego.

Dejar reposar 3 minutos y emplatar.

MAZAPÁN DE TOLEDO

Ingredientes para 4 personas:
250 gr de almendra cruda laminada • 250 gr de azúcar glaceé
1 huevo

Echar la almendra en una picadora y picar muy finita.

En un bol amplio, echar la almendra picada y el azúcar —reservar un poco—. Añadir la clara de huevo y mezclar bien el conjunto.

Enfriar la masa en la nevera durante 1 hora.

Transcurrido este tiempo, retirar de la nevera y dejar reposar a temperatura ambiente durante unos minutos.

Extender sobre una superficie lisa, añadir el resto del azúcar glaceé y estirar con ayuda de un rodillo.

Hacer unas figuras con ayuda de un cortapastas o con las manos.

En un bol, echar la yema de huevo y añadir unas gotitas de agua. Mezclar bien y pintar las figuras con ayuda de un pincel.

Poner las figuras en la bandeja e introducir en la parte alta del horno en posición aire caliente a 200 ºC durante 4 minutos.

Transcurrido este tiempo, retirar del horno, dejar reposar unos minutos y emplatar.

MEJILLONES RELLENOS DE CALAMAR

Ingredientes para 4 personas:
½ kg de mejillones • 8 calamares • 1 cebolla • 3 huevos
1 vaso de leche • 2 cucharadas grandes de harina
pan rallado • perejil fresco • sal • aceite de oliva

Limpiar los mejillones, abrir al vapor, picar finito y reservar.

Limpiar los calamares, picar finito y reservar.

Picar la cebolla muy finita y reservar.

Poner una cazuela al fuego, echar un poco de aceite y añadir la cebolla y el calamar. Estofar durante 15 minutos.

Transcurrido este tiempo, añadir el mejillón picadito, la harina y la leche. Remover bien el conjunto con ayuda de una cuchara. Dejar hervir durante 2 minutos y remover bien mientras hierve.

A continuación, echar en un recipiente amplio y dejar enfriar unos minutos.

Rellenar la concha del mejillón con la mezcla y dejar enfriar durante 30 minutos a temperatura ambiente.

Por último, pasar por huevo batido, pan rallado y freír en abundante aceite caliente.

Emplatar sobre una cama de perejil muy picadito.

MEJILLONES RELLENOS DE SETAS

Ingredientes para 4 personas:

1 kg de mejillones cocidos • ½ kg de setas Shitake • 500 ml de leche
60 gr de harina • 60 gr de aceite de oliva • 3 huevos • pan rallado
harina • 200 gr de fresas • sal • aceite de oliva

Limpiar las setas y picar finitas.

Poner una sartén al fuego, echar un poco de aceite y las setas picaditas.

Saltear, escurrir bien, echar en un bol y reservar.

Picar el mejillón y echar en el bol junto a las setas.

Poner una cazuela al fuego y echar la leche. Cuando comience a hervir, añadir la mezcla de harina y aceite.

Remover bien con ayuda de una varilla según se añade. Dejar hervir el conjunto durante 5 minutos.

A continuación, echar en el bol junto a las setas y los mejillones.

Mezclar bien el conjunto y rellenar con la mezcla las conchas de mejillón. Emplatar, enfriar unos minutos a temperatura ambiente y posteriormente en la nevera durante 30 minutos.

Transcurrido este tiempo, retirar de la nevera y pasar por harina, huevo y pan rallado.

Freír en abundante aceite caliente, primero por la parte de la concha y posteriormente dar la vuelta. Retirar a un plato con papel absorbente.

Limpiar las fresas, cortar en trozos y echar en un bol. Añadir un poco de sal y aceite. Mezclar bien.

En un plato, poner unos mejillones rellenos y acompañar de unas fresas aliñadas.

MELOCOTÓN AL VINO TINTO

Ingredientes para 4 personas:

2 melocotones blancos • 1 l de vino tinto • 200 gr de azúcar • 20 gr de
mantequilla • 6 clavos • 1 rama de canela • corteza de ½ limón

Poner una cazuela a fuego máximo, echar el vino, la canela, el clavo, la corteza de limón y el azúcar. Calentar el conjunto.

Pelar los melocotones y cortar en gajos grandes. Echar el melocotón en la cazuela y remover con ayuda de una cuchara de madera.

Cuando el conjunto comience a hervir, bajar el fuego al mínimo y dejar cocer durante 30 minutos. Transcurrido este tiempo, comprobar que el melocotón esté tierno.

Emplatar y salsear por encima.

Para la salsa:

Poner un cazo al fuego, echar la mantequilla y añadir un poco del jugo resultante de la cocción del melocotón. Montar fuera del fuego con ayuda de una varilla y reservar.

MELÓN Y MELOCOTÓN CON CALDO DE SALMÓN

Ingredientes para 4 personas:
8 brochetas de madera • 1 melón • 3 melocotones grandes
100 gr de salmón ahumado • ½ l de leche • ½ l de nata líquida
50 gr de sésamo • pimienta negra • albahaca • sal • aceite de oliva

Cortar unas rodajas de melón, pelar y sacar unas bolitas con ayuda de un sacabocados.

Pelar el melocotón y sacar unas bolitas con el sacabocados.

Montar la brocheta alternando las bolitas de melón y melocotón —empezar por melón y colocar en cada brocheta un total de siete bolitas.

Servir un poco de la crema en cuencos individuales con ayuda de un cacillo, colocar dos brochetas, añadir un poco de sésamo a la crema y decorar con una ramita de albahaca.

Para la crema de salmón:

En el robot, echar la leche, la nata, una pizca de sal, pimienta negra recién molida, unas hojitas de albahaca, un chorrito de aceite y el salmón. Triturar el conjunto.

Una vez triturado, echar en un recipiente amplio, enfriar en la nevera durante 30 minutos y reservar.

MENESTRA DE COLIFLOR

Ingredientes para 4 personas:
1 bote de menestra de verdura • ½ coliflor • 150 gr de tacos de jamón
3 huevos • harina • pan • 1 vaso de vino blanco • sal
vinagre de manzana • aceite de oliva

Lavar la coliflor y separar en ramilletes.

Poner una cazuela amplia al fuego, echar agua, un poco de sal, un trozo de pan impregnado en vinagre y la coliflor. Cocer a fuego suave durante 30 minutos.

Cuando la coliflor esté cocida, pasar por harina y huevo y freír en abundante aceite.

Poner otra cazuela al fuego, echar un poco de aceite y añadir la cebolla muy picadita. Rehogar hasta que esté muy doradita.

Cuando esté doradita, retirar la cazuela del fuego, añadir el jamón y dos cucharadas de harina. Mezclar bien y poner de nuevo al fuego.

A continuación, añadir el vino. Dejar reducir unos minutos y añadir la menestra con su caldo y un poco de agua.

Por último, añadir la coliflor, hervir el conjunto unos minutos para que la salsa espese y emplatar.

MENESTRA DE GARBANZOS

Ingredientes para 4 personas:
1 bote de garbanzos cocidos • 1 coliflor • 3 zanahorias
⅓ de una ristra de chorizo • 2 huevos • 2 cucharadas de harina
sal • aceite de oliva

Pelar las zanahorias. Lavar la coliflor y cortar en sus ramilletes.

Poner un cazo con agua al fuego. Cuando el agua comience a hervir, echar las zanahorias enteras y los ramilletes de coliflor.

Añadir un poco de sal y cocer el conjunto durante 35 minutos.

Transcurrido este tiempo, retirar la verdura del agua, escurrir, dejar enfriar y cortar en trozos pequeños.

Calentar el caldo de los garbanzos en el microondas durante 1 minuto.

Picar el chorizo y freír en una cazuela con un poco de aceite.

Cuando el aceite comience a tomar color rojizo, retirar la cazuela del fuego y añadir la harina. Remover con ayuda de una varilla.

Poner de nuevo la cazuela al fuego y añadir el caldo. Remover bien con la varilla.

Echar el huevo y romper con ayuda de una cuchara de madera.

Por último, añadir los garbanzos y la verdura. Mezclar bien el conjunto para que se integren bien los sabores.

Cocer el conjunto durante 10 minutos y emplatar.

MENESTRA DE POLLO

Ingredientes para 4 personas:
6 alas de pollo enteras • 2 manzanas Reineta
50 gr de almendras enteras con piel • 30 gr de alga Kombu
tomillo fresco • sal • aceite de oliva

Pasar las alas de pollo por la llama para esterilizar.

Cortar las alas en trozos y reservar.

Poner una cazuela a fuego fuerte y echar un poco de aceite. Cuando esté caliente, añadir el pollo y dejar que dore bien.

A continuación, añadir la manzana cortada en trozos, las almendras, el alga Kombu y un poco de sal. Rehogar bien el conjunto.

Por último, añadir un poco de agua, tapar y cocer durante 10 minutos.

Transcurrido este tiempo, emplatar y decorar con una ramita de tomillo.

MENESTRA DE SETAS

Ingredientes para 4 personas:
250 gr de Boletus edulis • 250 gr de Boletus pinicola • 250 gr de
Cantarelus cibarius • 250 gr de Pie violeta • 3 patatas • 2 huevos
4 dientes de ajo • harina • cilantro fresco • sal • aceite de oliva

Limpiar bien las setas Boletus, cortar en daditos con ayuda de un cuchillo y Cantarelus desmigar con la mano.

Pie violeta, retirar el pie y conservar el sombrero.

Poner una sartén al fuego, echar un poco de aceite, los daditos y saltear.

Poner otra sartén al fuego y echar abundante aceite. Pasar por harina y huevo los sombreros de Pie violeta y freír.

En una cazuela amplia, echar los daditos y por encima las setas rebozadas.

Poner la cazuela a fuego máximo, añadir un poco de agua, los dientes de ajo enteros y pelados.

Pelar la patata, cortar en daditos y echar en la cazuela. Añadir un poco de sal y cocer el conjunto durante 15 minutos.

Transcurrido este tiempo, probar de sal y añadir un poco más si fuera necesario.

Emplatar y decorar con unas hojitas de cilantro.

MENESTRA DE VERDURA CON CREMA DE ZANAHORIA

Ingredientes para 4 personas:
1 bote de menestra de verdura • 6 zanahorias frescas
100 ml de leche • comino • sal • aceite de oliva

Encender el horno en posición aire caliente a 200 ºC.

En un recipiente que sirva para el horno, echar la menestra bien escurrida y la crema de zanahoria por encima. Mezclar bien para que se integren los sabores.

Introducir en la parte media del horno durante 10 minutos.

Transcurrido este tiempo, retirar del horno y emplatar.

Para la crema de zanahoria:

Pelar las zanahorias y cortar en trozos grandes.

Poner un cazo con agua al fuego. Cuando el agua comience a hervir, echar la zanahoria y cocer durante 20 minutos.

Cuando la zanahoria esté cocida, echar en el vaso de la batidora, añadir la leche, un poco de sal, una pizca de comino y aceite. Triturar el conjunto.

MENESTRA DE VERDURAS A LA ANTIGUA

Ingredientes para 4 personas:
250 gr coliflor • 100 gr de judías verdes • 100 gr de espinacas frescas
8 espárragos verdes trigueros • 4 puerros • 3 zanahorias
2 huevos • 2 huevos cocidos • 1 trozo de chorizo
½ l de caldo de carne • 200 ml de vino blanco • 1 cucharada de
harina • sal • aceite de oliva

Poner una cazuela al fuego y echar un poco de aceite.

Pelar la zanahoria, picar muy finita y echar en la cazuela. Rehogar durante 2 minutos.

A continuación, añadir la harina, el vino blanco y el caldo de carne. Mezclar bien.

Limpiar el puerro, cortar en rodajas y echar en la cazuela.

Limpiar los espárragos, cortar en trozos y echar en la cazuela.

Lavar bien la espinaca y echar en la cazuela.

Por último, pelar el chorizo, picar finito y echar en la cazuela. Cocer el conjunto durante 30 minutos.

Poner otra cazuela al fuego, echar agua y un poco de sal.

Limpiar la coliflor, sacar los ramilletes y echar en la cazuela.

Limpiar las judías verdes, cortar en trozos y echar en la cazuela. Cocer durante 30 minutos.

Transcurrido este tiempo, pasar la coliflor y la judía verde por harina y huevo.

A continuación, freír en abundante aceite caliente. Dorar y retirar a un plato con papel absorbente.

Una vez rebozada, incorporar en la cazuela con el resto de las verduras y cocer el conjunto durante 15 minutos.

Emplatar y rallar un poco de huevo cocido por encima con ayuda de un rallador.

MERLUZA EN SALSA

Ingredientes para 4 personas:
1 paquete de merluza congelada • 1 patata • 1 pimiento rojo morrón
1 pastilla de caldo de pescado • orégano • sal • aceite de oliva

Poner una cazuela a fuego suave y echar aceite de forma generosa.

Pelar la patata, cortar en trozos pequeños y echar en la cazuela.

Lavar el pimiento, cortar en trozos pequeños y añadir a la cazuela. Rehogar el conjunto durante 10 minutos. Añadir la pastilla de caldo en trocitos.

A continuación, echar un poco de sal a las tajadas de merluza y añadirlas a la cazuela junto con la verdura. Cubrir con agua y cocer a fuego suave durante 10 minutos.

Echar un poco de patata y pimiento rehogado en el vaso de la batidora y triturar hasta obtener un puré.

Una vez triturado, añadirlo de nuevo a la cazuela y mover un poco la cazuela para que la salsa espese. Añadir un poco de orégano por encima y una pizca de sal.

Emplatar y salsear por encima.

MERLUZA EN SALSA VERDE

Ingredientes para 4 personas:
4 rodajas de merluza congelada • 1 paquete de gulas • 200 gr de
gambas peladas • 3 dientes de ajo • perejil • harina
1 vaso de vino blanco • sal • aceite de oliva

Echar un poco de sal a las rodajas de merluza y añadirlas a la salsa verde. Cocer a fuego suave durante 10 minutos.

Transcurrido este tiempo, añadir las gambas y las gulas.

Batir la cazuela fuera del fuego para que la salsa espese y se integre todo bien.

Emplatar y salsear por encima.

Para la salsa verde:

Poner una cazuela al fuego y echar aceite de forma generosa. Añadir el ajo muy picadito y cuando comience a dorar añadir un poco de perejil picadito. Echar una cucharada de harina y mezclar con ayuda de una varilla.

A continuación, añadir el vino y dejar reducir.

Por último, echar un poco de agua y remover con la varilla hasta conseguir una salsa totalmente ligada.

MERLUZA EN SALSA VERDE DE ESPINACAS Y PIÑONES

Ingredientes para 4 personas:
6 rodajas de merluza congelada • 100 gr de espinacas
100 gr de piñones • 2 huevos • 1 vaso de vino blanco
2 cucharadas de harina • sal

Poner un cazo con agua al fuego, cuando el agua comience a hervir, echar los huevos y dejar cocer.

En el vaso de la batidora, echar el vino blanco, las espinacas —reservar unas hojas para decorar—, los piñones y la harina. Triturar bien y echar en una cazuela amplia.

Añadir un poco de sal en las rodajas de merluza e introducir en la cazuela. Poner la cazuela al fuego y cocer durante 8 minutos.

Transcurrido este tiempo, servir en cazuela de barro y decorar con el huevo cocido, cortado en cuatro partes iguales y un poco de espinaca muy picadita por encima.

MERLUZA FRITA A LA BILBAÍNA

Ingredientes para 4 personas:
1 merluza (2 kg) • 2 pimientos rojos morrones • 3 huevos
harina • sal • aceite de oliva

Encender el horno en posición aire caliente a 250 ºC.

Echar un poco de aceite sobre el pimiento y sobar bien con las manos para que el pimiento se impregne bien de aceite y se ase rápidamente.

Colocar en una fuente que sirva para el horno. Introducir en el horno durante 20 minutos.

Transcurrido este tiempo, retirar del horno y dejar enfriar. A continuación, pelar, quitar las pepitas, sacar unas tiras con la mano y reservar.

Limpiar la merluza, quitar la cabeza, la espina central, la piel y sacar los lomos.

Cortar cada lomo en dos mitades y aplastar un poco para obtener unos medallones.

Poner una sartén con aceite al fuego. Echar un poco de sal a los medallones, pasar por harina y huevo. Dorar un poco y retirar del aceite a un plato con papel absorbente —se terminan de hacer fuera del fuego.

Poner otra sartén al fuego con un poco de aceite, echar un poco de sal a las tiras de pimiento y calentar en el momento de servir.

En el centro de un plato colocar las tiras de pimiento y alrededor los medallones.

MERLUZA RELLENA AL HORNO

Ingredientes para 4 personas:
1 merluza • 24 langostinos • 100 gr de champiñones
50 gr de espinacas • 50 gr de harina • sal • aceite de oliva

Limpiar la merluza, cortar cuatro trozos y sacar los lomos.

En la bandeja del horno, echar una gotita de agua y cubrir con papel de aluminio.

Echar un chorrito de aceite sobre el papel y extender con ayuda de un pincel.

Encender el horno en posición aire caliente a 200 °C.

Colocar los lomos de merluza, añadir un poco de sal y colocar los langostinos pelados por encima.

Lavar las espinacas, picar muy finitas y añadir por encima.

Añadir otro poco de sal y cubrir con el otro lomo.

Introducir en la parte alta del horno generando vapor durante 10 minutos.

Transcurrido este tiempo, retirar del horno, emplatar y salsear por encima.

Para la salsa de champiñones:

En el robot, echar agua, los champiñones limpios, un poco de sal, un chorrito generoso de aceite y la harina. Triturar y reservar.

Poner el wok al fuego, echar la salsa y remover con ayuda de una varilla hasta que la salsa espese.

MERLUZA RELLENA DE SETAS Y JUDÍAS VERDES

Ingredientes para 4 personas:
1 merluza • 1 bandeja de setas • ½ kg de judías verdes
mantequilla a punto pomada • sal • aceite de oliva

Limpiar la merluza y sacar los lomos conservando la piel y cortar en trozos.

Poner cada lomito de merluza sobre un trozo de papel de aluminio con la piel en contacto con el papel —para evitar que los lomos queden pegados al papel, untar el papel con un poco de mantequilla con ayuda de un pincel.

Sobre uno de los lomitos poner un poco de sal y el relleno. A continuación, cubrir con el otro lomito y cerrar el paquete herméticamente para evitar que entre agua durante la cocción.

Poner una sartén con agua a fuego máximo. Cuando el agua comience a hervir, echar un poco de sal e introducir los paquetitos. Cocer durante 10 minutos.

Transcurrido este tiempo, sacar del agua, retirar el papel y emplatar.

Para el relleno:

Poner una sartén a fuego suave y echar un poco de mantequilla y aceite —para evitar que la mantequilla se queme.

Limpiar bien las setas y las judías verdes. Picar todo bien.

Cuando la mantequilla se haya derretido, echar la verdura. Rehogar el conjunto y reservar.

MIGAS DE PASTOR CON HUEVO FRITO

Ingredientes para 4 personas:
1 barra de pan seco • 200 gr de jamón serrano • 200 gr de panceta
4 huevos • 4 dientes de ajo • sal • aceite de oliva

Cortar el pan en trozos y echar en un recipiente amplio, añadir un poco de agua y dejar reposar durante 30 minutos.

Poner una sartén al fuego, echar aceite y añadir el ajo muy picadito.

A continuación, añadir el jamón y la panceta, ambos cortados en daditos.

Rehogar durante 2 minutos, añadir una pizca de sal y el pan hidratado. Mezclar bien el conjunto.

Emplatar en un cuenco, añadir un huevo frito por encima y servir.

MILHOJA DE BERENJENA

Ingredientes para 4 personas:
1 berenjena • 200 gr de bacalao desalado • 2 yemas • 1 diente de ajo
perejil fresco • sal • vinagre • aceite de oliva

Pelar y cortar la berenjena en rodajas —sazonar y dejar reposar unos minutos para que pierda el amargor.

Poner una sartén a fuego fuerte y cuando esté caliente, echar un poco de aceite. Freír la berenjena vuelta y vuelta para que absorba poco aceite.

Sacar unas láminas finas de la tajada de bacalao.

En otra sartén fuera del fuego, echar un poco de aceite, un poco de sal y vinagre. Poner las láminas de bacalao para que absorba todos los aromas.

Transcurridos unos minutos, poner la sartén al fuego durante unos segundos para que el bacalao se temple.

En el centro de un plato, alternar las láminas de berenjena y de bacalao.

Salsear por encima con el ali-oli y decorar con un poco de perejil.

Para la salsa ali-oli:

En un mortero, machacar el ajo junto con un poco de agua y las yemas.

Agregar el aceite poco a poco y remover bien la mezcla hasta que espese.

Por último, añadir una pizca de sal y vinagre.

MILHOJA DE BERENJENA CON COSTILLA DE CORDERO

Ingredientes para 4 personas:
½ kg de costilla de cordero • 1 berenjena • 1 cebolla
300 ml de vino blanco • 400 ml de leche • 60 gr de harina
60 gr de aceite de oliva • comino • tomillo fresco
2 cucharadas grandes de miel • sal • aceite de oliva

Poner una cazuela a fuego máximo y echar aceite.

Cortar la cebolla en daditos y echar en la cazuela.

A continuación, cortar el cordero en trozos y echar en la cazuela. Añadir un poco de sal y una pizca de comino.

Por último, añadir el vino blanco y cocer el conjunto durante 1 hora.

Transcurrido este tiempo, dejar enfriar la carne, desmigar y reservar.

Colocar un salvabandejas en la bandeja del horno y echar un chorrito de aceite.

Lavar bien la berenjena, reservar unas tiras de la piel y cortar la carne de la berenjena en rodajas.

Colocar las rodajas de berenjena en la bandeja del horno, añadir un poco de sal y un chorrito de aceite por encima.

Introducir en la parte alta del horno en posición aire caliente a 200 ºC durante 20 minutos.

Transcurrido este tiempo, colocar en la base del plato dos rodajas de berenjena, poner encima un poco de cordero desmigado, cubrir con dos rodajas de berenjena y colocar de nuevo un poco de cordero.

Poner encima una rodaja de berenjena y cubrir con la bechamel de tomillo.

Acompañar con la guarnición y decorar con una ramita de tomillo.

Para la bechamel de tomillo:

Poner un cazo al fuego, echar la leche y unas ramitas de tomillo.

Cuando comience a hervir, bajar el fuego al mínimo y echar la mezcla de harina y aceite. Remover bien según se añade con ayuda de una varilla.

Añadir una pizca de sal, mezclar, retirar el cazo del fuego y reservar.

Para la guarnición:

Poner una sartén con abundante aceite al fuego. Cuando esté caliente, echar la piel de la berenjena cortada en costrones pequeñitos.

Cuando estén doraditos, retirar a un plato con papel absorbente.

A continuación, echar en un bol, añadir un poco de sal y la miel. Mezclar bien y reservar.

MILHOJA DE BERENJENA Y FOIE

Ingredientes para 4 personas:
100 gr de Mi-Cuit de pato (foie) • ½ berenjena • 50 gr de almendra cruda • miel • sal • aceite de oliva

Echar las almendras en un recipiente que sirva para el horno e introducir en la parte alta del horno en posición gratinar a 230 ºC durante 5 minutos.

Transcurrido este tiempo, echar en el robot —reservar cuatro almendras para decorar—, añadir un poco de sal, dos cucharadas de miel, un chorrito de aceite y un poco de agua.

Triturar el conjunto y reservar en un bol.

Lavar la berenjena y cortar en rodajas. A continuación, cortar cada rodaja en triángulos —del tamaño de un quesito.

Poner una sartén antiadherente al fuego, dorar los triángulos de berenjena.

Cortar el foie en triángulos del tamaño de la berenjena.

En el plato, colocar un triángulo de berenjena, otro de foie, berenjena, foie y por último, berenjena.

Decorar el plato con una almendra y un poco de la salsa de almendra y miel. Añadir otro poco de la salsa por encima de la milhoja.

MILHOJA DE CALABACÍN, BACÓN Y TRUCHA

Ingredientes para 4 personas:
2 truchas • 8 lonchas de bacón • 1 calabacín • 6 dientes de ajo
sal • aceite de oliva

Encender el horno en posición aire caliente a 150 ºC.

Limpiar la trucha bajo el chorro de agua fría, quitar la cabeza y la cola. Sacar los lomos y quitar las espinas de cada lomo con ayuda de unas pinzas.

Colocar un trozo de papel de aluminio sobre la bandeja caliente del horno y echar un poco de aceite. Poner el lomo encima, añadir un poco de sal y cubrir con una tira fina de calabacín, una loncha de bacón y otra de calabacín. Montar todas las capas como si se tratara de una escalera.

Añadir un chorrito de aceite por encima e introducir en la parte media del horno durante 10 minutos.

Transcurrido este tiempo, retirar del horno y añadir un refrito de ajo muy picadito por encima.

MILHOJA DE CALABAZA Y FOIE-GRASS

Ingredientes para 4 personas:
½ calabaza • 1 lata de foie-gras • 1 yogur griego
1 limón • sal • aceite de oliva

Pelar la calabaza y cortar en tiras finas con ayuda de una mandolina.

Escaldar la calabaza en una sartén con agua hirviendo durante unos segundos para que pierda el sabor a crudo y se ablande un poco.

Emplatar en forma de milhoja de nueve capas alternando una capa de calabaza y una de foie-gras —la primera y última capa de calabaza.

Salsear por encima y decorar con un poco de corteza de limón cortada en juliana fina.

Para la salsa de yogur:

En un bol, echar el yogur, un poco de sal, aceite y el zumo de ½ limón.

Mezclar bien con ayuda de una varilla y si resulta muy espesa, aligerarla con un poco de agua. Reservar.

MILHOJA DE CARAMELO

Ingredientes para 4 personas:

Para el guirlache:
125 gr de azúcar • 50 gr de agua • 50 gr de almendra garrapiñada
25 gr de glucosa • 4 galletas

Para la crema:
300 gr de crema pastelera • 150 gr de nata líquida • 50 gr de azúcar

Poner un cazo al fuego, echar el agua y el azúcar.

Cuando comience a hervir, retirar el cazo del fuego y añadir la glucosa.

Poner de nuevo el cazo al fuego hasta que el caramelo tome un color doradito.

A continuación, retirar del fuego y dejar reposar durante 3 minutos.

En un bol amplio, echar la nata y el azúcar. Semimontar con ayuda de una varilla.

Templar la crema pastelera entre 15-20 ºC en el microondas.

Echar la crema pastelera templada en el bol, montar el conjunto con la varilla y reservar.

Calentar de nuevo el caramelo, añadir la almendra garrapiñada y la galleta cortada en trozos. Mezclar bien el conjunto y colocar sobre un trozo de papel blanco encerado.

Cubrir con otro trozo de papel, golpear con ayuda de un rodillo y pasar el rodillo hasta conseguir un guirlache muy finito.

Retirar el papel, dejar enfriar durante 2 minutos y cortar en trozos con ayuda de un cuchillo.

En la base de un plato, colocar una lámina de guirlache, añadir un poco de la crema por encima, cubrir de nuevo con guirlache, añadir otro poco de la crema y por último, cubrir con otra lámina de guirlache.

NOTA: trabajar la glucosa con las manos húmedas.

MILHOJA DE CARAMELO CON CREMA DE NARANJA Y SALSA DE YOGUR Y QUESO

Ingredientes para 4 personas:

Para la crema de naranja:
300 gr de mantequilla a punto pomada • 50 gr de azúcar
5 huevos • 5 yemas • 2 naranjas

Para la salsa de yogur y queso:
100 gr de queso cremoso • 50 gr de leche • 50 gr de nata líquida
1 yogur natural

Para el caramelo:
200 gr de azúcar • 100 gr de agua • unas gotitas de limón

Echar un poco de caramelo sobre una lámina de silicona y extender con ayuda de una cuchara. Dejar enfriar para que solidifique.

Colocar sobre un plato, cubrir con la crema de naranja, colocar encima otra tira de caramelo, cubrir con crema y de nuevo con caramelo.

Emplatar, colocar encima la bolita de hilo de caramelo y añadir alrededor un poco de la salsa de yogur y queso.

Para la crema de naranja:

En un bol amplio, echar los huevos, las yemas y el azúcar. Montar con ayuda de una varilla.

Poner una cazuela al fuego, echar la mantequilla, la ralladura y el zumo de naranja.

Cuando la mantequilla se haya derretido, retirar la cazuela del fuego y añadir la mezcla de huevo y azúcar.

Poner de nuevo la cazuela al fuego y dejar en el fuego hasta obtener una consistencia de natillas —remover continuamente.

A continuación, retirar del fuego, colar y dejar reposar. Introducir en la manga pastelera y enfriar en el congelador durante 10 minutos.

Para la salsa de yogur y queso:

En la batidora, echar la nata, la leche, el yogur y el queso cremoso. Triturar suave para evitar que monte y reservar.

Para el caramelo:

Poner una cazuela al fuego, echar el azúcar, el agua y unas gotitas de limón. Dejar hasta que tome color y reservar.

Para la decoración:

En un recipiente con agua fría, echar a hilo un poco del caramelo con ayuda de una cuchara. Se obtiene una especie de bolita de hilo de caramelo.

MILHOJA DE CHOCOLATE Y TRUFA

Ingredientes para 4 personas:
500 gr de cobertura de chocolate • 250 gr de nata líquida
100 gr de azúcar • azúcar glaceé

En un bol, poner la mitad del chocolate e introducir en el microondas durante 2 minutos.

Transcurrido este tiempo, comprobar que se ha derretido por completo y sobre papel encerado echar un poco de chocolate y dibujar unos finos círculos con ayuda de una cuchara.

Introducir el papel en el congelador durante unos minutos.

Cuando el chocolate esté frío, separarlo del papel.

Montar la milhoja en un plato, alternando las láminas y la crema. Añadir un poco de azúcar glaceé por encima.

Para la crema de chocolate:

Poner una cazuela al fuego, echar la nata, el resto del chocolate y el azúcar. Dejar en el fuego hasta que el chocolate se derrita.

Retirar del fuego y dejar enfriar. Cuando esté fría, batir con ayuda de una varilla hasta que espese y reservar.

MILHOJA DE PERA CON QUESO AZUL

Ingredientes para 4 personas:
2 peras • 400 gr de queso azul • comino • aceite de oliva

Pelar las peras y cortar en láminas finas cuadradas.

Cortar el queso en láminas del mismo tamaño que las láminas de pera —conservar el queso en la nevera hasta el momento de su manipulación.

Montar la milhoja alternando las capas de pera y queso —finalizar con una capa de queso—. Gratinar durante 1 minuto para que el queso se temple y se funda un poco —evitar tenerlo más tiempo ya que la pera perdería consistencia.

Salsear por encima y servir.

Para la salsa:

En un bol, echar un poco de aceite y unos granos de comino. Triturar, mezclar bien y reservar.

MILHOJA DE PESTIÑO

Ingredientes para 4 personas:

Para la masa de pestiño:
400 gr de harina • 200 ml de vino blanco • 100 gr de aceite de oliva
1 cucharada de levadura en polvo • corteza de limón

Para el relleno:
crema pastelera (1 l de leche y 50 gr de azúcar)
100 gr de confitura de naranja

Para decorar:
100 gr de confitura de naranja • 50 gr de canela en polvo
40 gr de azúcar

En un bol, echar el aceite y la corteza de limón. Calentar en el microondas durante 30 segundos.

En otro bol, echar el aceite aromatizado —retirar la corteza de limón— y añadir el vino blanco. Mezclar con ayuda de una varilla.

A continuación, añadir la harina poco a poco y remover con la varilla según se añade.

Por último, añadir la levadura. Mezclar bien el conjunto y amasar con las manos.

Poner la masa en un recipiente, tapar con un trapo y enfriar en la nevera durante 30 minutos.

Transcurrido este tiempo, retirar de la nevera y estirar con ayuda de un rodillo. Cortar en rectángulos y dorar en aceite muy caliente.

En la base de un plato, poner un poco de confitura de naranja, encima el pestiño doradito, añadir un poco del relleno, cubrir con otro pestiño, añadir de nuevo otro poco del relleno y cubrir por último con otro pestiño.

Mezclar la canela y el azúcar. Decorar la milhoja montada con un poco de la mezcla.

Para el relleno:

En un recipiente, echar la crema pastelera y añadir la mitad de la confitura de naranja. Mezclar bien y reservar.

MILHOJA DE PEZ ESPADA Y TOMATE

Ingredientes para 4 personas:
1 lomo de pez espada (400 gr) • 4 tomates rojos duros
1 bandeja de brotes de ajos tiernos • ½ l de caldo de pescado
1 limón • 4 cucharadas de harina • sal • aceite de oliva

Pelar el tomate y cortar en rodajas gruesas.

Limpiar el pescado y cortar en rodajas.

En una fuente que sirva para el horno, echar un poco de aceite. Montar una milhoja, alternando el pez espada y el tomate.

En la base, colocar una rodaja de pez espada, un poco de sal, encima una rodaja de tomate, otro poco de sal, otra rodaja de pez espada, un poco de sal y por último una rodaja de tomate y una pizca de sal.

En un bol, exprimir el limón y añadir un chorrito de aceite. Mezclar bien y añadir por encima de la milhoja.

Introducir en la parte media del horno en posición aire caliente a 230 ºC durante 15 minutos.

Transcurrido este tiempo, dejar reposar unos minutos y emplatar.

Añadir un poco del jugo obtenido y salsear por encima.

Para la salsa:

Poner una cazuela al fuego y echar un poco de aceite.

Limpiar los brotes de ajo, cortar en trozos y echar en la cazuela.

Cuando comiencen a tomar color, bajar el fuego y añadir la harina. Remover bien con ayuda de una varilla.

A continuación, subir el fuego, añadir el caldo de pescado y un poco de sal.

Cuando comience a espesar, triturar un poco con la batidora y reservar.

MILHOJA DE PIÑA

Ingredientes para 4 personas:
1 placa de hojaldre • 1 piña • crema pastelera • azúcar glaceé
coulis de cacao

Colocar la placa de hojaldre —reservar en la nevera hasta el momento de su uso— sobre un salvabandejas o placa de teflón y cubrir bien por ambos lados con azúcar glacée.

Cubrir con otro salvabandejas o placa de teflón, colocar en una bandeja del horno y cubrir con otra bandeja —utilizar las bandejas del horno al revés para hacer presión y evitar que la masa suba.

Introducir en la parte media del horno en posición aire caliente a 200 ºC durante 20 minutos.

Transcurrido este tiempo, retirar del horno y dejar templar.

Cortar el hojaldre en rectángulos con ayuda de un cuchillo de sierra.

Emplatar un rectángulo de hojaldre, añadir un poco de crema pastelera por encima, cubrir con otro rectángulo de hojaldre y añadir de nuevo otro poco de crema pastelera.

Pelar la piña, cortar unas láminas finas en forma de media luna y retirar los extremos.

Montar cinco medias lunas y colocar sobre el hojaldre.

Dibujar unas líneas de coulis de cacao por encima con ayuda de una cuchara.

MILHOJA DE QUESO DE CABRA Y FOIE

Ingredientes para 4 personas:
1 rulo de queso de cabra • 200 gr de Mi-Cuit (foie)
2 manzanas Granny Smith • 50 gr de azúcar

Cortar el rulo de queso en tiras a lo largo —calentar el cuchillo cada vez que se haga un corte para que el queso no se rompa—. Colocar en la base de un recipiente que sirva para el horno.

Cortar el foie en rodajas y colocar sobre el queso.

Por último, cortar la manzana en rodajas muy finitas y colocar sobre el foie.

Introducir en el horno en posición aire caliente a 100 ºC durante 2 minutos para que se integren los sabores.

A continuación, añadir un poco de azúcar por encima y quemar con ayuda de un quemador eléctrico para que el azúcar quede caramelizado.

Enfriar en la nevera durante 30 minutos.

Transcurrido este tiempo, retirar de la nevera, cortar en canapés con ayuda de un cuchillo muy afilado y emplatar.

MILHOJA DE QUESO GRUYÈRE CON SARDINAS

Ingredientes para 4 personas:
300 gr de queso Gruyère compacto • 1 lata de sardinas
2 tomates de rama • ½ l de leche • perejil rizado
orégano • sal • aceite de oliva

En la picadora, echar las sardinas sin la espina central y picar.

Cortar unas tiras anchas de queso con ayuda de una mandolina.

En la base de un plato, colocar una tira de queso y encima un poco de la pasta de sardinas prensada.

Cubrir con otra tira de queso, añadir otra capa de pasta de sardinas y por último, otra tira de queso.

Servir dos milhojas en cada plato y decorar en el centro con una hojita de perejil.

Salsear por encima con la salsa de tomate.

Para la salsa de tomate:

Lavar el tomate, cortar en dos mitades y retirar las pepitas con ayuda de una cuchara.

Echar en el vaso de la batidora, añadir la leche, un chorrito de aceite, un poco de sal y orégano.

Triturar el conjunto, colar con ayuda de un colador y reservar.

MILHOJA DE REMOLACHA Y MOUSSE DE CHOCOLATE

Ingredientes para 4 personas:
1 remolacha • 250 ml de nata líquida
100 gr de cobertura de chocolate blanco • 90 ml de leche
4 colas de pescado • ½ rama de vainilla • azúcar glaceé
mermelada • helado

En un bol grande, echar la nata, montar con ayuda de una varilla y reservar.

Poner una cazuela al fuego, echar la leche, la cobertura de chocolate y el interior de la rama de vainilla.

Cuando comience a hervir, introducir las colas de pescado, previamente hidratadas y bien escurridas. Mezclar bien el conjunto.

Echar en el bol de la nata y remover con la varilla según se añade.

Encamisar un recipiente amplio y bajo con film transparente. Echar la mezcla, extender bien y enfriar en la nevera como mínimo durante 3 horas.

Transcurrido este tiempo, retirar de la nevera y reservar.

Pelar la remolacha y cortar en láminas finas con ayuda de una mandolina.

Colocar sobre papel encerado en la bandeja del horno.

Añadir por encima el azúcar glaceé con ayuda de un dosificador.

Introducir en la parte alta del horno precalentado en posición aire calien-te a 180 ºC durante 5 minutos.

Transcurrido este tiempo, retirar del horno y dejar enfriar.

En la base del plato, colocar un punto de mermelada para fijar la milhoja.

Cortar la mousse de chocolate del mismo tamaño que las láminas de re-molacha con ayuda de un cortapastas redondo.

Colocar una lámina de remolacha, encima una lámina de mousse, así sucesivamente alternar las láminas hasta alcanzar la altura deseada.

Decorar el plato con unas pinceladas de mermelada y acompañar de una cenefa de helado.

MILHOJA DE TRUCHA CON VERDURAS

Ingredientes para 4 personas:
4 truchas de ración • 200 gr de calabaza • 200 gr pencas (acelgas)
2 puerros • 2 yemas • sal • aceite de oliva

Limpiar la trucha, retirar la cabeza y la cola, cortar en dos trozos y sacar los lomos.

Poner una sartén con un poco de aceite al fuego, saltear la calabaza y la penca, todo muy picadito.

Poner otra sartén al fuego y echar un poco de aceite. Añadir un poco de sal en los lomitos de trucha y freír en la sartén, primero por la parte de la carne y posteriormente por la parte de la piel.

En el centro de un plato, poner un poco de la crema de puerro y encima dos lomitos de trucha con la piel hacia abajo.

Añadir por encima la verdura salteada y cubrir con los otros dos lomitos de trucha con la piel hacia arriba. Añadir un poco de la crema de puerro por encima.

Para la crema de puerro:

Limpiar el puerro, retirar la parte verde y cortar en dos trozos.

Poner una cazuela con agua al fuego, echar el puerro, añadir un poco de sal y cocer el conjunto durante 15 minutos.

En el robot, echar el puerro cocido, las yemas y un chorrito de aceite. Triturar el conjunto y reservar.

MINI-CROISSANTS ESPECIADOS

Ingredientes para 4 personas:
1 paquete de obleas de empanadillas
50 gr de mantequilla a punto pomada • 2 yemas
1 cucharada de albahaca • 1 cucharada de eneldo
1 cucharada de orégano

Para la guarnición:
4 zanahorias • 1 limón

Retirar la bandeja del horno y encender el horno en posición aire caliente a 200 ºC.

En un bol, echar la mantequilla y las especias. Mezclar bien con ayuda de una cuchara.

Cortar las obleas en triángulos, untar con la mantequilla especiada con ayuda de un pincel y enrollar desde uno de los vértices del triángulo. Curvar los extremos hacia dentro.

Pintar la superficie con la yema batida con ayuda de un pincel.

Colocar los mini-croissants sobre un salvabandejas en la bandeja del horno y hornear durante 5 minutos.

Transcurrido este tiempo, retirar del horno y emplatar. Acompañar de la guarnición.

Para la guarnición:

Pelar la zanahoria y licuar.

Añadir un poco de ralladura de limón y mezclar bien con ayuda de una cuchara. Servir en unos vasitos.

MINI-ENSALADA DE TALLARINES DE TÉ VERDE

Ingredientes para 4 personas:
200 gr de tallarines de soba de té verde • 8 mejillones
2 cucharadas de salsa de soja • 1 cucharada de salsa de ostras
1 cucharada de polvo de atún seco • 12 aceitunas negras sin hueso
50 gr de tomate seco • hojas de apio • sal • aceite de nuez

Poner una sartén al fuego, echar agua y colocar los mejillones. Tapar con papel de aluminio y cocer durante 2 minutos.

En un bol, echar la salsa de ostras, la salsa de soja, el atún seco y los mejillones cocidos. Mezclar el conjunto y reservar.

Poner el wok al fuego, echar agua y un poco de sal. Cuando comience a hervir, añadir la pasta y cocer durante 2 minutos.

Transcurrido este tiempo, escurrir bien y echar en el bol junto a las salsas, el atún y los mejillones.

Mezclar bien el conjunto, emplatar en unos cuencos y añadir la guarnición por encima. Decorar con unas hojitas de apio.

Para la guarnición:

En un bol, echar el tomate seco sin pepitas y las aceitunas negras, todo muy picadito.

Añadir un poco de aceite, mezclar bien y dejar macerar durante 5 minutos.

MINI-ENSALADILLA DE PULPO

Ingredientes para 4 personas:
2 patas grandes de pulpo • 2 patatas cocidas • 2 zanahorias
huevas de lumpo • pimentón dulce • perejil rizado • sal
aceite de oliva

Poner la olla a presión al fuego —sin agua—, introducir el pulpo y cerrar la olla. Cocer durante 10 minutos.

Transcurrido este tiempo, retirar el pulpo de la olla y reservar.

Pelar la zanahoria con un pelador y cortar en rodajas finas con ayuda de una mandolina.

Poner un cazo con agua al fuego, cuando comience a hervir, añadir la zanahoria y escaldar durante 2 minutos.

En un bol amplio, echar el pulpo y la patata, todo muy picadito. Añadir la zanahoria cocida —reservar ocho rodajas para decorar.

Por último, añadir un poco de sal, la mayonesa de pulpo y mezclar bien el conjunto.

Servir en cuencos, decorar por encima con dos rodajas de zanahoria y unas huevas de lumpo. Añadir una ramita de perejil rizado.

Decorar el cuenco con un poco de pimentón.

Para la mayonesa de pulpo:

En el vaso de la batidora, echar un poco del agua de cocción del pulpo y tres veces más de aceite. Batir con la batidora.

Por último, añadir una cucharada de pimentón y mezclar bien.

MINI-GELEÉ DE AVE

Ingredientes para 4 personas:
1 pata de gallina • 2 codornices • 5 gelatinas neutras
100 gr de canónigos • 4 puerros • 2 zanahorias • azafrán
sal • aceite de oliva

Poner una cazuela con agua al fuego, echar un poco de sal, la pata de gallina y las codornices.

Limpiar el puerro, pelar las zanahorias y echar en la cazuela. Cocer el conjunto durante 30 minutos.

Transcurrido este tiempo, retirar la carne y la verdura y reservar.

Sobre papel de aluminio, poner un poco de azafrán y pasar por la llama unos segundos para tostarlo un poco.

Una vez tostado, echar en la cazuela.

En un recipiente con agua fría, echar las gelatinas y dejar que se hidraten.

A continuación, introducir una a una en la cazuela y remover para que se disuelvan bien.

En la base de un molde de porciones, echar un poco de la carne desmigada, cubrir con el consomé y enfriar en la nevera durante 30 minutos.

Para la guarnición, en un bol echar los canónigos y unas bolitas de zanahoria obtenidas con ayuda de un sacabocados. Añadir un poco de sal y aceite.

Por último, desmoldar el mini-geleé y emplatar con un poco de la guarnición.

MINI-HAMBURGUESAS DE PAVO

Ingredientes para 4 personas:
4 brochetas de madera • 8 mini-panecillos de hamburguesa • 1 filete
de pechuga de pavo • 1 huevo • 1 cucharada de canela en polvo
½ rulo de queso de cabra • 2 cucharadas de mostaza en grano vinagre
• 1 cucharada de miel • orégano • tomillo • eneldo
sal • aceite de oliva

Picar la pechuga de pavo y echar en un bol, añadir un poco de sal, el huevo y la canela. Amasar con ayuda de una cuchara de madera y hacer unas mini-hamburguesas.

Poner una sartén antiadherente al fuego y echar un poco de aceite. Freír las mini-hamburguesas vuelta y vuelta. Retirar a un plato con papel absorbente.

Sobre un panecillo, colocar la hamburguesa, cubrir con un poco de salsa de mostaza y encima otro panecillo.

Pinchar en la brocheta, emplatar y salsear con la crema de queso por encima.

Para la salsa de mostaza:

En el robot, echar la mostaza en grano, un chorrito de vinagre y la miel.

Por último, añadir una pizca de las hierbas aromáticas, triturar y reservar.

Para la crema de queso:

Retirar la corteza del queso y poner en un bol.

Calentar en el microondas durante 1 minuto y reservar.

MINI-HAMBURGUESAS DE SALMÓN

Ingredientes para 4 personas:
1 cola de salmón • 3 huevos • 50 ml de leche • 50 gr de nueces peladas • 50 gr de cebolla deshidratada • cebollino • pimienta negra en grano • sal • aceite de oliva

En un bol, echar la cebolla y añadir un poco de agua. Tapar con film transparente y calentar en el microondas durante 30 segundos.

Transcurrido este tiempo, retirar del microondas y dejar que se rehidrate en el agua caliente.

Limpiar el salmón, deshuesar y retirar la piel. Picar muy finito, echar en un bol y reservar.

A continuación, añadir el huevo y mezclar bien. Añadir un poco de sal, pimienta negra recién molida y un poco de cebollino picadito. Mezclar el conjunto.

Enfriar en la nevera durante 30 minutos.

Transcurrido este tiempo, retirar de la nevera, hacer unas bolitas y freír en una sartén antiadherente con un poco de aceite.

Cuando estén en la sartén, aplastar con ayuda de una espátula para dar forma de hamburguesa.

Freír vuelta y vuelta, emplatar, añadir un poco de mayonesa al lado y decorar por encima con una ramita de cebollino.

Para la mayonesa de leche:

En el vaso de la batidora, echar la leche y el triple de aceite. Batir con la batidora a velocidad mínima.

A continuación, añadir las nueces y triturar.

Una vez triturado, añadir la cebolla rehidratada, mezclar bien con ayuda de una cuchara y reservar.

MINI-MENESTRA DE COSTILLA

Ingredientes para 4 personas:
400 gr de costilla de cerdo • 200 gr de espárragos verdes
100 gr de albaricoques • 100 gr de orejones (albaricoques secos)
½ l de vino blanco aromático • 1 cucharada de azúcar moreno
tomillo fresco • romero fresco • sal • aceite de oliva

En el robot, echar una ramita de romero, una ramita de tomillo y abundante sal. Triturar el conjunto.

Frotar la pieza de costilla por ambos lados con la sal aromática.

Colocar en un recipiente que sirva para el horno. Introducir en la parte media del horno en posición aire caliente a 230 ºC durante 1 hora.

Transcurrido este tiempo, retirar del horno, dejar reposar y desmigar —reservar el jugo obtenido.

Echar la carne desmigada en un bol amplio.

Poner el wok al fuego y echar un poco de aceite. Añadir los albaricoques, los orejones y los espárragos —todo muy picadito.

Añadir un poco de sal, el azúcar, un chorrito del jugo reservado y una gotita de agua. Rehogar el conjunto.

Echar en el bol junto a la carne y mezclar bien. Servir en unos cuencos y decorar con una ramita de romero.

MINI-PIZZA DE PATATA

Ingredientes para 4 personas:
1 patata grande • 4 champiñones • 4 tomates cherry en rama
1 lata de anchoas en salazón • 50 gr de Mozarella en barra
50 gr de sésamo • tomillo limonero • sal • aceite de sésamo

Limpiar los champiñones, cortar en trozos y echar en el robot. Añadir un poco de agua y un poco de sal. Triturar hasta conseguir un puré muy compacto, echar en un bol y reservar.

Pelar la patata, lavar y cortar en rodajas de grosor medio. Igualar con un cortapastas redondo y colocar sobre papel encerado en la bandeja del horno.

Sobre la patata, poner un poco del puré de champiñón y extender bien.

Colocar encima una rodaja de tomate, añadir una pizca de sal, un poco de anchoa y un poco de queso, todo muy picadito.

Introducir en la parte baja del horno en posición aire caliente por la parte inferior a 200 ºC durante 15 minutos.

Transcurrido este tiempo, retirar del horno. Añadir un chorrito de aceite por encima, un poco de sésamo y el tomillo muy picadito.

Emplatar y decorar el plato con una ramita de tomillo.

MINI-PIZZA DE SARDINAS

Ingredientes para 4 personas:
8 obleas grandes de empanadillas • 2 latas de sardinas en aceite
1 bote de salsa napolitana • 1 sobre de queso rallado • orégano
aceite de oliva virgen extra

Encender el horno en posición turbo-grill a 200 ºC.

En un recipiente que sirva para el horno, echar un poco de aceite en la base y extenderlo con ayuda de un pincel.

Colocar las obleas en el recipiente. Echar un poco de salsa napolitana y extenderla bien por toda la oblea.

Picar las sardinas y añadir encima de la salsa. Echar un poco de queso rallado por encima y pintar el borde de la oblea con un poco de aceite para que quede doradito.

Introducir en el horno durante 5 minutos.

Transcurrido este tiempo, retirar del horno y añadir un poco de aceite de orégano por encima.

Para el aceite de orégano:

En un bol, poner un poco de orégano, echar un chorrito de aceite y mezclar bien. Introducir en el microondas durante 5 segundos para extraer todo el aroma.

MINI-PIZZA ESPAÑOLA

Ingredientes para 4 personas:
175 gr de harina • 33 gr de aceite de oliva • 1 morcilla
1 ristra de chorizo • 1 cebolla • 1 huevo • tomillo fresco
sal • aceite de oliva

En un bol amplio, echar la harina, hacer un cráter en medio, echar un poco de sal y 33 gr de agua.

Dibujar con el dedo unos círculos concéntricos y añadir poco a poco el aceite.

Amasar el conjunto con las manos y dejar reposar durante 30 minutos.

Transcurrido este tiempo, estirar la masa con ayuda de un rodillo y cortar con ayuda de un cortapastas redondo.

Echar un poco de harina sobre la bandeja del horno y colocar las mini-pizzas encima. Pintar con huevo batido con ayuda de un pincel.

Colocar en la base un poco de puré de cebolla y encima un poco de chorizo y morcilla —ambos bien picaditos.

Introducir en la parte media del horno en posición aire caliente por la parte inferior y superior a 200 ºC durante 10 minutos.

Transcurrido este tiempo, retirar del horno, añadir un poco de tomillo por encima y emplatar.

Para el puré de cebolla:

Poner una cazuela al fuego, echar aceite y la cebolla cortada en juliana fina. Añadir un poco de sal, tapar y cocer durante 30 minutos.

Transcurrido este tiempo, escurrir bien, echar en el robot y triturar. Echar en un bol y reservar.

MINI-PUDDING DE CABRACHO Y CENTOLLO

Ingredientes para 4 personas:
1 cabracho • 100 gr de carne de centollo desmigada
4 rebanadas de pan de chapata • 4 huevos • 1 huevo cocido
½ l de nata • mayonesa • pimienta negra en grano
sal • aceite de oliva

En un recipiente, echar los huevos y mezclar bien con ayuda de una varilla.

A continuación, añadir la carne de centollo desmigada, la nata, un poco de sal y pimienta negra recién molida.

Por último, limpiar bien el cabracho, retirar la cabeza y sacar un lomo. Retirar la piel, las espinas y picar finito.

Añadir al conjunto, mezclar bien con la varilla y rellenar los moldes con la mezcla.

Colocar el molde en la bandeja del horno e introducir en la parte media del horno en posición aire caliente a 200 ºC durante 10 minutos generando un baño María.

Cortar las rebanadas de pan en listones a lo largo.

Poner una sartén antiadherente al fuego, freír las tiras de pan y reservar.

Transcurrido el tiempo, retirar el molde del horno, desmoldar y emplatar en un plato rectangular dos mini-pudding.

A ambos lados y en el medio, poner unos montoncitos de mayonesa.

En el momento de servir, rallar un poco de huevo cocido por encima con ayuda de un rallador.

Colocar dos listones de pan frito por encima y añadir un poco de pimienta negra recién molida.

MINI-ROLLITOS DE PRIMAVERA DE TRUCHA

Ingredientes para 4 personas:
1 paquete de obleas de empanadilla grande • 1 trucha
5 champiñones • 3 patatas cocidas pequeñas • 1 yema • salsa de soja
salsa de ostras • hierba aromática • sal • aceite de soja

Limpiar la trucha, retirar la cabeza y la cola. Abrir a lo largo por la mitad y quitar las espinas con unos alicates.

Retirar la piel, cortar los lomos en trocitos y añadir un poco de sal.

Limpiar el champiñón y picar muy finito.

Poner una cazuela al fuego, echar un poco de aceite y añadir el champiñón. Rehogar durante 2 minutos.

A continuación, añadir la trucha y por último la patata cortada en daditos.

Cuando la trucha cambie de color, echar el conjunto en un bol. Añadir una cucharada de salsa de ostras y dos cucharadas de salsa de soja. Mezclar bien el conjunto.

Cuadrar los extremos de las obleas, colocar un poco del relleno encima, pintar el borde con la yema y hacer los farditos.

Poner un wok al fuego y echar abundante aceite.

Cuando el aceite está caliente, freír los rollitos y retirar a un plato con papel absorbente.

Emplatar los rollitos, añadir unas pinceladas de salsa de soja y decorar con una ramita de hierba aromática.

MINI-SÁNDWICH DE ROAST-BEEF DE POLLO

Ingredientes para 4 personas:
12 rebanadas de pan de sándwich sin corteza • 1 pechuga de pollo
1 lechuga de roble • ½ vaso de leche • curry • pimienta negra
sal • aceite de oliva

Encender el horno en posición aire caliente a 200 ºC.

Retirar las puntitas de la pechuga, añadir un poco de sal y pimienta negra recién molida.

En una fuente que sirva para el horno, echar un poco de aceite, colocar la pechuga y añadir otro poco de aceite por encima.

Introducir en la parte media del horno durante 6 minutos.

Limpiar las hojas de lechuga en un recipiente con agua y sal.

Aplastar las rebanadas de pan con ayuda de un rodillo.

Sobre tres rebanadas de pan, extender un poco de la mayonesa de curry. En dos de las rebanadas colocar un poco de lechuga.

Cortar la pechuga a lo largo en lonchas finas. Poner las lonchas sobre la lechuga y cubrir con la otra rebanada de pan.

Cortar el sándwich en ocho triángulos.

Emplatar y decorar el centro del plato con un poco de lechuga cortada en juliana.

Para la mayonesa de curry:

En el vaso de la batidora, echar la leche, tres veces más de aceite —ambos a la misma temperatura— y un poco de curry.

Batir con la batidora a la velocidad mínima para que no se corte y reservar.

MINISUPLI DE RISSO (CROQUETAS DE ARROZ)

Ingredientes para 4 personas:
250 gr de arroz bomba • 100 gr de jamón cocido en tacos
100 gr de queso Mozarella en tacos • 1 cuña de queso Parmesano
azafrán • 2 huevos • harina • pan rallado • 50 gr de acelga roja
50 gr de rúcula • 1 endibia blanca • 1 endibia roja
1 cucharada de miel • sal • vinagre • aceite de oliva virgen extra

Poner una cazuela al fuego, echar ½ l de agua y el arroz. Tapar y cocer durante 15 minutos.

Transcurrido este tiempo, añadir los tacos de queso y remover con ayuda de una cuchara de madera.

A continuación, añadir los tacos de jamón y mezclar bien.

Echar el azafrán en el mortero, moler bien y echar en la cazuela. Rallar el queso parmesano y trabajar bien el conjunto.

Probar de sal y añadir un poco si fuera necesario.

Poner el arroz en un recipiente amplio, extender y dejar reposar unos minutos.

A continuación, enfriar en la nevera como mínimo durante 1 hora.

Transcurrido este tiempo, retirar de la nevera, hacer unas cenefas con ayuda de dos cucharas, pasar por harina y hacer unas bolitas.

Pasar por huevo, pan rallado y sumergir en abundante aceite caliente. Retirar a un plato con papel absorbente.

Lavar bien la acelga roja y la rúcula.

Separar las hojas de endibia y limpiar una a una con un paño húmedo.

En el borde exterior de una fuente, alternar las hojas de endibia. En el centro, poner una cama de acelga y rúcula. Aliñar con la vinagreta y colocar las croquetas encima.

En un bol, echar un poco de sal y una cucharada de miel. Calentar durante 5 segundos en el microondas.

Añadir un poco de vinagre y aceite de oliva. Remover con ayuda de una varilla y reservar.

MONTADITO DE PIMIENTO VERDE Y KOKOTXAS DE BACALAO

Ingredientes para 4 personas:
300 gr de kokotxas de bacalao • 2 pimientos verdes
6 espárragos verdes trigueros • sal • aceite de oliva

Lavar los espárragos y cortar finitos.

Poner una sartén al fuego, echar aceite de forma generosa y los espárragos. A continuación, añadir las kokotxas. Dejar el conjunto a fuego suave durante 5 minutos para que las kokotxas suelten toda la gelatina.

Transcurrido este tiempo, retirar el aceite a un cazo, dejar que se temple y posteriormente añadirlo de nuevo poco a poco moviendo la sartén para que la salsa espese y así obtener un pil-pil.

Lavar el pimiento y cortar en rectángulos de cuatro dedos de grosor.

Poner otra sartén al fuego, echar aceite y freír el pimiento durante unos minutos. Retirar a un plato con papel absorbente y añadir un poco de sal por encima.

En un plato, colocar un trozo de pimiento verde con la parte de dentro hacia arriba, poner encima una kokotxa, poner otro trozo de pimiento y terminar con una kokotxa.

Cubrir el pincho con un poco de la salsa pil-pil y los espárragos.

MONTADO DE COLES DE BRUSELAS

Ingredientes para 4 personas:
30 coles de Bruselas • 3 tomates de pera • 2 puerros
100 gr de calabaza • 100 gr de jamón cocido (6 lonchas)
100 gr de queso azul • 100 gr de queso fundente • salsa de soja
sal • aceite de oliva

Limpiar las coles y retirar las hojas exteriores.

Poner una cazuela con agua al fuego, echar un poco de sal y las coles. Tapar y cocer durante 45 minutos.

Transcurrido este tiempo, retirar del agua y reservar.

En la base de un recipiente que sirva para el horno, echar la mitad de las coles, encima poner unas rodajas de tomate cortadas a lo largo y cubrir con tres lonchas de jamón.

Añadir un poco de la crema de verdura y queso por encima.

Colocar de nuevo otra capa de coles, tomate y jamón.

Por último, añadir un chorrito de salsa de soja a la crema de verdura y queso. Mezclar bien el conjunto.

Cubrir el jamón con la crema y extender bien.

Introducir en la parte media del horno en posición aire caliente a 200 °C durante 15 minutos.

Transcurrido este tiempo, retirar del horno y emplatar.

Para la crema de verdura y queso:

Poner una cazuela al fuego y echar un chorrito de aceite.

Pelar la calabaza, cortar en dados y echar en la cazuela.

Hacer un corte en la parte verde del puerro y lavar bien bajo el chorro del agua fría.

Cortar en rodajas y echar en la cazuela junto con la calabaza. Cocer el conjunto durante 40 minutos.

Transcurrido este tiempo, echar en el robot, añadir el queso azul y el queso fundente.

Triturar el conjunto, echar en un recipiente y reservar.

MOUSSE DE CHOCOLATE A LA VAINILLA

Ingredientes para 4 personas:
200 gr de cobertura de chocolate negro • 70 gr de azúcar
3 yemas • 250 gr de nata líquida • 1 rama de vainilla

Para decorar:
almendra garrapiñada picada • tejas de vinagre
coulis de melocotón

En un bol, echar el chocolate y calentar en el microondas durante 1,5 minutos.

Transcurrido este tiempo, retirar del microondas, remover bien y reservar.

Poner un cazo con agua al fuego y encima una cazuela para generar un baño María.

En la cazuela, echar las yemas, el azúcar y un poco de agua. Montar con ayuda de una varilla y reservar.

En un cazo, echar la nata. Abrir la rama de vainilla a lo largo por la mitad con ayuda de una puntilla, raspar el interior y echar en el cazo junto con la nata. Montar con la varilla y reservar.

En un bol amplio, echar las yemas montadas y la nata montada. Mezclar bien con la varilla.

Por último, añadir el chocolate en el centro poco a poco y mezclar bien el conjunto con la varilla.

Enfriar en la nevera durante 1-2 horas.

Transcurrido este tiempo, retirar de la nevera.

En la base de una copa, colocar dos cenefas de la mousse.

Decorar con unas tejas, un poco de almendra garrapiñada y un poco de coulis por encima.

MOUSSE DE CHOCOLATE, CAFÉ Y RON

Ingredientes para 4 personas:

Para la mousse de chocolate:
200 gr de cobertura de chocolate • 100 ml de nata líquida
100 gr de azúcar • 4 huevos • ½ vaso de ron

Para la mousse de café:
200 ml de nata líquida • 125 gr de azúcar glaceé
3 claras de huevo • 2 sobres de café soluble

Para decorar:
50 gr de grosellas

Para la mousse de chocolate:

Poner un cazo al fuego, echar el chocolate, la nata y el azúcar. Remover bien.

Separar las yemas de las claras —reservar las claras en un bol.

Cuando el chocolate esté derretido, añadir las yemas y el ron. Mezclar bien y reservar.

En un recipiente amplio, montar las claras a punto de nieve con ayuda de una varilla.

A continuación, añadir poco a poco la mezcla de chocolate, yemas y ron. Mezclar según se añade.

Echar en la copas y enfriar en el congelador durante 10 minutos.

Para la mousse de café:

En un recipiente, echar la nata y montar con la varilla.

Mezclar el azúcar glaceé y el café. Añadir la mezcla poco a poco a la nata montada. Mezclar bien con la varilla.

En otro recipiente amplio, montar las claras con la varilla y añadir poco a poco la mezcla de nata, café y azúcar. Mezclar el conjunto.

Retirar las copas del congelador y añadir la mousse de café por encima.

Decorar las copas con unas grosellas y servir.

MOUSSE DE CUAJADA DE HIGOS

Ingredientes para 4 personas:
400 gr de cuajada • 200 gr de higos
3 gelatinas neutras o colas de pescado grandes • 100 gr de azúcar
125 gr de nata líquida • 40 gr de nata líquida

En un recipiente con agua fría, poner las gelatinas para que hidraten.

En otro recipiente, echar la cuajada y romper con ayuda de una varilla.

Poner un cazo al fuego, echar los 40 gr de nata y el azúcar. Mezclar bien con ayuda de una cuchara.

Cuando comience a hervir, retirar el cazo del fuego e introducir las gelatinas. Remover bien con la varilla.

A continuación, añadir la mezcla al recipiente junto a la cuajada. Remover con la varilla según se añade.

En un recipiente amplio, echar la mezcla, dejar templar unos minutos y posteriormente, enfriar en la nevera durante 30 minutos.

Transcurrido este tiempo, retirar de la nevera y cortar en dados grandes.

Pelar los higos con ayuda de un cuchillo y picar finito —cortar dos higos en rodajas y reservar para decorar.

En un bol, echar 125 gr de nata y montar con la varilla. Una vez montada, añadir el higo picadito y mezclar bien.

En la base de la copa, poner un poco de la mezcla de nata e higo picadito. Encima colocar un dado de cuajada, cubrir con otro poco de la mezcla de nata e higo. Poner otro dado de cuajada y cubrir de nuevo con la mezcla de nata e higo.

Por último, decorar por encima con una rodaja de higo.

MOUSSE DE NUECES Y MIEL

Ingredientes para 4 personas:
2 cuajadas • ½ l de nata líquida • 4 huevos
50 gr de nueces peladas • 50 gr de miel • hojas de menta

En un bol, echar las cuajadas, la mitad de la nata y las nueces trituradas. Batir con ayuda de una varilla hasta obtener una textura de mousse.

En un cazo, echar tres huevos y una yema. Montar al calor con ayuda de la varilla.

En otro bol, echar la clara restante y montar con la varilla.

Añadir los huevos montados a la mousse y mezclar con ayuda de la varilla. A continuación, añadir la clara montada. Mezclar bien el conjunto.

Echar la mezcla en los moldes individuales y enfriar en la nevera durante 2 horas.

Transcurrido este tiempo, retirar de la nevera, desmoldar y emplatar. Añadir un poco de la salsa de miel por encima y un poco de menta picada en el momento de servir.

Para la salsa de miel:

En un molde, echar la miel, el resto de la nata y mezclar bien con la varilla hasta que espese un poco.

MOUSSE DE PARMESANO CON COMPOTA DE TOMATE

Ingredientes para 4 personas:
2 tomates de rama • 200 gr de queso Parmesano • 2 yemas
200 ml de nata líquida • 100 gr de azúcar • sal • aceite de oliva

Poner un cazo al fuego, echar el azúcar.

Pelar el tomate, cortar en dos mitades y retirar las pepitas. Cortar el tomate en daditos y echar en el cazo. Rehogar durante unos minutos.

Poner una cazuela al fuego y echar las yemas. Montar con ayuda de una varilla dentro y fuera del fuego.

Una vez montadas, retirar la cazuela del fuego y rallar un poco de queso con ayuda de un rallador. Mezclar bien con la varilla.

En un bol, montar la nata con la varilla y añadir a la cazuela —reservar un poco para decorar—. Mezclar bien.

En las copas, echar un poco del tomate, añadir por encima la mezcla de yema, queso y nata. Añadir una cucharada de nata, una pizca de sal y aceite.

Decorar la copa con una ramita de la tomatera y pinchar una lámina de queso cortada con ayuda de una mandolina.

Rallar un poco de queso por encima con ayuda de un rallador.

MOUSSE DE QUESO CON ALBAHACA

Ingredientes para 4 personas:
12 lonchas de jamón cocido • 400 gr de queso untable • 1 yema
zumo de limón • albahaca fresca • pimienta negra en grano
sal • aceite de oliva

Echar un poco de aceite en el molde y extender por toda la superficie con ayuda de un pincel.

Encamisar el molde con las lonchas de jamón. Echar la mitad del queso y extender bien.

El resto del queso, echar en el robot, añadir unas hojas de albahaca y triturar.

Extender esta mezcla de queso y albahaca sobre la capa de queso. Cubrir con el jamón y enfriar en la nevera durante 30 minutos.

Transcurrido este tiempo, desmoldar y emplatar. Acompañar con un poco de mayonesa y decorar con unas hojitas de albahaca.

Para la mayonesa:

En un bol, echar la yema, un chorrito de zumo de limón, un poco de pimienta negra recién molida y una pizca de sal. Remover el conjunto con ayuda de una varilla.

Por último, añadir el aceite gota a gota —remover según se añade con la varilla— y reservar.

MOUSSE DE QUESO CON TÉ

Ingredientes para 4 personas:
tostas de pan • 1 terrina de queso cremoso • 7 sobres de té fermentado
huevas de lumpo • comino en polvo • pimienta blanca

En medio vaso de agua, poner los sobres de té, tapar con film transparente y calentar en el microondas durante 2 minutos.

Transcurrido este tiempo, retirar del microondas y dejar reposar durante 5 minutos.

En un bol, echar el queso, una pizca de comino, un poco de pimienta y dos cucharadas de la infusión de té.

Remover bien y rellenar la manga pastelera con la mezcla.

Sobre la tosta poner un poco de la mezcla, decorar en el centro con unas huevas de lumpo y emplatar.

MOUSSE DE SALMÓN

Ingredientes para 4 personas:
200 gr de salmón fresco • 100 gr de rúcula • 4 yemas
100 ml de nata líquida • huevas de salmón • pimienta negra
sal • aceite de oliva

Para la mousse de salmón:

Limpiar el salmón, abrir y retirar la piel. Cortar el salmón en daditos.

Echar en la picadora, añadir la nata, un poco de pimienta negra recién molida y sal.

Triturar bien, echar en un bol y enfriar en la nevera durante 10 minutos.

Transcurrido este tiempo, retirar de la nevera y poner en una manga pastelera.

Servir un poco de la mousse en una copa, añadir un poco de la natillas de rúcula y decorar con una cucharada de huevas de salmón.

Para las natillas de rúcula:

Poner un cazo al fuego y echar las yemas. Montar dentro y fuera del fuego con ayuda de una varilla.

Lavar la rúcula, escurrir bien y echar en el robot. Añadir un poco de agua y triturar.

Añadir un poco de la rúcula triturada junto a las yemas, mezclar bien y reservar.

MOUSSE DE TURRÓN

Ingredientes para 4 personas:
150 gr de turrón duro • 125 gr de nata • 50 gr de avellanas tostadas
25 gr de azúcar • 3 huevos

Separar las yemas de las claras, reservar las claras. En un cazo al fuego poner las yemas, añadir el azúcar, un poco de agua y batir enérgicamente con ayuda de una varilla.

Posteriormente, añadir el turrón previamente triturado en la picadora y mezclar todo bien.

En otro recipiente, montar la nata con ayuda de la varilla. A continuación, añadir las yemas y el turrón. Mezclar el conjunto.

Montar las claras y añadir a la mezcla. Remover bien hasta conseguir una masa homogénea.

Echar en un molde e introducir en el congelador durante 2 horas.

Transcurrido este tiempo, retirar del congelador e introducir el molde en un poco de agua hirviendo durante 2 minutos para desmoldar fácilmente.

Desmoldar, servir y adornar con un poco de avellana previamente triturada en la picadora.

MOUSSE DE YOGUR Y MELOCOTÓN CON CHOCOLATE

Ingredientes para 4 personas:
1 bote de melocotón en almíbar • 2 yogures
300 gr de chocolate negro • 100 gr de nata líquida
50 gr de azúcar • 2 huevos

En el vaso de la batidora, echar el melocotón y el yogur. Triturar la mezcla y reservar.

En un bol, montar las claras y reservar.

En un cazo, echar las yemas, el azúcar y un poco del almíbar. Montar el conjunto al calor, dentro y fuera del fuego, con ayuda de una varilla durante 4 minutos.

En un bol, echar la nata y batir con la varilla hasta que espese un poco.

A la nata semimontada, añadir la mezcla de melocotón y yogur poco a poco y remover según se añade.

A continuación, agregar las yemas y las claras montadas. Mezclar bien el conjunto con ayuda de la varilla.

Servir la mezcla en copas y enfriar en la nevera durante 15 minutos para que cuaje.

Salsear con el chocolate en el momento de servir.

Para la salsa de chocolate:

Poner una cazuela al fuego, echar el chocolate y remover con una cuchara de madera.

Echar un poco de agua para diluirlo. Remover bien y dejar enfriar.

MUFFIN

Ingredientes para 4 personas:
150 gr de harina • 75 gr de leche • 60 gr de mantequilla
30 gr de azúcar • 1 huevo • ½ sobre de levadura
mermelada de manzana • azúcar glaceé

Poner un cazo al fuego, echar la leche y la mantequilla. Dejar hervir.

En un bol amplio, echar la harina, el azúcar, la levadura y el huevo. Mezclar bien con ayuda de una varilla.

A continuación, añadir la mezcla de leche y mantequilla. Mezclar el conjunto hasta conseguir una masa homogénea.

Poner el molde de porciones sobre la bandeja del horno, rellenar cada porción con tres capas; en la base del molde una capa de masa, añadir una capa de mermelada y cubrir de nuevo con la masa —rellenar en total 3/4 partes de cada porción para evitar que la masa se desborde del molde por efecto de la levadura.

Encender el horno en posición aire caliente a 160 ºC.

Introducir en la parte media del horno durante 30 minutos.

Transcurrido este tiempo, retirar del horno, dejar enfriar y desmoldar.

Espolvorear un poco de azúcar glaceé por encima con ayuda de un dosificador.

Emplatar y decorar el plato con unas pinceladas de mermelada.

Nota: se puede sustituir la mermelada por cobertura de chocolate.

MUSAKA DE BERENJENA, CALABACÍN Y BACALAO

Ingredientes para 4 personas:
200 gr de bacalao desalado desmigado • 1 berenjena • 1 calabacín
salsa de tomate natural • ½ l de leche • 50 gr de harina • 50 gr de
aceite (bechamel) • sal • aceite de oliva

Lavar la verdura y cortar en tiras finas.

Poner una sartén al fuego, echar abundante aceite y freír la verdura. Retirar a un plato con papel absorbente.

En un recipiente que sirva para el horno, cubrir con la verdura la base del recipiente y los laterales.

Añadir el bacalao y la salsa de tomate. Cubrir con la verdura y añadir la bechamel por encima.

Introducir en la parte media del horno en posición aire caliente a 230 ºC durante 10 minutos.

Transcurrido este tiempo, retirar del horno y emplatar.

Para la bechamel:

Mezclar bien el aceite y la harina con ayuda de una varilla.

Poner un cazo al fuego y echar la leche. Cuando comience a hervir, añadir la mezcla de aceite y harina, remover según se añade. Añadir un poco de sal y reservar.

MUSLITOS DE CODORNIZ CON SALSAS

Ingredientes para 4 personas:
4 codornices • 100 gr de pistachos • 1 huevo
1 bote de salsa de curry • 1 bote de salsa barbacoa
sal • aceite de oliva

Triturar los pistachos en la picadora hasta obtener una especie de harina.

En un bol, echar el huevo y batir.

Echar sal a los muslitos, apretar con las manos para que penetre bien la sal a través de la piel.

Pasar los muslitos por huevo, por la harina de pistachos y freír en una sartén con abundante aceite hasta que queden bien doraditos. Retirar a un plato con papel absorbente.

Emplatar y acompañar con un poco de salsa de curry y salsa barbacoa.

MUSLOS DE CONEJO GRATINADOS CON QUESO

Ingredientes para 4 personas:
4 muslos de conejo de granja • 3 patatas • 2 zanahorias
100 gr de queso Gorgonzola • zumo de 2 tomates maduros
curry • pimienta negra recién molida • sal • aceite de oliva

Pelar la patata, lavar y cortar en daditos.

En un recipiente que sirva para el horno, echar un poco de aceite y cubrir la base con una cama de patata.

Añadir por encima un poco de aceite, sal y pimienta negra recién molida. Mezclar bien el conjunto con ayuda de una cuchara de madera.

Hacer unas incisiones en la superficie de los muslos para que penetre fácilmente el calor. Echar sal y un chorrito de aceite por encima.

Introducir en la parte media del horno en posición aire caliente y grill a 230 ºC durante 20 minutos.

Transcurrido este tiempo, añadir la salsa y dejar otros 10 minutos en el horno para que se integren los sabores.

Para la salsa:

En el vaso de la batidora, echar el zumo de tomate, el queso, un poco de curry y la zanahoria pelada y cortada en trozos. Triturar el conjunto y reservar.

MUSLOS DE PAVO CON CREMA DE CURRY

Ingredientes para 4 personas:
4 muslos de pavo • 4 patatas nuevas • 1 calabacín • ½ l de leche
1 cucharada de curry en polvo • 1 cucharada de harina
sal • aceite de oliva

Pelar las patatas torneándolas. Acanalar con ayuda de un acanalador y lavar bien.

Poner una cazuela con agua al fuego, echar un chorrito de vinagre para que al cocer las patatas no se rompan y un poco de sal. Poner las patatas en la cazuela y cocer durante 20 minutos.

Transcurrido este tiempo, añadir al agua de cocción de las patatas unas tiras de calabacín obtenidas con el acanalador durante 1 minuto para quitar el sabor a crudo.

Pinchar los muslos con ayuda de un cuchillo para que el calor penetre rápidamente, añadir un poco de sal y poner en un recipiente que sirva para el horno.

Añadir la crema de curry por encima e introducir en la parte media del horno en posición aire caliente a 200 °C durante 25 minutos.

Transcurrido este tiempo, retirar del horno y emplatar. Añadir un poco de la crema por encima y decorar con la patatas y las tiras de calabacín anudadas.

Para la crema de curry:

En el vaso de la batidora, echar la leche, la harina, el curry y una cucharada de aceite. Triturar bien y reservar.

MUSLOS DE POLLO ASADO CON MOSTAZA

Ingredientes para 4 personas:
½ kg de muslos de pollo • 150 gr de mostaza • 100 dl de brandy
1 cebolleta • sal • aceite de oliva

Hacer unos cortes en la superficie del pollo, para que el calor penetre fácilmente.

Añadir un poco de sal por encima y untar toda la superficie del pollo con mostaza con ayuda de un pincel.

En un recipiente que sirva para el horno, echar aceite, poner una cama de cebolleta cortada en láminas y colocar encima los muslos de pollo.

Añadir un poco de agua e introducir en la parte alta del horno en posición aire caliente a 230 ºC durante 30 minutos.

Transcurrido este tiempo, retirar del horno, poner en el fuego, añadir el brandy y flambear para potenciar su sabor.

Dejar hervir unos minutos, emplatar y salsear por encima.

MUSLOS DE POLLO CON PIMENTÓN

Ingredientes para 4 personas:
4 muslos de pollo de corral • 1 pastilla de caldo de carne • 3 dientes
de ajo • pimentón dulce • sal • vinagre de vino • aceite de oliva

Frotar los muslos de pollo con sal para que penetre bien a través de la piel.

Poner una olla a presión al fuego y echar un poco de aceite. Rehogar los dientes de ajo enteros. Cuando estén fritos, retirar del aceite e introducir los muslos de pollo.

Cuando los muslos estén bien doraditos, sacar de la olla y reservar.

Retirar la olla del fuego, añadir la pastilla de caldo y dos cucharadas de pimentón. Disolver bien en el aceite.

A continuación, introducir de nuevo los muslos de pollo, añadir un chorrito de vinagre y un poco de agua. Cerrar la olla y una vez que suba la válvula, dejar cocer durante 15 minutos.

Transcurrido este tiempo, quitar la tapa y dejar reducir la salsa a fuego suave para que espese un poco.

Emplatar y salsear por encima.

MUSLOS DE POLLO CON SALSA DE MEJILLONES

Ingredientes para 4 personas:
4 muslos de pollo • 16 mejillones frescos • 1 cebolla • 1 cucharada de espesante Xantana • sal • aceite de oliva

Limpiar bien los mejillones, abrir al vapor en una cazuela con un poco de agua y reservar.

Poner una cazuela al fuego y echar un poco de aceite.

Picar la cebolla finita y echar en la cazuela. Rehogar durante unos minutos y añadir un poco de sal.

Pasar los muslos por la llama para esterilizar, añadir un poco de sal sobre los muslos e introducir en la cazuela.

Añadir el agua de cocción de los mejillones y los mejillones picaditos —reservar cuatro para decorar—. Tapar y rehogar el conjunto durante 5 minutos.

Transcurrido este tiempo, retirar los muslos de la cazuela, añadir el espesante en la cazuela y mezclar con ayuda de una cuchara para espesar la salsa.

Una vez ligada la salsa, introducir de nuevo los muslos en la cazuela.

En el centro de un plato, colocar el muslo de pollo, salsear por encima y decorar con un mejillón.

Para la decoración:

Poner los cuatro mejillones en un plato, añadir un chorrito de aceite por encima e impregnar bien con el aceite.

Poner una sartén al fuego, dorar los mejillones y reservar.

NATILLAS DE CHOCOLATE

Ingredientes para 4 personas:
1 l de leche • 100 gr de cobertura de chocolate • 200 gr de azúcar
8 yemas • 1 rama de canela

Poner una cazuela a fuego máximo, echar la leche y la rama de canela.

Cuando la leche esté caliente, añadir el chocolate y remover con ayuda de una varilla.

En un bol amplio, echar las yemas y el azúcar. Mezclar bien con la varilla.

Cuando la leche esté hirviendo y el chocolate totalmente fundido, echar en el bol poco a poco con ayuda de un cacillo y remover mientras se añade para evitar que se corte.

Echar el conjunto de nuevo a la cazuela y dejar que vaya cuajando poco a poco a fuego suave para que no se corte.

Servir en moldes individuales y enfriar en la nevera durante 5 minutos.

NATILLAS DE CHOCOLATE CON NATA Y CÍTRICOS

Ingredientes para 4 personas:

Para las natillas de chocolate:
90 gr de cobertura de chocolate • 80 gr de azúcar
½ l de leche • 2 yemas

Para la crema de cítricos:
100 ml de nata • 100 ml de agua • 100 gr de azúcar
2 claras • corteza de naranja • corteza de limón

Para las natillas de chocolate:

En un bol amplio, echar las yemas y una gotita de agua para ayudar a montar las yemas.

Añadir el azúcar y montar con ayuda de una varilla.

Poner un cazo al fuego, echar la leche y dejar hervir.

Una vez haya hervido, añadir poco a poco a la mezcla de yemas y azúcar. Remover bien.

Poner el chocolate en un recipiente y derretir en el microondas. Echar en el bol poco a poco.

Poner una cazuela al fuego, echar la mezcla y espesar con cuidado de que no se corte.

Servir en copas y enfriar en la nevera durante 1,30 h.

Transcurrido este tiempo, retirar de la nevera y añadir un poco de la crema por encima.

Para la crema de cítricos:

Poner una sartén al fuego, echar el azúcar, el agua y la ralladura de naranja y limón. Dejar en el fuego hasta obtener un almíbar.

En un bol, echar la nata montada y las claras montadas. Mezclar bien con ayuda de la varilla.

Por último, añadir el almíbar, remover según se añade.

NIDO DE MARISCO

Ingredientes para 4 personas:
200 gr de pasta kadaifa • 4 langostinos grandes
100 gr de gambas peladas congeladas • 1 calabacín • 1 patata
100 gr de mantequilla • 50 gr de mayonesa • salvia
sal • aceite de oliva

Poner la mantequilla en un bol y calentar en el microondas durante 2 minutos.

A continuación, hacer unos nidos con la pasta y colocar sobre papel de aluminio en la bandeja del horno.

Pintar los nidos con la mantequilla derretida con ayuda de un pincel.

Introducir en la parte media del horno en posición aire caliente a 200 ºC durante 10 minutos.

Transcurrido este tiempo, retirar del horno y dejar enfriar.

Lavar el calabacín y cortar unas láminas finas con ayuda de una mandolina.

Pelar la patata y cortar unas láminas finas con la mandolina en la misma proporción que el calabacín.

En una sartén, echar un poco de aceite y saltear la verdura.

A continuación, pelar los langostinos y picar finito. Echar en la sartén junto a las gambas —reservar unas gambas para decorar—. Añadir un poco de sal al conjunto.

Una vez salteado el conjunto, echar en un bol, añadir la mayonesa y ensamblar.

Emplatar los nidos y poner el relleno encima. Decorar con una ramita de salvia.

NIDO DE PASTA CHINA CON HUEVO ESCALFADO

Ingredientes para 4 personas:
300 gr de pasta de fideos de arroz • 100 gr de espinacas frescas
100 gr de setas de cultivo • 4 huevos • sal • vinagre • aceite de oliva

Para la bechamel:
½ l de leche • 70 gr de harina • 70 gr de aceite de oliva

Poner una cazuela alta al fuego y echar agua.

Cuando comience a hervir, añadir un poco de sal, un chorrito de aceite e introducir la pasta.

Cocer durante 1 minuto, escurrir y reservar.

En la base de un plato hondo, poner un poco de la bechamel y encima colocar un nido de pasta.

En el centro del nido, poner otro poco de bechamel y encima el huevo escalfado.

Añadir una pizca de sal y un chorrito de aceite por encima.

Para la bechamel de espinacas y setas:

Poner una cazuela al fuego y echar un chorrito de aceite.

Lavar las espinacas, picar finitas y echar en la cazuela.

Limpiar las setas, picar finitas y añadir a la cazuela. Rehogar durante unos minutos y reservar.

Poner otra cazuela al fuego y echar la leche.

Cuando comience a hervir, añadir la mezcla de harina y aceite. Remover con la varilla según se añade hasta que espese.

A continuación, añadir la verdura rehogada. Echar una pizca de sal, mezclar el conjunto y reservar.

Para los huevos escalfados:

Poner una cazuela con agua al fuego, echar un chorrito generoso de vinagre y un poco de sal.

Cuando comience a hervir, cascar el huevo y echar. Dejar durante 3 minutos y pasar a un recipiente con agua fría.

Recortar los extremos y reservar.

ÑOQUIS CON BERENJENA

Ingredientes para 4 personas:
1 paquete de ñoquis • 100 gr de chorizo • 1 cebolleta
½ berenjena • 1 bote de salsa de tomate • 1 sobre de queso rallado
sal • aceite de oliva

Poner una cazuela con agua al fuego. Cuando el agua comience a hervir, echar los ñoquis en un colador e introducir el colador en el agua para que se hidraten durante 4 minutos.

Pelar la cebolleta y cortar en daditos. Lavar la berenjena y cortar en dados de igual tamaño que la cebolleta.

Poner una sartén honda al fuego, echar un poco de aceite y rehogar la verdura. A continuación, echar el chorizo.

Añadir los ñoquis a la sartén y saltear para que cojan bien todo el sabor. Añadir la salsa de tomate y el queso rallado. Mezclar bien con una cuchara de madera y echar la mezcla en un recipiente que sirva para el horno.

Introducir en la parte alta del horno en posición gratinar a 200 ºC durante 4 minutos.

Transcurrido este tiempo, retirar del horno y emplatar.

ÑOQUIS CON CALDO DE ZANCARRÓN

Ingredientes para 4 personas:
320 gr de ñoquis • 200 gr de zancarrón
4 rebanadas de pan de chapata sesgadas • 3 puerros
1 cabeza de ajo • salsa de tomate casera • sal • aceite de oliva

Poner una cazuela al fuego, echar 1 l de agua y un poco de sal.

A continuación, echar la parte blanca del puerro cortada por la mitad, la cabeza de ajo y la pieza de zancarrón.

Tapar la cazuela y cocer el conjunto durante 1 hora.

Transcurrido este tiempo, retirar el zancarrón del agua. Echar el puerro y el ajo cocido en el robot y triturar. Colar con ayuda de un colador y reservar.

En el agua resultante de la cocción, echar un chorrito de aceite y los ñoquis. Cocer los ñoquis hasta que comiencen a flotar —lo cual indica que ya están cocidos.

Echar los ñoquis bien escurridos en un recipiente y añadir la salsa de tomate. Agitar bien el recipiente para que la salsa se integre.

Colocar las rebanadas de pan en la bandeja del horno e introducir en la parte alta del horno en posición turbo-grill a 230 °C durante 2 minutos.

Transcurrido este tiempo, retirar del horno. Untar las rebanadas con un poco de la mezcla de puerro y ajo.

Emplatar los ñoquis y acompañar de una tostada.

ÑOQUIS CON CREMA DE VERDURA

Ingredientes para 4 personas:
200 gr de ñoquis • 100 gr de guisantes frescos • 100 gr
de judías verdes • 4 tomates de rama • 2 zanahorias
100 gr de anchoas en vinagre • 1 cuña de queso Manchego
perejil • sal • aceite de oliva

En el robot, echar los guisantes, los tomates cortados en trozos, la zanahoria pelada y cortada en trozos y las judías verdes. Añadir un poco de agua y triturar.

Una vez triturado el conjunto, colar con ayuda de un colador.

Echar en una cazuela y poner a fuego máximo. Cuando comience a hervir, añadir un poco de aceite de oliva y los ñoquis.

Cocer el conjunto durante 10 minutos para que se integren los sabores. Añadir un poco de sal.

Transcurrido este tiempo, servir en un plato hondo. Añadir por encima unas anchoas cortadas en trocitos y rallar un poco de queso por encima con ayuda de un rallador.

Decorar con una ramita de perejil y servir.

ÑOQUIS CON MARISCO

Ingredientes para 4 personas:
200 gr de ñoquis • 200 gr de rape • ½ kg de mejillones
1 bote de sopa de marisco • 1 vaso de whisky • estragón
sal • aceite de oliva

Poner una cazuela con un poco de agua al fuego y echar los mejillones limpios. Cubrir con la tapa y esperar a que se abran.

Poner otra cazuela con agua al fuego, añadir el agua resultante de la cocción de los mejillones y un chorrito de aceite.

Cuando el agua comience a hervir, echar los ñoquis y dejar cocer hasta que floten en la superficie.

Poner una sartén al fuego, echar un poco de aceite y saltear el rape limpio y cortado en trozos pequeños.

Cuando el rape comience a tomar color, añadir la carne de los mejillones. A continuación, añadir el whisky y flambear.

Cuando el alcohol se haya evaporado, añadir la sopa de marisco. Dejar espesar unos minutos y añadir los ñoquis previamente escurridos con ayuda de un colador.

Por último, añadir un poco de estragón picadito y emplatar.

ÑOQUIS CON SALSA DE SETAS

Ingredientes para 4 personas:
1 lengua cocida envasada al vacío • 250 gr de ñoquis
200 gr de setas de cultivo • 1 cebolla • 2 zanahorias • 4 dientes de ajo
200 ml de vino dulce Málaga Virgen • 2 huevos • harina
tomillo fresco • sal • aceite de oliva

Poner una cazuela al fuego, echar agua, un poco de sal y un chorrito de aceite.

Cuando comience a hervir, echar los ñoquis y dejar en el agua hasta que floten. En este momento, retirar del agua, escurrir bien y añadir en la cazuela de la salsa de setas.

Cortar la lengua en daditos, añadir la mitad en la cazuela —reservar el resto como guarnición— y dejar el conjunto en el fuego durante 5 minutos para que se integren los sabores.

El resto de los daditos de lengua, pasar por harina y huevo. Freír en aceite, retirar a un plato con papel absorbente y reservar.

Emplatar los ñoquis con la salsa y acompañar con los daditos de lengua rebozados. Decorar con una ramita de tomillo.

Para la salsa de setas:

Poner una cazuela al fuego y echar aceite.

Pelar la zanahoria, cortar en rodajas y echar en la cazuela.

A continuación, añadir la cebolla picadita y los dientes de ajo. Rehogar durante 5 minutos.

Limpiar las setas, cortar en trocitos y echar en la cazuela. Rehogar el conjunto durante 20 minutos.

Transcurrido este tiempo, añadir el vino y dejar reducir durante 3 minutos.

Añadir un poco de agua, tapar la cazuela y cocer durante 10 minutos. Triturar y reservar.

OSTRAS CALIENTES

Ingredientes para 4 personas:
8 ostras • 4 yemas • 2 puerros • 30 gr de alga Wakame
sal • aceite de oliva

Limpiar el puerro y retirar la parte abierta. Cortar en rodajas gruesas y echar en una cazuela. Cubrir con aceite y confitar a fuego suave durante 20 minutos.

Transcurrido este tiempo, retirar del aceite, cortar a lo largo por la mitad y reservar.

Poner otra cazuela con agua al fuego y tapar.

Cuando comience a hervir, echar las ostras —deben quedar sumergidas totalmente en el agua— y dejar 2 minutos para que se abran.

Transcurrido este tiempo, retirar del agua y abrir con ayuda de un cuchillo.

Poner un cazo al fuego, echar el alga y un poco de agua.

Cuando el agua evapore casi por completo, retirar el cazo del fuego. Añadir un poco de sal y las yemas. Montar dentro y fuera del fuego —con cuidado de que las yemas no cuajen— con ayuda de una varilla.

A continuación, introducir la carne de las ostras durante 2 minutos para que se integren bien los sabores.

Rellenar las conchas con la mezcla y decorar con un trocito de puerro por encima.

PAELLA DE COLIFLOR Y ARROZ

Ingredientes para 4 personas:
400 gr de arroz de Calasparra • 400 gr de coliflor • 4 puerros
queso rallado • orégano • sal • aceite de oliva

Lavar la coliflor y picar del tamaño de los granos de arroz.

Poner la paella en el fuego, echar un poco de aceite y la coliflor. Rehogar durante unos minutos.

A continuación, echar el arroz. Añadir el caldo de puerros, subir el fuego al máximo y desde el momento que comience a hervir, dejar cocer durante 20 minutos.

Transcurrido este tiempo, decorar con el puerro. Añadir el queso rallado por toda la superficie y un poco de orégano.

Retirar del fuego y dejar reposar durante unos minutos antes de servir.

Para el caldo de puerros:

Hacer un corte en la parte verde del puerro y lavar bien. Cortar el puerro por la mitad.

Poner un cazo con agua al fuego y echar el puerro. Añadir un poco de sal y cocer el conjunto durante 20 minutos.

Transcurrido este tiempo, retirar el puerro y reservar para decorar.

PAELLA DE CONEJO

Ingredientes para 4 personas:
400 gr de arroz bomba • ½ conejo • 1 tomate • 1 pimiento verde
1 vaso de vino blanco • sal • aceite de oliva

Limpiar el conejo, partir en trozos pequeños y echar un poco de sal.

Poner una cazuela con aceite al fuego y echar el conejo.

Añadir el pimiento picadito y el tomate cortado en daditos. Rehogar el conjunto.

Cuando esté bien rehogado, añadir el arroz, el doble de agua, un poco de sal y el vino. Cocer el conjunto durante 17 minutos.

Transcurrido este tiempo, comprobar que el agua se ha evaporado, si no es así dejar unos minutos más hasta que se evapore por completo. Si por el contrario, el agua se hubiera evaporado antes de los 17 minutos, añadir un poco más de agua y dejar cocer hasta cumplir los 17 minutos.

Cubrir el arroz con un paño y dejar reposar durante 5 minutos.

PAELLA DE PATATA

Ingredientes para 4 personas:
1 calamar grande (1 kg) • 6 patatas medianas • 5 alcachofas
2 cebolletas • 2 hojas de laurel • 50 ml de leche
1 pastilla de caldo vegetal • sal • aceite de oliva

Cortar la patata en daditos muy pequeños, echar en un recipiente con un poco de agua y reservar.

Poner un cazo con medio litro de agua al fuego y echar la pastilla de caldo.

Limpiar bien las alcachofas, retirar las hojas y el tallo. Cortar el corazón de la alcachofa en daditos muy pequeños.

Poner la paella en el fuego y echar un chorrito de aceite. Añadir la alcachofa y la cebolleta picadita. Rehogar el conjunto durante 15 minutos.

Abrir el calamar, limpiar bien y retirar las aletas.

Cortar el calamar en daditos y echar en la paella.

A continuación, echar la patata con su agua, el caldo vegetal y un poco de sal. Subir el fuego al máximo y cocer durante 10 minutos.

Posteriormente, retirar la paella del fuego, tapar con papel de aluminio y dejar reposar durante 10 minutos.

Transcurrido este tiempo, emplatar, acompañar al lado con un poco de mayonesa de laurel y decorar con un trozo de laurel.

Para la mayonesa de laurel:

En el vaso de la batidora, echar la leche y doble cantidad de aceite. Añadir una hoja de laurel y batir con la batidora. Echar en un bol y reservar.

PALOMETA AL HORNO CON ACEITUNAS

Ingredientes para 4 personas:
1 palometa (1 kg) • ½ pimiento rojo • 2 pimientos verdes
3 tomates de rama • 1 bote pequeño de aceitunas verdes deshuesadas
300 ml de salsa de tomate • sal • aceite de oliva

Encender el horno en posición aire caliente a 220 ºC.

Limpiar bien la palometa, quitar las escamas con ayuda de un cuchillo y abrir por la mitad.

Cortar la zona de la espina central, pero no retirar para que quede más jugosa.

En la bandeja del horno, echar unas gotitas de agua, cubrir con papel de aluminio y echar un chorrito de aceite.

Lavar el tomate, cortar en rodajas y poner una cama de tomate.

Poner la palometa sobre el tomate, añadir un poco de sal e introducir en la parte media del horno durante 15 minutos.

Transcurrido este tiempo, retirar del horno. Emplatar unas rodajas de tomate, encima un trozo de la palometa y cubrir con la salsa. Decorar con una rodaja de tomate por encima.

Para la salsa:

Poner una cazuela amplia al fuego, echar el pimiento y la aceituna, todo muy picadito. Rehogar durante 5 minutos.

Transcurrido este tiempo, añadir la salsa de tomate, mezclar bien el conjunto y reservar.

PALOMITAS ESPECIADAS

Ingredientes para 4 personas:
8 canutillos de metal antiadherentes • maíz para palomitas • 1 patata
50 gr de bacón • 1 cucharada de eneldo • 1 cucharada de romero
1 cucharada de tomillo • sal gorda • aceite de oliva

Poner una sartén al fuego y echar aceite de forma generosa.

Lavar bien la patata —con la piel— y cortar en rodajas finas con ayuda de una mandolina.

Introducir las rodajas en la sartén durante unos segundos para que suelte toda la fécula y de esta manera, aprovechar la fécula como adhesivo.

Retirar las rodajas del aceite y enrollar en los canutillos.

Introducir de nuevo en la sartén, ahora enrolladas en los canutillos, con la zona de la junta hacia abajo para que se fije bien.

Freír durante unos minutos, sacar del aceite y retirar los canutillos.

Emplatar en un plato con papel absorbente.

Colocar los canutillos de patata en unos sujetavelas.

Poner una cazuela al fuego y echar un chorrito de aceite. Añadir el bacón picadito, el eneldo, el romero y el tomillo. Rehogar durante unos minutos.

A continuación, añadir el maíz en pequeñas cantidades y tapar la cazuela. Dejar durante 2 minutos, añadir un poco de sal, mezclar bien y echar en un bol.

Por último, rellenar los canutillos de patata con las palomitas y servir.

PAN DE ARROZ CON QUESO AZUL

Ingredientes para 4 personas:
8 tostas de arroz integral • 1 escarola • 100 gr de queso azul
250 ml de nata líquida • 1 limón • 3 dientes de ajo
sal • aceite de oliva

Cortar un diente de ajo y frotar el recipiente donde se va a aliñar la escarola. Cortar un trozo de corteza de limón y frotar el recipiente para que quede todo el aroma del limón.

En el recipiente, echar un poco de aceite y un poco de zumo de limón. Batir bien con un tenedor y añadir la escarola muy picadita. Mezclar bien la escarola con el aliño.

Recortar las tostas, sobre ellas poner un poco de la escarola aliñada y cubrir con la crema de queso. Decorar con una ramita de escarola por encima.

Para la crema de queso:

En un bol, poner el queso y calentar en el microondas en la posición máxima durante 20 segundos.

Transcurrido este tiempo, retirar del microondas y añadir una pizca de aceite, la nata y un poco de sal. Mezclar bien el conjunto sin batir para evitar que la nata se corte.

PAN DE PASAS CON ACELGAS Y QUESO

Ingredientes para 4 personas:
1 barra de pan de nueces, pasas y sésamo • 200 gr de acelgas
50 gr de queso Gruyère • 1 vaso de miel • sal • aceite de oliva

Encender el horno en posición gratinar.

Cortar unas rebanadas de pan sesgadas. Poner en la bandeja del horno y tostar unos minutos.

Lavar las acelgas, retirar las pencas y picar las hojas muy finitas.

Poner una sartén a fuego fuerte, echar un poco de aceite y saltear las acelgas durante 5 minutos.

Transcurrido este tiempo, añadir la miel para contrarrestar el amargor de la acelga y mezclar bien.

Sobre la tosta de pan, poner un poco de la mezcla de acelga y miel.

Cortar unas láminas finas de queso y colocar encima de las tostas.

Emplatar y dar un golpe de calor en el horno durante 5 segundos para que el queso se funda un poco.

PAPILLOT DE FRUTAS

Ingredientes para 4 personas:
1 mango • 2 melocotones • 4 albaricoques • 12 fresas • 12 cerezas
1 rama de canela • 100 gr de azúcar
100 gr de cobertura de chocolate • 1 paquete de maíz tostado
1 terrina de helado de vainilla • hierbabuena • aceite de oliva

Coger un trozo de papel de aluminio, doblar por la mitad —dejar la parte mate del papel hacia el exterior— y añadir un chorrito de aceite.

Pelar la fruta y cortar en trozos. Poner un poco de la fruta sobre el papel y añadir una cucharada de azúcar por encima.

Hacer paquetes individuales, sellar bien los paquetes por los extremos y colocar en la bandeja del horno.

Introducir en la parte media del horno en posición aire caliente a 200 °C durante 6 minutos.

Echar el chocolate en un bol y derretir en el microondas.

En el robot, echar el maíz y triturar.

Sobre la bandeja del congelador, colocar un salvabandejas y extender unas tiras gruesas de chocolate fundido.

Echar un poco del maíz triturado por encima y enfriar en el congelador durante 2 minutos.

Emplatar la fruta con el jugo obtenido y añadir una bola de helado. Decorar con la teja de chocolate y una ramita de hierbabuena.

PAPILLOT DE SETAS Y VERDURAS

Ingredientes para 4 personas:
½ kg de surtido de setas • ½ kg de champiñones
1 calabacín • 1 berenjena • 100 gr de rábanos
200 gr de bacalao desalado desmigado • 300 ml de leche
sal • aceite de oliva

Cortar el rábano en rodajas con ayuda de una mandolina e introducir en un recipiente con agua fría. Enfriar en la nevera durante 1 hora.

Lavar el resto de la verdura y picar muy finita.

Poner una sartén al fuego, echar una gotita de aceite y la verdura picadita. Añadir un poco de sal y saltear el conjunto.

En la bandeja del horno, poner un trozo de papel de aluminio y sobre la parte mate, colocar la verdura. Sellar el paquete herméticamente.

Introducir en la parte alta del horno en posición aire caliente a 230 °C durante 5 minutos.

En el robot, echar el bacalao y la leche. Triturar el conjunto.

Una vez triturado, añadir un poco de sal y un chorrito de aceite. Triturar de nuevo.

En un plato, dibujar una corona con las rodajas de rábano y en el centro del plato, colocar un poco de la verdurita.

Añadir un poco de la crema de bacalao por encima y servir.

PASTA AMARILLA CON CALAMARES

Ingredientes para 4 personas:
400 gr de pasta seca al huevo • 8 calamares frescos • 1 muslo de pollo
100 ml de mayonesa • 1 rama de canela • 2 cucharadas de colorante
hojas de salvia • sal • aceite de oliva

Poner una cazuela con agua al fuego, añadir un poco de sal y un chorrito de aceite. Tapar la cazuela.

Cuando comience a hervir, añadir la pasta y cocer durante 10 minutos.

Transcurrido este tiempo, enfriar la pasta bajo el chorro de agua fría, escurrir bien y reservar.

Añadir la mayonesa de pollo sobre la pasta y mezclar bien.

Por ultimo, limpiar los calamares y cortar en aros.

Poner el wok a fuego máximo y echar un poco de aceite.

Echar los aros de calamar, añadir un poco de sal y saltear.

Añadir a la pasta, integrar bien y emplatar. Decorar con unas hojitas de salvia.

Para la mayonesa de pollo:

Encender el horno en posición aire caliente a 200 ºC.

Pasar el muslo de pollo por la llama para esterilizar.

En un recipiente que sirva para el horno, poner el muslo de pollo y la rama de canela. Añadir un poco de sal por encima.

Introducir en la parte media del horno durante 20 minutos. Transcurrido este tiempo, retirar del horno, dejar enfriar y deshuesar.

En un robot, echar la mayonesa, el colorante, el pollo y un poco de agua. Triturar bien el conjunto.

PASTA BRICK RELLENA DE RAPE

Ingredientes para 4 personas:
2 hojas de pasta brick • 1 sapito (rape pequeño)
2 pimientos rojos morrones • 2 manzanas
50 gr de mantequilla a punto pomada • sal • aceite de oliva

Lavar los pimientos, colocar en un recipiente que sirva para el horno y añadir un poco de aceite por encima.

Introducir en la parte media del horno en posición aire caliente a 160 ºC durante 20 minutos.

Transcurrido este tiempo, retirar del horno y echar el jugo resultante en un bol.

Limpiar el rape, retirar la cabeza y la piel. Sacar los lomos y cortar en daditos.

Pelar la manzana y cortar en daditos.

En el bol donde está el jugo resultante de asar los pimientos, añadir un poco de sal y los daditos de rape y manzana. Macerar durante 10 minutos.

Pintar la pasta brick con mantequilla con ayuda del pincel.

Cortar la pasta en rectángulos y sobre cada rectángulo colocar un dadito de rape y un dadito de manzana. Hacer un fardito y pintar con mantequilla con ayuda del pincel.

Colocar en la bandeja del horno e introducir en la parte media del horno en posición aire caliente a 220 ºC durante 5 minutos.

Transcurrido este tiempo, retirar del horno y emplatar. Salsear por encima con el jugo del pimiento.

PASTA COCIDA EN LECHE

Ingredientes para 4 personas:
250 gr de papardelle frescos • 1 l de leche • 150 gr de setas de cultivo
4 tomates de rama maduros • 1 remolacha cocida
50 gr de pipas de girasol peladas • romero fresco
sal • aceite de oliva

Poner una cazuela al fuego y echar la leche. Cuando comience a hervir, añadir un poco de sal y la pasta. Tapar y cocer durante 3 minutos.

Transcurrido este tiempo, escurrir bien y reservar.

En un bol amplio, echar las yemas, un chorrito de aceite y un poco de sal. Lavar la remolacha, cortar en daditos y echar en el bol.

Pelar el tomate, cortar por la mitad y retirar las pepitas. Cortar en daditos y echar en el bol.

A continuación, añadir el falso pesto y la pasta. Agitar el bol para que se integre todo bien.

Poner una sartén al fuego y echar un poco de aceite.

Limpiar las setas, cortar en bastoncitos y saltear. Añadir un poco de sal y echar en el bol.

Mezclar bien y emplatar. Decorar con una ramita de romero.

Para el falso pesto:

Echar en el robot, unas ramitas de romero, las pipas, un chorrito de aceite y un poco de sal. Triturar el conjunto y reservar.

PASTA CON BOLOÑESA DE POLLO

Ingredientes para 4 personas:
400 gr de tallarines verdes frescos • 1 pollo • 3 tomates maduros
2 zanahorias • 1 cebolla • 400 ml de vino tinto • orégano fresco
pimienta negra en grano • sal • aceite de oliva

Pelar la zanahoria, sacar unas tiritas con ayuda del pelador y reservar para decorar.

El resto de la zanahoria, picar muy finita.

Poner una sartén al fuego, echar un poco de aceite y la zanahoria.

A continuación, pelar el tomate, cortar por la mitad y retirar las pepitas. Picar finito, echar en la sartén y rehogar durante unos minutos.

Deshuesar el pollo y picar la carne muy finita, añadir un poco de sal por encima y echar en la sartén. Rehogar el conjunto durante 2 minutos.

Por último, añadir el vino y unas ramitas de orégano. Cocer durante 30 minutos para que reduzca el vino.

Poner una cazuela con agua al fuego, echar un poco de sal y un chorrito de aceite.

Cuando comience a hervir, añadir la pasta y cocer durante 10 minutos.

Transcurrido este tiempo, escurrir bien y reservar.

En la base del plato, moler la pimienta negra, colocar la pasta bien escurrida y añadir un poco de la boloñesa por encima.

Decorar con las tiritas de zanahoria y unas ramitas de orégano.

PASTA CON QUESO FETA

Ingredientes para 4 personas:
200 gr de tallarines frescos • 200 gr de queso Feta
200 gr de espinacas frescas • 2 tomates de rama
tomillo fresco • sal • aceite de oliva

Poner una cazuela con agua al fuego, echar un poco de sal y un chorrito de aceite. Echar la pasta y cocer durante 10 minutos.

Transcurrido este tiempo, escurrir bien y dejar enfriar. Añadir un chorrito de aceite y reservar.

Pelar el tomate, cortar por la mitad y retirar las pepitas. Cortar en daditos y echar en un bol.

Lavar bien la espinaca, picar muy finita y echar en crudo en el bol. Añadir un poco de sal, aceite y mezclar bien el conjunto.

En el centro del plato, colocar un poco de la mezcla de tomate y espinaca. Alrededor poner la pasta fría.

Cortar el queso en daditos, poner en un bol y templar en el microondas durante 30 segundos.

En otro bol, poner un poco de tomillo fresco y añadir un chorrito de aceite.

Pasar los daditos de queso por el aceite de tomillo y añadir por encima de la pasta.

PASTA CHINA CON MEJILLONES Y ACEITUNAS NEGRAS

Ingredientes para 4 personas:
300 gr de noodles (pasta china) • ½ kg de mejillones
100 gr de aceitunas negras • 1 cebolleta • sal • aceite de oliva

Poner una cazuela a fuego máximo y echar los mejillones. Tapar la cazuela y dejar hasta que se abran.

Poner una sartén al fuego, echar un poco de aceite y añadir la cebolleta muy picadita.

Cuando la cebolleta esté rehogada, añadir la aceituna picada.

A continuación, picar los mejillones y echar en la sartén.

En la cazuela de cocer los mejillones, añadir un poco de agua al agua que han soltado los mejillones. Poner al fuego y echar un poco de aceite. Cuando el agua comience a hervir, añadir la pasta y cocer durante 2 minutos.

Transcurrido este tiempo, escurrir bien la pasta y echar en la sartén junto al resto de los ingredientes. Añadir un poco de sal, mezclar el conjunto y emplatar.

PASTA DE VERDURAS

Ingredientes para 4 personas:
400 gr de pasta de verduras • 100 gr de bacalao ahumado
1 patata nueva cocida • 2 vasos de leche • hojas de menta
sal • aceite de oliva

Poner una cazuela con agua al fuego, echar un poco de aceite y sal. Cuando el agua comience a hervir, añadir la pasta y cocer durante 15 minutos.

Una vez cocida la pasta, escurrir bien y añadir la crema. Poner la cazuela a fuego suave y remover bien para que se integren los sabores.

Por último, emplatar y decorar con un poco de menta picadita por encima.

Para la crema:

En un robot, echar la leche, la patata cortada en trozos, el bacalao ahumado y unas hojas de menta. Triturar el conjunto y reservar.

PASTA KADAIFA RELLENA DE GAMBAS

Ingredientes para 4 personas:
200 gr de pasta kadaifa • 16 gambas frescas • 1 limón verde
50 gr de mantequilla • 1 cucharada de espesante Xantana
2 cucharadas de canela en polvo • sal • aceite de oliva

Calentar la mantequilla en el microondas durante 1 minuto.

Separar las hebras de pasta kadaifa y estirar bien.

Pintar las hebras con mantequilla con ayuda de un pincel.

Colocar dos gambas peladas encima —reservar las cabezas y los cuerpos para la salsa— y enrollar las gambas con la pasta.

Colocar los farditos en un recipiente que sirva para el horno y añadir un poco de sal por encima.

Introducir en la parte media del horno en posición aire caliente a 200 ºC durante 10 minutos.

Transcurrido este tiempo, retirar del horno y emplatar sobre papel absorbente.

En la base del plato, espolvorear una pizca de canela, colocar dos farditos y al lado de cada nido un poco de la salsa.

Para la salsa:

Poner una cazuela al fuego, echar aceite, las cabezas y los cuerpos de las gambas. Rehogar a fuego fuerte hasta que doren bien.

A continuación, cubrir con agua y cocer durante 10 minutos.

Transcurrido este tiempo, triturar y colar. Rallar un poco de corteza de limón, añadir el espesante —remover con ayuda de una varilla según se añade— y reservar.

PASTA MALFATTI

Ingredientes para 4 personas:
250 gr de harina • 2 huevos • 12 langostinos congelados
4 carabineros • 200 gr de salmón • 200 gr de rape • 2 huevos
200 ml de nata líquida • queso rallado • pimienta negra
sal • aceite de oliva

Poner una sartén al fuego y echar un poco de aceite.

Cortar el salmón y el rape en dados, añadir un poco de sal por encima y echar en la sartén. Rehogar durante unos minutos.

Pelar los langostinos y cortar en trozos. Pelar los carabineros, cortar en trozos y reservar. La carne de la cabeza de los carabineros y el jugo, echar en un bol grande y reservar.

Añadir un poco de sal al langostino y al carabinero, echar en la sartén y rehogar bien el conjunto.

Poner una cazuela con agua al fuego, echar un chorrito de aceite y un poco de sal. Cuando el agua comience a hervir, echar la pasta y cocer durante 30 segundos.

Transcurrido este tiempo, escurrir bien, echar en la sartén y saltear.

En el bol, donde están la carne de la cabeza de los carabineros y el jugo, echar dos huevos, la nata, el queso rallado, pimienta negra recién molida, un chorrito de aceite, sal y la mezcla de pescado, marisco y pasta.

Agitar el bol entre las manos para que se integre todo bien y emplatar.

Para elaborar la pasta:

Echar en el robot, 250 gr de harina, 2 huevos, un chorrito de aceite y un poco de sal. Triturar el conjunto.

Poner la masa en un bol, añadir un poco de harina y pasar la masa por la máquina de hacer pasta 4 o 5 veces para estirar bien —añadir un poco de harina cada vez que se pasa por la máquina.

Una vez estirada la masa, añadir otro poco de harina, cortar en trozos irregulares y reservar.

PASTA NEGRA CON CALAMARES, SETAS Y BACÓN

Ingredientes para 4 personas:
400 gr de tallarines negros • 4 calamares pequeños
1 bandeja de setas de cultivo • 50 gr de bacón
2 huevos • sal • aceite de oliva

Limpiar los calamares en un recipiente con abundante agua y picarlos muy finitos.

Poner una cazuela con agua a fuego máximo, echar un poco de sal y aceite de oliva. Cuando el agua comience a hervir, echar la pasta. Bajar el fuego y dejar cocer.

Poner una sartén amplia al fuego y echar un poco de aceite. Echar el bacón y las setas, todo muy picadito. Rehogar unos minutos y añadir el calamar. Echar un poco de sal.

Cuando el calamar comience a tomar un color blanco, añadir la pasta y mezclar bien.

Retirar del fuego, añadir el huevo y un poco de sal. Mezclar bien y emplatar.

PASTA VERDE CON PUERRO Y CARABINEROS

Ingredientes para 4 personas:
140 gr de harina • 100 gr de espinaca cocida triturada • 1 huevo
4 puerros • 2 carabineros grandes • 1 vaso de leche
1 vaso de vino blanco • 1 yema • 1 cuña de queso parmesano
romero fresco • sal • aceite de oliva

Poner una cazuela al fuego, echar un poco de agua, añadir un poco de sal e introducir los puerros enteros bien limpios.

Tapar la cazuela y cocer durante 20 minutos —reservar el agua de cocción.

Pelar los carabineros —reservar las cabezas—, cortar el cuerpo en trocitos y añadir un poco de sal por encima.

Sobre las tiras rectangulares de pasta, colocar dos montoncitos, cada montoncito con un poco de carabinero y puerro cocido —reservar el resto del puerro cocido para la salsa.

Pintar los extremos y la zona del medio con la yema con ayuda de un pincel. Cubrir con otra tira de pasta, sellar bien y cortar por la mitad.

Poner el agua de cocción de los puerros al fuego y añadir un poco de aceite. Cuando comience a hervir, introducir los raviolis y cocer durante 1 minuto.

Retirar del agua de cocción e introducir en la cazuela de la salsa. Dejar durante 1 minuto para que se integre bien el conjunto.

En la base del plato, rallar un poco de queso parmesano con ayuda de un rallador, añadir los raviolis, salsear y rallar otro poco de queso por encima. Decorar con una ramita de romero.

Para elaborar la pasta verde:

En la trituradora, echar la harina, el huevo, la espinaca cocida, un poco de sal y un chorrito de aceite de oliva. Triturar el conjunto y posteriormente, amasar la mezcla sobre una superficie lisa con un poco de harina.

Dejar reposar la masa durante 15 minutos y estirar varias veces incorporando un poco de harina, con la máquina para hacer pasta hasta que la masa quede finita.

Cortar la masa en tiras rectangulares del mismo tamaño y reservar.

Para la salsa:

Poner una cazuela al fuego, echar las cabezas de los carabineros y un poco de sal.

Cuando comience a dorar, añadir el vino blanco y dejar que reduzca.

A continuación, añadir la leche y el puerro cocido restante. Tapar y cocer durante 20 minutos.

Transcurrido este tiempo, triturar y colar.

PASTAS DE TÉ

Ingredientes para 4 personas:

Para la masa:
300 gr de harina de trigo • 120 gr de azúcar
120 gr de mantequilla a punto pomada
100 gr de almendra cruda picada • 1 huevo

Para la decoración:
cobertura de chocolate blanco • cobertura de chocolate negro

En un bol amplio, echar la harina y el azúcar. Mezclar con la mano para romper los grumos de la harina.

A continuación, añadir la almendra picada y mezclar.

Por último, echar la mantequilla y el huevo. Trabajar bien la masa con la mano.

Envolver en film transparente y enfriar en la nevera durante 25 minutos.

Transcurrido este tiempo, retirar de la nevera y dejar reposar unos minutos a temperatura ambiente.

Encender el horno en posición aire caliente a 170 ºC.

Añadir un poco de harina sobre una superficie lisa, colocar la masa y estirar con ayuda de un rodillo.

Cortar la masa con ayuda de un cortapastas redondo y colocar sobre papel encerado en la bandeja del horno.

Introducir en la parte media del horno durante 30 minutos.

Transcurrido este tiempo, retirar del horno y dejar enfriar.

Derretir el chocolate en el microondas durante 1 minuto.

Envolver una fuente honda con film transparente que quede bien tenso.

Untar las pastas en el chocolate derretido y colocar sobre el film.

Enfriar en el congelador durante 2 minutos y emplatar.

PASTEL DE ALCACHOFAS Y MEJILLONES

Ingredientes para 4 personas:
1 bote de alcachofas • 12 mejillones cocidos • 6 huevos
½ l de nata • mantequilla • pan rallado • 1 bote de salsa tártara
sal • pimienta • aceite de oliva

Encender el horno en posición aire caliente a 160 ºC.

Encamisar un molde que sirva para el horno con un poco de mantequilla y pan rallado.

En un bol, echar los huevos y batir con ayuda de una varilla. Añadir la nata poco a poco y remover según se añade. Mezclar bien el conjunto.

Escurrir las alcachofas y cortarlas en cuatro trozos. Picar los mejillones y añadir todo a la mezcla. Añadir un poco de sal y pimienta y mezclar todo bien.

Echar la mezcla en el molde e introducir en el horno durante 45 minutos al baño María.

Transcurrido este tiempo, retirar del horno, dejar enfriar y desmoldar.

Decorar por encima con un poco de salsa tártara.

PASTEL DE CARNE

Ingredientes para 4 personas:
200 gr de carne de cerdo picada • 200 gr de carne de ternera picada
4 hojas de repollo • 300 gr de calabaza • 1 patata
1 trozo de panceta (200 gr) • 12 lonchas de queso Havarti
4 huevos • 200 ml de nata líquida • pimienta negra en grano
sal • aceite de oliva

Poner una cazuela con agua al fuego. Cuando comience a hervir, echar las hojas de repollo. Blanquear durante 3 minutos y retirar a un recipiente con agua fría.

En un bol amplio, poner la carne, añadir un poco de sal, pimienta negra recién molida, la nata y los huevos. Mezclar bien el conjunto.

Colocar el molde en un recipiente que sirva para el horno. Retirar la parte blanca de la hojas que resulta más dura. Encamisar el molde con las hojas bien escurridas, de forma que las hojas cubran totalmente el pastel.

Introducir en la parte media del horno en posición aire caliente —generando un baño María— a 140 ºC durante 1 hora.

Transcurrido este tiempo, sacar del horno, desmoldar, retirar un poco del agua con ayuda de un papel absorbente y dejar reposar.

Una vez haya reposado, humedecer un cuchillo y cortar en trozos.

En la base de un plato, echar un poco de la crema de patata y calabaza. Extender bien por toda la base del plato, añadir unos daditos de panceta por encima y cubrir con tres lonchas de queso.

Introducir en la parte alta del horno en posición gratinar a 230 ºC durante 1 minuto.

Transcurrido este tiempo, retirar del horno y colocar encima dos trozos de pastel.

Para la crema de patata y calabaza:

Poner una cazuela al fuego, echar un poco de agua y un poco de sal. Echar la patata y la calabaza, ambas peladas y cortadas en dados. Cocer durante 20 minutos.

Transcurrido este tiempo, echar la patata y la calabaza en el robot. Añadir un chorrito de aceite y un poco del agua resultante de la cocción. Triturar, echar en un bol y reservar.

PASTEL DE CHOCOLATE

Ingredientes para 4 personas:
1 placa de bizcocho rectangular • 150 gr de nata líquida
105 gr de cobertura de chocolate • 100 ml de almíbar
10 fresas • 1 pomelo • mermelada de albaricoque
almendra garrapiñada triturada

Cortar la placa de bizcocho en rectángulos y reservar.

Pintar la base del plato con un poco de mermelada con ayuda de un pincel.

Humedecer la base del rectángulo de bizcocho en el almíbar y colocar en el centro del plato.

Añadir un poco de mermelada por encima, cubrir de nuevo con otro rectángulo de bizcocho humedecido en el almíbar.

Introducir la masa trufada en la manga pastelera y cubrir la superficie superior del bizcocho.

Decorar por encima con unas láminas de fresa, unos gajitos de pomelo y un poco de almendra garrapiñada.

Para la masa trufada:

Poner una cazuela al fuego y echar la nata.

Cuando comience a hervir, añadir la cobertura de chocolate y remover bien con ayuda de una varilla.

A continuación, enfriar en la nevera como mínimo durante 3 horas.

Transcurrido este tiempo, retirar de la nevera y montar con ayuda de una varilla.

PASTEL DE CHOCOLATE Y NUECES

Ingredientes para 4 personas:
125 gr de chocolate • 125 gr de mantequilla • 125 gr de azúcar
130 gr de harina • 3 huevos • 100 ml de leche • ½ sobre
de levadura Royal • 50 gr de nueces peladas • fideos de chocolate

Encender el horno en la posición aire caliente a 180 ºC.

En un bol, poner el chocolate, la mantequilla y la leche. Tapar con film transparente e introducir en el microondas a la máxima potencia durante 1 minuto. Transcurrido este tiempo, retirar del microondas y mezclar para que se integre todo bien.

En otro bol amplio, echar el azúcar y la harina, remover bien para evitar la formación de grumos. Añadir la levadura y los huevos uno a uno. Mezclar bien.

A continuación, echar la mezcla de chocolate, mantequilla y leche al conjunto, remover según se añade con ayuda de una varilla. Por último, añadir las nueces.

Echar la mezcla en los moldes individuales e introducir en el horno durante 10 minutos.

Transcurrido este tiempo, retirar del horno y dejar reposar unos minutos.

Por último, desmoldar, emplatar y decorar por encima con trocitos de nuez y fideos de chocolate.

PASTEL DE CIRUELA CON MASA CRUJIENTE

Ingredientes para 4 personas:

Para la compota de ciruela:
1 kg de ciruelas Claudia • 4 cucharadas de azúcar moreno
1 rama de canela • cáscara de ½ limón • 1 vaso de vino tinto

Para la masa:
250 gr de harina • 125 gr de mantequilla
4 cucharadas de azúcar moreno • 1 cucharada de canela en polvo
40 gr de arroz inflado con chocolate

Para decorar:
1 rama de canela

Para la compota de ciruela:

Lavar las ciruelas, cortar en dos mitades, retirar el hueso y echar en una cazuela. Poner la cazuela al fuego.

A continuación, añadir la rama de canela, la cáscara de limón, el azúcar moreno y el vino. Cocer el conjunto a fuego suave durante 20 minutos.

Transcurrido este tiempo, retirar la rama de canela y la cáscara de limón.

Escurrir con ayuda de un colador —reservar el jugo resultante de la cocción para decorar— y echar directamente en el molde.

Extender bien las ciruelas por toda la base del molde y dejar enfriar.

Para la masa:

En un bol, echar la mantequilla y calentar en el microondas durante unos segundos —evitar que se derrita.

En un recipiente amplio, echar la harina, el azúcar moreno, la canela en polvo y la mantequilla. Mezclar bien con la mano —al contener mayor cantidad de harina que de mantequilla queda como una especie de migas, no se obtiene una masa homogénea.

Por último, añadir el arroz inflado y mezclar bien el conjunto.

Echar la mezcla en el molde por encima de la ciruela.

Introducir en la parte media del horno en posición aire caliente a 150 °C durante 40 minutos.

Transcurrido este tiempo, retirar del horno, dejar enfriar unos minutos y desmoldar.

Emplatar, añadir por encima un poco del jugo resultante de la cocción de las ciruelas y decorar con la rama de canela partida en trocitos.

PASTEL DE CORDERO, PATATA Y CHAMPIÑÓN

Ingredientes para 4 personas:
1 pierna delantera de cordero • 2 patatas
8 champiñones negros (Campobello)
200 gr de champiñón blanco • sal • aceite de oliva

Poner una cazuela al fuego, echar agua y un poco de sal.

Introducir el cordero y cocer durante 40 minutos.

Transcurrido este tiempo, retirar del agua, dejar templar, desmigar —los huesos echar de nuevo en el agua para obtener un caldo concentrado de cordero— y reservar.

En un recipiente que sirva para el horno, echar un poco de aceite.

Pelar la patata, cortar en láminas finas y colocar en la base del recipiente.

Limpiar bien los champiñones blancos, cortar en láminas con ayuda de un cuchillo y colocar sobre las patatas. Cubrir de nuevo con otra capa de patata.

Introducir en la parte media del horno en posición aire caliente a 230 °C durante 10 minutos.

Transcurrido este tiempo, retirar del horno y cubrir con el cordero desmigado. Añadir un poco del caldo por encima.

Introducir de nuevo en la parte media del horno en posición aire caliente a 230 °C durante 10 minutos.

Por último, emplatar y decorar con los champiñones negros torneados.

Para la decoración:

Lavar los champiñones negros y tornear con ayuda de un cuchillo.

Poner una cazuela al fuego, echar agua y los champiñones. Añadir un poco de sal, cocer durante 5 minutos y reservar.

PASTEL DE MANOS DE CERDO

Ingredientes para 4 personas:
2 latas de manitas de cerdo cocidas • 1 bandeja de setas de cultivo
3 huevos • harina • aceite de oliva

Poner las manitas de cerdo en un recipiente, cubrir con film transparente y calentar en el microondas a la máxima potencia durante 5 minutos.

Limpiar las setas, quitar el pie y poner en un recipiente con agua. Dejar reposar durante unos minutos.

Poner una sartén a fuego fuerte, cuando la sartén esté caliente, echar un poco de aceite. Añadir las setas muy picaditas y saltear.

A continuación, deshuesar las manitas, poner la carne en un bol y añadir las setas salteadas bien escurridas. Mezclar bien el conjunto.

Poner la mezcla en film transparente, hacer un rollito y enfriar en la nevera durante 30 minutos.

Transcurrido este tiempo, retirar de la nevera, quitar el film y cortar en rodajas.

Por último, pasar por harina y huevo. Freír en una sartén a fuego fuerte durante poco tiempo y retirar a un plato con papel absorbente. Emplatar.

PASTEL FRÍO DE CREPPES

Ingredientes para 4 personas:
masa de creppes preparada • 250 gr de bonito en aceite de oliva
6 huevos cocidos • 1 bote de mayonesa • 400 gr de tomate cherry
perejil fresco • sal • aceite de oliva

Encender el horno en posición aire caliente a 230 °C.

En la base de un molde de silicona redondo, echar una gotita de aceite y extender bien por toda la base con ayuda de un pincel.

Colocar el molde sobre la bandeja del horno y añadir un poco de la masa de creppes, extender bien por toda la base del molde e introducir en la parte media del horno durante 5 minutos.

Repetir el proceso hasta obtener un total de 16 creppes y reservar.

Cuadrar los creppes y cortar por la mitad para conseguir unos rectángulos —se necesitan 8 rectángulos para cada pastel individual.

Coger las creppes de dos en dos y colocar dos en la base de un plato, extender un poco del relleno por encima. Cubrir de nuevo con dos creppes, poner otro poco del relleno encima, cubrir de nuevo, extender el relleno y por último cubrir con otras dos creppes. Salsear por encima y extender bien con ayuda de una espátula.

Decorar alrededor con 6 tomatitos cherry cortados por la mitad y decorar el pastel con una hojita de perejil.

Para el relleno:

En un bol, echar el bonito y el huevo cocido. Aplastar bien con ayuda de un tenedor. Añadir unas cucharadas de mayonesa para ensamblar bien el conjunto.

Para la salsa:

En el vaso de la batidora, echar unas cucharadas de mayonesa y el tomate cherry —reservar 24 tomates para decorar—. Añadir unas hojitas de perejil, un chorrito de aceite y un poco de sal.

Triturar bien el conjunto (la salsa debe quedar espesa, si al triturar no se consigue que quede espesa, añadir poco a poco más aceite y triturar) y reservar.

PATATA RELLENA DE SALMÓN AHUMADO Y SALSA HOLANDESA

Ingredientes para 4 personas:
4 patatas nuevas • 250 gr de salmón ahumado • 100 gr de mantequilla
3 yemas • 1 limón • pimienta • sal

Poner una cazuela al fuego, echar las patatas, cubrir con agua y echar abundante sal para que la patata quede más compacta. Cocer durante 20 minutos.

Transcurrido este tiempo, comprobar que la patata esté tierna. Dejar enfriar y reservar.

Pelar la patata, cortarla a lo largo por la mitad y hacer una pequeña base. Vaciar la patata con cuidado de no romperla con ayuda de una cuchara.

Cortar el salmón en juliana y rellenar el hueco de la patata. Salsear por encima.

Para la salsa holandesa:

En un cazo, poner las yemas y un poquito de agua. Montar al calor con ayuda de una varilla.

Añadir la mantequilla —previamente derretida en el microondas— poco a poco y remover bien.

Salpimentar y añadir un chorrito de limón. Mezclar el conjunto y reservar.

PATATAS A LA IMPORTANCIA

Ingredientes para 4 personas:
2 patatas grandes • 50 gr de jamón serrano • 10 dl de vino blanco 100
gr de harina • 1 pastilla de concentrado de carne • 1 cebolla
4 huevos • maizena exprés • sal • aceite de oliva

Pelar, limpiar las patatas con un trapo húmedo y cortar en rodajas finas.

Pasarlas por harina y huevo y dorar en abundante aceite.

Poner una cazuela amplia al fuego, echar el jamón cortado en daditos y dorar.

A continuación, añadir la salsa al refrito y seguidamente incorporar las patatas. Dejar hervir el conjunto durante 10 minutos a fuego lento.

Finalmente probar el punto de sal y corregir si fuera necesario.

Para la salsa:

Picar la cebolla muy fina y rehogar en una cazuela con un poco de aceite. Cuando la cebolla esté doradita, añadir el vino blanco y dejar en el fuego hasta que el alcohol evapore.

A continuación, añadir el caldo previamente hecho con una pastilla de concentrado de carne, al que hemos añadido un poco de cebolla para potenciar su sabor. Añadir un poco de espesante a la mezcla y reservar.

PATATAS ASADAS

Ingredientes para 4 personas:
8 patatas de tamaño medio • 100 gr de rúcula • 50 gr de bacón
250 ml de nata líquida • sal • aceite de oliva

Pelar las patatas, lavar y cortar a lo largo por la mitad.

Hacer unos cortes finos sobre la patata como si fuera un libro.

En una fuente que sirva para el horno, echar un poco de aceite y colocar las patatas.

Añadir un poco de sal y un chorrito de aceite por encima.

Introducir en la parte alta del horno en posición aire caliente a 200 ºC durante 30 minutos.

Transcurrido este tiempo, retirar del horno y reservar.

En otra fuente que sirva para el horno, extender las lonchas de bacón e introducir en la parte media del horno junto a las patatas durante 5 minutos.

Transcurrido este tiempo, retirar del horno y reservar.

En el robot, echar la nata, el bacón asado y una pizca de sal. Triturar y reservar.

Lavar bien la rúcula, secar bien y picar muy finita.

En la base del plato, colocar las patatas, cubrir con la crema de bacón asado y añadir la rúcula picadita por encima.

PATATAS ASADAS CON CREMA DE ANCHOAS

Ingredientes para 4 personas:
4 patatas de piel rojiza tamaño medio (100 gr/unidad)
1 lata de anchoas en salazón • 200 ml de leche • pimentón • sal
200 mg de aceite de oliva

Cortar las patatas a lo largo por la mitad y colocarlas en la bandeja del horno. Introducir en la parte media del horno en posición aire caliente a 180 ºC durante 30 minutos.

Transcurrido este tiempo, retirar las patatas del horno, dejar enfriar unos minutos y quitar la piel.

Por último, emplatar y salsear con la crema de anchoas por encima.

Para la crema de anchoas:

En el vaso de la batidora, echar la leche, el aceite y las anchoas. Mezclar suave con la batidora en la posición mínima hasta conseguir una textura cremosa.

PATATAS ASADAS CON SALMÓN AHUMADO

Ingredientes para 4 personas:
1 sobre de salmón ahumado • 4 patatas pequeñas de piel fina
3 huevos • 1 limón • 200 gr de mantequilla salada • pimienta • sal

Encender el horno en posición aire caliente a 180 ºC.

Hacer unos cortes en la patata para que el calor penetre fácilmente, echar un poco de sal y envolver cada patata de forma individual en papel de aluminio.

Colocar las patatas en un recipiente que sirva para el horno e introducir en el horno durante 40 minutos.

Transcurrido este tiempo, retirar las patatas del horno, quitar el papel, cortar por la mitad y emplatar. Añadir por encima un poco de salmón cortado en juliana y salsear por encima con la salsa holandesa.

Para la salsa holandesa:

Poner la mantequilla en un bol y calentar en el microondas.

Poner una cazuela al fuego, echar las yemas y un poco de agua. Montar con ayuda de una varilla con cuidado de que no se cuaje. A continuación, añadir la mantequilla, una pizca de sal, pimienta y el zumo del limón. Mezclar bien el conjunto.

PATATAS BRAVAS CON MOLLEJAS

Ingredientes para 4 personas:
2 patatas para freír grandes • 100 gr de mollejas de cordero
salsa de tomate • mayonesa • mostaza • tabasco • sal • aceite de oliva

Colocar las mollejas en un recipiente que sirva para el horno e introducir en la parte media del horno en posición aire caliente a 200 ºC durante 10 minutos —para que pierdan la humedad.

Transcurrido este tiempo, retirar del horno y añadir un poco de sal por encima.

Poner una sartén a fuego máximo, echar un poco de aceite, dorar las mollejas y reservar.

Pelar las patatas, lavar y cortar en trozos grandes.

Poner un wok a fuego suave y echar abundante aceite.

Cuando esté templado, añadir las patatas y freír durante 10 minutos —primero a fuego suave y posteriormente a fuego fuerte.

Transcurrido este tiempo, retirar a un plato con papel absorbente.

En un bol amplio, echar las patatas y las mollejas. Mezclar y servir en unos platitos. Salsear por encima con las diferentes salsas.

Para las salsas:

En un bol, echar la salsa de tomate, una cucharada de tabasco y una cucharada de mostaza. Mezclar bien y reservar.

En otro bol, echar la mayonesa, una cucharada de tabasco y una cucharada de mostaza. Mezclar bien y reservar.

PATATAS CON CHAMPIÑONES

Ingredientes para 4 personas:
1 berenjena • 4 patatas nuevas • 200 gr de champiñones pequeños
1 bote de tomate triturado • tomillo • sal • aceite de oliva

Pelar las patatas, lavar y sacar unas bolitas con ayuda de un sacabocados. Poner en un recipiente que sirva parar el horno.

Lavar los champiñones y echar en el recipiente. Añadir un poco de sal, aceite y unas ramitas de tomillo.

Introducir en la parte media del horno en posición aire caliente a 230 ºC durante 15 minutos.

Lavar la berenjena y picar finita.

Poner una cazuela con un poco de aceite al fuego y freír la berenjena.

Cuando la berenjena esté doradita, añadir la salsa de tomate y mezclar con ayuda de una cuchara de madera.

Añadir un poco de sal y unas ramitas de tomillo. Poner el fuego al máximo.

Cuando comience a hervir, añadir la patata, el champiñón y el jugo resultante. Dejar unos minutos al fuego para que se integre todo bien.

Por último, emplatar y decorar con una ramita de tomillo.

PATATAS EN SALSA VERDE

Ingredientes para 4 personas:
3 patatas • 1 cabeza de merluza • 200 gr de guisantes
2 dientes de ajo • 50 gr de harina • perejil • vino blanco
sal • aceite de oliva virgen extra

Limpiar bien la cabeza de la merluza, retirar los dientes y los ojos. Una vez limpia cortarla en trozos grandes.

Poner una cazuela a fuego fuerte, echar aceite y los dientes de ajo enteros para poder retirarlos una vez hayan dejado todo su aroma.

Pelar, lavar y cortar las patatas. Echarlas en la cazuela y rehogar bien para que suelten toda la fécula.

Añadir el perejil bien picadito, los guisantes y la cabeza. Rehogar el conjunto a fuego máximo.

Cuando la patata comience a dorar, cubrir con agua.

En un bol, diluir la harina en un poco de vino blanco.

Cuando el conjunto comience a hervir añadir el vino blanco y remover el conjunto para que la salsa espese.

Por último, añadir un poco de sal y cocer el conjunto a fuego suave durante 20 minutos.

Transcurrido este tiempo, comprobar que la patata esté tierna. Probar de sal y corregir si fuera necesario.

Dejar reposar unos minutos y emplatar.

PATATAS EN SALSA VIZCAÍNA

Ingredientes para 4 personas:
1 morcilla • ⅓ ristra de chorizo • 3 patatas • 1 cebolla • 1 huevo
3 dientes de ajo • 2 cucharadas de pulpa de choricero
2 cucharadas de harina • sal • aceite de oliva

Poner un cazuela amplia al fuego, echar un poco de aceite y añadir la cebolla muy picadita.

Pelar el ajo, cortar en láminas finas y echar en la cazuela. Rehogar el conjunto.

A continuación, cortar el chorizo en daditos y añadir a la cazuela.

Echar la harina y remover bien con ayuda de una cuchara. Añadir un chorrito de agua y la pulpa de choricero.

Pelar las patatas, lavar y cortar en rodajas con ayuda de una mandolina.

Echar las patatas en la cazuela y cocer el conjunto durante 20 minutos.

Transcurrido este tiempo, añadir un poco de sal.

Pelar la morcilla y echar en un bol. Añadir el huevo y mezclar bien.

Coger un poco de la mezcla, pasar por harina y dar forma de bolita con las manos.

Poner una sartén con aceite al fuego y freír las bolitas. Retirar a un plato con papel absorbente.

En un plato hondo, emplatar las patatas y decorar con cuatro bolitas de morcilla.

PATATAS GUISADAS TIPO MARINERA

Ingredientes para 4 personas:
300 gr de congrio • 200 gr de almejas • 3 patatas • 1 tomate
1 pimiento verde • 4 pimientos del piquillo • 2 dientes de ajo
½ l de agua • azafrán • pimentón • sal • aceite de oliva

Poner una cazuela amplia con un poco de aceite al fuego. Echar el pimiento verde muy picadito y los dientes de ajo enteros.

Limpiar el congrio, retirar la piel y sacar los lomos.

Cortar el congrio en dados, añadir un poco de sal y echar en la cazuela. A continuación, añadir las almejas.

Cortar el pimiento del piquillo en trozos y echar en la cazuela. Añadir un poco de pimentón y azafrán tostado (envolver en papel de aluminio y pasar por la llama).

Por último, añadir el agua. Cuando comience a hervir el conjunto, añadir la patata cortada en dados.

Rallar un poco de tomate por encima y añadir un poco de sal. Cocer el conjunto durante 20 minutos.

Transcurrido este tiempo, comprobar que la patata esté tierna y emplatar.

PATATAS HUECAS

Ingredientes para 4 personas:
4 patatas • 4 huevos • 100 gr de harina • perejil • sal • aceite de oliva

Pelar las patatas, lavar y cortar en trozos grandes.

Poner una cazuela con agua al fuego, añadir un poco de sal y la patata. Cocer durante 20 minutos.

Transcurrido este tiempo, comprobar que esté tierna.

Escurrir la patata con ayuda de un colador y pasar por el pasapurés.

Añadir dos huevos y la harina. Mezclar suave para evitar que ligue y añadir un poco de sal.

Mezclar de nuevo y dejar reposar durante 15 minutos.

Transcurrido este tiempo, hacer una especie de croquetas con la mezcla, pasar por huevo y freír en abundante aceite caliente. Retirar a un plato con papel absorbente.

Emplatar y decorar con unas ramitas de perejil.

PATATAS MORADAS RELLENAS DE CARABINEROS

Ingredientes para 4 personas:
8 patatas moradas cocidas • 3 carabineros (150 gr/unidad)
5 dientes de ajo pequeños • 400 ml de leche • 400 ml de vino blanco
sal • aceite de oliva

Pelar la patata, cortar una pequeña base, vaciar con ayuda de un sacabocados y emplatar —el resto de la patata reservar para el relleno.

Rellenar las patatas y salsear por encima.

Para el relleno:

Poner una sartén con aceite al fuego, echar los dientes de ajo y la carne de los carabineros —reservar la cabeza y las cáscaras para la salsa.

Una vez doradito, echar en el robot, añadir la leche, la patata y un poco de sal. Triturar el conjunto.

Para la salsa:

Echar en el robot, la cabeza y las cáscaras de los carabineros, el vino blanco y una pizca de sal. Triturar, colar y reservar.

PATATAS RELLENAS

Ingredientes para 4 personas:
4 patatas • 8 huevos de codorniz • 100 gr de queso Gruyère
azafrán • tomillo fresco • sal • aceite de oliva

Lavar bien las patatas y colocar en un recipiente que sirva para el horno. Añadir un chorrito de aceite por encima.

Introducir en la parte baja del horno en posición aire caliente a 200 ºC durante 30 minutos.

Transcurrido este tiempo, retirar del horno, dejar enfriar durante unos minutos y vaciar un poco con ayuda de un sacabocados.

En el hueco, poner dos huevos, añadir un poco de sal y un poco de queso rallado con ayuda de un rallador grueso.

Introducir en la parte alta del horno en posición gratinar a 230 ºC durante 2 minutos.

Transcurrido este tiempo, retirar del horno y dejar reposar durante unos minutos.

Emplatar, añadir un poco del aceite de azafrán por encima y decorar con una ramita de tomillo.

Para el aceite de azafrán:

En el mortero, echar un poco de azafrán y machacar bien.

Por último, añadir una pizca de agua y un chorrito generoso de aceite de oliva. Mezclar bien y reservar.

PATATAS RELLENAS DE CAVIAR

Ingredientes para 4 personas:
4 patatas Roswald • 50 gr de caviar • 50 ml de nata líquida
30 gr de mantequilla • 1 lima • 1 cucharada de pimienta blanca

Para decorar:
1 carambola

Poner una cazuela al fuego, echar agua y sal de forma generosa.

Lavar bien las patatas y echar en la cazuela. Cocer durante 20 minutos.

Transcurrido este tiempo, retirar de la cazuela y dejar templar.

A continuación, cortar por la mitad y hacer una pequeña base por uno de los extremos.

Pelar torneándola para dar un poco de forma a la patata y vaciar con ayuda de un sacabocados.

Emplatar las patatas, rellenar con la salsa y añadir un poco de caviar por encima.

Decorar el plato con unas láminas de carambola y colocar en el centro unas huevas de caviar.

Para la salsa:

En un bol amplio, echar la nata y montar un poco con ayuda de una varilla.

Añadir la pimienta blanca, un poco de ralladura de lima y la mantequilla —previamente calentada en el microondas durante 15 segundos—. Mezclar bien el conjunto y reservar.

PATATAS RELLENAS DE ENSALADILLA

Ingredientes para 4 personas:
4 patatas • 3 zanahorias • 2 huevos cocidos • 1 huevo
1 lata de bonito • 1 bote pequeño de aceitunas verdes sin hueso
200 gr de guisantes • romero fresco • sal • aceite de oliva

Poner una cazuela con agua al fuego, echar la zanahoria pelada y la patata con piel. Cocer el conjunto durante 20 minutos.

Transcurrido este tiempo, retirar del agua y dejar enfriar.

A continuación, picar la zanahoria y reservar.

Pelar la patata y cortar a lo largo por la mitad. Cortar una pequeña base para apoyar y vaciar con ayuda de un sacabocados —reservar para el relleno.

Poner un cazo con agua a fuego máximo y echar los guisantes.

Cuando comience a hervir, retirar los guisantes del agua y escurrir bien.

Echar en el robot, añadir un poco del agua de la cocción y triturar. Colar con ayuda de un colador y reservar.

En un bol amplio, echar la zanahoria, la aceituna y el huevo cocido, todo muy picadito. Añadir la patata picada y el bonito.

Por último, añadir la mayonesa y ensamblar bien.

En la base de un plato, echar un poco de la crema de guisantes y encima colocar dos mitades de patata rellena de ensaladilla. Decorar por encima con una ramita de romero.

Para la mayonesa:

En el vaso de la batidora, echar el huevo, añadir aceite —tres veces más volumen de aceite que de huevo y mezclar ambos a la misma temperatura.

Añadir un poco de romero, un poco de sal y batir con la batidora. Echar en un bol y reservar.

PATATAS RELLENAS DE MORCILLA

Ingredientes para 4 personas:
4 patatas nuevas • 1 morcilla de verdura • 1 bote de puerros cocidos
1 bote de mayonesa • 1 huevo • pimentón dulce • sal • aceite de oliva

En un recipiente que sirva para el horno, poner las patatas e introducir en la parte media del horno en posición aire caliente a 200 ºC durante 30 minutos.

Transcurrido este tiempo, retirar del horno, dejar enfriar y quitar la piel.

Abrir la patata a lo largo por la mitad, emplatar y aplastar un poco.

Poner un poco del relleno encima y presionar sobre la patata, salsear con la mayonesa de huevo frito y añadir un poco de pimentón por encima.

Para el relleno:

En un recipiente, poner la morcilla sin piel y calentar en el microondas durante 30 segundos.

A continuación, añadir en la misma proporción el puerro muy picadito, mezclar bien y reservar.

Para la mayonesa de huevo frito:

En el vaso de la batidora, echar un poco de mayonesa y un huevo frito. Triturar unos segundos.

Añadir un poco de agua y pimentón. Triturar hasta conseguir una mezcla homogénea y reservar.

PATATAS RELLENAS DE PULPO

Ingredientes para 4 personas:
4 patatas nuevas • 2 patas de pulpo • 8 champiñones grandes
1 vaso de vino blanco • 50 gr de mayonesa • pimentón dulce
tomillo • sal • aceite de oliva

Poner una cazuela con agua al fuego, cuando el agua comience a hervir, meter y sacar el pulpo tres veces.

A continuación, introducir de nuevo el pulpo en el agua y cocer durante 20 minutos.

Transcurrido este tiempo, dejar enfriar y picar finito. Echar en un bol, añadir la mayonesa de champiñón y ensamblar bien.

Poner otra cazuela con agua al fuego, echar abundante sal e introducir las patatas. Cocer durante 20 minutos.

Transcurrido este tiempo, dejar enfriar, retirar la piel, cortar a lo largo por la mitad y vaciar con ayuda de un sacabocados.

Rellenar las patatas con la mezcla de pulpo y mayonesa de champiñón. Emplatar, añadir un poco de pimentón por encima y decorar con una ramita de tomillo.

Para la mayonesa de champiñón:

Limpiar los champiñones y cortar en trocitos. Echar en un bol, añadir el vino blanco, un poco de sal y una cucharada de pimentón.

Cubrir con film transparente y calentar en el microondas durante 2 minutos.

Transcurrido este tiempo, echar el champiñón en el robot —retirar el caldo—, añadir la mayonesa, triturar y reservar.

PATATAS RELLENAS DE REVUELTO

Ingredientes para 4 personas:
8 patatas nuevas pequeñas • 100 gr de champiñones
30 gr de setas secas • 4 huevos • 1 rama de apio • sal • aceite de oliva

Cortar la rama de apio por la mitad y retirar los hilitos con ayuda de un cuchillo.

Lavar bien y sacar unas tiritas finas —para decorar— con ayuda de un pelador.

En un recipiente, echar hielos, agua fría y sal. Introducir las tiritas de apio y enfriar en el congelador durante 30 minutos.

Poner una cazuela con agua al fuego, echar sal y un poco de apio cortado en bastoncitos. Tapar la cazuela y cocer durante 30 minutos.

Poner otra cazuela al fuego, echar aceite de forma generosa y las setas secas.

Lavar las patatas con la piel, echar en la cazuela, tapar y confitar durante 30 minutos.

Transcurrido este tiempo, retirar las patatas del aceite y dejar enfriar. Cortar una pequeña base y vaciar el interior con ayuda de un sacabocados.

Poner una sartén al fuego y echar un poco del aceite utilizado para confitar las patatas.

Limpiar el champiñón y cortar en láminas. Echar en la sartén y saltear. Añadir los huevos y remover las claras con ayuda de una cuchara de madera hasta que cuaje.

A continuación, retirar la sartén del fuego, añadir un poco de sal y remover enérgicamente el conjunto rompiendo bien las yemas.

Rellenar las patatas con el revuelto de champiñones.

Emplatar las patatas, añadir al lado unos bastoncitos de apio y decorar la patata por encima con una tirita de apio —previamente enfriada en el congelador.

PATÉ DE GARBANZOS

Ingredientes para 4 personas:
1 base de pizza • 200 gr de garbanzos cocidos • 100 gr de espinacas
frescas • 100 gr de mantequilla • ½ cebolla • 1 cucharada de comino
sal • aceite de oliva

Poner una sartén a fuego suave, echar aceite y la cebolla picadita. Pochar durante 15 minutos.

Transcurrido este tiempo, echar en el robot. Añadir los garbanzos, la mantequilla cortada en trozos y un poco de sal.

Triturar bien, echar en un bol y enfriar en la nevera durante 1 hora.

Para las galletas de comino:

Espolvorear el comino por encima de la base de la pizza y aplastar un poco para que se fije bien.

Cortar la base en cuadrados y colocar sobre un trozo de papel encerado en la bandeja del horno.

Introducir en el horno en posición aire caliente a 200 ºC durante 15 minutos.

Transcurrido este tiempo, retirar del horno y dejar templar.

Aplastar las galletas un poco con la mano y untar con el paté. Decorar con un poco de la espinaca frita por encima.

Para la guarnición:

Lavar las espinacas y cortar en juliana finita.

Freír en abundante aceite caliente durante 1 minuto, retirar a un plato con papel absorbente y reservar.

PATÉ DE HIGADITOS

Ingredientes para 4 personas:
biscottes de pan tostado • 200 gr de higaditos • ½ cebolla
50 gr de mantequilla • 50 dl de Armañac • sal • aceite de oliva

Poner una sartén al fuego, echar un poco de aceite, la mantequilla y la cebolla picada. Rehogar a fuego suave.

Picar el hígado, echar en la sartén y freír el conjunto. Cuando el hígado tome color, añadir el licor y dejar hervir hasta que el alcohol evapore. Añadir un poco de sal.

Triturar el conjunto en la picadora.

Poner la mezcla obtenida en un recipiente. Introducir en la nevera durante 30 minutos.

Transcurrido este tiempo, retirar de la nevera y untar los biscottes con el paté frío.

Poner otra sartén a fuego fuerte, echar un poco de aceite y dorar un poco de cebolla muy picada.

Emplatar los biscottes y decorar por encima con la cebolla doradita.

PATÉ FRÍO DE GAMBAS

Ingredientes para 4 personas:
20 gambas blancas • 3 gambas blancas cocidas • 2 yemas
100 gr de mantequilla • 250 ml de nata líquida • 250 ml de brandy
mayonesa • 30 gr de huevas de trucha • 1 limón • cilantro
pimienta negra en grano • sal

En un bol, poner las gambas crudas y añadir el brandy. Macerar durante 1 hora.

Cortar el limón en rodajas y posteriormente, por la mitad. Decorar la media rodaja de limón con una hoja de cilantro y reservar.

Pelar las tres gambas cocidas y cortar a lo largo por la mitad —dejar unidas las dos mitades por la parte final de la cola.

Encamisar un molde con film transparente.

En la base del molde, alternar la gamba y el limón decorado con el cilantro.

En el robot, echar las gambas escurridas, la mantequilla, las yemas, la nata, un poco de sal y pimienta negra recién molida.

Triturar el conjunto y echar en el molde. Dar un pequeño golpe para que la mezcla asiente y enfriar en la nevera durante 3 horas.

Transcurrido este tiempo, sacar de la nevera, desmoldar y retirar el film.

Emplatar y decorar con un poco de mayonesa y unas huevas de trucha.

PATÉ VEGETAL CON PAN DE YUCA

Ingredientes para 4 personas:
2 pimientos morrones entreverados • 100 gr de champiñones
200 gr de mantequilla • 200 ml de salsa de soja • 1 yuca
50 ml de miel • nuez moscada • sal • aceite de oliva

Encender el horno en posición aire caliente a 200 ºC.

Lavar los pimientos y sobar bien con aceite.

Colocar en un recipiente que sirva para el horno e introducir en la parte media durante 30 minutos.

Transcurrido este tiempo, retirar del horno, dejar enfriar, pelar y reservar.

Poner una cazuela al fuego, echar la salsa de soja, los champiñones limpios enteros y una pizca de sal. Rehogar durante 2 minutos.

A continuación, añadir la mantequilla, tapar y cocer durante 20 minutos.

Transcurrido este tiempo, destapar y dejar durante 5 minutos en el fuego para que se evapore el agua de los champiñones y la salsa de soja.

En el robot, echar los pimientos bien escurridos, los champiñones y la grasa resultante.

Triturar, echar en un recipiente y enfriar en la nevera durante 30 minutos.

Transcurrido este tiempo, retirar de la nevera y acompañar del pan de yuca y la miel.

Para el pan de yuca:

Pelar la yuca, cortar en láminas con ayuda de una mandolina y freír en abundante aceite caliente.

Cuando el borde comience a dorar, retirar a un plato con papel absorbente. Añadir un poco de sal y rallar un poco de nuez moscada por encima.

PAVO CON PAT-CHOI

Ingredientes para 4 personas:
1 paquete de pat-choi (acelga china) • 1 puerro
100 gr de arroz vaporizado • 100 gr de fiambre de pavo
1 bote de salsa de soja • sal • aceite de oliva

Poner una cazuela con agua al fuego, echar el arroz y dejar cocer.

Limpiar el pat-choi, quitar las hojas amarillas y poner las hojas verdes en un recipiente con agua. Dejar reposar unos minutos.

Retirar del agua, escurrir bien y cortar muy finito. Lavar el puerro y cortar en tiras finitas.

Poner una sartén honda a fuego fuerte, echar un poco de aceite y añadir la verdura. A continuación, añadir el fiambre de pavo cortado en daditos. Rehogar el conjunto durante unos minutos.

Cuando el arroz esté cocido, retirar del agua, escurrir bien con ayuda de un colador y añadirlo al conjunto. Añadir un poco de sal y mezclar todo bien.

Cuando comience a apelmazar, añadir la salsa de soja y dejar que se integre todo bien.

Poner en un cuenco para que adquiera la forma y posteriormente volcar sobre un plato. Añadir una cucharada de aceite por encima para darle un poco de brillo.

PAVO GRATINADO

Ingredientes para 4 personas:
2 pechugas de pavo • 2 tomates de rama • 200 gr de queso Manchego
orégano • sal • aceite de oliva

Pelar, retirar las pepitas del tomate y cortar en daditos.

Cortar la pechuga en tiras finas y añadir un poco de sal.

Picar el queso con ayuda de un cuchillo previamente calentado al fuego para facilitar su corte.

En un recipiente, poner el tomate, la pechuga y el queso. Añadir un poco de aceite y mezclar bien.

Introducir en la parte alta del horno en posición gratinar a 230 ºC durante 10 minutos.

Transcurrido este tiempo, retirar del horno y añadir un poco de orégano por encima.

PECHUGA DE PAVO

Ingredientes para 4 personas:
4 filetes de pavo • 1 manojo de perejil • pan rallado • 4 dientes de ajo
2 huevos • sal • aceite de oliva

En el vaso de la batidora, echar el pan rallado, unas hojas de perejil y los dientes de ajo pelados. Triturar el conjunto con la batidora.

A continuación, echar un poco de sal a los filetes de pavo, pasar por huevo y por la mezcla del pan rallado, perejil y ajo.

Por último, poner una sartén a fuego máximo, echar un poco de aceite y freír los filetes de pavo a fuego fuerte para que empapen poco aceite. Retirar a un plato con papel absorbente y emplatar.

PECHUGA DE PAVO RELLENA

Ingredientes para 4 personas:
200 gr de pechuga de pavo • 1 bote de mollejas de pato confitadas
1 manzana • 10 ciruelas pasas • pimienta • sal • aceite de oliva

En un film transparente, echar una gotita de aceite y extender bien con ayuda de un pincel. Colocar encima el filete de pavo, echar un poco de sal y pimienta, poner un poco del relleno por encima y hacer un rollito. Envolver en el film. A continuación, envolver en papel de aluminio.

Poner los rollitos en una cazuela, cubrir con agua y poner al fuego. Cocer durante 10 minutos.

Transcurrido este tiempo, retirar de la cazuela y enfriar unos minutos en un recipiente con agua y hielos.

Quitar el papel y el film, cortar los extremos y reservar para la salsa.

Cortar el rollito en dos mitades de forma sesgada, emplatar y salsear por encima.

Para el relleno:

Pelar la manzana y cortar en daditos.

Deshuesar las ciruelas. Poner una sartén al fuego, echar un poco de agua y las ciruelas para que se hidraten. Cuando estén tiernas, añadir la manzana y las mollejas cortadas en daditos. Mezclar bien.

Para la salsa:

En el vaso de la batidora, echar los extremos del rollito, un poco de agua, sal, pimienta y un chorro de aceite. Triturar el conjunto.

Poner una sartén al fuego, echar la salsa y dejar hervir unos minutos para que espese.

PECHUGA DE PAVO RELLENA

Ingredientes para 4 personas:
4 filetes de pechuga de pavo • 100 gr de bacón en lonchas
100 gr de espinacas • 100 gr de uvas pasas • 100 gr de piñones
1 cebolla roja • 200 ml de vino dulce Pedro Ximénez
sal • aceite de oliva

Retirar los extremos de los filetes de pechuga.

Sobre film transparente, echar unas gotitas de aceite, colocar el filete con la parte mate hacia arriba, echar un poco de sal y poner encima un poco del relleno.

Hacer un rollito sobre el film y posteriormente envolver en papel de aluminio.

Cocer los rollitos en una cazuela con agua y un poco de sal durante 10 minutos.

Transcurrido este tiempo, sacar del agua, retirar el papel de aluminio y el film.

Cortar los extremos para hacer una base y cortar el rollito por la mitad de forma sesgada.

Emplatar y salsear por encima. Decorar el plato con una hoja de espinaca, encima colocar una loncha de bacón en forma de rollito y unos piñones alrededor. Añadir unas gotitas de aceite por encima.

Para el relleno:

Poner una cazuela al fuego y echar un chorrito de aceite. Añadir las espinacas limpias —reservar cuatro hojas para decorar—, los piñones

—reservar unos pocos para decorar—, las uvas pasas y el bacón picadito —reservar cuatro lonchas para decorar.

Añadir un poco de sal y rehogar el conjunto durante 2 minutos.

A continuación, añadir un poco de agua y dejar que reduzca.

Cuando haya reducido, echar en un bol previamente enfriado en el congelador durante 15 minutos. Remover para que el relleno enfríe bien.

Para la salsa:

Poner una sartén al fuego, echar un poco de aceite y la cebolla cortada en juliana.

Añadir un poco de sal y el vino. Dejar reducir a fuego máximo hasta que quede caramelizado.

Echar en el vaso de la batidora y triturar. Añadir un poco de agua y triturar de nuevo.

En el momento de servir, echar en una sartén y templar.

PECHUGA RELLENA DE SETAS Y LANGOSTINOS

Ingredientes para 4 personas:
4 pechugas de pollo • 200 gr de setas de cultivo • 10 langostinos
4 pimientos de piquillo naturales • 3 zanahorias • 1 cebolla
romero fresco • sal • aceite de oliva

Cortar los extremos de la pechuga, abrir la pechuga a lo largo por la mitad y hacer otro corte por uno de los lados para obtener una mayor superficie.

Cortar un trozo de film transparente y pintar la superficie con un poco de aceite con ayuda de un pincel.

Dar la vuelta a la pechuga, colocar sobre el film transparente y extender bien. Añadir un poco de sal sobre la pechuga.

Poner un poco del relleno encima y hacer un rollito. Posteriormente envolver en papel de aluminio cada rollito de forma individual.

Poner una cazuela con agua al fuego, introducir los rollitos y cocer durante 10 minutos.

Transcurrido este tiempo, retirar del agua y dejar enfriar durante unos minutos.

Posteriormente, retirar el papel. Igualar los extremos de cada rollito y hacer un corte en el centro de forma sesgada.

Emplatar y salsear por encima. Decorar con una ramita de romero.

Para el relleno:

Limpiar las setas y picar finitas.

Poner una cazuela al fuego, echar un poco de aceite y las setas. Rehogar durante 5 minutos.

Retirar las cabezas y la piel de los langostinos. Cortar los langostinos en trozos.

Echar en la cazuela junto a las setas. Añadir un poco de sal y rehogar el conjunto.

Para la salsa:

Picar la cebolla, la zanahoria y el pimiento, todo muy finito.

Poner una cazuela con un poco de aceite al fuego y echar la verdura picadita. Rehogar durante 5 minutos.

En un mortero, echar el azafrán y machacar bien. Añadir un poco de agua.

A continuación, añadir a la cazuela junto a la verdura, añadir un poco de agua y un poco de sal. Rehogar el conjunto durante 10 minutos.

Transcurrido este tiempo, triturar, colar con ayuda de un colador y reservar.

PENCAS RELLENAS

Ingredientes para 4 personas:
1 bote de pencas • 6 barritas de mar o surimi
6 pimientos verdes pequeños • 1 bote de mayonesa ligera
sal • aceite de oliva

Poner una sartén al fuego, echar abundante aceite y freír los pimientos a fuego fuerte. Una vez fritos, retirar del fuego y sumergirlos en un recipiente con agua fría. Dejar reposar unos minutos.

A continuación, pelar y retirar las pepitas. Abrirlos a lo largo por la mitad y cortar en tiras.

Escurrir las pencas y cortarlas para que sean más finas de grosor. Colocar encima las tiras de pimiento y las barritas de mar cortadas a lo largo.

Añadir por encima un poco de mayonesa, una gotita de sal y aceite y cubrir con la otra mitad de la penca. Añadir otro poco de mayonesa y colocar encima otra penca cortada finita, poner las tiras de pimiento y las barritas de mar y cubrir con la otra mitad de la penca.

Enfriar en la nevera durante 5 minutos para que quede más compacto.

Transcurrido este tiempo, retirar de la nevera y cortar en cuatro trozos. Colocar en un plato y decorar por encima con un poco de mayonesa.

PENCAS RELLENAS DE BECHAMEL DE CHORIZO

Ingredientes para 4 personas:
½ kg de acelgas • 2 patatas nuevas • 1 cebolleta
100 gr de chorizo de ristra • ½ l de leche • 80 gr de aceite
80 gr de harina • 50 ml de salsa de soja • sal • aceite de oliva

Pelar las patatas, lavar y cortar en trozos.

Poner una cazuela al fuego y echar agua. Introducir las patatas, añadir sal y cocer durante 20 minutos.

Transcurrido este tiempo, retirar del agua, pasar por el pasapurés, echar en un bol y reservar.

Limpiar las acelgas, sacar las pencas —reservar las hojas—, retirar los extremos y pelar.

Poner otra cazuela al fuego, echar agua y un poco de sal. Introducir las pencas y cocer durante 20 minutos.

Transcurrido este tiempo, escurrir bien y reservar.

En el bol del puré de patata, añadir un poco de la bechamel de chorizo —el resto, reservar para salsear por encima— y una pizca de sal.

En la base de un plato, echar una gotita de aceite y extender bien.

Poner un trozo de penca y encima un poco de la mezcla del puré de patata y bechamel. Cubrir con otro trozo de penca y calentar en el microondas durante 1 minuto.

Retirar del microondas y cubrir con la bechamel de chorizo por encima.

Acompañar de la guarnición en un cuenco.

Poner otra cazuela al fuego, echar los 80 gr de aceite y el chorizo muy picadito. Remover bien.

Cuando el chorizo haya soltado toda la grasa, retirar la cazuela del fuego y añadir la harina. Remover bien con ayuda de una cuchara de palo para evitar la formación de grumos.

Poner de nuevo al fuego, añadir la leche —previamente calentada en el microondas— y remover según se añade para que se integre todo bien.

Añadir un poco de sal, mezclar bien y reservar.

Para la guarnición:

Picar la cebolleta y las hojas de acelga.

Poner el wok a fuego máximo y echar un poco de aceite. Cuando esté caliente, añadir la cebolleta y posteriormente la acelga.

Rehogar el conjunto, apagar el fuego y añadir la salsa de soja. Remover bien y reservar.

PENCAS RELLENAS DE JAMÓN Y QUESO

Ingredientes para 4 personas:
1 bote de pencas cocidas (acelgas) • 100 gr de jamón de York
Mozarella rallada • ½ l de leche • ½ cebolla • 50 gr de harina
50 gr de aceite de oliva • sal

Cortar las pencas en trozos del mismo tamaño y repetir el proceso con las lonchas de jamón. Colocar sobre un plato un trozo de penca, sobre ella el jamón, un poco de Mozarella, otra loncha de jamón y para finalizar otra penca. Cubrir con un poco de Mozarella por encima.

Introducir el plato en la parte superior del horno y gratinar durante 2 minutos.

Transcurrido este tiempo, retirar del horno y salsear por encima con la bechamel.

Para la bechamel de cebolla:

Poner una cazuela al fuego, echar el aceite y la cebolla muy picadita. Rehogar durante 5 minutos.

Transcurrido este tiempo, retirar la cazuela del fuego y dejar enfriar un poco. Cuando el aceite esté templado, añadir la harina y mezclar fuera del fuego para evitar la formación de grumos.

Poner de nuevo al fuego y añadir la leche —que previamente se ha calentado en el microondas durante 2 minutos—. Añadir un poco de sal, remover bien y reservar.

PEPINOS RELLENOS

Ingredientes para 4 personas:
2 pepinos grandes • ½ melón maduro
1 lata de anchoas en salazón con piel
1 lata de anchoas en salazón sin piel • 100 ml de mayonesa
jengibre • aceite de oliva

Acanalar la piel del pepino con ayuda de un acanalador y reservar unas tiritas de la piel.

Retirar los extremos del pepino, cortar el pepino en trozos de unos cuatro dedos de altura y vaciar con ayuda de un sacabocados.

Rellenar con la mezcla y emplatar. Hacer varios nudos con cada tirita de la piel del pepino y colocar sobre el pepino relleno.

Hacer un rollito con la anchoa con la piel hacia fuera y colocar sobre la tirita.

Para el relleno:

Pelar el melón, picar muy finito y echar en un bol.

Picar la anchoa sin piel y echar en el bol. Añadir la mayonesa y mezclar bien.

Pelar un poco de jengibre y rallar con ayuda de un rallador. Mezclar bien el conjunto y reservar.

PEPINOS RELLENOS DE COLIFLOR
Y HUEVAS DE SALMÓN

Ingredientes para 4 personas:
2 pepinos • ½ coliflor • 100 gr de mantequilla • huevas de salmón
pimienta negra • perejil • sal • aceite de oliva

Poner una cazuela con agua al fuego, echar un poco de sal y los ramilletes de coliflor. Cocer durante 30 minutos.

Lavar los pepinos, retirar las puntas y cortar en trozos de cuatro dedos de altura. Vaciar el interior con ayuda de un sacabocados.

Una vez cocida la coliflor, echar en el vaso de la batidora. Añadir la mantequilla, un poco de sal, pimienta negra recién molida, aceite de oliva y un poco de agua. Triturar el conjunto.

En la base del pepino, echar una gotita de aceite y un poco de pimienta negra.

Rellenar el pepino con la crema de coliflor y decorar por encima con unas huevas de salmón y una ramita de perejil.

PEPINOS RELLENOS DE ENSALADA
DE ARROZ Y FRUTAS

Ingredientes para 4 personas:
2 pepinos finos • 100 gr de arroz • ⅓ de piña • ½ mango
nueces peladas • queso Parmesano • comino • sal • aceite de oliva

Poner una cazuela al fuego, echar agua, un poco de sal y un chorrito de aceite de oliva.

Cuando comience a hervir, añadir el arroz, cocer durante 17 minutos y reservar.

Lavar bien el pepino, retirar los extremos y cortar en trozos de unos cuatro dedos de altura.

Vaciar con ayuda de un sacabocados.

Con un sacabocados pequeñito, sacar unas mini-bolitas de la piel del pepino —reservar para decorar— y rellenar los huecos con unas mini-bolitas de mango.

En un bol, echar el arroz. A continuación, añadir el mango y la piña —todo muy picadito—, una pizca de comino y un poco de aceite. Mezclar bien el conjunto y reservar.

En otro bol, rallar nueces y queso en la misma proporción. Mezclar bien.

Rellenar los pepinos con la mezcla de arroz y fruta. Añadir por encima un poco de la mezcla de queso y nuez.

Emplatar y decorar el plato con las mini-bolitas de pepino.

PERAS AL VINO BLANCO SOBRE CREMA DE ARROZ CON LECHE

Ingredientes para 4 personas:
4 peras Conferencia • 600 gr de vino blanco • 100 gr de azúcar
50 gr de mantequilla • 1 ramita de menta

Para el arroz con leche:
1,5 l de leche • 120 gr de arroz • 200 gr de azúcar • ½ rama de canela
corteza de naranja • corteza de limón

Para decorar:
300 gr de cobertura de chocolate
50 gr de almendra garrapiñada picada • hojas de menta

En la base de un cuenco, poner un poco de la crema de arroz con leche y encima la pera de pie.

Añadir unos hilitos de chocolate sobre la crema de arroz con leche y decorar con una hojita de menta.

Para la crema de arroz con leche:

Hacer el arroz con leche, dejar reposar, retirar la rama de canela y la corteza de naranja y limón. Triturar y reservar.

Para las peras al vino:

Poner un cazo a fuego máximo e introducir las peras peladas. Añadir el vino blanco, el azúcar, la mantequilla y la ramita de menta.

Cubrir con film transparente y cocer durante 15 minutos.

Transcurrido este tiempo, dejar enfriar durante unos minutos y secar con papel absorbente.

Pasar las peras por el chocolate previamente derretido en el microondas durante 1 minuto y escurrir bien.

Emplatar de pie y añadir un poco de la almendra picadita por encima.

PERAS BELLA ELENA

Ingredientes para 4 personas:
4 peras duras • 1 limón • 400 gr de azúcar (almíbar)
1 l de agua • 120 gr de chocolate • 100 ml de leche entera
150 ml de nata líquida • 50 gr de azúcar (crema de chocolate)
50 gr de almendra picada • 30 gr de mantequilla

Poner una cazuela al fuego, echar el agua y 400 gr de azúcar. Añadir la ralladura y el zumo de limón.

Pelar las peras, cortar en dos mitades y echar en la cazuela. Cocer el conjunto a fuego suave durante 25 minutos.

Transcurrido este tiempo dejar enfriar.

Emplatar, salsear con la crema de chocolate y decorar con un poco de almendra picada por encima.

Para la crema de chocolate:

Poner una cazuela al fuego, echar la nata, la leche y 50 gr de azúcar. Remover con ayuda de una varilla.

A continuación, añadir la mantequilla y el chocolate cortado en trozos.

Mezclar bien el conjunto y cocer durante 4 minutos a fuego suave.

PERRETXICOS ESTOFADOS CON CEBOLLA Y YEMAS AROMATIZADAS CON TOMILLO

Ingredientes para 4 personas:
500 gr de perretxicos • 2 cebolletas • 2 yemas • ¼ de vaso de vino blanco • tomillo • sal • aceite de oliva

En un bol, echar una pizca de agua, añadir las yemas y una ramita de tomillo para aromatizar las yemas. Enfriar en la nevera durante 30 minutos.

Poner una sartén con aceite al fuego y echar la cebolleta cortada en juliana fina. Rehogar a fuego suave.

Limpiar los perretxicos y desmenuzar con la mano hasta conseguir trozos del mismo tamaño que los perretxicos más pequeños.

Cuando la cebolleta esté doradita, añadir el perretxico y el vino blanco. Dejar en el fuego durante 10 minutos. Añadir un poco de sal y remover con ayuda de una cuchara de madera.

Transcurrido este tiempo, retirar la sartén del fuego y añadir la yema aromatizada con tomillo. Remover con la cuchara de madera para ligar el conjunto —evitar que cuaje.

Emplatar y decorar con una ramita de tomillo.

PEZ ESPADA CON CREMA DE PIPERRADA

Ingredientes para 4 personas:
1 rodaja gruesa de pez espada (400 gr) • 1 pimiento rojo
2 pimientos verdes • 2 tomates de rama • 2 dientes de ajo
4 calamares pequeños • romero fresco • sal • aceite de oliva

Sacar los lomos del pez espada, retirar la piel y cortar en tajadas finas en forma de media luna. Añadir un poco de sal por encima.

Poner una sartén antiadherente al fuego, echar una gotita de aceite y dorar el pez espada vuelta y vuelta.

En la base del plato, poner un poco de la crema de piperrada y encima colocar las tajadas de pez espada.

Limpiar bien los calamares, picar muy finitos y añadir un poco de sal por encima.

Poner el wok a fuego fuerte, echar un poco de aceite y saltear el calamar.

Añadir un poco del calamar salteado por encima del pez espada y decorar con una ramita de romero.

Para la crema de piperrada:

Poner una cazuela al fuego, echar un poco de aceite y añadir el pimiento cortado en bastoncitos.

A continuación, añadir el tomate y el ajo, ambos cortados en láminas.

Añadir un poco de sal, tapar y cocer el conjunto a fuego suave durante 15 minutos.

Transcurrido este tiempo, triturar, colar, echar en un bol y reservar.

PIERNA DE CERDO ASADA

Ingredientes para 4 personas:
1 kg de pierna de cerdo • 3 patatas • 3 manzanas Golden • 3 chalotas
30 gr de mantequilla • 2 yemas • 100 ml de Oporto
sal • aceite de oliva

En un recipiente que sirva para el horno, colocar la pieza de pierna de cerdo, echar sal y aceite.

Introducir en la parte media del horno en posición aire caliente a 200 °C durante 1 hora.

Poner un cazo con aceite al fuego y echar la chalota bien picadita.

Pelar las manzanas, descorazonar, cortar en trozos y echar en el cazo. Rehogar el conjunto durante unos minutos.

A continuación, añadir el Oporto y rehogar a fuego suave.

Una vez rehogado el conjunto, romper un poco la manzana con ayuda de una cuchara.

Poner un cazo con agua al fuego, echar sal y las patatas con la piel. Cocer durante 20 minutos.

Transcurrido este tiempo, dejar templar, pelar y pasar por el pasapurés.

Añadir las yemas, la mantequilla y un poco de sal. Mezclar bien el conjunto y dejar reposar durante 5 minutos.

A continuación, introducir la mezcla en una manga pastelera.

Colocar un salvabandejas en la bandeja del horno y dibujar unos rosetones con la manga pastelera.

Introducir en la parte alta del horno en posición gratinar a 230 ºC durante 2 minutos.

Por último, cortar la carne en filetes, emplatar y añadir por encima un poco de su jugo.

Acompañar con un poco de la mezcla de manzana y chalota, y el puré de patata horneado.

PIMIENTOS CON KOKOTXAS

Ingredientes para 4 personas:
300 gr de kokotxas de bacalao desaladas • 6 brotes de ajos tiernos
1 pimiento rojo • 1 vaso de vino blanco • 2 cucharadas de azúcar
sal • aceite de oliva

Lavar el pimiento, secar bien, añadir un chorrito de aceite y sobar bien con las manos. Quemar toda la superficie del pimiento con ayuda de un soplete.

A continuación, con las manos humedecidas, retirar la piel.

Una vez pelado, retirar las pepitas y cortar en bastoncitos.

Limpiar los ajos tiernos y picar finitos.

Poner una cazuela al fuego, echar los ajos tiernos y rehogar durante 2 minutos.

A continuación, añadir el pimiento, el vino blanco, el azúcar y un poco de sal. Tapar y cocer el conjunto durante 30 minutos.

Poner otra cazuela con abundante aceite al fuego y echar las kokotxas.

Cuando comience a hervir, retirar la cazuela del fuego.

En un bol amplio, echar unas gotitas de agua e introducir las kokotxas para que suelten toda su gelatina en el agua.

Por último, añadir poco a poco el aceite con ayuda de un cacillo y agitar el bol según se añade para espesar la salsa.

En unos cuencos, servir los pimientos junto a los ajos tiernos y añadir por encima unas kokotxas con un poco de la salsa.

PIMIENTOS DEL PIQUILLO RELLENOS
DE CODORNIZ ESCABECHADA

Ingredientes para 4 personas:
2 codornices • 1 bote de pimientos del piquillo • 1 cebolla
1 cebolleta • 2 dientes de ajo • 2 hojas de laurel
pimienta negra en grano • sal • ½ l de vinagre de vino
aceite de oliva

Poner una cazuela al fuego, echar el vinagre y la mitad de agua, añadir la cebolla entera, las hojas de laurel partidas en dos mitades, la pimienta y los dientes de ajo enteros.

Limpiar las codornices, quitar las cabezas y atar las codornices con una cuerda. Echar un poco de sal y frotar bien para que penetre a través de la piel. Ponerlas en la cazuela y cocer el conjunto a fuego máximo durante 20 minutos.

Transcurrido este tiempo, retirar las codornices de la cazuela y dejar enfriar. Quitar la cuerda y los huesos y desmenuzar con las manos.

En un bol, echar un pimiento y la cebolleta, todo bien picadito. Añadir las codornices desmenuzadas, tres cucharadas del caldo del escabeche y un poco de aceite para que ensamble todo bien.

Por último, rellenar los pimientos y emplatar.

PIMIENTOS RELLENOS

Ingredientes para 4 personas:
1 bote de pimientos del piquillo • 400 gr de tapa de brazuelo
2 cebollas • 2 zanahorias • 1 pimiento verde • sal • aceite de oliva

Para la bechamel:
½ l de leche • 80 gr de harina • 80 gr de aceite de oliva
1 diente de ajo

Poner una cazuela amplia al fuego y echar aceite.

Lavar el pimiento verde, picar finito y echar en la cazuela.

A continuación, añadir la cebolla y la zanahoria, ambas cortadas en trocitos. Rehogar durante 2 minutos.

Cortar la carne en trozos, añadir sal por encima y echar en la cazuela. Rehogar durante 2 minutos, cubrir con agua, tapar y cocer el conjunto durante 1 hora.

Transcurrido este tiempo, retirar la carne, dejar enfriar, desmigar y reservar.

En el robot, echar la verdura cocida, triturar y reservar.

En el bol de la carne, añadir poco a poco la bechamel y mezclar.

Rellenar los pimientos con la mezcla.

Envolver una fuente con film transparente y colocar encima los pimientos. Cubrir con film e introducir en el congelador durante 2 horas como mínimo.

Transcurrido este tiempo, sacar del congelador, colocar en un recipiente que sirva para el horno y añadir la salsa de verduras por encima.

Introducir en la parte media del horno en posición aire caliente a 200 °C durante 15 minutos.

Retirar del horno y emplatar.

Para la bechamel:

Poner una cazuela a fuego máximo, echar el aceite y el ajo cortado en láminas.

Cuando el ajo esté doradito, quitar la cazuela del fuego, retirar el ajo y dejar templar el aceite.

A continuación, añadir la harina y remover bien con una cuchara de madera.

Por último, poner de nuevo la cazuela al fuego y echar la leche —previamente calentada en el microondas—. Remover según se añade con ayuda de una varilla hasta que espese y reservar.

NOTA: se puede utilizar cualquier otro tipo de carne siempre que ésta sea muy fibrosa. Los pimientos resultan más sabrosos si se congelan, aunque no es absolutamente necesario este paso.

PIMIENTOS RELLENOS DE PISTO

Ingredientes para 4 personas:

Para el pisto:
4 pimientos rojos morrones • 2 pimientos verdes • 1 berenjena
1 rodaja de calabaza • 1 cebolla • 4 dientes de ajo • 3 huevos

Para la salsa verde:
1 cabeza de merluza • 1 cola de merluza • 300 ml de vino blanco
3 cucharadas de harina • perejil fresco • sal • aceite de oliva

Lavar los pimientos rojos, sobar bien con aceite y colocar en un recipiente que sirva para el horno.

Introducir en la parte media del horno en posición aire caliente a 230 ºC durante 25 minutos.

Transcurrido este tiempo, retirar del horno, dejar enfriar, pelar y reservar.

Emplatar el pimiento, abrir, rellenar con el pisto y cerrar.

Calentar el pimiento en el horno durante 2 minutos, retirar del horno y añadir un poco de la salsa verde templada por encima. Decorar con unas hojas de perejil.

Para el pisto:

Poner una cazuela amplia al fuego y echar un poco de aceite. Añadir la cebolla y el ajo picadito. Rehogar durante unos minutos.

A continuación, lavar el pimiento verde, picar y añadir a la cazuela.

Pelar la calabaza, cortar en daditos y echar en la cazuela.

Por último, lavar la berenjena, picar, echar en la cazuela y rehogar bien. Añadir sal al conjunto.

Poner una sartén al fuego con un poco de aceite, echar los huevos y cuajar bien.

Una vez cuajados, añadir a la cazuela, mezclar bien y reservar.

Para la salsa verde:

Poner una cazuela al fuego y echar aceite de forma generosa.

Lavar el perejil, picar finito y echar en la cazuela.

Abrir la cabeza de la merluza, retirar la kokotxa, los dientes y las agallas.

Añadir la cabeza limpia y la cola a la cazuela. Echar la harina y agitar la cazuela.

Añadir el vino blanco y un chorrito de agua. Cocer el conjunto durante 10 minutos y agitar continuamente.

Colar con ayuda de un colador y reservar.

PIMIENTOS RELLENOS DE VERDURA

Ingredientes para 4 personas:
1 bote de pimientos del piquillo • 1 bote de menestra
1 bote de salsa de tomate • 1 tomate • sal • aceite de oliva

Poner una cazuela al fuego y echar un poco de aceite.

Lavar el tomate, cortarlo por la mitad, retirar las pepitas, cortar en daditos y echar en la cazuela. Añadir un poco de sal.

Cuando el tomate esté bien rehogado, añadir la menestra bien escurrida. Poner el fuego al máximo, añadir poco a poco la salsa de tomate hasta conseguir una especie de farsa. Echar un poco de sal y bajar el fuego al mínimo.

Rellenar los pimientos con la mezcla y emplatar. Salsear por encima uno a uno con ayuda de una cuchara y dar un golpe de calor en el microondas.

Para la salsa:

En el vaso de la batidora, echar un poco de salsa de tomate, dos pimientos del piquillo y un poco de la farsa utilizada para el relleno. Triturar el conjunto con la batidora.

En el momento de salsear los pimientos, añadir a la salsa un chorrito de aceite y batir bien con ayuda de una varilla.

PIMIENTOS RELLENOS VERTICALES

Ingredientes para 4 personas:
12 pimientos del piquillo • 1 kg de costilla de cerdo
200 gr de tomates cherry • 2 cebollas
4 cucharadas grandes de azúcar • 200 ml de vino blanco
romero fresco • sal • aceite de oliva

Poner una cazuela amplia al fuego y echar aceite.

Picar la cebolla, echar en la cazuela, añadir un poco de sal y remover bien.

Añadir sal sobre la costilla e introducir en la cazuela.

Añadir unas ramas de romero y cubrir con agua. Tapar la cazuela y cocer durante 40 minutos.

Transcurrido este tiempo, dejar enfriar, desmigar y reservar.

En el robot, echar la cebolla y el jugo obtenido. Añadir un poco de costilla desmigada, triturar el conjunto y reservar.

Poner otra cazuela al fuego, echar el azúcar y el vino blanco. Dejar reducir.

Una vez reducido, añadir la salsa triturada, mezclar bien y calentar.

Rellenar los pimientos con la carne desmigada y emplatar en sentido vertical.

Lavar los tomatitos, cortar por la mitad y colocar alrededor de los pimientos.

Calentar en la parte media del horno en posición aire caliente a 200 ºC durante 2 minutos.

Transcurrido este tiempo, retirar del horno y salsear por encima.

PINCHO DE LUBINA

Ingredientes para 4 personas:
4 brochetas pequeñas • 4 rebanadas sesgadas de pan de chapata
100 gr de lubina • 6 huevos • 3 zanahorias
tomillo fresco • sal • aceite de oliva

Poner un cazo con agua al fuego y echar un poco de sal.

Pelar la zanahoria, echar en el cazo y cocer durante 20 minutos.

Transcurrido este tiempo, retirar la zanahoria del agua y dejar enfriar. Cortar en daditos y reservar.

Deshuesar la lubina, retirar la piel y lavar.

Cortar en trozos de unos cuatro dedos de grosor, hacer un corte por la mitad y abrir hacia ambos lados como si se tratara de un libro.

Echar los huevos en un bol y batir con ayuda de una varilla.

En la base de los moldes redondos, poner un poco de zanahoria, colocar encima una ramita de tomillo y cubrir con el huevo batido con ayuda de un cacillo.

Calentar al baño María. Una vez cuajados, dejar enfriar y desmoldar.

Poner una sartén al fuego, echar una gotita de aceite y tostar las rebanadas vuelta y vuelta.

Poner otra sartén al fuego, echar una gotita de aceite y freír las tajadas de lubina vuelta y vuelta.

Cortar los flanes en dos mitades iguales.

Sobre la rebanada de pan tostado, colocar media tajada de lubina, encima colocar un trozo de flan, pinchar con una brocheta y emplatar. Decorar con una ramita de tomillo.

PINCHO DE POLLO

Ingredientes para 4 personas:
8 tostas de pan • 1 muslo de pollo • 2 cogollos de Tudela • 1 patata
50 gr de mayonesa • perejil • sal • aceite de oliva

Poner una cazuela con agua al fuego, añadir un poco de sal y un chorrito de aceite.

Limpiar bien el muslo de pollo, echar en la cazuela y cocer durante 10 minutos.

Transcurrido este tiempo, retirar del agua, dejar enfriar, desmigar y reservar.

Pelar la patata, lavar y cortar en bastoncitos.

Poner una sartén al fuego y echar aceite de forma generosa. Cuando el aceite esté caliente, echar la patata y freír.

Limpiar bien los cogollos, cortar en juliana fina y reservar.

En el vaso de la batidora, echar un poco del agua resultante de la cocción del pollo, añadir la mayonesa, la patata frita bien escurrida y una pizca de sal. Triturar el conjunto.

En un bol, echar el pollo y el cogollo. Añadir la salsa y mezclar bien con ayuda de una cuchara.

Poner la mezcla sobre la tosta, emplatar y decorar con una ramita de perejil.

PIÑA RELLENA AL LIMÓN

Ingredientes para 4 personas:
2 brochetas • 1 piña • 500 gr de azúcar • 40 gr de mantequilla
zumo de 4 limones • corteza de 1 limón • 250 ml de ron

Cortar la corteza de limón en juliana fina.

Poner una cazuela con agua al fuego. Cuando comience a hervir, echar la corteza de limón y escaldar durante 1 minuto.

A continuación, retirar del agua, escurrir con ayuda de un colador y reservar.

Hacer dos cortes sesgados a la piña, uno en la base y otro por la parte de arriba.

Retirar el tronco de la piña con ayuda de un descorazonador y vaciar la piña. Cortar la piña en trozos y reservar.

Poner una sartén al fuego y echar la mantequilla. Cuando comience a derretir, añadir el azúcar.

A continuación, añadir los trozos de piña y el zumo de limón. Cocer el conjunto durante 2 minutos.

Transcurrido este tiempo, rellenar la piña y emplatar.

Poner otra sartén al fuego y echar el ron. Cuando comience a hervir, flambear.

Antes de que evapore todo el alcohol, verter el líquido por encima de la piña rellena.

Cortar las hojas de la piña a lo largo por la mitad y pinchar en la piña con ayuda de unas brochetas. Decorar por encima con la corteza de limón escaldada.

PIPERRADA DE POLLO

Ingredientes para 4 personas:
2 pechugas de pollo • 1 pimiento rojo • 1 pimiento verde
1 pimiento amarillo • 1 cebolla • 4 dientes de ajo • 2 yemas
1 bote de aceitunas rellenas • pan rallado • 1 cucharada de romero
1 cucharada de eneldo • 1 cucharada de pimentón dulce
pimienta negra en grano • sal • aceite de oliva

En un bol amplio, echar un chorrito generoso de aceite, pimentón dulce, eneldo y romero. Moler un poco de pimienta negra y remover con ayuda de una varilla.

Introducir en el bol las pechugas enteras y dejar adobar durante 1 hora.

Poner una cazuela amplia y baja a fuego fuerte. Echar aceite y el ajo cortado en láminas. Rehogar durante 2 minutos.

A continuación, añadir el pimiento cortado en tiritas y la cebolla cortada finita.

Añadir un poco de sal y rehogar a fuego fuerte durante 2 minutos.

Por último, bajar el fuego, tapar la cazuela y dejar a fuego suave durante 30 minutos.

Transcurrido este tiempo, introducir el pollo adobado cortado en tiras y añadir un poco de sal. Subir el fuego y dejar durante 3-4 minutos.

Retirar del fuego, añadir las yemas y mezclar con ayuda de una cuchara de madera.

Emplatar y acompañar de la guarnición.

Para la guarnición:

En la picadora, echar las aceitunas y un chorrito de aceite. Triturar y echar en un bol.

Lubricar las manos con un poco de aceite, coger un poco de la pasta de aceitunas, hacer unas bolitas, pasar por pan rallado y reservar.

PIRULETAS DE CHOCOLATE

Ingredientes para 4 personas:
brochetas de madera • 200 gr de cobertura de chocolate
turrón blando • nueces peladas • pistachos pelados
ciruelas pasas • uvas pasas • sal

En un bol, echar el chocolate y derretir en el microondas durante 1 minuto.

Retirar del microondas y añadir una pizca de sal. Mezclar bien y echar en un canutillo de papel.

Cubrir un recipiente hondo con film transparente, que quede bien tenso.

Colocar las brochetas sobre el film transparente.

En el extremo superior del palo, colocar el motivo (un trocito de turrón, de nuez...), soldar al palo con un poco de chocolate y dibujar una rejilla de chocolate por encima, o bien dibujar círculos de chocolate sobre la brocheta y colocar el motivo encima.

Hacer las piruletas al gusto y enfriar en el congelador durante 15 minutos.

Transcurrido este tiempo, retirar de la nevera, desmoldar con ayuda de una puntilla y servir.

PISTO CON MEJILLONES

Ingredientes para 4 personas:
1 paquete de mejillones cocidos • 1 calabacín • 1 cebolla
2 pimientos verdes • 1 pimiento rojo morrón • 4 huevos
sal • aceite de oliva

Limpiar bien la verdura y cortar en daditos pequeños.

Poner una cazuela a fuego suave y echar un poco de aceite. Añadir el pimiento, la cebolla y el calabacín. Rehogar el conjunto hasta que esté tierno. A continuación, añadir los mejillones. Dejar el conjunto durante 3-4 minutos para que se integren los sabores.

En un bol, echar los huevos y romperlos un poco con ayuda de una varilla.

Poner una sartén a fuego fuerte y echar un poco de aceite. Cuando el aceite esté muy caliente, añadir los huevos y cuajar con ayuda de una cuchara de madera.

Una vez cuajado, añadirlo al pisto. Romper un poco el huevo cuajado con ayuda de una espátula y emplatar.

PIZZA CON MASA DE HOJALDRE

Ingredientes para 4 personas:
1 masa de hojaldre • 5 tomates de rama • 100 gr de champiñones
100 gr de queso Mozarella rallado • 1 lata de chicharrillos en aceite
1 lata de aceitunas rellenas de anchoa • jamón de York en barra
orégano • harina • sal • aceite de oliva

Encender el horno en posición aire caliente a 200 ºC.

Echar un poco de harina en la bandeja del horno y colocar encima la masa de hojaldre.

En el borde exterior de la masa de hojaldre, hacer un doblez sobre sí mismo.

Limpiar el champiñón, cortar en láminas finas y echar en un bol. Añadir un poco de aceite y mezclar bien.

Colocar las láminas de champiñón por toda la base de la pizza.

Cortar unas láminas de jamón a lo largo y posteriormente cortar en tiras largas. Añadir por encima del champiñón.

A continuación, sacar los lomos de los chicharrillos, retirar la espina central y colocar por encima.

Añadir las aceitunas y el tomate cortado en rodajas —reservar dos tomates para la salsa.

Por último, echar un poco de sal, orégano, un chorrito de aceite y Mozarella.

Introducir en la parte media del horno en posición aire caliente y grill durante 10 minutos.

En el vaso de la batidora, echar dos tomates cortados en trozos, Mozarella rallado, un poco de agua, sal y un chorrito de aceite.

Triturar y añadir por encima de la pizza en el momento de servir.

PIZZA DE CALABACÍN

Ingredientes para 4 personas:
1 masa de hojaldre preparada • 1 calabacín • 1 cebolleta • harina
pimienta • sal • aceite de oliva virgen extra

Encender el horno en posición aire caliente a 180 ºC.

Poner una sartén al fuego, echar un poco de aceite y rehogar la cebolleta cortada en juliana fina a fuego suave.

Lavar el calabacín y cortar en rodajas finas.

Poner otra sartén al fuego con aceite de oliva y freír el calabacín vuelta y vuelta. Retirar a un plato con papel absorbente.

Trabajar la masa de hojaldre con un poco de harina sobre una superficie lisa y con ayuda de un rodillo —reservar el hojaldre en la nevera hasta el momento de su uso.

Cubrir un recipiente que sirva para el horno con la masa de hojaldre, poner la cebolleta bien pochadita y el calabacín por encima. Tapar con los extremos del hojaldre.

Introducir en la parte media del horno durante 10 minutos.

Transcurrido este tiempo, retirar del horno y desmoldar. Cortar unas raciones y emplatar. Añadir un poco de sal, pimienta y un chorrito de aceite por encima.

PIZZA DE PESCADO EN CONSERVA

Ingredientes para 4 personas:
1 base de pizza • 1 lata de sardinas en aceite
1 lata de anchoas en salazón • 1 lata de tomate
1 lata de pimientos del piquillo • 100 gr de mozarella
tomillo • aceite de oliva

Encender el horno en posición aire caliente a 180 ºC.

En el vaso de la batidora, echar el tomate y el pimiento. Triturar bien y extender la mezcla sobre la base de pizza.

Pintar el borde de la pizza con un poco de aceite para que al hornear coja un color dorado y brillante.

Colocar las anchoas sobre la base de la pizza.

Picar las sardinas y distribuirlas por toda la base.

Añadir por encima un poco de Mozarella y un poco de tomillo.

Poner la base sobre la bandeja caliente del horno e introducir en la parte media del horno durante 10 minutos.

Transcurrido este tiempo, retirar del horno y emplatar.

PIZZA DE SETAS SHITAKE Y MAGRET DE PATO

Ingredientes para 4 personas:
1 masa de pizza fresca • 100 gr de setas Shitake • 1 magret de pato
1 cebolla • 1 guindilla roja • 1 sobre de queso Mozarella rallado
comino • harina • sal • aceite de oliva

Encender el horno en posición aire caliente a 200 °C.

Limpiar la cebolla y cortar en juliana.

Limpiar las setas, retirar el tronco y cortar en juliana.

Poner una sartén a fuego fuerte y echar un poco de aceite. Cuando el aceite esté caliente, echar la cebolla y las setas. Añadir un poco de sal y rehogar durante 2 minutos.

A continuación, añadir un poco de agua y un poco de guindilla cortada en tiritas. Dejar en el fuego hasta que el agua evapore.

Cuando el agua haya evaporado, echar en un bol y reservar.

Cortar el magret de forma sesgada en tajadas finitas y reservar.

En la bandeja del horno, echar un poco de harina, colocar la masa de pizza encima y estirar un poco con las manos.

Sobre la masa de pizza, poner una cama de cebolla y setas. Colocar encima las tajadas de magret en forma de corona.

Añadir una pizca de sal, un poco de Mozarella e introducir en la parte media del horno durante 15 minutos.

Transcurrido este tiempo, retirar del horno y emplatar.

PIZZA DE VERDURAS CON POLLO ESTOFADO Y QUESO DE CABRA

Ingredientes para 4 personas:
400 gr de harina • 150 gr de agua • 1 sobre de levadura • 1 calabacín
1 pimiento verde • 1 cebolla • 5 tomates de rama • tomillo fresco
2 muslos enteros de pollo de corral • 3 trozos de melocotón en almíbar
10 lonchas de queso de cabra • 200 ml de vino dulce
harina (para trabajar la masa) • sal • aceite de oliva

En un bol amplio, echar la harina, hacer un cráter en el centro y echar el agua. Añadir la levadura alrededor y un chorrito de aceite.

Mezclar con las manos hasta conseguir una masa homogénea. Dejar reposar a temperatura ambiente durante 30 minutos.

Poner una sartén al fuego, echar un poco de aceite y la verdura muy picadita. Añadir un poco de sal y unas ramitas de tomillo. Tapar y rehogar durante 30 minutos.

Poner una cazuela al fuego, echar el vino, 200 ml de agua y el melocotón en almíbar.

Pasar los muslos de pollo por el fuego, frotar la piel con un poco de sal para que penetre bien y echar en la cazuela. Tapar y estofar durante 30 minutos.

Transcurrido este tiempo, dejar enfriar y desmigar el pollo. Cortar el melocotón en tiritas y reservar.

Una vez haya reposado la masa, echar un poco de harina sobre una superficie lisa y estirar la masa con ayuda de un rodillo.

Echar un poco de harina en la bandeja del horno y colocar la masa bien estirada. Cubrir la masa de pizza con la verdura rehogada.

Añadir por encima, el pollo desmigado y las tiritas de melocotón. Cubrir con el queso e introducir en la parte baja del horno en posición turbo-grill a 200 °C durante 10 minutos.

PIZZA MARGARITA CALZONE

Ingredientes para 4 personas:
1 bote de salsa de tomate casera • 250 gr de harina
120 gr de agua templada • 15 gr de levadura prensada
50 gr de rúcula • 1 yema • queso Mozarella rallado
harina (para trabajar la masa) • orégano • sal • aceite de oliva

Echar la harina sobre una superficie lisa, hacer una especie de volcán y en el centro un cráter.

En el cráter, echar la levadura, un poco de agua templada y una pizca de sal. Introducir el dedo y dibujar unos círculos concéntricos para que se integre todo bien.

Añadir poco a poco el agua hasta conseguir una mezcla homogénea.

A continuación, trabajar bien la masa con la palma de la mano, hacer una bola y poner en un bol.

Tapar con film transparente y dejar cerca de una superficie caliente para que la levadura actúe —sin superar nunca los 50 ºC.

Transcurrido este tiempo, coger un trozo de la masa, añadir un poco de harina y estirar bien.

Sobre la bandeja del horno, echar un poco de harina y colocar la masa encima.

Cubrir la mitad de la pizza con la salsa de tomate, el queso, un poco de orégano y rúcula.

Pintar el borde exterior con la yema con ayuda de un pincel. Plegar sobre sí misma y sellar el borde.

Pintar la superficie superior con la yema e introducir en la parte baja del horno en posición aire caliente a 200 ºC durante 15 minutos.

Transcurrido este tiempo, retirar del horno, emplatar y añadir un chorrito de aceite por encima.

PIZZA VEGETARIANA

Ingredientes para 4 personas:
1 masa de pizza • 1 bote de menestra • 1 tomate
1 sobre de queso rallado • harina • orégano
sal • aceite de oliva virgen extra

Encender el horno en posición turbo-grill a 200 °C.

Trabajar la masa de pizza con un poco de harina sobre una superficie lisa y con ayuda de un rodillo.

En la bandeja del horno echar un poco de harina y colocar la masa bien estirada.

Escurrir bien la verdura y ponerla sobre la masa. Cubrir con el queso rallado, añadir un poco de orégano y una pizca de aceite.

Introducir en la parte baja del horno durante 10 minutos.

Transcurrido este tiempo, retirar del horno y salsear por encima.

Para la salsa:

En el vaso de la batidora, echar el tomate lavado cortado en daditos, echar un poco de sal, un poco de orégano y un chorro de aceite. Triturar bien el conjunto.

PIZZAS RASGADAS

Ingredientes para 4 personas:
1 masa de pizza fresca • 2 huevos cocidos
1 bote de pepinillos en vinagre • 1 lata de jurel en conserva
100 gr de queso Mozarella en barra • leche • harina • orégano
sal • aceite de oliva

Encender el horno en posición aire caliente por la parte inferior a 200 °C.

En la bandeja del horno, echar un poco de harina.

Romper la masa de pizza en trozos irregulares.

Picar el jurel, retirar las espinas. Picar el pepinillo —reservar uno por cada dos trozos de pizza para decorar— y el queso Mozarella.

Por último, rallar el huevo con ayuda de un rallador, añadir un poco de orégano y un chorrito de aceite para ligar el conjunto.

Poner la mezcla sobre la masa de pizza y pintar el borde exterior con un poco de leche con ayuda de un pincel.

Introducir en la parte baja del horno durante 10 minutos.

Transcurrido este tiempo, retirar del horno y emplatar.

Para decorar, cortar el pepinillo a lo largo por la mitad, hacer unos cortes a lo largo y abrir como un abanico.

Colocar encima de los trozos de pizza y servir.

PLÁTANOS CON CHOCOLATE

Ingredientes para 4 personas:
2 plátanos • 100 gr de cobertura de chocolate • 25 gr de mantequilla
30 gr de agua • 1 rama de canela • Cointreau
azúcar glaceé • aceite de oliva

Poner un cazo al fuego, echar el chocolate y el agua. Hervir hasta que se derrita —remover continuamente para evitar que se pegue— y añadir la rama de canela.

Pelar los plátanos y cortar a lo largo por la mitad. En una sartén poner la mantequilla junto con un poco de aceite para evitar que la mantequilla se queme. Freír los plátanos a fuego fuerte hasta que doren.

En la grasa resultante de freír los plátanos, añadir el licor y dejar al fuego hasta que el alcohol evapore. A continuación, echarlo en el cazo junto a la salsa de chocolate.

Emplatar los plátanos, salsear con el chocolate y en el momento de servir, añadir un poco de azúcar glaceé por encima.

PLUMCAKE

Ingredientes para 4 personas:
160 gr de harina • 160 gr de azúcar
160 gr de mantequilla a punto pomada • 3 huevos
½ sobre de levadura • 30 gr de uvas pasas • 30 gr de frutos secos
harina (para enharinar las uvas pasas)

Encender el horno en posición aire caliente a 180 ºC.

En un recipiente, echar la mantequilla, el azúcar y la levadura. Remover con ayuda de una varilla. Añadir los huevos y mezclar bien. Echar la harina poco a poco y remover según se añade.

Pasar las uvas pasas por harina para aumentar su densidad y evitar que se hundan en el pastel. Añadir las uvas pasas y los frutos secos al resto de los ingredientes. Mezclar todo bien y poner en un molde que sirva para el horno.

Introducir en la parte media del horno durante 15 minutos.

Transcurrido este tiempo, pinchar con un cuchillo, si éste sale seco indica que está hecho. Retirar del horno, dejar enfriar a temperatura ambiente y desmoldar.

PLUMCAKE DE CACAO CON SALSA DE CHOCOLATE BLANCO

Ingredientes para 4 personas:
200 gr de harina • 170 gr de azúcar moreno • 170 gr de mantequilla
75 gr de chocolate blanco • 25 gr de cacao • 1 vaso de leche
4 huevos

En un bol, echar el cacao y la harina. Mezclar con ayuda de una varilla.

A continuación, añadir los huevos uno a uno. Mezclar según se añade.

En otro bol, echar el azúcar y la mantequilla previamente derretida en el microondas. Mezclar bien con la varilla.

Añadir la mezcla de cacao y harina. Mezclar con la varilla según se añade.

Encamisar un molde con un poco de mantequilla y harina. Añadir la mezcla.

Introducir en la parte media del horno en posición aire caliente a 180 ºC durante 30 minutos.

Transcurrido este tiempo, retirar del horno y emplatar. Salsear por encima con la salsa de chocolate blanco.

Para la salsa de chocolate blanco:

En un bol, echar el chocolate blanco y derretir en el microondas.

Añadir la leche poco a poco, mezclar bien según se añade y reservar.

PLUMCAKE DE ZANAHORIAS Y UVAS PASAS

Ingredientes para 4 personas:
200 gr de azúcar • 185 gr de harina
125 gr de uvas pasas sin pepitas • 125 gr de zanahorias • 2 huevos
½ cucharada de levadura en polvo • 2 cucharadas de canela molida
100 gr de harina (para enharinar las uvas pasas)
150 gr de aceite de oliva

Encender el horno en posición aire caliente a 190 ºC.

En un bol grande, echar la harina, el azúcar, la levadura y la canela. Mezclar bien con ayuda de una varilla para romper los grumos de la harina.

A continuación, añadir los huevos y el aceite. Mezclar bien el conjunto.

Pelar las zanahorias y rallar.

Enharinar las uvas pasas para evitar que se depositen en el fondo.

Posteriormente, añadir a la mezcla la zanahoria rallada y las uvas pasas enharinadas. Mezclar bien el conjunto con ayuda de la varilla.

Echar la mezcla en un molde rectangular con ayuda de una espátula e introducir en la parte media del horno durante 40 minutos.

Transcurrido este tiempo, retirar del horno, dejar enfriar a temperatura ambiente, desmoldar y emplatar.

POLLARDA DE CERDO CON CEBOLLA FRITA

Ingredientes para 4 personas:
1 bolsa de envasar al vacío • 800 gr de lomo de cerdo deshuesado
2 cebollas de secano • pimienta blanca • sal • aceite de oliva

Poner un cazo con abundante aceite a fuego máximo.

Pelar la cebolla, cortar en rodajas finas, echar en el cazo y freír en pequeñas cantidades.

Cuando esté doradita, retirar del aceite y escurrir bien con ayuda de un colador.

Cortar la pieza de lomo en cuatro trozos gruesos y limpiar bien.

Cortar los extremos de la bolsa de vacío excepto por un extremo, echar un poco de aceite en el centro y poner el trozo de lomo encima.

Cerrar la bolsa y espalmar con ayuda de un machete hasta conseguir que la carne ocupe toda la superficie de la bolsa. Repetir el proceso para cada trozo de carne.

Añadir un poco de sal y pimienta.

Poner una sartén al fuego, freír la carne vuelta y vuelta y emplatar. Como guarnición, añadir un poco de cebolla frita por encima.

POLLO A LA CERVEZA

Ingredientes para 4 personas:
1 pollo (1,5 kg) • 2 pimientos rojos • 1 cabeza de ajo
½ l de cerveza • 100 gr de azúcar • sal • aceite de oliva

En el bol donde está el azúcar, añadir un poco de sal y mezclar bien.

Trocear el pollo y añadir un poco de la mezcla de sal y azúcar por encima.

Poner una cazuela amplia al fuego, echar un poco de aceite, añadir el pimiento cortado en trocitos y los dientes de ajo —con la piel—. Rehogar durante 10 minutos.

Una vez rehogado, añadir un poco de la mezcla de sal y azúcar por encima para contrarrestar el amargor de la cerveza.

En un recipiente que sirva para el horno, poner el pollo, cubrir con la cerveza e introducir en la parte media del horno en posición aire caliente a 230 ºC durante 10 minutos.

Transcurrido este tiempo, retirar el pollo del horno y echar en la cazuela junto al pimiento y el ajo.

Cocer el conjunto durante 5 minutos para que se integren los sabores y emplatar.

POLLO A LA RATATOUILLE

Ingredientes para 4 personas:
1 pollo (1,4 kg) • 200 gr de mantequilla • 5 dientes de ajo
½ l de leche • 2 patatas • 1 bulbo de hinojo • sal • aceite de oliva

Para la ratatouille:
1 berenjena • 1 calabacín • 1 cebolla • 2 tomates • 2 hojas de laurel

Esterilizar el pollo con ayuda de un soplete.

En una fuente que sirva para el horno, poner la mantequilla cortada en trozos, echar un chorrito de aceite y colocar los dientes de ajo.

Añadir sal sobre el pollo, frotar bien para que penetre a través de la piel y colocar en la fuente.

Introducir en la parte media del horno en posición aire caliente a 200 °C durante 50 minutos —cada 20 minutos, añadir por encima un poco del jugo resultante con ayuda de un cacillo.

Transcurrido este tiempo, retirar del horno, partir en trozos y emplatar.

Acompañar de la ratatouille, salsear por encima con el puré de hinojo y patata, y decorar con una hojita de hinojo.

Para la ratatouille:

Lavar las verduras, cortar en trozos del mismo tamaño y poner en una fuente que sirva para el horno.

Enterrar las hojas de laurel entre la verdura, añadir un poco de sal y un chorrito de aceite por encima.

Introducir en el horno —junto al pollo— durante 20 minutos.

Transcurrido este tiempo, retirar del horno y reservar.

Para el puré de hinojo y patata:

Poner una cazuela al fuego y echar la leche.

Pelar la patata, lavar, cortar en cachelos y echar en la cazuela.

Retirar la última capa del bulbo de hinojo, picar finito y echar en la cazuela. Añadir un poco de sal y cocer el conjunto durante 20 minutos.

Transcurrido este tiempo, triturar en el robot, echar en un bol y reservar.

POLLO CON JENGIBRE Y CANELA

Ingredientes para 4 personas:
1 pollo (1,5 kg) • 2 patatas • 2 cebollas • jengibre • 1 rama de canela
1 vaso de vino dulce • sal • aceite de oliva

Encender el horno en posición aire caliente a 230 ºC.

Pasar el pollo por la llama del fuego para limpiarlo bien. Cortar el pollo en trozos pequeños.

En una rustidera, echar un poco de aceite. Poner una cama de cebolla cortada en juliana fina. Poner encima el pollo, echar un poco de sal y añadir por encima la patata cortada en trozos.

A continuación, añadir la rama de canela. Pelar un poco de jengibre y rallar por encima.

Introducir en la parte media del horno durante 30 minutos.

Transcurrido este tiempo, retirar del horno y poner al fuego. Añadir el vino y dejar reducir unos minutos.

Por último, mezclar el conjunto con ayuda de una cuchara de madera y emplatar.

POLLO CRUJIENTE CON PATATAS

Ingredientes para 4 personas:
4 muslos y contramuslos • 1 patata grande
100 gr de espinacas frescas • 100 gr de mayonesa • 4 dientes de ajo
romero fresco • sal • aceite de oliva

Esterilizar el pollo con ayuda de un soplete.

Con la parte de atrás de un machete dar golpes para romper los huesos del pollo y pinchar la carne con ayuda de un cuchillo.

Poner el pollo en un bol amplio, añadir un chorrito de aceite y un poco de sal. Embadurnar bien con las manos.

Cubrir con film transparente e introducir en el microondas durante 4 minutos.

Poner el wok a fuego máximo y echar aceite de forma generosa.

Pelar la patata, lavar, cortar en tiras finas con ayuda de un pelador y echar directamente en el wok.

Cuando estén hechas, retirar a un plato con papel absorbente y añadir un poco de sal por encima.

Una vez retiradas las patatas, echar el pollo en el aceite del wok, freír durante 2 minutos y retirar a un plato con papel absorbente.

Emplatar el pollo, acompañar al lado del ali-oli verde y añadir las patatas por encima. Decorar con una ramita de romero.

Para el ali-oli verde:

Poner una cazuela al fuego y echar agua. Cuando comience a hervir, echar las espinacas limpias y blanquear durante 2 minutos. Retirar del agua y reservar.

Poner otra cazuela al fuego, echar agua y los dientes de ajo pelados. Blanquear durante 3 minutos para suavizar su sabor.

En el robot, echar la mayonesa, la espinaca, el ajo, un chorrito de aceite y un poco de sal. Triturar el conjunto y reservar.

POLLO DE CORRAL CON GARBANZOS

Ingredientes para 4 personas:
300 gr de pollo de corral cortado en trozos
300 gr de garbanzos cocidos • 300 ml de vino tinto
6 lonchas de bacón ahumado • 3 zanahorias • 2 dientes de ajo
1 cebolla dulce • perejil fresco • sal • aceite de oliva

Poner una cazuela amplia a fuego fuerte y echar aceite.

Pelar la zanahoria, cortar en rodajas y echar en la cazuela. Cortar la cebolla en trozos y echar en la cazuela.

Añadir los dientes de ajo enteros, el bacón y el perejil, ambos bien picaditos.

A continuación, añadir el vino y dejar en el fuego hasta que el alcohol evapore.

Añadir un poco de sal sobre los trozos de pollo y echar en la cazuela. Bajar el fuego y cocer el conjunto durante 20 minutos.

Transcurrido este tiempo, añadir los garbanzos cocidos —reservar unos pocos para decorar—. Mezclar bien el conjunto y dejar durante 10 minutos para que se integren los sabores.

Emplatar y decorar con unos garbanzos fritos por encima en el momento de servir.

Para decorar:

Secar bien los garbanzos con papel absorbente y freír en abundante aceite caliente.

Retirar a un plato con papel absorbente, añadir un poco de sal por encima y reservar.

POLLO MENIER

Ingredientes para 4 personas:
1 pollo (1,250 kg) • 4 zanahorias • 1 limón • 750 ml de caldo de pollo
80 gr de mantequilla • 1 cucharada de azúcar • sal • aceite de oliva

Poner una cazuela amplia al fuego y echar un chorrito de aceite.

Pasar el pollo por la llama para quemar las posibles plumitas que tenga.

Trocear el pollo en trocitos pequeños con ayuda de un machete.

Añadir un poco de sal y echar en la cazuela. Dorar durante 5 minutos.

A continuación, añadir el caldo y cocer durante 15 minutos.

Transcurrido este tiempo, añadir 50 gr de mantequilla y el zumo de limón. Mezclar todo bien.

Pelar las zanahorias, cortar en trozos y tornear hasta dar forma de diamante.

Poner una sartén al fuego y echar la mantequilla restante. Cuando comience a derretir, añadir la zanahoria.

Cuando la mantequilla esté derretida, añadir el azúcar. Glasear el conjunto durante 15 minutos.

Transcurrido este tiempo, añadir la zanahoria caramelizada a la cazuela junto al pollo y mezclar bien.

Por último, echar el conjunto en un recipiente que sirva para el horno.

Introducir en la parte media del horno en posición aire caliente a 180 °C durante 5 minutos para que se integren los sabores.

Transcurrido este tiempo, retirar del horno y emplatar.

POLLO PICANTÓN CON MIEL Y VINAGRE

Ingredientes para 4 personas:
2 pollos picantones (750 gr/unidad) • 1 vaso de miel
1 vaso de vinagre de sidra • sal

Limpiar los pollos. Poner una cazuela con agua al fuego, introducir los pollos y hervir durante 5 minutos.

Transcurrido este tiempo, colocar los pollos en la bandeja del horno. Cubrir la superficie del pollo con una mezcla de miel y vinagre e introducir en el horno en posición aire caliente a 200 °C durante 20 minutos.

A continuación, cambiar a posición gratinar a 230 °C durante 10 minutos para que caramelice por la acción de la miel.

Por último, retirar del horno, cortar en trozos y servir en una fuente. Salsear por encima con el jugo obtenido en la bandeja del horno.

POLLO PICANTÓN RELLENO

Ingredientes para 4 personas:
1 pollo picantón (1,5 kg) • 200 gr de carne picada
2 manzanas Granny Smith • 1 pastilla de caldo de carne
1 vaso de Oporto • pimienta • sal • aceite de oliva

Encender el horno en posición aire caliente a 230 °C.

Limpiar el pollo, abrirlo y quitar el esqueleto.

Rellenar el pollo, coserlo con un poco de cuerda y envolver en papel de aluminio para que no pierda la forma y no se escapen los jugos.

Introducir en el horno durante 30 minutos.

Transcurrido este tiempo, retirar del horno, quitar la cuerda, cortar en rodajas y emplatar.

Para el relleno:

En un recipiente amplio, echar la carne picada y la manzana rallada para que le dé jugosidad y aroma. Añadir un poco de sal y pimienta. Mezclar bien con ayuda de una espátula de madera.

Poner un cazo a fuego máximo, echar el vino y la pastilla de caldo de carne en trocitos. Cuando esté bien disuelta, añadir un poco a la mezcla de carne y manzana rallada. Mezclar bien.

PORRUSALDA

Ingredientes para 4 personas:
300 gr de calabaza • 3 patatas • 3 cebollas • 1 puerro • comino
sal • aceite de oliva

Poner una cazuela al fuego y echar un poco de aceite. Rehogar la cebolla y el puerro todo bien picadito.

Pelar la patata y cortar en cachelos para que suelte toda la fécula. Echar en la cazuela y cocer el conjunto durante 5 minutos.

Transcurrido este tiempo, añadir la calabaza cortada en trozos, añadir unos granos de comino y cubrir con agua. Poner a fuego fuerte y dejar que rompa a hervir para que la patata suelte la fécula y se integren los sabores.

Por último, añadir un poco de sal, bajar el fuego y cocer durante 5 minutos.

Dejar reposar unos minutos antes de servir para que la patata pierda un poco de calor.

PORRUSALDA

Ingredientes para 4 personas:
100 gr de bacalao • 3 puerros grandes • 3 patatas • 3 dientes de ajo
1 pimiento choricero • sal • aceite de oliva

Desalar el bacalao durante unos minutos en un recipiente con agua.

Limpiar el pimiento choricero, retirar las pepitas y cortar en trocitos.

Poner una cazuela alta al fuego y echar un poco de aceite. Pelar los dientes de ajo y echar en la cazuela.

Pelar las patatas, lavar y cascarlas para que suelten toda la fécula. Echar en la cazuela y rehogar el conjunto.

Limpiar bien los puerros, cortar en rodajas y echar en la cazuela. A continuación, añadir el pimiento choricero y cubrir con agua.

Por último, añadir las tajadas de bacalao y cocer el conjunto durante 30 minutos.

Transcurrido este tiempo, probar de sal y añadir un poco más si fuera necesario. Remover bien y emplatar.

POTAJE DE GARBANZOS CON BACALAO

Ingredientes para 4 personas:
½ kg de garbanzos • 100 gr de bacalao desalado desmigado
100 gr de espinacas frescas • 50 gr de arroz • 1 huevo • ½ cebolla
2 dientes de ajo • 1 cucharada de harina • 1 cucharada de pan rallado
pimentón dulce • sal marina • aceite de oliva

Poner una cazuela con agua al fuego, echar un poco de aceite, el ajo y un poco de sal.

Cuando el agua comience a hervir, echar el garbanzo —previamente a remojo durante unas horas— escurrido con ayuda de un colador. Cocer durante 50 minutos.

Transcurrido este tiempo, limpiar bien la espinaca y picar muy finita. Añadir a la cazuela.

A continuación, añadir el bacalao.

Poner una sartén al fuego, echar un poco de aceite y añadir la cebolla cortada muy finita.

Cuando la cebolla esté rehogada, añadir un poco de pimentón, el pan rallado y la harina. Añadir tres cacillos del agua de cocción de los garbanzos, mezclar bien y añadir el conjunto a la cazuela.

Echar el arroz y cocer el conjunto durante 20 minutos.

Por último, añadir el huevo. Cuando comience a cuajar la clara, romper la yema y emplatar.

PROFITEROLES CON SALSA DE CHOCOLATE

Ingredientes para 4 personas:

Para la pasta choux:
140 gr de harina • 125 gr de leche • 125 gr de agua
110 gr de mantequilla • 4 huevos • 1 cucharada pequeña de azúcar
1 cucharada pequeña de sal

Para la salsa de chocolate:
350 gr de agua • 75 gr de cobertura de chocolate negro
2 cucharadas grandes de cacao en polvo • 2 yemas

Para el relleno:
nata montada (reservar en la nevera hasta el momento de su uso)

Para decorar:
caramelo (agua y azúcar) • tejas • azúcar glaceé

Dibujar unos hilitos de caramelo sobre un cucharón, dejar enfriar y despegar del cucharón, de forma que obtenemos una especie de rejilla en forma de nido.

En la base de un plato, colocar un poco de la salsa de chocolate y encima poner unas tejas cortadas en tiras.

Por último, colocar el nido de caramelo. Sobre el nido, poner los profiteroles y decorar con un poco de azúcar glaceé por encima con ayuda de un dosificador.

Para la pasta choux:

Encender el horno en posición aire caliente a 170 ºC.

Poner un cazo a fuego máximo, echar el agua, la leche, la mantequilla, la sal y el azúcar.

Cuando comience a hervir, retirar el cazo del fuego y añadir la harina. Remover enérgicamente hasta conseguir una masa homogénea.

Echar la masa en un bol y añadir uno a uno los huevos. Mezclar bien cada vez que se añade para que se integre bien el conjunto.

Dejar reposar la masa a temperatura ambiente durante unos minutos. Posteriormente enfriar en la nevera durante 30 minutos.

Transcurrido este tiempo, introducir la masa en la manga pastelera y dibujar una especie de botones sobre un salvabandejas en la bandeja del horno.

Introducir en la parte media del horno durante 20 minutos.

Transcurrido este tiempo, retirar del horno y dejar enfriar a temperatura ambiente.

Una vez fríos, hacer un pequeño orificio por la parte de abajo.

Introducir la nata montada en la manga pastelera y rellenar los profiteroles.

Para la salsa de chocolate:

Calentar el agua en el microondas.

A continuación, añadir el cacao y disolver bien con ayuda de una varilla.

Posteriormente, añadir el chocolate y remover hasta que se derrita bien.

Por último, añadir las yemas, batir bien el conjunto y reservar.

PUDDING DE MACARRONES

Ingredientes para 4 personas:
150 gr de macarrones de colores • 250 gr de azúcar • 1 l de agua
½ l de leche • 50 gr de mantequilla • 50 gr de harina • 8 huevos
½ l de nata líquida • 100 gr de cobertura de chocolate
½ vaso de licor de cereza

Poner una cazuela al fuego, echar el azúcar y el agua. Cuando comience a hervir, añadir la pasta y cocer durante 12 minutos.

Calentar la mantequilla en el microondas durante 2 minutos. A continuación, mezclar bien con la harina con ayuda de una varilla.

Poner un cazo al fuego y echar la leche. Cuando comience a hervir, añadir la mezcla de mantequilla y harina. Remover bien.

Cuando la pasta esté cocida, escurrir bien con ayuda de un colador.

En un recipiente amplio, echar los huevos y remover bien con la varilla. Añadir la nata y remover según se añade.

A continuación, echar la bechamel y mezclar bien con la varilla.

Por último, añadir la pasta, mezclar bien el conjunto y echar en el molde. Poner el molde sobre la bandeja del horno con un poco de agua para generar un baño María.

Introducir en la parte media del horno en posición aire caliente a 200 ºC durante 15 minutos.

Transcurrido este tiempo, comprobar que esté hecho, retirar del horno, dejar enfriar y desmoldar.

Poner una cazuela al fuego, echar el chocolate y un poco de agua. Cuando el chocolate se haya fundido, añadir el licor y mezclar bien.

Cortar el pudding, emplatar y salsear por encima con el chocolate caliente.

PUDDING DE MELOCOTÓN EN ALMÍBAR

Ingredientes para 4 personas:
400 ml de leche • 320 ml de leche condensada
250 ml de nata líquida • 5 huevos • 5 melocotones en almíbar
1 trozo de pan del día anterior

Para el caramelo:
400 gr de azúcar

Para decorar:
50 gr de papaya deshidratada

Poner un cazo al fuego, echar la leche y la nata.

Cuando comience a hervir, añadir unos daditos de pan —sin corteza—.

En un bol amplio, echar los huevos y batir.

A continuación, añadir la leche condensada y un poco de la mezcla de leche y nata para ayudar a disolver bien la leche condensada. Mezclar bien con ayuda de una varilla.

Una vez esté bien disuelto, añadir la mezcla de leche, nata y pan. Mezclar suave con la varilla para evitar que el pan se rompa.

Por último, añadir el melocotón cortado en trocitos y mezclar el conjunto.

Colocar el molde sobre la bandeja del horno. Añadir un poco de agua en la bandeja para generar un baño María.

En la base del molde, echar el caramelo y dejar durante 2 minutos para que cristalice.

Añadir la mezcla e introducir en la parte media del horno en posición aire caliente a 170 ºC durante 40 minutos.

Transcurrido este tiempo, retirar del horno. Desmoldar, emplatar y decorar con un poco de papaya.

Para el caramelo:

Poner una sartén a fuego fuerte, echar el azúcar y un poco de agua. Dejar en el fuego hasta obtener el caramelo.

NOTA: en vez de papaya se puede acompañar con helado, chocolate, etcétera.

PUERROS CON CREMA DE CEBOLLA Y FRUTOS SECOS

———•◦•———

Ingredientes para 4 personas:
1 bote de puerros • 1 cebolla • 100 gr de frutos secos
120 gr de harina • sal • aceite de oliva

En un recipiente que sirva para el horno, echar en la base un poco de la crema de cebolla, encima colocar los puerros, añadir los frutos secos por encima y cubrir con el resto de la crema de cebolla.

Introducir en el horno en posición gratinar a 180 ºC durante 5 minutos.

Transcurrido este tiempo, retirar del horno, emplatar y salsear con la crema de cebolla por encima.

Para la crema de cebolla:

Poner una cazuela al fuego, echar dos cucharadas de aceite y rehogar la cebolla muy picadita.

Cuando la cebolla esté rehogada, retirar la cazuela del fuego y añadir otras dos cucharadas de aceite y cuatro cucharadas de harina. Mezclar bien con ayuda de una cuchara de madera.

A continuación, añadir el caldo de los puerros y triturar el conjunto con la batidora.

Por último, poner la cazuela a fuego máximo y dejar hervir durante unos minutos. Añadir un poco de sal.

PUERROS CON QUESO MOZARELLA

Ingredientes para 4 personas:
12 puerros medianos • 16 lonchas de queso Mozarella
perejil rizado • sal • vinagre de Módena • aceite de oliva

Poner una cazuela con agua al fuego.

Retirar la parte verde del puerro —reservar una hoja verde—, lavar la parte blanca, echar en la cazuela, tapar y cocer durante 30 minutos.

En la base de un plato que sirva para el horno, colocar los puerros cocidos, añadir un poco de vinagre por encima y cubrir con las lonchas de queso.

Introducir en la parte alta del horno en posición gratinar a 230º durante 2 minutos.

Transcurrido este tiempo, retirar del horno y añadir un poco del aceite de puerro por encima. Decorar con una ramita de perejil rizado y servir.

Para el aceite verde de puerro:

En el vaso de la batidora, echar la hoja verde del puerro muy picadita, añadir un chorro generoso de aceite y batir con la batidora.

Colar con ayuda de un colador y reservar.

PUERROS ENVUELTOS CON QUESO, JAMÓN DE YORK Y CACAO

Ingredientes para 4 personas:
4 puerros cocidos • 100 gr de jamón de York
50 gr de queso de lonchas • cacao en polvo

Escurrir bien los puerros cocidos y cortarlos en trozos de unos cuatro dedos de longitud.

Encima del puerro, colocar 1/4 de la loncha de queso —reservar el queso en la nevera hasta el momento de su manipulación—. Añadir por encima un poco de cacao con ayuda de un colador.

Envolver cada trozo en una loncha de jamón y emplatar.

Gratinar durante 2 minutos para que el queso funda y el jamón se temple.

PUERROS RELLENOS DE ATÚN

Ingredientes para 4 personas:
4 puerros cocidos • 2 pimientos verdes • 1 cebolla • 1 lata de atún
2 huevos • 50 gr de harina • sal • aceite de oliva

Sacar las láminas de la parte blanca del puerro —reservar la parte verde para hacer el relleno.

Poner el relleno sobre las láminas y coser los extremos con un palillo.

Pasar por harina y huevo. Freír en abundante aceite caliente. Retirar los palillos y emplatar.

Para el relleno:

En un bol, picar la parte verde del puerro, añadir el bonito, el pimiento y la cebolla, todo bien picadito. Triturar el conjunto con ayuda de un tenedor y reservar.

PULPO A LA MARINERA

Ingredientes para 4 personas:
2 patas grandes de pulpo cocido • 150 gr de almejas
150 gr de chirlas • 400 ml de salsa de tomate • 300 ml de vino tinto
2 hojas de laurel • 1 cucharada de pimentón • sal • aceite de oliva

Poner una cazuela amplia al fuego, echar el vino y dejar en el fuego hasta que reduzca 4/5 partes.

A continuación, añadir la salsa de tomate y el pimentón. Mezclar bien con la varilla y dejar reducir el conjunto a la mitad.

Cortar el pulpo en trozos y echar en la cazuela. Añadir las almejas, las chirlas y un vaso del caldo de pescado.

Cocer el conjunto durante 10 minutos para que se integren los sabores y emplatar.

Para el caldo de pescado:

Poner una cazuela al fuego y echar agua.

Añadir las almejas y las chirlas limpias. Echar un poco de sal y cocer durante 5 minutos.

Transcurrido este tiempo, retirar las almejas y las chirlas a un recipiente. Echar el caldo obtenido en un bol y reservar.

QUESADA

Ingredientes para 4 personas:
2 cuajadas o 2 yogures cremosos • 4 huevos • 300 gr de leche
60 gr de azúcar • 25 gr de maizena • 25 gr de mantequilla a punto
pomada • canela en polvo • ralladura de ½ limón • sal

Encamisar un molde con mantequilla a punto pomada y azúcar.

En un bol, echar el azúcar y la maizena. Mezclar bien con ayuda de una varilla para evitar la formación de grumos.

Añadir los huevos a la mezcla y remover bien con la varilla hasta conseguir una masa homogénea.

Echar las cuajadas —o en su defecto los yogures— y la mantequilla. Remover el conjunto. Añadir la canela, una pizca de sal, la ralladura de limón y finalmente la leche. Mezclar y echar en el molde.

Introducir en la parte alta del horno en posición aire caliente a 200 ºC durante 20 minutos.

Transcurrido este tiempo, pinchar con un cuchillo y comprobar que éste sale seco, lo cual indica que está hecho.

Dejar reposar unos minutos a temperatura ambiente y posteriormente enfriar en la nevera durante 15 minutos.

Desmoldar y emplatar.

QUICHÉ DE ALCACHOFAS CON CREMA DE CAMEMBERT

Ingredientes para 4 personas:
1 lámina de pasta quebrada • 6 alcachofas • 2 zanahorias • 6 huevos
200 ml de nata líquida • ½ queso Camembert • 1 cucharada de
pimienta verde en grano • sal • aceite de oliva

Colocar la masa sobre un molde de quiché, ajustar la masa al molde y pinchar con un tenedor —para evitar que la masa suba en el horno.

Introducir en la parte media del horno en posición aire caliente a 200 ºC durante 10 minutos.

Transcurrido este tiempo, retirar del horno y dejar reposar durante 15 minutos.

Poner una cazuela al fuego, echar un poco de agua y sal.

Pelar las zanahorias, cortar en rodajas y echar en la cazuela. Tapar la cazuela y cocer durante 20 minutos.

Limpiar las alcachofas y cortar finitas.

Poner una sartén a fuego máximo, echar un poco de aceite y sofreír la alcachofa durante 3 minutos.

En un bol amplio, echar los huevos y romper un poco con ayuda de una varilla. Añadir la pimienta verde y la nata, mezclar bien con la varilla según se añade.

Colocar el molde sobre la bandeja del horno, en la base echar un poco de la mezcla de huevo y nata con ayuda de un cacillo.

Añadir la alcachofa y la zanahoria, extender bien y echar la mezcla restante por encima.

Añadir un poco de sal e introducir en la parte media del horno en posición aire caliente a 200 ºC durante 20 minutos.

Transcurrido este tiempo, retirar del horno y desmoldar. Añadir la crema de Camembert por encima.

Para la crema de Camembert:

En el vaso de la batidora, echar el queso Camembert y añadir un poco de agua.

Triturar con la batidora y reservar.

QUICHÉ DE ESPINACAS

Ingredientes para 4 personas:
8 tartaletas de pasta quebrada • 1 bote de espinacas • 125 ml de leche
125 ml de nata líquida • 2 huevos • pimienta • sal • aceite de oliva

En un bol, echar los huevos y batir bien con ayuda de una varilla. Añadir la leche y la nata poco a poco, batir según se añade para que se integre todo bien. Añadir un poco de pimienta.

Escurrir bien las espinacas, picarlas y añadirlas al conjunto. Mezclar todo bien y rellenar las tartaletas con la mezcla.

En un molde que sirva para el horno, echar una gotita de aceite, extender el aceite por toda la superficie. Colocar las tartaletas y añadir un poco de sal por encima.

Introducir en la parte media del horno en posición aire caliente a 230 °C durante 10 minutos.

Transcurrido este tiempo, retirar del horno. Añadir una gotita de aceite y un poco de pimienta por encima y emplatar.

RABAS NEGRAS

Ingredientes para 4 personas:
1 sepia congelada • 1 cebolla • 100 gr de harina • 2 yemas
1 sobre de tinta de calamar • 1 sobre de levadura
2 cucharadas de azúcar • sal • aceite de oliva

En un bol amplio, echar la harina y la levadura. Mezclar bien.

A continuación, añadir el azúcar y la tinta. Añadir un poco de agua templada y remover según se añade.

Por último, añadir las yemas y mezclar el conjunto.

Dejar reposar la mezcla durante 30 minutos.

Limpiar bien la sepia, hacer una incisión en la superficie y retirar la telita transparente para que la carne no quede dura. Cortar la sepia en tiras y reservar.

Lavar la cebolla, cortar en aros y reservar.

Pasar las tiras de sepia y los aros de cebolla por la mezcla. Freír en abundante aceite caliente y retirar a un plato con papel absorbente.

Añadir un poco de sal por encima y emplatar.

RAGOUT DE CERDO

Ingredientes para 4 personas:
300 gr de secreto de cerdo ibérico • 200 gr de ñoquis
2 manojos de espárragos verdes trigueros gruesos • 10 higos secos
1 l de caldo de carne • 250 ml de vino tinto
2 cucharadas de espesante Xantana • sal • aceite de oliva

Poner una cazuela al fuego y echar un poco de aceite.

Cortar el secreto en trozos, añadir un poco de sal por encima y echar en la cazuela. Rehogar durante 2 minutos.

Limpiar los espárragos —reservar ocho espárragos enteros para decorar—, cortar en trozos y echar en la cazuela. Rehogar durante 2 minutos.

A continuación, añadir el vino, subir el fuego al máximo y dejar reducir.

Añadir los higos, el caldo y los ñoquis. Tapar y cocer el conjunto durante 15 minutos.

Transcurrido este tiempo, añadir el espesante poco a poco y remover según se añade con ayuda de una varilla.

Emplatar y decorar con dos espárragos por encima.

Para la decoración:

Colocar los espárragos en un plato, añadir un poco de sal y aceite por encima.

Cubrir con film transparente e introducir en el microondas durante 2 minutos.

Transcurrido este tiempo, retirar del microondas y reservar.

RAGOUT DE CONEJO Y LANGOSTINOS

Ingredientes para 4 personas:
½ conejo • 6 langostinos • 2 patas de pulpo cocido • ½ brócoli
1 cebolla • 300 ml de vino tinto • sal • aceite de oliva

Pelar la cebolla y picar finita.

Poner una cazuela al fuego, echar un chorrito de aceite y la cebolla.

Limpiar el conejo y cortar en trozos. Echar en la cazuela y rehogar el conjunto.

Cortar el pulpo en rodajas. Pelar los langostinos, cortar en dos mitades y añadir un poco de sal.

Echar el langostino y el pulpo en la cazuela. Añadir el vino tinto y dejar reducir unos minutos.

A continuación, añadir un chorrito de agua y cocer el conjunto durante 20 minutos.

Limpiar el brócoli y cortar en ramilletes.

Poner otra cazuela con agua al fuego, echar un poco de sal y el brócoli. Cocer durante 10 minutos.

Por último, emplatar el ragout y decorar por encima con un ramillete de brócoli.

RAGOUT DE LANGOSTINOS Y SETAS

Ingredientes para 4 personas:
8 langostinos • 1 bandeja de setas • ½ cebolla • 1 zanahoria
1 puerro • 1 vaso de vino blanco • sal • aceite de oliva

Limpiar las setas, recortar los extremos hasta dejarlas cuadradas.

Pelar los langostinos y reservar las cabezas y la piel. Poner una sartén a fuego máximo y echar aceite. Echar sal a los langostinos y rehogar en la sartén junto con las setas.

Cuando el langostino cambie de color, añadir la salsa, y dejar hervir el conjunto durante unos minutos. Emplatar.

Para la salsa:

Poner una cazuela al fuego, echar aceite y rehogar la verdura cortada finita junto con las cabezas y la piel de los langostinos. Cuando esté rehogada, añadir el vino y dejar reducir.

A continuación, añadir el agua y cocer el conjunto durante 20 minutos. Triturar con la batidora y colar.

RAGOUT DE TERNERA Y TORTELLINI

Ingredientes para 4 personas:
800 gr de carne picada • 150 gr de tortellini frescos rellenos de carne
2 cebollas • 2 vasos de vino tinto • romero fresco
sal • aceite de oliva

Poner una cazuela al fuego, echar un poco de aceite y rehogar la cebolla picadita durante 5 minutos.

Cuando esté doradita, añadir la carne previamente sazonada. Añadir un poco de romero picadito y mezclar bien para que se integren los sabores.

Añadir el vino y dejar unos minutos hasta que reduzca.

A continuación, subir el fuego al máximo, añadir un vaso de agua y los tortellini. Cocer el conjunto durante 5 minutos.

Transcurrido este tiempo, dejar templar, emplatar y decorar con una ramita de romero.

RAGOUT DE VIEIRAS Y ESPÁRRAGOS

Ingredientes para 4 personas:
4 vieiras • 6 espárragos blancos naturales • 100 gr de setas de cultivo
1 zanahoria • 1 vaso de Oporto • 1 vaso de caldo de pescado
perejil • 1 cucharada de espesante • sal • aceite de oliva

Abrir las vieiras con ayuda de un cuchillo y poner en un recipiente con agua.

Pelar los espárragos con ayuda de un pelador, retirar la parte final del tallo y cortar en trozos del mismo tamaño.

Limpiar las setas, cuadrar y cortar en trocitos.

Pelar la zanahoria y sacar unas bolitas con ayuda de un sacabocados.

Poner una sartén al fuego, echar un poco de aceite y rehogar toda la verdura.

Cuando comience a dorarse, añadir las vieiras previamente sazonadas. Mezclar bien el conjunto.

A continuación, añadir el vino, dejar reducir unos minutos y añadir el caldo de pescado.

Cuando comience a hervir, añadir el espesante y cocer el conjunto durante 10 minutos para que se integren bien los sabores.

Transcurrido este tiempo, añadir un poco de perejil picadito y emplatar.

RAGOUT DE ZANAHORIA, ESPINACAS Y PATATAS

Ingredientes para 4 personas:
1 bote de espinacas • 2 patatas • 3 zanahorias • orégano
sal • aceite de oliva

Encender el horno en posición aire caliente a 200 ºC.

Pelar las patatas y las zanahorias. Cortar las patatas en trozos y tornear para darlas forma. Repetir el proceso con las zanahorias.

Escurrir las espinacas y cortarlas un poco con ayuda de unas tijeras.

En un recipiente que sirva para el horno, poner la patata y la zanahoria. Echar un poco de sal e introducir en el horno durante 15 minutos.

Transcurrido este tiempo, comprobar que la patata y la zanahoria estén tiernas. Retirar del horno y añadir las espinacas. Mezclar bien con ayuda de una cuchara de madera.

A continuación, añadir un poco de sal y orégano por encima e introducir en el horno durante 1 minuto para que se integren bien los sabores.

Por último, retirar del horno y emplatar.

RAPE RELLENO DE GAMBAS

Ingredientes para 4 personas:
1 rape negro (2 kg) • 18 gambas • 1 lechuga grande
1 manojo de espárragos verdes trigueros • 2 cucharadas de pan rallado
sal • aceite de oliva

Lavar bien las hojas grandes de lechuga.

Poner una cazuela con agua al fuego. Cuando comience a hervir, introducir las hojas de lechuga, blanquear durante 1 minuto e introducir en un recipiente con agua fría.

Retirar la cabeza del rape y sacar los lomos.

Cortar cada lomo en tajadas gruesas de forma sesgada. Abrir cada tajada por la mitad como si fuera un libro.

Pelar las gambas —reservar las cabezas y las cáscaras—. Cortar las gambas en trocitos —reservar ocho para decorar— y rellenar el rape.

Sobre dos hojas de lechuga, poner la tajada de rape, echar un poco de sal y hacer un paquete.

Poner una vaporera al fuego y sobre la rejilla colocar las tajadas de rape envueltas en las hojas de lechuga. Cocer durante 20 minutos.

Hacer un corte a lo largo en las gambas, echar un poco de sal y saltear.

Emplatar el rape, salsear por encima y decorar con dos gambas.

Para la salsa:

Poner una cazuela al fuego, echar las cabezas y las cáscaras. Añadir un chorrito de aceite y rehogar durante 2 minutos.

Limpiar los espárragos, cortar en trozos y echar en la cazuela.

Por último, añadir agua y cocer durante 15 minutos.

Transcurrido este tiempo, triturar, colar y reservar.

RATATOUILLE CON CIGALITAS

Ingredientes para 4 personas:
12 cigalitas • 1 calabacín pequeño • 1 berenjena • 1 pimiento rojo
1 cebolla • 2 tomates • sal • aceite de oliva

Lavar bien toda la verdura y cortar en rodajas. Cortar el pimiento en trozos y reservar.

En un recipiente que sirva para el horno, echar un poco de aceite y sal. Colocar las capas de verdura en el siguiente orden: cebolla, berenjena, calabacín, pimiento y tomate.

Entre capa y capa, añadir un chorrito de aceite y un poco de sal.

Introducir en la parte media del horno en posición aire caliente durante 20 minutos. Transcurrido este tiempo, retirar del horno y emplatar.

Pelar el cuerpo de las cigalitas pero dejarlo unido a la cabeza y las pinzas.

Poner una sartén al fuego, echar un poco de aceite y rehogar las cigalitas durante unos minutos.

Decorar el plato con unas cigalitas y servir.

RAVIOLINNIS A LA PIMIENTA

Ingredientes para 4 personas:
143 gr de harina (1 kg de harina) • 1 huevo (7 huevos)
12 gambas frescas • 100 gr de requesón • 50 gr de espinacas frescas
2 puerros • 2 rábanos • 1 huevo • harina
1 cucharada de maizena exprés • pimienta negra en grano
salvia fresca • sal • aceite de oliva

En la picadora, echar la harina, el huevo, un chorrito de aceite y una pizca de sal. Añadir pimienta negra recién molida de forma generosa.

Triturar el conjunto y trabajar la masa sobre una superficie lisa con un poco de harina.

Estirar bien la masa y cortar con ayuda de un cortapastas redondo.

Sobre la pasta, colocar un poco de espinaca cruda muy picadita, un trocito de gamba —reservar las cabezas y las cáscaras para la salsa— y un poco de requesón.

Pintar el borde exterior de la pasta con el huevo, cubrir con otra lámina de pasta y sellar el borde con ayuda de un tenedor.

Poner una cazuela con agua al fuego y añadir un chorrito de aceite y un poco de sal.

Cuando comience a hervir, echar los raviolinnis y cocer durante 1 minuto.

Una vez cocidos, introducir en la cazuela de la salsa y calentar para que se integren los sabores.

Emplatar, decorar por encima con unas láminas de rábano crudo cortadas con ayuda de una mandolina y una ramita de salvia.

Para la salsa:

Poner una cazuela al fuego, echar un chorrito de aceite, las cabezas y las cáscaras de las gambas.

Limpiar bien el puerro y picar muy finito. Echar en la cazuela y rehogar a fuego fuerte.

Cuando esté doradito, añadir agua y un poco de sal. Tapar la cazuela, bajar el fuego y cocer el conjunto durante 20 minutos.

Transcurrido este tiempo, triturar y colar.

Por último, añadir la maizena, ligar el conjunto con ayuda de una varilla y reservar.

RAVIOLIS DE BACALAO Y SETAS

Ingredientes para 4 personas:
143 gr de harina (1 kg de harina) • 1 huevo (7 huevos)
150 gr de bacalao desalado (partes más innobles)
150 gr de setas de cultivo variadas • 2 rábanos • 1 cebolleta
1 huevo • pimienta negra en grano • sal • aceite de oliva

En la picadora, echar la harina, el huevo, un chorrito de aceite y una pizca de sal. Añadir pimienta negra recién molida de forma generosa.

Triturar el conjunto y trabajar la masa sobre una superficie lisa con un poco de harina.

Estirar bien la masa, doblar y reservar cubierta con un papel absorbente humedecido para evitar que se seque.

Limpiar las setas y picar finitas.

Poner una sartén al fuego, echar las setas picaditas y dorar.

Una vez doradas, echar en un bol y añadir el bacalao muy picadito. Mezclar bien el conjunto y reservar.

Estirar la pasta sobre una superficie lisa con ayuda de un poco de harina.

Cortar la masa en cuadrados, poner un poco del relleno encima, pintar los bordes con huevo con ayuda de un pincel y cubrir de nuevo con la pasta.

Poner una cazuela con agua al fuego, añadir un chorrito de aceite y un poco de sal.

Cuando comience a hervir, echar los raviolis y cocer durante 1 minuto.

Transcurrido este tiempo, pasar a un recipiente con agua fría y dejar unos segundos para que la pasta se temple.

Emplatar y decorar con un poco de rábano picadito por encima.

REDONDO DE TERNERA CON SALSA DE MARISCO

Ingredientes para 4 personas:
1 redondo de ternera • 8 langostinos • 4 gambas • 2 patatas
2 tomates • 2 zanahorias • 1 cebolla • 50 ml de brandy
romero fresco • sal • aceite de oliva

Echar un poco de sal sobre el redondo.

Poner la olla a presión a fuego fuerte, echar un poco de aceite e introducir el redondo en la olla.

Rehogar vuelta y vuelta hasta que dore un poco. A continuación, sacar de la olla y reservar.

Lavar la zanahoria y cortar en rodajas. Cortar la cebolla. Lavar el tomate y cortar en trozos.

Echar la verdura en la olla, bajar el fuego al mínimo y rehogar durante 2 minutos.

A continuación, añadir los langostinos y las gambas con la piel.

Cuando el marisco comience a tomar color, introducir de nuevo la carne, añadir el brandy y flambear.

Cuando haya evaporado el alcohol, añadir la patata lavada y cortada en cachelos —para que suelte toda la fécula y la salsa engorde.

Cerrar la olla y cocer el conjunto durante 15 minutos.

Transcurrido este tiempo, retirar el redondo y la patata. Reservar.

Triturar el resto de los ingredientes y colar con ayuda de un colador.

Cortar el redondo en rodajas, emplatar, salsear por encima y acompañar de la patata. Decorar con una hojita de romero.

REDONDO EN SALSA DE CEBOLLA

Ingredientes para 4 personas:
1 redondo • 6 cebollas • vino blanco • pimienta negra molida
sal • aceite de oliva

Poner la olla a presión al fuego, echar el aceite y la cebolla cortada en láminas.

Sazonar la carne y añadir pimienta de forma generosa.

Poner una sartén amplia a fuego fuerte. Cuando la sartén esté muy caliente, echar un poco de aceite y saltear la carne hasta que tome un color dorado para que quede más jugosa.

Cuando la cebolla esté rehogada y la carne un poco dorada, mezclar todo en la olla. Poner el conjunto a fuego fuerte, añadir el vino blanco y cerrar la olla. Una vez que suba la válvula, cocer durante 30 minutos.

Transcurrido este tiempo, cortar la carne en filetes, emplatar y salsear por encima.

REMOLACHA RELLENA DE QUESO Y ANCHOAS

Ingredientes para 4 personas:
4 brochetas pequeñas • 4 remolachas cocidas envasadas al vacío
2 latas de anchoas en salazón • 1 trozo de queso Emmental
1 yogur natural • salsa de soja • sal • aceite de oliva

Cortar una base en la parte de abajo de la remolacha.

Con un cortapastas de tamaño grande, cortar la remolacha para darle forma cilíndrica.

Con un cortapastas más pequeño, marcar el interior de la remolacha y vaciar con ayuda de un sacabocados.

Reservar la remolacha, la parte sobrante echar en el robot. Añadir el yogur y unos daditos de queso —cortar unas tiritas de queso del tamaño de la anchoa con ayuda de una mandolina y reservar.

Añadir las anchoas —reservar cuatro anchoas para decorar—, una gotita de salsa de soja, un chorrito de aceite y un poco de agua. Triturar el conjunto.

Para montar la brocheta, sobre una tira de queso, colocar una anchoa, enrollar y pinchar en la brocheta.

Emplatar la remolacha, rellenar con la crema obtenida y coronar con la brocheta. Decorar el plato con unas tiritas de queso.

REPOLLO RELLENO DE CODORNICES

Ingredientes para 4 personas:
4 hojas de repollo • 4 codornices • 1 cebolla • 300 gr de castañas
200 gr de dulce de membrillo • 1 vaso de Oporto • romero fresco
sal • aceite de oliva

Poner una cazuela al fuego y escaldar las hojas de repollo durante 1 minuto.

A continuación, retirar del agua, poner un poco del relleno sobre la hoja, hacer un paquete y emplatar.

Calentar en la parte media del horno en posición aire caliente a 150 ºC durante 2 minutos.

Transcurrido este tiempo, retirar del horno y decorar al lado con un poco del puré de castaña y membrillo.

Decorar el puré con una ramita de romero.

Para el relleno:

Pelar la cebolla y cortar en trozos.

Poner una cazuela amplia al fuego, echar un poco de aceite y la cebolla.

A continuación, añadir las codornices —previamente pasadas por la llama para eliminar las posibles plumitas.

Echar un poco de sal y rehogar el conjunto unos minutos hasta que las codornices se doren un poquito.

A continuación, añadir el vino y cocer el conjunto a fuego mínimo durante 30 minutos.

Transcurrido este tiempo, dejar enfriar, deshuesar la carne y mezclar bien con la cebolla.

Para el puré de castaña y membrillo:

Poner una cazuela al fuego y hervir las castañas durante 5 minutos.

Echar en el robot, añadir un poco del agua resultante de la cocción y el membrillo. Triturar el conjunto y reservar.

REVUELTO DE GULAS Y BACÓN

Ingredientes para 4 personas:
1 bandeja de gulas • 1 paquete de volovanes • 4 huevos
8 yemas • 100 gr de bacón • 30 gr de manteca • 1 cebolla • sal

Poner una sartén al fuego y echar la manteca. Cuando comience a derretir añadir la cebolla muy picadita.

Picar el bacón y rehogar junto con la cebolla.

Cuando la cebolla y el bacón estén bien doraditos, añadir las gulas. Sofreír el conjunto y remover con ayuda de una cuchara de madera.

A continuación, añadir cuatro huevos y ocho yemas. Dejar que las claras cuajen con el calor del fondo.

Una vez las claras hayan cuajado, romper las yemas fuera del fuego con la cuchara de madera. Echar un poco de sal y mezclar bien.

Rellenar los volovanes con la mezcla y emplatar.

REVUELTO DE GULAS Y MANITAS CON HABITAS

Ingredientes para 4 personas:
4 manitas de cordero cocidas • 1 paquete de gulas • 200 gr de habas
4 huevos • sal • aceite de oliva

Pelar las habas y echar en una sartén con un poco de aceite.

Poner las manitas en un bol, tapar con film transparente y calentar en el microondas durante 1 minuto.

Transcurrido este tiempo, retirar del microondas, deshuesar y cortar la carne finita.

Separar las yemas de las claras.

En la sartén, añadir las manitas y las gulas. Saltear y añadir las claras.

Una vez hayan cuajado bien, añadir un poco de sal y las yemas.

Retirar la sartén del fuego, remover bien hasta que quede cremoso y emplatar.

REVUELTO DE GULAS Y PIMIENTOS DEL PIQUILLO

Ingredientes para 4 personas:
1 paquete de gulas • 1 bote de pimientos del piquillo • 3 huevos
2 dientes de ajo • 1 guindilla • sal • aceite de oliva

Poner una sartén al fuego, echar un poco de aceite y añadir los dientes de ajo enteros. Cuando el ajo esté doradito, añadir el pimiento cortado en tiras finas y la guindilla bien picadita. Rehogar a fuego suave durante 30 minutos —si el pimiento comienza a pegarse, añadir un poco de agua.

Transcurrido este tiempo, echar las gulas. Subir el fuego al máximo y añadir los huevos, echar un poco de sal y dejar cuajar las claras. Cuando la clara esté cuajada, retirar la sartén del fuego y romper las yemas con ayuda de una cuchara de madera. Remover un poco para que quede más cremoso y emplatar.

REVUELTO DE PATATA, CEBOLLA Y PIMIENTO DEL BIERZO

Ingredientes para 4 personas:
1 bote de pimientos rojos del Bierzo • 2 patatas • 1 cebolla
6 huevos • 1 rebanada de pan de molde sin corteza
1 vaso de vino de Jerez • sal • aceite de oliva

Poner una cazuela al fuego y echar un poco de aceite. Cortar la cebolla en trocitos y echar en la cazuela.

Rehogar durante 2 minutos y añadir el pimiento picadito.

Cuando esté bien rehogado el conjunto, añadir el vino y un poco de sal. Dejar durante 15 minutos para que reduzca bien.

Pelar las patatas y cortar en bastoncitos del mismo grosor. Freír en abundante aceite caliente, retirar a un plato con papel absorbente y reservar.

Poner una sartén amplia al fuego y echar una gotita de aceite. Añadir la mezcla de cebolla y pimiento.

A continuación, añadir la misma cantidad de patatas fritas y las claras. Mezclar y dejar en el fuego hasta que las claras cuajen bien.

Por último, retirar la sartén del fuego y añadir las yemas. Mezclar el conjunto.

Emplatar y acompañar de un bastoncito de pan tostado.

Para la guarnición:

Cortar el pan de molde en bastones y colocar en la bandeja del horno.

Introducir en la parte alta del horno en posición aire caliente y grill a 230 °C durante 2 minutos.

Transcurrido este tiempo, retirar del horno y reservar.

REVUELTO DE RABADILLA

Ingredientes para 4 personas:
2 filetes de rabadilla (300 gr/unidad) • 1 patata tierna • 4 huevos
200 ml de leche • hierbas aromáticas frescas (romero, tomillo, hinojo…) • sal • aceite de oliva

Limpiar la rabadilla y cortar en tiras.

Poner una cazuela antiadherente al fuego y echar un chorrito de aceite.

Echar un poco de sal sobre la carne y freír en la cazuela vuelta y vuelta. Añadir el puré de patata.

Por último, añadir los huevos y dejar que cuajen las claras.

Una vez cuajadas, retirar la cazuela del fuego y romper las yemas con ayuda de una espátula.

Servir en plato hondo y decorar con unas ramitas de las hierbas aromáticas.

Para el puré de patata:

Poner una cazuela con agua al fuego, introducir la patata, echar abundante sal y cocer durante 25 minutos.

Transcurrido este tiempo, retirar la patata del agua y dejar enfriar.

Cortar en trozos y echar en el robot. Añadir un poco de leche, un chorrito de aceite y un poco de sal.

Triturar un poco, añadir el resto de la leche, unas ramitas de las hierbas aromáticas, triturar de nuevo y reservar.

REVUELTO DE SETAS VARIADAS

Ingredientes para 4 personas:
1 kg de setas variadas • 6 huevos • 1 cebolla • romero fresco
sal • aceite de oliva

Limpiar bien las setas y cortar en láminas.

En una fuente que sirva para el horno, echar un chorrito generoso de aceite y poner las setas. Añadir un poco de sal y otro chorrito de aceite por encima.

Introducir en la parte alta del horno en posición aire caliente a 230 ºC durante 12 minutos.

Transcurrido este tiempo, retirar del horno y reservar.

Poner una sartén al fuego y echar un poco de aceite. Cuando esté caliente, echar la cebolla picadita, añadir un poco de sal y rehogar durante unos minutos.

A continuación, echar las setas y mezclar bien con ayuda de una cuchara de madera.

En un bol, echar las claras y en otro bol, echar las yemas.

Añadir las claras en la sartén, añadir un poco de sal y remover para que las claras cuajen bien.

Por último, retirar la sartén del fuego, añadir las yemas y mezclar bien el conjunto con la cuchara.

Emplatar y decorar con una ramita de romero.

REVUELTO DE TRUFA Y PATATA

Ingredientes para 4 personas:
10 gr de trufa fresca • 1 patata cocida • 6 huevos
sal • aceite de oliva

Cortar unas láminas de trufa —reservarlas para decorar— y el resto de la trufa picarla finita.

Poner un cazo al fuego, echar un poco de aceite y añadir la trufa picadita.

Cuando la trufa haya soltado todo su aroma, añadir la patata cocida cortada en trozos.

Romper la patata con ayuda de una cuchara de madera, para que coja todo el sabor de la trufa. Mezclar bien.

A continuación, añadir tres huevos. Cuando hayan cuajado las claras, añadir tres yemas y romper dentro y fuera del fuego con la cuchara de madera. Mezclar todo bien y añadir un poco de sal.

Emplatar en plato hondo y decorar por encima con un poco de trufa laminada impregnada en aceite.

ROAST-BEEF AGRIDULCE

Ingredientes para 4 personas:
1 kg de entrecot • 1 bote de mermelada de frambuesa
1 bote de Bovril • pimienta • sal • aceite de oliva

Encender el horno en posición turbo-grill a 250 ºC.

Limpiar el roast-beef, echarle sal y pimienta de forma generosa.

En la bandeja del horno, echar un poco de aceite, colocar la pieza y añadir un chorrito de aceite por encima.

Introducir en el horno durante 10 minutos.

Transcurrido este tiempo, retirar del horno y enfriar en la nevera durante 30 minutos.

Retirar el roast-beef de la nevera y cortar en rodajas finas con ayuda de un cuchillo muy afilado.

Emplatar y salsear con la salsa agridulce por encima. Añadir una pizca de sal.

Para la salsa agridulce:

Poner un cazo al fuego con el jugo obtenido en la bandeja del horno, añadir dos cucharadas de Bovril, un poco de mermelada y un poco de agua. Mezclar bien con ayuda de una varilla.

ROAST-BEEF DE PICHÓN SOBRE HOJALDRITOS Y CREMA DE CEBOLLA ASADA

Ingredientes para 4 personas:
1 lámina de hojaldre • ½ kg de pichón • 2 cebolletas • 1 huevo
pimienta negra • harina • sal • aceite de oliva

Sacar la pechuga del pichón y retirar la piel. Añadir un poco de sal y pimienta negra recién molida de forma generosa.

Poner una sartén antiadherente al fuego, echar un poco de aceite y freír la pechuga vuelta y vuelta.

A continuación, poner en una fuente y enfriar en la nevera durante 30 minutos.

Transcurrido este tiempo, retirar de la nevera y cortar en rodajas finas.

Echar un poco de harina en la lámina de hojaldre y estirar con ayuda de un rodillo. Una vez estirada, cortar en cuadrados.

En la bandeja del horno, echar un poco de harina, poner los cuadrados de hojaldre y pintar con huevo con ayuda de un pincel.

Introducir en la parte alta del horno en posición aire caliente a 200 °C durante 10 minutos.

Transcurrido este tiempo, retirar del horno y dejar reposar unos minutos.

Por último, romper un poco la parte de arriba del hojaldre. En el centro poner un poco del puré de cebolla y colocar por encima tres rodajas finas de roast-beef.

Para la crema de cebolla asada:

En un recipiente que sirva para el horno, echar un poco de aceite y poner las cebolletas —retirar la parte verde.

Introducir en la parte media del horno en posición aire caliente a 200 ºC durante 25 minutos.

Transcurrido este tiempo, retirar del horno y quitar la primera capa de la cebolleta.

Poner la cebolleta en la picadora y triturar un poco. Añadir un chorrito de aceite, una pizca de sal y triturar de nuevo.

ROAST-BEEF DE SALMÓN

Ingredientes para 4 personas:
200 gr de salmón • 200 gr de apio • 1 yogur natural
40 gr de harina • 40 gr de mantequilla a punto pomada
cardamomo • pimienta negra en grano • sal • aceite de oliva

Deshuesar el salmón, retirar la piel y sacar los lomos.

En una fuente que sirva para el horno, echar un chorrito de aceite y colocar el salmón.

Añadir un poco de sal, pimienta negra recién molida y cardamomo recién molido.

Introducir en la parte media del horno en posición aire caliente a 200 ºC durante 5 minutos.

Transcurrido este tiempo, retirar del horno e introducir en un recipiente con agua, hielos y sal para paralizar la cocción. Dejar reposar durante 5 minutos.

Por último, cortar el salmón en tajadas y emplatar. Acompañar de la galleta y la salsa de apio.

Para la salsa de apio:

Poner una cazuela al fuego, echar agua y un poco de sal.

Pelar unas ramas de apio y cortar en trozos. Echar en la cazuela, tapar y cocer durante 5 minutos.

Transcurrido este tiempo, retirar del agua y picar finito.

En un bol, echar el yogur, un poco de sal, pimienta negra recién molida, cardamomo recién molido, un poco de aceite y el apio picadito. Mezclar bien con ayuda de una cuchara y reservar.

Para la galleta:

Colocar un trozo de papel encerado sobre la bandeja del horno.

En un bol amplio, echar la mantequilla, la harina y la misma cantidad de agua. Remover el conjunto.

Abrir unas vainas de cardamomo y echar el contenido en el bol. Mezclar bien y dibujar unas pinceladas sobre el papel encerado con ayuda de una cuchara.

Introducir en la parte media del horno en posición aire caliente a 200 ºC durante 4 minutos.

Transcurrido este tiempo, retirar del horno y reservar.

ROLLITO DE AGUACATE CON SALMÓN

Ingredientes para 4 personas:
2 aguacates duros • 1 pepino tierno • 50 gr de salmón fresco
½ limón • 1 tomate licuado • sésamo blanco • sésamo negro
sal • aceite de oliva

Limpiar el salmón, retirar las espinas, picar muy finito, echar en un bol y reservar.

Lavar bien el pepino, picar medio pepino muy finito —reservar el extremo más estrecho del pepino para el snack— y echar en el bol junto al salmón.

Añadir un poco de sal, aceite de oliva y el zumo de limón. Mezclar bien el conjunto.

Pelar el aguacate, sacar unas tiras a lo largo con ayuda de una mandolina y cuadrar un poco los extremos.

Rellenar las tiras de aguacate con la mezcla, hacer un rollito y emplatar.

Añadir un poco de tomate por encima y acompañar del snack.

Para el snack:

Cortar el pepino restante en rodajas con ayuda de una mandolina.

Extender las rodajas sobre una superficie, añadir un poco de sal por encima y dejar durante 2 minutos.

Pasar por la mezcla de ambos sésamos, emplatar y reservar.

ROLLITO DE PRIMAVERA

Ingredientes para 4 personas:
8 hojas de pasta brick • 1 pechuga de pollo • ½ berza • 1 cebolleta
2 dientes de ajo • 1 bote de brotes de soja germinada
1 bote de salsa de soja • sal • aceite de oliva virgen extra

Cortar la pechuga en tiras finitas. Picar la berza, la cebolleta y el ajo.

En un plato, echar un poco de aceite y poner la pechuga, la berza, la cebolleta y el ajo, todo bien picadito.

Poner una sartén a fuego máximo. Cuando la sartén esté muy caliente, añadir el aceite, echar la pechuga, la verdura y un poco de sal. Saltear y retirar de la sartén.

Añadir al conjunto los brotes de soja germinada y mezclar bien.

Cortar las hojas de pasta brick en cuadrados, poner la mezcla encima y hacer un rollito.

Fijar los extremos con un poco de agua. Freír en abundante aceite caliente. Sacar a un plato con papel absorbente.

Emplatar y acompañar con salsa de soja.

ROLLITOS DE ANCHOA

Ingredientes para 4 personas:
1 docena de anchoas frescas • 2 aguacates • 1 cebolleta
1 pomelo rojo • 50 ml de miel • ¼ de vaso de vino blanco
sal • aceite de oliva

Limpiar las anchoas en un recipiente con agua fría, retirar la cabeza, la tripa y la espina central.

En un recipiente amplio, cubrir la base con sal, colocar las anchoas abiertas por la mitad y cubrir por encima con sal. Dejar marinar durante 10 minutos.

Transcurrido este tiempo, lavar bien las anchoas para retirar la sal.

Abrir el aguacate a lo largo por la mitad. Retirar el hueso y pelar.

Cortar unas tiras finas de aguacate y sacar unas bolitas pequeñas con ayuda de un sacabocados. Reservar.

Pelar la cebolleta y cortar en juliana fina.

Poner una sartén al fuego, echar un poco de aceite y rehogar la cebolleta.

Cuando comience a tomar color, añadir un poco de agua y dejar cocer hasta que el agua se evapore —de esta forma la cebolleta queda más tierna.

Sacar los lomitos de la anchoa y retirar la parte final de la cola.

Sobre el lomito, colocar una tira de aguacate y enrollar de manera que la piel de la anchoa quede hacia el exterior. Pinchar en un palillo.

En el plato, colocar una cama de cebolla, cuatro rollitos de anchoa, unas bolitas de aguacate y aliñar con la vinagreta por encima.

Para la vinagreta:

En un bol, echar la miel, el vino blanco, un poco de sal, un chorrito de aceite y un poco de zumo de pomelo.

Batir el conjunto con ayuda de una varilla y reservar.

ROLLITOS DE CALABACÍN RELLENOS

Ingredientes para 4 personas:
1 calabacín • 100 gr de carne de cerdo picada • 100 gr de gambas
1 cebolla • 1 cucharada de harina • huevas de trucha
perejil rizado • sal • aceite de oliva

Lavar el calabacín, retirar las puntas y sacar unas tiras a lo largo con ayuda de una mandolina.

Poner una cazuela con agua al fuego. Cuando comience a hervir, introducir las tiras de calabacín y dejar durante 3 minutos.

Transcurrido este tiempo, retirar las tiras de calabacín e introducir en un recipiente con agua fría.

Poner un poco del relleno una vez esté frío sobre las tiras de calabacín, enrollar, colocar en el plato en sentido vertical y coronar con unas huevas de trucha.

Añadir un poco de la sal de marisco por encima y decorar con una ramita de perejil.

Para el relleno:

Poner una sartén al fuego, echar un poco de aceite y la cebolla muy picadita.

Cuando la cebolla esté rehogada, echar las gambas peladas cortadas en trocitos —reservar las cabezas.

A continuación, añadir la carne de cerdo picada. Saltear y añadir la harina para que el relleno quede más compacto.

Para la sal de marisco:

Poner las cabezas en un recipiente que sirva para el horno.

Introducir en la parte media del horno en posición aire caliente a 200 ºC durante 20 minutos.

Transcurrido este tiempo, echar las cabezas en la picadora y añadir un poco de sal. Triturar el conjunto y reservar.

ROLLITOS DE JAMÓN Y QUESO CON ESPINACAS

Ingredientes para 4 personas:
100 gr de jamón de York • 50 gr de queso Philadelphia
40 gr de espinacas • 50 dl de nata líquida • mayonesa • mostaza • sal

En un bol, echar la nata y batir con ayuda de una varilla. Añadir el queso fresco y mezclar bien.

Cocer las espinacas, escurrir bien y picar finitas.

Añadir las espinacas a la nata y mezclar bien. Añadir un poco de mostaza, una pizca de sal y remover el conjunto hasta que espese.

A continuación, sobre las lonchas de jamón poner la mezcla obtenida y hacer unos rollitos.

En un bol, mezclar la mayonesa con un poco de mostaza y decorar los rollitos con la salsa en el momento de servir.

ROLLITOS DE LENGUADO CON SALSA DE MEJILLONES

Ingredientes para 4 personas:
2 lenguados • 1 kg de mejillones • 50 gr de arroz bomba
2 ramas de apio • 1 cucharada de curry • sal • aceite de oliva

Limpiar el lenguado, retirar la piel y sacar los lomos.

enrollar el lomito y pinchar en un palillo.

Añadir un poco de sal e introducir en la cazuela con la salsa de mejillones. Cocer el conjunto durante 5 minutos.

Poner una sartén con un poco de aceite al fuego, añadir un poco de apio picadito y saltear.

En el centro del plato, poner una camita de apio, colocar encima dos rollitos de lenguado —retirar el palillo—. Decorar con un mejillón cocido.

Para la salsa de mejillones:

Poner una cazuela al fuego, echar un poco de agua y los mejillones limpios. Tapar la cazuela y cocer durante 5 minutos.

Transcurrido este tiempo, retirar la concha.

Poner otra cazuela al fuego, echar los mejillones —reservar cuatro mejillones para decorar—, añadir el agua de su cocción y un poco de agua del grifo. Añadir el arroz y el curry. Cocer durante 17 minutos.

Transcurrido este tiempo, triturar, colar, echar en una cazuela y reservar.

ROLLITOS DE LENGUADO SOBRE CREMA DE JUDÍAS VERDES

Ingredientes para 4 personas:
2 lenguados • 150 gr de judías verdes • 4 patatas • 2 yemas
½ limón • sal • aceite de oliva

Retirar la piel del lenguado y sacar los lomitos.

Poner una cazuela al fuego, echar un poco de agua, sal y un chorrito de aceite.

Sobre cada lomito, poner un poco del relleno, hacer un rollito y pinchar con un palillo.

Añadir un poco de sal por encima, introducir en la cazuela y cocer durante 4 minutos.

En la base del plato, poner un poco de la crema de judías y colocar encima dos rollitos de lenguado —previamente retirar los palillos.

Para el relleno:

Lavar las patatas, envolver de manera individual en papel de aluminio y colocar en un recipiente que sirva para el horno.

Introducir en la parte media del horno en posición aire caliente a 200 ºC durante 35 minutos.

Transcurrido este tiempo, retirar del horno, dejar enfriar, pelar y cortar en trozos.

Echar en un bol, añadir el zumo de limón, las yemas y un poco de sal. Triturar con ayuda de un tenedor y reservar.

Para la crema de judías verdes:

Lavar las judías verdes, retirar los extremos y cortar en trozos.

Poner un cazo con agua al fuego. Cuando comience a hervir, echar un poco de sal y las judías. Cocer durante 20 minutos.

Transcurrido este tiempo, triturar y reservar.

ROLLITOS DE MANGO Y MAGRET DE PATO AHUMADO

Ingredientes para 4 personas:
4 brochetas • 1 magret de pato ahumado • 1 mango maduro
100 gr de calabaza • 6 lonchas de queso Emmental
300 ml de vino blanco • salsa de soja • sal • aceite de oliva

Pelar el mango y sacar unas tiras. A continuación, cortar unas lonchas de magret.

Hacer unos rollitos con una tira de mango y una loncha de magret —enrollar la mitad de los rollitos con el mango por la parte exterior y el magret por la parte interior, y el resto de los rollitos con el magret por la parte exterior y el mango por la parte interior.

Colocar tres rollitos en cada brocheta.

Servir el caldo en unas copitas con ayuda de un cacillo e introducir una brocheta en cada copita.

Para el caldo de calabaza y queso:

Poner una cazuela con aceite al fuego. Pelar la calabaza, cortar en daditos y echar en la cazuela.

Añadir un poco de sal y el vino blanco. Tapar la cazuela y cocer durante 15 minutos.

Transcurrido este tiempo, echar la calabaza en el robot, añadir el queso, un chorrito de salsa de soja y un poco de agua.

Triturar el conjunto, colar y reservar.

ROLLO DE CERDO CON BERENJENA Y PUERRO

Ingredientes para 4 personas:
½ kg de carne de cerdo • 1 berenjena • 6 puerros • 1 pera
1 vaso de vino dulce • 1 pastilla de caldo de carne
sal • aceite de oliva

Abrir la pieza de lomo a lo largo por la mitad como si fuera un libro, añadir un poco de sal y colocar sobre papel de aluminio, previamente untado con un poco de aceite para evitar que la carne se quede pegada.

Poner encima el relleno, enrollar y colocar en un recipiente que sirva para el horno.

Introducir en la parte media del horno en posición aire caliente a 200 ºC durante 1 hora.

Transcurrido este tiempo, sacar del horno, retirar el papel y cortar en rodajas.

Por último, emplatar y salsear por encima.

Para el relleno:

Limpiar bien la verdura, cortar el puerro en rodajas y la berenjena en tacos.

Saltear el conjunto en una sartén con un poco de aceite. Añadir un poco de sal y reservar.

Para la salsa agridulce:

Poner un cazo al fuego, echar la pera cortada en trocitos, añadir la pastilla de caldo de carne y el vino.

Dejar reducir hasta obtener una salsa agridulce y reservar.

ROSQUILLAS

Ingredientes para 4 personas:
250 gr de harina • 80 gr de azúcar • 70 gr de mantequilla
50 gr de leche • 10 gr de levadura • 1 huevo • 1 lima
anís • harina • azúcar glaceé • aceite de oliva

En un bol amplio, echar la harina y el azúcar. Mezclar bien con las manos.

A continuación, añadir la mantequilla y trabajar el conjunto. Añadir la levadura.

En el centro, hacer un cráter y echar el huevo. Mezclar hasta conseguir una masa homogénea.

A continuación, añadir la leche y mezclar.

Por último, añadir un chorrito generoso de anís y rallar un poco de corteza de lima con ayuda de un rallador. Mezclar bien el conjunto.

Sobre una superficie lisa, echar un poco de harina y trabajar bien la masa.

Hacer unas bolitas, aplastar y hacer un agujero en el centro.

Freír vuelta y vuelta en abundante aceite caliente. Retirar a un plato con papel absorbente.

Cubrir bien con azúcar glaceé con ayuda de un colador y emplatar.

ROSQUILLAS DE ANÍS

Ingredientes para 4 personas:
2 huevos • 150 gr de azúcar • 20 gr de Royal • 10 dl de anís
harina • ralladura de naranja • ralladura de limón
120 gr de aceite de oliva

En un recipiente de acero inoxidable, echar el azúcar, la levadura y el aceite. Mezclar bien.

Echar los huevos y mezclar con ayuda de una varilla.

Añadir la ralladura de limón, la ralladura de naranja y el anís.

Por último, echar la harina poco a poco y remover según se añade hasta conseguir una masa homogénea.

Introducir en la nevera durante 15 minutos para que la levadura actúe.

Transcurrido este tiempo, retirar de la nevera, y con un poco de harina en las manos, hacer pequeñas rosquillas.

Freír en abundante aceite caliente hasta dorar. Posteriormente bajar un poco el fuego para que se hagan bien por dentro. Retirar a un plato con papel absorbente y emplatar.

SABAYÓN CON CEREZAS

Ingredientes para 4 personas:
100 gr de azúcar • 100 gr de cerezas • 100 gr de agua
4 rebanadas de pan tostado de multicereales • 1 cucharada de harina
4 cucharadas de miel • canela en polvo

Para el sabayón:
175 gr de azúcar • 4 yemas • 250 gr de cerveza

Poner una cazuela al fuego, echar 100 gr de azúcar y el agua. Mezclar bien.

A continuación, añadir las cerezas deshuesadas y confitar durante 5 minutos.

Transcurrido este tiempo, retirar las cerezas del almíbar y reservar.

En un cuenco, poner una rebanada de pan cortada en trozos, añadir una cucharada de miel —previamente calentada en el microondas— y unas cerezas.

Calentar el almíbar de las cerezas. Cuando comience a hervir, añadir la harina y remover con ayuda de una varilla para que espese.

Añadir el almíbar sobre las cerezas y posteriormente cubrir con el sabayón.

Dibujar por encima unas tiritas con el almíbar de las cerezas y añadir un poco de canela.

Para el sabayón:

Echar en una cazuela, las yemas, el azúcar y la cerveza. Poner al baño María, montar con una varilla y reservar.

SABAYÓN DE FRUTAS TROPICALES

Ingredientes para 4 personas:
1 piña • 1 mango • 50 gr de fresones • 50 gr de frambuesas
50 gr de moras • 6 huevos • ½ vaso de cava • 115 gr de azúcar

Encender el horno en posición gratinar.

Poner una cazuela al fuego, añadir el cava y dejar reducir.

En otra cazuela, echar las yemas y montar al calor con ayuda de una varilla.

Una vez montadas, añadir el cava y mezclar bien con la varilla según se añade.

Pelar el mango y sacar unas bolitas con ayuda de un sacabocados.

Pelar la piña y cortar en trozos pequeños.

Lavar el resto de la fruta, cortar los fresones y reservar las puntas.

En un plato hondo, cubrir la base con la mezcla de yema y cava. Decorar por encima con la fruta e introducir en la parte media del horno durante 2 minutos.

Transcurrido este tiempo, retirar del horno y servir.

SALCHICHAS A LA CERVEZA

Ingredientes para 4 personas:
1 kg de salchichas de carne • 1 l de cerveza

Pinchar las salchichas y colocarlas en la bandeja más profunda del horno. Cubrir con la cerveza.

Introducir la bandeja en la parte media del horno en posición turbogrill a 200 °C durante 30 minutos.

Transcurrido este tiempo, retirar del horno, emplatar y salsear por encima con la salsa de cerveza.

Para la salsa de cerveza:

Poner un cazo al fuego y añadir la salsa obtenida en la bandeja del horno. Dejar reducir durante 5 minutos para que el alcohol se evapore y la salsa espese.

SALCHICHAS RELLENAS

――――◆•❖•◆――――

Ingredientes para 4 personas:
4 brochetas de madera • 4 salchichas alemanas
4 lonchas de jamón de pavo • 4 lonchas de queso Havarti • azúcar

Retirar los extremos de las salchichas, cortar cada salchicha por la mitad y posteriormente abrirla a lo largo en dos mitades iguales. De una de las mitades sacar un rectángulo que posteriormente se colocará en el centro del bocadillo.

Cortar cada loncha de queso en tiras del grosor de la salchicha. Repetir el mismo proceso con la loncha de jamón.

Para montar el bocadillo:

Sobre la salchicha, colocar unas tiras de queso, encima otras de jamón y en el centro del bocadillo el rectángulo de salchicha. Por encima, colocar de nuevo unas tiras de queso, otras de jamón y cubrir con la otra mitad de la salchicha.

Pinchar en la brocheta e igualar los extremos.

Emplatar, añadir un poco de azúcar por encima y quemar un poco con ayuda de un soplete para que el azúcar caramelice. Caramelizar por ambos lados.

SALMÓN AL PAPILLOT

――――◆•❖•◆――――

Ingredientes para 4 personas:
4 tajadas de salmón • 200 gr de champiñones • 100 gr
de judías verdes • sal • aceite de oliva

Limpiar las judías verdes y cortar en juliana.

Limpiar los champiñones y cortar en láminas finas.

Poner una sartén a fuego fuerte, cuando la sartén esté muy caliente, echar un poco de aceite y saltear la verdura.

Cortar un trozo de papel de aluminio, echar un poco de aceite y extender con ayuda de un pincel.

Colocar encima la tajada de salmón, añadir un poco de sal y las verduras salteadas. Cerrar el paquete herméticamente para evitar la pérdida de vapor.

Introducir en la parte media del horno en posición aire caliente a 240 °C durante 10 minutos.

Transcurrido este tiempo, retirar del horno y emplatar.

SALMÓN COCIDO CON HOLANDESA DE PIQUILLOS

Ingredientes para 4 personas:
1 cola de salmón • 1 lata de pimientos del piquillo
200 gr de mantequilla • 8 yemas • 2 puerros
pimienta negra en grano • sal • aceite de oliva

Hacer un corte en la parte verde del puerro y limpiar bien bajo el chorro de agua fría. Cortar el puerro en dos mitades.

Poner una cazuela con agua al fuego, echar un poco de sal y un chorro de aceite generoso. Añadir el puerro.

Limpiar bien el salmón, retirar las aletas y quitar bien las escamas.

Cortar el salmón en rodajas de un dedo de grosor —conservar la espina central y la piel.

Cuando el caldo comience a hervir, añadir el salmón, tapar la cazuela y cocer durante 10 minutos.

Transcurrido este tiempo, emplatar el salmón, añadir el puerro y salsear. Decorar con unas puntitas de piquillo por encima.

Para la salsa holandesa de piquillos:

Poner un cazo al fuego, echar la mantequilla y dejar en el fuego hasta que se separe la grasa del suero.

En otro cazo, echar las yemas y montar al calor. A continuación, añadir la parte grasa de la mantequilla. Mezclar según se añade con ayuda de una varilla.

Echar cuatro pimientos del piquillo y triturar el conjunto con la batidora. Añadir una pizca de sal y pimienta negra recién molida. Mezclar bien y reservar.

SALPICÓN DE CARNES

Ingredientes para 4 personas:
1 pechuga de pollo • 1 pechuga de pato
1 trozo de lomo de cerdo (300 gr) • 10 huevos de codorniz
8 champiñones • ½ cebolla • pimentón dulce • estragón • mezcla de
cinco pimientas • azúcar • sal gorda • vinagre • aceite de oliva

En un bol amplio, echar tres cucharadas grandes de azúcar, cuatro de sal, una de pimentón y una cucharada pequeña de estragón. Añadir una cucharada de pimienta —previamente triturada en el mortero—. Mezclar bien el conjunto.

Cortar la pechuga en dados, echar en el bol y mezclar con ayuda de las manos.

Repetir el proceso para cada tipo de carne en un bol distinto y adobar durante 20 minutos.

Transcurrido este tiempo, poner una cazuela con agua al fuego. Cuando comience a hervir, añadir la carne, cocer durante 10 minutos y reservar.

Picar la cebolla muy finita y echar en otro bol amplio. Pelar los champiñones, cortar finitos y añadir en el bol.

Echar los huevos de codorniz enteros —reservar cuatro para decorar—. Añadir un poco de vinagre y un chorrito generoso de aceite.

Por último, añadir la carne cocida y mezclar bien el conjunto.

Emplatar en un plato hondo.

Cortar el huevo a lo largo por la mitad. Rallar medio con ayuda de un rallador y colocar el otro medio encima.

SALPICÓN DE MARISCO

Ingredientes para 4 personas:
1 bote de alcachofas • 8 langostinos cocidos
8 barritas de mar o surimi • 1 patata cocida • 2 manzanas Golden
1 bote de mayonesa • 1 bote de mostaza
sal • aceite de oliva virgen extra

En un recipiente, echar las alcachofas cortadas en daditos, unas barritas de mar y los langostinos, todo cortado en trozos pequeños. Añadir la salsa y mezclar para que ensamble todo bien. Añadir la patata cortada en trozos, mezclar bien y enfriar en la nevera durante 15 minutos.

Transcurrido este tiempo, retirar de la nevera.

Cortar la manzana en dos mitades, cortar en rodajas muy finas y colocar en la parte exterior de un plato hondo. En el centro del plato, poner el salpicón.

Decorar con unos hilitos de barritas de mar y con unas bolitas de manzana obtenidas con ayuda de un sacabocados. Añadir un chorrito de aceite por encima para que la manzana no se oxide.

Para la salsa:

En un bol, echar un poco de mayonesa, una cucharada de mostaza y un poco de aceite. Mezclar bien.

SALSA DE YEMA FINA

Ingredientes para 4 personas:
6 huevos • 125 gr de azúcar • 50 ml de agua

Poner un cazo al fuego, echar el azúcar y el agua. Dejar en el fuego hasta conseguir un punto de hebra fina.

En un recipiente amplio, echar las yemas y añadir la mezcla de agua y azúcar en punto de hebra fina poco a poco. Remover según se añade con ayuda de una varilla.

A continuación, echar de nuevo la mezcla en el cazo, poner al fuego y espesar. Remover con la varilla para evitar que se pegue en el fondo.

Una vez haya espesado, colar con ayuda de un colador para eliminar los posibles grumos.

SALTEADO DE GULAS Y ANCHOAS

Ingredientes para 4 personas:
1 bandeja de gulas • 200 gr de anchoas frescas • 1 guindilla
1 diente de ajo • pimentón dulce • sal • aceite de oliva

Limpiar bien las anchoas, para ello quitar las cabezas e introducir las anchoas en un recipiente con agua. Frotar un poco para eliminar las escamas y quitar la espina central.

Sacar los lomos de las anchoas y cortar en tiras finitas.

Poner una sartén a fuego máximo y echar aceite de forma generosa. Echar el ajo cortado en láminas y cuando esté doradito, añadir la guindilla también cortada en láminas, y dos cucharadas de pimentón dulce.

Añadir sal a las gulas y a las anchoas. Saltear en la sartén hasta que la anchoa tome un color blanco. Probar de sal y corregir si fuera necesario. Emplatar.

SALTEADO DE LUBINA

Ingredientes para 4 personas:
1 cola de lubina • 1 bote de brotes de soja • 1 cebolleta
cebollino • sal • aceite de oliva

Limpiar la lubina, deshuesar y retirar la piel. Cortar en tiras finas y poner en un plato.

Pelar la cebolleta y cortar en juliana fina. Poner en el plato y añadir un poco de sal.

Poner una sartén al fuego y echar un poco de aceite. Cuando el aceite esté caliente, añadir las tiras de lubina y la cebolleta. Saltear el conjunto.

Cuando la lubina comience a tomar color, añadir los brotes de soja.

Por último, añadir un poco de cebollino picadito. Saltear de nuevo y emplatar.

Decorar por encima con unas ramitas de cebollino.

SAN JACOBO DE SALMÓN

Ingredientes para 4 personas:
1 cola de salmón (400 gr) • 4 lonchas de jamón serrano
4 lonchas de queso Havarti • 100 gr de cardo • 2 huevos
pan rallado • sal • aceite de oliva

Sacar uno de los lomos del salmón, retirar la piel y cortar el salmón en filetes de forma sesgada.

En un trozo de film transparente, echar una gotita de agua, colocar el filete de salmón, cubrir de nuevo con film y espalmar con ayuda de un espalmador.

Sobre el filete de salmón espalmado, colocar una loncha de jamón y una loncha de queso, cubrir con otro filete de salmón espalmado.

Pasar por huevo y pan rallado. Marcar unas líneas perpendiculares sobre la superficie con ayuda de un cuchillo.

Poner una sartén al fuego con un poco de aceite, freír vuelta y vuelta, y retirar a un plato con papel absorbente.

Emplatar y acompañar con un poco de cardo rizado. Aliñar el cardo con un poco de aceite y sal.

Para la guarnición:

Limpiar bien el cardo y sacar unas tiras finas con ayuda de un pelador.

Introducir en un recipiente con agua fría y hielos. Dejar durante 10 minutos y reservar.

SÁNDWICH DE BACALAO

Ingredientes para 4 personas:
6 rebanadas de pan de molde sin corteza • 200 gr de bacalao salado
desalado muy frío • 2 tomates Raf • 1 lata de aceitunas negras
8 dientes de ajo • 1 huevo • 1 cucharada de azúcar
sal • aceite de oliva

En un robot, echar las aceitunas negras bien escurridas, el azúcar, un poco de agua y un chorrito de aceite. Triturar, echar en un bol y reservar.

Cortar unas lonchas muy finas de bacalao y reservar.

Pasar un rodillo varias veces sobre las rebanadas de pan.

Untar dos de las tres rebanadas con la pasta de aceitunas. Colocar encima unas rodajas de tomate muy finas y unas lonchas de bacalao.

Cubrir con la tercera rebanada de pan, recortar los bordes y cortar cada sándwich en cuatro triángulos.

Dibujar unas líneas de mayonesa de ajo por encima.

Para la mayonesa de ajo:

Poner un cazo al fuego, echar aceite de forma generosa y los dientes de ajo pelados. Confitar a fuego suave durante 15 minutos.

Transcurrido este tiempo, retirar del fuego y reservar.

En el vaso de la batidora, echar el huevo, el aceite resultante de confitar el ajo y un poco de sal. Triturar el conjunto y reservar.

SÁNDWICH DE CARNE DE CANGREJO

Ingredientes para 4 personas:
8 rebanadas de pan de molde
1 paquete de barritas de cangrejo o surimi • 1 lechuga
mayonesa • mostaza

Tostar el pan de molde.

Cuadrar unas hojas de lechuga del tamaño de las rebanadas de pan.

Sobre la rebanada de pan, colocar una hoja de lechuga, encima poner el relleno, cubrir con otra hoja de lechuga y otra rebanada de pan.

Una vez montado el sándwich, eliminar la corteza del pan y emplatar.

En un bol, mezclar mayonesa y un poco de mostaza.

Extender un poco de la salsa sobre la superficie superior de la rebanada en el momento de servir.

Para el relleno:

En un bol, poner las barritas de cangrejo picaditas, añadir mayonesa y un poco de mostaza. Mezclar el conjunto y dejar reposar en la nevera.

SASHIMI CON VERDURITAS SALTEADAS

Ingredientes para 4 personas:
1 trozo de atún rojo (400 gr) • setas shitake • setas crispas
brotes de soja • bulbo de hinojo • guisantes • pimiento rojo
cebolleta • salsa de soja • sal • aceite de sésamo • aceite de oliva

Cortar el atún en trozos grandes de un dedo de grosor y colocar en un recipiente.

Cubrir con el aceite de sésamo y la salsa de soja. Dejar marinar durante 1 hora.

Lavar toda la verdura y cortar en trozos.

Poner el wok al fuego y echar un poco de aceite.

Echar toda la verdurita, añadir un poco de sal, saltear el conjunto y reservar.

Cortar el atún en filetes sesgados, dar un golpe de calor en una sartén con un poco de aceite y colocar en el borde exterior de un plato.

En el centro, poner unas verduritas y añadir por encima un poco del jugo obtenido de marinar el atún.

SAVARÍN DE YOGUR DE FRESA CON BIZCOCHO Y PISTACHO

Ingredientes para 4 personas:
1 base de bizcocho • 200 ml de nata líquida • 150 gr de azúcar
100 gr de fresas • 25 gr de pistachos • 2 yogures de fresa
3 colas de pescado grandes

Introducir las colas de pescado una a una en un recipiente con agua fría.

En el vaso de la batidora, echar 100 ml de nata y montar.

Poner un cazo al fuego, echar los otros 100 ml de nata y el azúcar. Remover bien con ayuda de una varilla.

Cuando comience a hervir, añadir las colas de pescado y mezclar con la varilla.

A continuación, en un bol, echar la mezcla de nata, azúcar y gelatinas.

Añadir el yogur y mezclar bien.

Por último, añadir la nata montada y remover según se añade.

Cortar unos rectángulos pequeños de bizcocho para cubrir el molde e introducir en el bizcocho unos pistachos.

Rellenar el molde con la mezcla y cubrir con el bizcocho.

Enfriar en la nevera durante 2 horas.

Transcurrido este tiempo, retirar de la nevera, desmoldar y decorar con unas fresas y unos pistachos.

SECRETO IBÉRICO EMPANADO

Ingredientes para 4 personas:
4 filetes de secreto ibérico • 200 gr de setas senderuelas
10 espárragos verdes • 10 brotes de ajo tierno • 3 huevos
pan rallado • sal • aceite de oliva

Añadir un poco de sal sobre los filetes, introducir en el pan rallado, dar unos golpecitos, pasar por huevo y de nuevo por pan rallado.

Sacar y marcar unas líneas en forma de rejilla por ambos lados con la parte contraria al filo del cuchillo.

Poner una sartén al fuego, echar un poco de aceite y freír vuelta y vuelta.

Pasar a un plato con papel absorbente durante unos minutos, emplatar y acompañar de la guarnición.

Para la guarnición:

Limpiar la verdura y cortar en trocitos del mismo tamaño.

Poner el wok al fuego y echar un poco de aceite.

Cuando esté caliente, echar la verdura y añadir un poco de sal.

Saltear el conjunto y reservar.

SERPENTÍN DE SALMÓN

Ingredientes para 4 personas:
12 brochetas de madera • 1 cola de salmón • 3 patatas
½ l de leche • jengibre • pimienta verde en grano
sal • aceite de oliva

Pelar la patata, lavar y cortar en láminas finas con ayuda de una mandolina.

A continuación, picar muy finita —del tamaño de un grano de arroz.

Poner una sartén al fuego, echar la leche, la patata, unos granos de pimienta, sal, aceite y un poco de jengibre picadito. Cocer el conjunto durante 15 minutos.

Transcurrido este tiempo, echar en un bol y reservar.

Limpiar el salmón, abrir por la mitad y sacar unas tiras largas gruesas. Pinchar en cada brocheta una tira de salmón en forma de serpentín.

Humedecer con un poco de agua la madera de la brocheta que queda al descubierto para evitar que se queme en el horno.

En una fuente que sirva para el horno, echar un poco de aceite, colocar las brochetas y añadir un poco de sal.

Dar la vuelta a las brochetas para que se impregnen bien de aceite por ambos lados.

Introducir en la parte media del horno en posición aire caliente a 230 ºC durante 5 minutos.

Transcurrido este tiempo, retirar del horno y reservar.

En la base de un plato, dibujar unas tiras de la mezcla de leche y patata. Colocar encima las brochetas y servir.

SESOS DE CORDERO CON SALSA AGRIDULCE

Ingredientes para 4 personas:
4 sesos de cordero • 30 gr de maizena exprés • 1 pastilla de caldo de
carne • miel • harina • sal • vinagre de manzana • aceite de oliva

Poner una sartén al fuego y echar un poco de aceite. Cortar los sesos —reservar en la nevera hasta el momento de su manipulación—, añadir un poco de sal, pasar por harina y freír hasta que estén bien doraditos. Retirar de la sartén a un plato con papel absorbente.

A continuación, introducir los sesos en el cazo donde está la salsa y dejar reposar el conjunto fuera del fuego durante 10 minutos.

Transcurrido este tiempo, poner de nuevo al fuego y calentar durante unos minutos.

Por último, emplatar y salsear por encima.

Para la salsa:

Poner un cazo al fuego, echar dos cucharadas de miel y un chorrito de vinagre. Añadir la pastilla de caldo de carne y disolverla con ayuda de una varilla. Echar un poquito de agua y la maizena para espesar la salsa.

SETAS ASADAS CON CREMA DE QUESO

Ingredientes para 4 personas:
300 gr de setas de chopo de cultivo
300 gr de setas de cardo de cultivo • 300 gr de setas Shitake
1 cuña de queso Picón • ½ l de leche • pimienta negra en grano
tomillo • sal • aceite de oliva

Encender el horno en posición aire caliente a 230 ºC.

Limpiar bien las setas y desmenuzar con la mano en trozos del mismo tamaño.

En un recipiente que sirva para el horno, echar un chorrito de aceite y poner las setas. Añadir otro chorrito de aceite, sal y pimienta negra recién molida por encima.

Introducir en la parte media del horno durante 15 minutos.

Transcurrido este tiempo, retirar del horno y emplatar.

Añadir la crema de queso por encima y posteriormente un poco del aceite de tomillo. Decorar con una ramita de tomillo.

Para la crema de queso:

Echar la leche en un bol, añadir el queso cortado en trozos y calentar en el microondas durante 2 minutos.

Transcurrido este tiempo, echar en el robot, triturar, colar con ayuda de un colador y reservar.

Para el aceite de tomillo:

En el vaso de la batidora, echar unas ramitas de tomillo, añadir un chorrito de aceite, triturar y reservar.

SETAS CON CREMA DE CAMEMBERT

Ingredientes para 4 personas:
pan • ½ bandeja de setas de cultivo
1 tarrina de crema de Camembert • aceite de oliva

Cortar unas rebanadas de pan con un cuchillo de sierra. Pintar ambos lados de la rebanada con un poco de aceite y tostar en la plancha.

Limpiar las setas y hacer unas incisiones en la superficie para que el calor penetre fácilmente.

Pasar las setas por un recipiente con aceite y dorar en la plancha.

Sobre el pan tostado, extender un poco de crema de Camembert y encima colocar dos setas sobre cada rebanada —recortar las setas del tamaño del pan.

Decorar con una pequeña pincelada de crema por encima.

SETAS ESTOFADAS AL JEREZ
CON YEMA AROMATIZADA CON TRUFA

Ingredientes para 4 personas:
200 gr de setas de cultivo • 1 bote de trufa • 4 huevos
2 dientes de ajo • 1 vaso de vino de Jerez • sazonador de huevo frito
aceite de oliva

Encender el horno en posición gratinar a 200 ºC.

En un bol, poner los huevos con la cáscara y añadir dos trufas partidas por la mitad. Cubrir con film transparente y dejar reposar en la nevera durante 24 horas para que el huevo se aromatice con la trufa.

Limpiar las setas y cortar en juliana. Pelar los ajos y picar finito.

Poner una sartén a fuego máximo y echar un poco de aceite. Cuando el aceite esté muy caliente, echar las setas.

Cuando las setas estén casi hechas, añadir el ajo picadito y freír. Bajar el fuego, añadir el vino y un poco del jugo del bote de trufa. Dejar reducir.

Emplatar las setas en un plato hondo, en el centro hacer una especie de cama y poner las yemas. Añadir por encima un poco de trufa cortada en láminas y una pizca de sazonador de huevo.

Por último, introducir en el horno durante 30 segundos para que la yema se haga un poco.

SNACKS DE PASTA DE ANCHOAS Y HOJALDRE

Ingredientes para 4 personas:
1 hoja de hojaldre • 1 lata de anchoas en salazón
100 ml de salsa de tomate • 50 ml de leche • harina • orégano • sal
aceite de oliva

Encender el horno en posición aire caliente a 200 °C.

Echar harina sobre una superficie lisa, poner el hojaldre encima y hacer una bola —trabajar el hojaldre con las manos durante unos minutos hasta conseguir una pasta de hojaldre adulterada para evitar que suba mucho en el horno.

Añadir un poco de harina sobre el hojaldre, estirar con ayuda de un rodillo y cortar en tiras irregulares.

Colocar un salvabandejas sobre la bandeja del horno y poner encima las tiras de hojaldre.

Pintar el hojaldre con la pasta de anchoas y por encima con la salsa de tomate —todo con ayuda de un pincel.

Añadir un poco de orégano por encima e introducir en la parte media del horno durante 5 minutos.

Transcurrido este tiempo, retirar del horno, dejar reposar unos minutos y emplatar.

Para la pasta de anchoas:

En el vaso de la batidora, echar las anchoas y añadir la leche. Triturar el conjunto y reservar.

SOLOMILLO ASADO EN PIEZA

Ingredientes para 4 personas:
1 solomillo de vacuno (2 kg) • 1 cabeza de ajo • pimienta blanca
sal • aceite de oliva

Encender el horno en posición turbo-grill a 230 ºC.

En un bol, mezclar un poco de aceite, sal y pimienta. Untar la pieza de solomillo con la mezcla. A continuación, hacer unos cortes en la superficie del solomillo e introducir en cada corte un diente de ajo.

Colocar el solomillo en la bandeja del horno e introducir en la parte media del horno durante 20 minutos.

Transcurrido este tiempo, retirar del horno, trinchar en caliente y servir en una fuente. Salsear por encima con el jugo obtenido en la bandeja del horno.

SOLOMILLO CON FOIE

Ingredientes para 4 personas:
4 trozos de solomillo (1 kg en sucio/600 gr en limpio)
4 rodajas de foie (300 gr) • 4 chalotas • ½ vaso de brandy
pimienta negra en grano • 1 pastilla de caldo vegetal
sal • aceite de oliva

Encender el horno en posición turbo-grill a 230 ºC.

Limpiar el solomillo, sacar cuatro trozos gruesos y hacer un corte en la parte media —para posteriormente introducir la rodaja de foie.

En un recipiente que sirva para el horno, echar un chorrito de aceite, impregnar bien el solomillo con el aceite y añadir un poco de sal.

Introducir en la parte alta del horno durante 3 minutos.

Poner una sartén al fuego, cuando esté caliente, dorar las rodajas de foie vuelta y vuelta, y retirar a un plato con papel absorbente.

Retirar el solomillo del horno y emplatar.

Echar un poco de sal sobre las rodajas de foie e introducir en el solomillo.

Añadir un poco de la salsa por encima y servir.

Para la salsa:

Poner un cazo al fuego, echar la chalota picadita, un chorrito de aceite, unos granos de pimienta negra y la pastilla de caldo vegetal.

Por último, añadir el brandy y flambear.

Cuando haya evaporado el alcohol, añadir un poco de agua y dejar reducir hasta que la salsa espese.

SOLOMILLO DE CANGURO CON PANADERA DE ZANAHORIA

Ingredientes para 4 personas:
600 gr de solomillo de canguro • 50 gr de panceta • 4 zanahorias
½ cebolla • 1 vaso de vino blanco • tomillo fresco
sal • aceite de oliva

Cortar el solomillo en rodajas sesgadas de un dedo de grosor y añadir un poco de sal por encima.

Poner una sartén antiadherente a fuego máximo, dorar los filetes, dar la vuelta, bajar el fuego y dejar durante 1 minuto.

Emplatar, acompañar de la guarnición y decorar con una ramita de tomillo.

Para la guarnición:

En un recipiente que sirva para el horno, echar un chorrito de aceite, añadir la cebolla cortada en trozos, la panceta cortada en dados y la zanahoria cortada en rodajas finas con ayuda de una mandolina.

Añadir un poco de sal, un chorrito de aceite y el vino blanco por encima. Mezclar bien.

Introducir en la parte media del horno en posición aire caliente a 230 ℃ durante 20 minutos.

Transcurrido este tiempo, retirar del horno y reservar.

SOLOMILLO DE CERDO A LA MOSTAZA

Ingredientes para 4 personas:
1 solomillo de cerdo • 200 gr de cerezas • 200 gr de azúcar
100 ml de agua • 1 bote de mostaza francesa • sal • aceite de oliva

Encender el horno en posición aire caliente a 250 ºC.

Limpiar el solomillo.

En un recipiente que sirva para el horno, echar un poco de aceite y extenderlo por la base del recipiente. Colocar el solomillo encima, cubrir con mostaza e introducir en el horno durante 15 minutos.

Transcurrido este tiempo, retirar del horno. Cortar el solomillo y emplatar. Añadir el jugo obtenido por encima y salsear alrededor con la mermelada de cerezas.

Para la mermelada de cerezas:

Lavar las cerezas y deshuesar.

Poner una sartén al fuego, echar las cerezas, el azúcar y el agua. Cocer el conjunto durante 10 minutos y posteriormente triturar.

SOLOMILLO DE CERDO CON MORAS

Ingredientes para 4 personas:
1 solomillo de cerdo • 100 gr de moras maduras
1 vaso de vino dulce Pedro Ximénez • 1 cucharada grande de azúcar
pimienta verde en grano • sal • aceite de oliva

Retirar las partes blancas del solomillo y cortar en trozos de unos cuatro dedos de grosor.

Abrir cada trozo a lo largo por la mitad y cada mitad, abrir de nuevo y extender bien.

Añadir un poco de sal y dorar en la sartén con un poco de aceite.

Cuando comience a tomar color, añadir unos granos de pimienta. Dar la vuelta y añadir el vino.

Dejar en el fuego hasta que el vino reduzca.

Emplatar y acompañar con un poco de la compota de moras.

Para la compota de moras:

Poner una cazuela al fuego y echar un poco de aceite.

Lavar las moras y echar en la cazuela.

Por último, añadir el azúcar y un poco de agua. Dejar en el fuego hasta que el agua evapore y reservar.

SOLOMILLO DE CERDO CON SALSA DE QUESO AZUL

Ingredientes para 4 personas:
1 solomillo de cerdo • 200 gr de queso azul • 200 dl de nata líquida
100 gr de bacón • 50 dl de brandy • pimienta • sal • aceite de oliva

Limpiar el solomillo y cortarlo en trozos de aproximadamente dos dedos de grosor.

Envolver cada medallón en una loncha de bacón y pinchar con un palillo.

Sazonar los medallones.

Poner una sartén con bastante fondo al fuego y freír los medallones en aceite muy caliente hasta dorar.

Emplatar, quitar los palillos y salsear por encima.

Para la salsa de queso:

Poner la sartén con el jugo de la carne a fuego máximo, echar el queso cortado en trozos y remover con ayuda de una cuchara de madera. Cuando esté casi fundido, añadir el brandy y flambear.

Cuando el queso esté totalmente fundido y el brandy casi haya evaporado por completo, añadir la nata y hervir el conjunto a fuego máximo hasta conseguir que la salsa espese. Añadir una pizca de sal y reservar.

SOLOMILLO DE CERDO EN HOJALDRE

Ingredientes para 4 personas:
1 hoja de hojaldre • 1 solomillo de cerdo • 1 huevo • harina
pimienta • sal • aceite de oliva

Encender el horno en posición turbo-grill a 200 ºC.

Limpiar el solomillo, echarle un poco de sal y pimienta.

Poner una sartén amplia al fuego, echar un poco de aceite y cuando esté caliente freír un poco el solomillo. Retirar a un plato con papel absorbente.

Trabajar la masa de hojaldre con un poco de harina sobre una superficie lisa y con ayuda de un rodillo, cuadrar el hojaldre y colocar el solomillo encima. Hacer un paquete y sellar los extremos con un poco de yema con ayuda de un pincel.

En un recipiente que sirva para el horno, echar un poco de harina y colocar el hojaldre. Pintar el hojaldre con la yema para que tome un color dorado e introducir en el horno durante 10 minutos.

Transcurrido este tiempo, retirar del horno y emplatar.

SOPA CON COSTRA

Ingredientes para 4 personas:
1 trozo de pan • 1 patata grande • 1 pimiento verde • 4 dientes de ajo
5 chorizos pequeños • 2 huevos • 3 cucharadas de pimentón dulce
sal • aceite de oliva

Poner una cazuela al fuego, echar un chorrito de aceite y los dientes de ajo.

Lavar el pimiento, picar finito y echar en la cazuela.

Pelar la patata, lavar, cortar en daditos y echar en la cazuela.

Cuando la verdura esté rehogada, añadir el chorizo picado y el pan cortado en dados.

Por último, añadir el pimentón, cubrir con agua y cocer el conjunto durante 20 minutos.

Transcurrido este tiempo, echar los huevos y remover con ayuda de una cuchara para que el huevo cuaje.

Añadir un poco de sal y echar el conjunto en un recipiente que sirva para el horno.

Introducir en la parte alta del horno en posición gratinar a 200 °C durante 1 hora.

Transcurrido este tiempo, retirar del horno y emplatar.

SOPA DE AJO

Ingredientes para 4 personas:
1 barra de pan duro • 2 cabezas de ajo • 2 huevos • pimentón dulce
1 vaso de vino blanco • sal • aceite de oliva

Poner una cazuela al fuego y echar aceite de forma generosa. Añadir los dientes de ajo enteros y rehogar a fuego suave para que el ajo suelte todo su sabor.

Cortar el pan en rebanadas finas y echar en la cazuela. Cuando el pan esté empapado de aceite, añadir el pimentón y mezclar bien. Echar el vino blanco y dejar que reduzca un poco.

A continuación, añadir el agua y cuando comience a hervir, bajar el fuego al mínimo. Echar un poco de sal y cocer durante 30 minutos.

En un bol, echar los huevos y romperlos con ayuda de un tenedor.

Por último, añadir los huevos al conjunto, remover con una cuchara de madera hasta conseguir unas hebras blancas y emplatar.

SOPA DE AJO, COLIFLOR Y BACALAO

Ingredientes para 4 personas:
1 coliflor pequeña • 150 gr de bacalao desalado desmigado
½ barra de pan de chapata • 2 huevos • 3 dientes de ajo
1 vaso de leche • 50 gr de azúcar • 1 cucharada de orégano
1 cucharada de pimentón • sal • aceite de oliva

Limpiar la coliflor y cortar en ramilletes pequeños.

Introducir en un bol amplio con abundante agua. Añadir el azúcar, la leche y un poco de sal.

Cocer en el microondas durante 25 minutos y reservar.

Poner una cazuela alta al fuego, echar aceite y los dientes de ajo.

Cuando el ajo comience a dorar, añadir el pan cortado en rebanadas finas.

Rehogar hasta que el pan absorba el aceite pero sin que se dore.

Cubrir con agua y cocer durante 25 minutos.

Transcurrido este tiempo, añadir el orégano, el pimentón y un poco de sal.

Añadir el bacalao y la coliflor escurrida. Mezclar bien.

Por último, añadir los huevos, subir el fuego al máximo y cuajar. Probar de sal y emplatar.

SOPA DE ALGAS Y SUSHI DE CALAMAR EN SU TINTA

Ingredientes para 4 personas:
¼ de pan de hogaza • 100 gr de calamares en su tinta • 50 gr de jamón de recebo • 2 láminas de alga Kombu • 50 gr de alga Nori • 50 gr de atún seco • 50 gr de arroz de sushi • 2 huevos • 5 dientes de ajo jengibre • sal • aceite de oliva

Para la sopa de algas:

Poner una cazuela alta al fuego, echar agua, el atún seco y el alga Kombu. Tapar y cocer durante 10 minutos.

Poner otra cazuela al fuego, echar aceite de forma generosa y los dientes de ajo enteros. Rehogar durante 2 minutos y añadir unas rebanadas de pan de hogaza.

Echar el caldo obtenido junto al ajo y el pan.

A continuación, añadir el jamón picadito, tapar y cocer el conjunto durante 20 minutos.

Transcurrido este tiempo, retirar el atún y el alga.

Pelar un trozo de jengibre y rallar por encima con ayuda de un rallador. Añadir los huevos, remover y emplatar.

Para el sushi:

Sobre el alga Nori, colocar un poco de arroz y un poco de calamar en su tinta.

Enrollar y pintar con un poco de agua con ayuda de un pincel.

Cortar en trozos y emplatar.

SOPA DE ALUBIAS

Ingredientes para 4 personas:
300 gr de judías rojas en remojo
1 manita de cerdo cortada por la mitad • 3 puerros • 1 cebolla
½ rama de apio • 4 rebanadas de pan de molde
4 lonchas de queso de cabra para gratinar • sal • aceite de oliva

Pasar las manitas por el fuego para eliminar posibles pelitos.

Poner una cazuela con agua al fuego, echar un poco de sal y las alubias.

A continuación, añadir la cebolla cortada por la mitad, el puerro cortado por la mitad —retirar la parte verde—, y el apio pelado y cortado en trozos.

Por último, añadir la manita de cerdo.

Cuando comience a hervir el conjunto, cocer a fuego suave durante 1,30 horas.

Transcurrido este tiempo, colar las judías con ayuda de un colador y retirar.

Deshuesar las manitas, cortar en trozos y reservar.

Poner a hervir el caldo para que espese y añadir un poco de sal.

Sobre una rebanada de pan, colocar una loncha de queso y cortar con ayuda de un cortapastas redondo.

Emplatar el caldo, añadir un poco de la manita y colocar encima la tosta de pan y queso.

Introducir en la parte alta del horno en posición gratinar a 230 °C durante 1 minuto para que funda el queso y servir.

SOPA DE CEBOLLA SECA

Ingredientes para 4 personas:
2 alas de pollo de caserío • 2 patatas
100 gr de cebolla deshidratada • 2 huevos • 200 ml de nata líquida
2 ramas de canela • 1 cucharada de canela en polvo
vino de Jerez • sal • aceite de oliva

Pasar las alas por la llama para quitar bien las plumas.

Poner una cazuela con agua al fuego, echar un poco de sal y las alas.

Añadir la cebolla deshidratada y el vino.

A continuación, añadir la patata pelada, lavada y cortada en daditos. Cocer el conjunto durante 30 minutos.

Transcurrido este tiempo, retirar las alas y desmigar. Una vez desmigada la carne, introducir de nuevo en la cazuela.

En un bol, echar los huevos, la nata, una cucharada de canela y un poco de sal. Remover con ayuda de una varilla.

Añadir la mezcla poco a poco a la cazuela con ayuda de un cacillo y dejar que cuaje.

Probar de sal y añadir un poco si fuera necesario.

Servir en cuencos y decorar con media rama de canela.

SOPA DE CEBOLLA, CALABAZA, GAMBAS Y QUESO

Ingredientes para 4 personas:
200 gr de calabaza • 100 gr de gambas • 100 gr de queso Emmental
2 cebollas rojas • polvo de sopa deshidratada • 2 hojas de laurel
sal • aceite de oliva

Poner una cazuela al fuego y echar aceite de forma generosa.

Cortar la cebolla finita y rehogar a fuego suave.

Pelar la calabaza y cortar en daditos. Echar en la cazuela y rehogar junto a la cebolla.

A continuación, añadir la sopa deshidratada y las hojas de laurel cortadas en trozos. Cubrir con agua y cocer el conjunto durante 30 minutos.

Transcurrido este tiempo, añadir las gambas peladas, cortadas en trozos y previamente sazonadas.

Añadir un poco de sal y dejar unos minutos al fuego.

Emplatar la sopa y añadir un poco de queso rallado con ayuda de un rallador.

Por último, dar un golpe de calor en la parte alta del horno en posición gratinar a 230 ºC durante 2 minutos para que se funda un poco el queso.

SOPA DE CHOCOLATE CON MELÓN

Ingredientes para 4 personas:
¼ de melón • 100 gr de cobertura de chocolate • 100 gr de azúcar
15 gr de cacao • 1 rama de canela • 1 vaso de Cointreau
100 ml de agua

Sacar unas bolitas de melón con ayuda de un sacabocados y echar en un bol. Añadir el licor y enfriar en la nevera durante 30 minutos.

El melón restante, cortar en trozos y reservar.

En una cazuela, echar el agua, la rama de canela, el azúcar, el cacao y el chocolate. Poner al fuego y cocer durante 5 minutos.

A continuación, añadir el melón cortado en trozos y dejar en el fuego durante 2 minutos.

Transcurrido este tiempo, echar en el vaso de la batidora y triturar. Colar con ayuda de un colador y enfriar en la nevera durante 2 minutos.

Emplatar y decorar con las bolitas de melón.

SOPA DE COQUINAS

Ingredientes para 4 personas:
½ l de caldo de ave • 1 pechuga de pollo
200 gr de coquinas (o chirlas) • 100 gr de setas shitake
100 gr de brotes de bambú • 1 cucharada de harina de setas
jengibre • salsa de soja • sal • aceite de oliva

Limpiar bien las coquinas en un recipiente con agua y sal durante 4 horas.

Poner una cazuela a fuego máximo, echar el caldo y la misma cantidad de agua. Añadir las coquinas y dejar hasta que se abran.

Una vez abiertas, retirar la cazuela del fuego y reservar.

Poner una sartén al fuego y echar un poco de aceite.

Limpiar las setas y picar finitas. Picar el pollo finito. Añadir un poco de sal y echar en la sartén. Rehogar el conjunto durante 2 minutos.

Cortar los brotes de bambú en trocitos —reservar cuatro brotes para decorar—, echar en la sartén y saltear.

A continuación, echar el conjunto en la cazuela, poner a fuego máximo y añadir la harina de setas.

Hervir el conjunto hasta que reduzca una tercera parte.

Una vez haya reducido, rallar un poco de jengibre.

Por último, emplatar y decorar con un brote de bambú. Añadir una cucharada de salsa de soja por encima y servir.

SOPA DE CREMA

Ingredientes para 4 personas:
½ gallina • 2 zanahorias • 1 cebolla • 5 yemas • maizena exprés
sal • aceite de oliva

Poner una cazuela con agua al fuego, introducir la gallina bien limpia, las zanahorias peladas y la cebolla pelada y cortada por la mitad. Añadir un poco de sal.

Cocer el conjunto a fuego suave durante 1 hora.

Transcurrido este tiempo, retirar la gallina y la verdura. Mantener el caldo en el fuego.

En un bol, echar la maizena, añadir un poco de agua y mezclar bien. Añadir al caldo para que engorde y dejar hervir.

Sacar las hebras de la carne de gallina y picarlas finitas.

En el recipiente en el que se va a presentar la sopa, echar las yemas, añadir la carne picadita y añadir poco a poco el caldo con ayuda de un cacillo. Remover la mezcla según se añade el caldo con ayuda de una varilla para evitar que el huevo cuaje con el calor del caldo.

SOPA DE JULIANA DE POLLO

Ingredientes para 4 personas:
1 pechuga de pollo • 1 hueso de jamón • 1 lechuga • 1 cebolla
apio • 50 gr de fideos • 1 vaso de brandy • sal • aceite de oliva

Poner una cazuela alta al fuego, echar un poco de aceite y la cebolla cortada en juliana fina. Rehogar.

Añadir unas hojas de lechuga cortada en juliana fina y rehogar. A continuación, añadir dos ramitas de apio cortado en juliana fina.

Limpiar el hueso de jamón y echar en la cazuela.

En film transparente, echar un poco de aceite y colocar encima la pechuga. Añadir un chorrito de aceite por encima, cubrir con el film y espalmar.

Una vez espalmada la pechuga, cortar en juliana fina.

Añadir el brandy a la cazuela, la pechuga y los fideos.

Cubrir de agua, añadir un poco de sal y cocer el conjunto durante 20 minutos.

Por último, retirar el hueso, emplatar la sopa y decorar con una ramita de apio.

SOPA DE JULIANA DE VERDURAS
CON POLLO Y PASTA

Ingredientes para 4 personas:
1 pechuga de pollo • 150 gr de pasta • 50 gr de judías verdes
2 alcachofas • 2 zanahorias • 1 cebolla • 1 cebolleta • apio
sal • aceite de oliva

Lavar y pelar la verdura. Cortar en pequeños trozos y rehogar en una cazuela con aceite caliente a fuego suave.

Cubrir la verdura con agua y cocer durante 20 minutos.

Cortar la pechuga en pequeños trozos y sazonar generosamente. Echar en la cazuela y remover para evitar que se pegue.

Por último, añadir la pasta y hervir el conjunto hasta que la pasta esté cocida.

Probar de sal y corregir si fuera necesario. Emplatar.

SOPA DE MELÓN Y MENTA

Ingredientes para 4 personas:
1 melón • 100 gr de azúcar • licor de melocotón • 1 rama de canela
hojas de menta • sal

Retirar los extremos del melón y cortar a lo largo, quitar las pepitas y sacar la pulpa. Trocear el melón en daditos.

Emplatar parte de los dados de melón y añadir el almíbar.

Introducir en la nevera durante 3 minutos.

En el momento de servir, añadir una pizca de sal para contrarrestar el excesivo dulzor del almíbar.

Para el almíbar:

Poner un cazo al fuego, echar el azúcar, un poco de agua, las hojas de menta, la rama de canela y un chorrito de licor de melocotón. Dejar hervir el conjunto durante 5 minutos, hasta que el agua se evapore y el azúcar se disuelva totalmente.

Retirar la rama de canela. Añadir el resto de los dados de melón y dejar al fuego durante unos segundos. Retirar del fuego, triturar el conjunto y emplatar.

SOPA DE MELÓN Y SANDÍA

Ingredientes para 4 personas:
1 sandía • ½ melón • 1 lima • ½ l de agua • 4 cucharadas de miel
hojas de menta

Poner una cazuela al fuego y añadir el agua.

Echar en la cazuela, las pepitas del melón y la cáscara. Reservar la pulpa del melón.

En la cazuela, echar los tallos de la menta. Reservar las hojas para decorar.

Añadir la miel. Cuando comience a hervir, bajar el fuego al mínimo y cocer el conjunto durante 15 minutos.

A continuación, echar en un recipiente, tapar con film transparente y enfriar en la nevera durante 30 minutos.

Transcurrido este tiempo, retirar de la nevera y colar con ayuda de un colador.

Sacar unas bolas de melón y sandía con ayuda de un sacabocados. Emplatar en un plato hondo y rallar un poco de lima con ayuda de un rallador.

Por último, añadir un poco del caldo con ayuda de un cacillo y decorar con las hojitas de menta.

SOPA DE PAN Y LECHUGA

Ingredientes para 4 personas:
½ barra de pan grande • 1 lechuga • 1 dorada • 1 salmonete
10 langostinos • 5 dientes de ajo • hebras de azafrán
sal • aceite de oliva

Limpiar el pescado, cortar la cabeza, la espina central y la cola.

Sacar los lomos, envolver en film transparente con un poco de aceite y guardar en el congelador —reservar para otra ocasión.

Poner una cazuela alta con agua a fuego máximo. Cuando comience a hervir, echar la cabeza, la espina y la cola. Cocer durante 10 minutos.

Transcurrido este tiempo, retirar la espuma formada con ayuda de un cacillo y reservar.

Lavar la lechuga y cortar en juliana.

Poner otra cazuela al fuego y echar un chorrito de aceite. Echar la lechuga y rehogar unos minutos.

A continuación, añadir unas rodajas finitas de pan y añadir el caldo de pescado a través de un colador.

Pelar los langostinos y cortar en dos trozos.

Poner una sartén al fuego y echar un poco de aceite. Cuando el aceite esté caliente, añadir el ajo y dejar unos minutos.

A continuación, añadir el langostino, un poco de sal y el azafrán. Añadir un poco de la sopa con ayuda de un cacillo y dejar unos minutos para que se integren los sabores.

Echar el conjunto en la cazuela junto a la lechuga y el pan, mezclar bien y emplatar.

SOPA DE PESCADO Y PUERRO

Ingredientes para 4 personas:
1 rape pequeño • 1 kg de mejillones • 3 patatas • 2 puerros
azafrán • sal • aceite de oliva

Poner una cazuela con un poco de agua al fuego.

Cuando comience a hervir, echar los mejillones, tapar la cazuela y dejar hasta que se abran —reservar el agua de cocción.

Hacer un corte en la parte verde del puerro y lavar bien bajo el chorro de agua fría.

Poner otra cazuela alta al fuego, echar un chorrito de aceite y añadir el puerro cortado en rodajas.

Pelar la patata, lavar, cortar en trozos y echar en la cazuela. Cubrir con agua y cocer el conjunto durante 15 minutos.

Transcurrido este tiempo, retirar un poco de patata y puerro cocido y echar en el robot. Triturar y echar de nuevo en la cazuela.

A continuación, añadir el agua de cocción del mejillón.

Envolver el azafrán en papel de aluminio y tostar un poco cerca del fuego.

Sacar los lomos de rape, cortar en trozos y echar en la cazuela.

Añadir los mejillones y posteriormente el azafrán machacado para que suelte todo el aroma. Cocer el conjunto durante 10 minutos.

Transcurrido este tiempo, probar de sal, añadir un poco si fuera necesario y emplatar.

SOPA DE RABO DE BUEY

Ingredientes para 4 personas:
1 rabo de buey • 1 cebolla • 2 zanahorias • 1 vaso de vino blanco
perejil • sal • aceite de oliva virgen extra

Limpiar el rabo y cortar en trozos por la zona de las juntas.

Poner una cazuela con agua al fuego, echar un poco de sal, el rabo y el vino blanco.

Pelar la cebolla, cortar en dos mitades y echar en la cazuela.

Pelar la zanahoria, echar en la cazuela una entera y la otra cortada en trozos.

Cocer el conjunto a fuego suave durante 4 horas.

Transcurrido este tiempo, retirar el rabo, dejar enfriar y desmigar.

Retirar la zanahoria entera y sacar una bolitas con ayuda de un sacabocados.

En un plato, echar unas bolitas de zanahoria, un poco de la carne desmigada y un chorrito de aceite.

Por último, añadir un poco del caldo con ayuda de un cacillo y servir.

SOPA DE TOMATE

Ingredientes para 4 personas:
6 tomates maduros • 1 cebolla • 100 gr de trucha ahumada
½ l de leche • pimienta negra en grano
sal • aceite de oliva virgen extra

Poner una cazuela al fuego y echar la leche.

Cortar la cebolla muy finita y echar en la cazuela. Añadir un poco de sal, tapar y cocer durante 15 minutos.

Lavar los tomates, pelar —reservar la piel para decorar—, cortar en trozos y echar en el robot.

Añadir la cebolla y la leche, un poco de pimienta recién molida, un poco de sal y un chorrito de aceite.

Triturar, colar y emplatar. Añadir por encima un poco de trucha ahumada cortada en juliana fina.

Decorar por encima con la piel del tomate seca.

Para la decoración:

Colocar la piel del tomate sobre un salvabandejas en la bandeja del horno.

Introducir en la parte alta del horno en posición aire caliente a 200 °C durante 40 minutos.

Transcurrido este tiempo, retirar del horno y reservar.

SOPA DE VERDURAS

Ingredientes para 4 personas:
200 gr de fideos • ½ berza • ½ lombarda • 6 judías verdes
6 champiñones • 4 pencas (acelgas) • 1 zanahoria
sal • aceite de oliva virgen extra

Poner una cazuela alta al fuego y echar un chorrito de aceite.

Cortar toda la verdura en juliana fina y echar en la cazuela. Rehogar durante 5 minutos.

A continuación, cubrir con agua, añadir un poco de sal y cocer el conjunto durante 20 minutos.

Transcurrido este tiempo, probar de sal y añadir más si fuera necesario.

Cocer durante 10 minutos y emplatar.

SOPA DE VERDURAS CON CHORIZO

Ingredientes para 4 personas:
100 gr de pasta • ¼ de berza • 150 gr de coliflor • 3 hojas de lechuga
3 patatas • 2 acelgas • 2 zanahorias • 2 puerros • apio
¼ de chorizo • sal • aceite de oliva

Poner una cazuela al fuego, echar un poco de aceite y rehogar el chorizo cortado en trocitos.

Lavar bien la verdura. Cortar en trozos y echar en la cazuela, primero echar la lechuga. A continuación, añadir el resto de la verdura. Echar un poco de sal. Cubrir con agua y cocer durante 30 minutos.

Transcurrido este tiempo, probar de sal y corregir si fuera necesario. Añadir la pasta y cocer durante 20 minutos.

Comprobar que la pasta esté cocida y probar de nuevo el punto de sal.

Retirar del fuego, emplatar y añadir el choricito por encima.

SOPA FRÍA DE CEREZAS Y PAPAYA

Ingredientes para 4 personas:
150 gr de cerezas picotas • 1 papaya madura pequeña
1 lata de sardinillas • 1 cuña de queso azul • orégano fresco
sal • aceite de oliva

Lavar las cerezas, deshuesar y echar en el vaso de la batidora.

Pelar la papaya, abrir a lo largo por la mitad y retirar las pepitas.

Echar la pulpa de la papaya en el vaso de la batidora.

Añadir un chorrito de aceite, un poco de agua y un poco de sal.

Triturar el conjunto con la batidora, colar con ayuda de un colador y emplatar.

Como guarnición, añadir la sardinilla desmigada y decorar con unas bolitas de queso obtenidas con ayuda de un sacabocados.

Añadir unas hojitas de orégano por encima y servir.

SOPA FRÍA DE GARBANZOS
CON TOMATE CHERRY

Ingredientes para 4 personas:
1 bote de garbanzos cocidos • 200 gr de tortellinni de carne
200 gr de tomate cherry • 1 vaso de vino de Jerez • salvia
sal • aceite de oliva

Poner una cazuela con agua al fuego.

Hacer un corte en la base de los tomates y echar en la cazuela.

Cuando el agua comience a hervir, retirar los tomates a un recipiente con agua fría. Dejar reposar unos minutos y pelar.

Poner otra cazuela con agua al fuego, añadir un poco de aceite y sal. Echar la pasta y cocer durante 12 minutos.

Transcurrido este tiempo, retirar la pasta, enfriar bajo el chorro de agua fría y escurrir bien. Echar en un recipiente y reservar.

En el robot, echar los garbanzos y el vino. Triturar el conjunto y colar con ayuda de un colador.

En la base de un plato hondo, echar un poco de la crema de garbanzos. Como guarnición, acompañar con unos tomatitos cherry y un poco de pasta.

Por último, decorar por encima con un poco de salvia cortada en juliana fina.

SOPA FRÍA Y PICANTE DE CALABAZA Y PIÑONES

Ingredientes para 4 personas:
400 gr de calabaza • 1 patata • 50 gr de piñones • tabasco
sal • aceite de oliva

Pelar la calabaza, retirar las pepitas y cortar en dados.

Poner una cazuela al fuego, echar un poco de aceite y rehogar la calabaza.

Pelar la patata, cortar en daditos y añadirla a la cazuela. Rehogar el conjunto durante 15 minutos.

Transcurrido este tiempo, comprobar que la calabaza y la patata estén tiernas.

Echar la calabaza y la patata en el vaso de la batidora y triturar el conjunto. Añadir un poco de sal y tabasco y triturar de nuevo.

Emplatar, añadir unos piñones y un chorrito de aceite por encima.

SOPA SORPRESA

Ingredientes para 4 personas:
2 láminas de hojaldre • 1 coliflor • 1 cebolla • 2 patatas
2 hojas de laurel • 1 huevo • sal • aceite de oliva

Poner una cazuela alta con agua al fuego.

Lavar la coliflor, cortar en ramilletes y echar en la cazuela.

Pelar la cebolla, cortar en cuatro trozos y echar en la cazuela.

Pelar la patata, lavar bien, cortar en cachelos y echar en la cazuela.

Añadir las hojas de laurel, un poco de sal y cocer el conjunto durante 35 minutos.

Transcurrido este tiempo, echar en el robot y triturar. Añadir un chorrito de aceite mientras se tritura.

Una vez triturado, echar en cuencos individuales que sirvan para el horno.

Humedecer el borde del bol con un poco de agua y cubrir el bol con el hojaldre. Pintar el hojaldre con huevo batido.

Introducir en la parte baja del horno en posición aire caliente a 180 °C durante 15 minutos.

Transcurrido este tiempo, retirar del horno y servir.

SORBETE DE MELOCOTÓN, LIMÓN Y AZAFRÁN

Ingredientes para 4 personas:
4 melocotones en almíbar • 1 limón • 90 gr de azúcar
175 ml de agua • azafrán

En el vaso de la batidora echar el melocotón, el azúcar, el agua y el zumo del limón. Triturar el conjunto con la batidora.

Envolver un poco de azafrán en papel de aluminio y tostar un poco al fuego. Añadir el azafrán tostado al vaso de la batidora y triturar de nuevo para que se integre todo bien.

Poner la mezcla en un recipiente amplio e introducir en el congelador durante 1 hora.

Transcurrido este tiempo, retirar del congelador. Cortar en trozos pequeños, poner de nuevo en el vaso de la batidora y triturar. Servir en copas.

SOUFLÉ ALASKA

Ingredientes para 4 personas:
1 plancha fina rectangular de bizcocho
3 mitades de melocotón en almíbar • 2 rodajas de piña en almíbar
¼ de melón • 50 gr de grosellas • 50 gr de moras
50 gr de frambuesas • helado de mandarina
almíbar de piña o melocotón

Para el merengue:
½ kg de azúcar • 250 gr de claras

Emplatar la plancha de bizcocho, pintar con el almíbar con ayuda de un pincel.

En un bol, echar el melocotón y la piña, ambas frutas cortadas en trocitos.

Añadir unas moras, frambuesas y grosellas —reservar unas pocas frutas del bosque para decorar.

Sacar unas bolitas de melón con ayuda de un sacabocados y echar en el bol. Mezclar bien el conjunto.

Sobre el bizcocho, colocar las frutas y unas cenefas de helado —conservar en el congelador hasta el momento de su uso.

Cubrir por completo con el merengue y decorar con unas frutas del bosque por encima.

Introducir en la parte alta del horno en posición turbo-grill a 230 °C durante 4 minutos.

Para el merengue:

Poner una cazuela al fuego, echar las claras y el azúcar. Remover con ayuda de una varilla.

Cuando el conjunto alcance una temperatura cerca de los 55 °C —nunca superar los 60 °C—, retirar la cazuela del fuego y montar enérgicamente con la varilla.

Introducir el merengue en la manga pastelera y reservar.

SOUFLÉ DE QUESO

Ingredientes para 4 personas:
150 gr de harina • 125 gr de queso rallado tipo Gruyère
30 gr de mantequilla a punto pomada • 300 ml de leche
4 huevos • 100 gr de nueces peladas • nuez moscada • sal

Para encamisar:
harina • mantequilla a punto pomada

Encender el horno en posición aire caliente a 230 ºC.

Encamisar los moldes con la mantequilla con ayuda de un pincel.

Posteriormente, añadir un poco de harina. Retirar la harina sobrante.

Separar las claras de las yemas.

En un bol amplio, echar la harina, la mantequilla, el queso rallado y las yemas. Mezclar bien con ayuda de una cuchara.

A continuación, añadir la leche y remover bien según se añade.

Rallar un poco de nuez moscada con ayuda de un rallador y añadir un poco de sal.

En otro bol amplio, montar las claras. Una vez montadas, añadir la mezcla y remover suavemente con la cuchara.

Por último, rellenar aproximadamente 3/4 partes de cada molde e introducir en la parte media del horno durante 10 minutos.

Transcurrido este tiempo, retirar del horno y emplatar cada molde. Decorar el plato con unas nueces.

SUSHI DE CREPPES Y ESPINACAS

Ingredientes para 4 personas:
1 trozo de atún rojo (200 gr) • masa de creppes
200 gr de arroz bomba • 100 gr de espinacas • 30 gr de azúcar
wasabi • huevas de lumpo • sal • 300 ml de vinagre de arroz japonés
aceite de oliva

Lavar el arroz en un bol con agua tres veces para que el arroz suelte toda la fécula y quede pegajoso.

Poner una cazuela al fuego y echar 400 gr de agua. Cuando comience a hervir, añadir el arroz y cocer durante 15 minutos.

Poner una sartén antiadherente al fuego, echar una gotita de aceite y extender bien por toda la base.

Echar un poco de la masa de creppes, extender bien, hacer las creppes por ambos lados y reservar.

Retirar la piel del atún, cortar en tiritas y reservar.

En un bol, echar el vinagre de arroz y el azúcar. Calentar en el microondas durante 1 minuto.

En un bol amplio, echar el arroz y un poco de la mezcla de vinagre y azúcar. Trabajar la mezcla con una cuchara de madera.

Humedecer las manos, coger un poco del arroz y colocar sobre una creppe, colocar unas tiritas de atún y unas espinacas.

Enrollar, dejar reposar 5 minutos, retirar los extremos y cortar en trozos.

Emplatar y añadir unas huevas por encima. Decorar el plato con unas pinceladas de wasabi.

SUSHI DE PAELLA

Ingredientes para 4 personas:
4 láminas de alga Nori • 200 gr de arroz bomba
200 gr de pollo troceado • ½ kg de mejillones limpios
5 calamares limpios • 50 gr de judías verdes • ½ pimiento rojo
azafrán • sal • aceite de oliva

Poner una cazuela amplia al fuego y echar un chorrito de aceite.

Lavar las judías y el pimiento, picar todo finito, echar en la cazuela y rehogar durante unos minutos.

Echar el pollo y el calamar picadito. Rehogar el conjunto y añadir un poco de azafrán.

A continuación, echar el arroz y cubrir con agua.

Por último, añadir los mejillones y cocer durante 20 minutos.

Transcurrido este tiempo, retirar las conchas del mejillón.

Mezclar el conjunto con ayuda de una cuchara para que se integre todo bien.

Sobre el alga, colocar un poco de la paella, humedecer con un poco de agua y hacer un rollito.

Humedecer el extremo, sellar bien y dejar reposar durante 5 minutos.

Transcurrido este tiempo, retirar las puntas y cortar el rollito en trozos de unos tres dedos de grosor.

Emplatar algunos en horizontal y otros en vertical.

TALLARINES CON ALMEJAS

Ingredientes para 4 personas:
300 gr de tallarines frescos • 300 gr de almejas • 1 rama de apio
½ l de leche • 50 gr de aceite de oliva • 50 gr de harina
sal • aceite de oliva

Poner una cazuela con agua al fuego, echar un poco de sal y aceite. Añadir la pasta y cocer según las indicaciones del fabricante.

Transcurrido este tiempo, escurrir bien, echar en un recipiente y reservar.

Poner otra cazuela con un poco de agua al fuego, introducir las almejas con cuidado de que no se rompan y dejar hasta que se abran.

Poner un cazo al fuego, echar la leche y cuando comience a hervir, añadir la mezcla de aceite y harina. Remover según se añade con ayuda de una varilla.

A continuación, añadir las almejas y el agua de su cocción. Dejar unos minutos en el fuego para que se integre bien el conjunto.

Añadir la bechamel con almejas a la pasta y mezclar bien.

Emplatar la pasta y alrededor colocar unas almejas.

Pelar un poco de apio, picar finito y añadir por encima de la pasta.

TALLARINES CON CARBONARA DE POLLO

Ingredientes para 4 personas:
300 gr de nidos de tallarines • ½ fiambre de pollo ahumado
100 gr de tomatitos cherry • 1 cebolla • 2 huevos • ½ vaso de leche
orégano fresco • sal • aceite de oliva virgen extra

Poner una cazuela con agua al fuego, echar un poco de sal y un chorrito de aceite.

Cuando el agua comience a hervir, echar la pasta y cocer durante 10 minutos.

Poner una sartén con aceite al fuego, echar la cebolla cortada finita y rehogar a fuego suave.

Cuando la cebolla comience a tomar color, añadir los tomatitos. Rehogar durante unos minutos.

Cortar el fiambre de pollo muy finito y echar en un recipiente.

A continuación, añadir el huevo, la leche, un poco de sal y orégano.

Por último, añadir la cebolla y los tomatitos.

Cuando la pasta esté cocida, escurrir bien y echar directamente en el recipiente para que el huevo cuaje.

Mezclar bien el conjunto y emplatar.

TALLARINES CON CREMA DE ESPINACAS

Ingredientes para 4 personas:

200 gr de tallarines • 200 gr de espinacas frescas • 100 gr de bacón
½ l de leche • 50 gr de harina • 50 gr de aceite de oliva
50 gr de avellanas • 2 yemas • nuez moscada • sal • aceite de oliva

Poner una cazuela con agua al fuego, echar un poco de sal y un chorrito de aceite.

Cuando el agua comience a hervir, añadir la pasta y cocer durante 12 minutos.

Transcurrido este tiempo, escurrir y reservar.

En el robot, echar la avellana, triturar y reservar.

Picar el bacón finito, echar en un bol y tapar con film transparente. Freír en el microondas durante 1 minuto.

En un bol grande, echar la pasta, añadir la crema de espinacas, la avellana, el bacón y la yema de huevo. Mezclar bien el conjunto y emplatar.

Para la crema de espinacas:

En un bol, mezclar bien el aceite y la harina.

Poner una cazuela al fuego y echar la leche. Cuando comience a hervir, añadir la mezcla de aceite y harina. Remover bien con ayuda de una varilla.

A continuación, añadir las espinacas —previamente lavadas— y cocer el conjunto durante 5 minutos.

Por último, añadir un poco de sal y rallar nuez moscada al gusto. Mezclar bien y reservar.

TALLARINES CON FALSO PESTO

Ingredientes para 4 personas:
400 gr de papardelle fresco (tallarines anchos) • 1 kg de mejillones
100 gr de avellanas • 3 yemas • romero fresco • sal • aceite de oliva

Limpiar los mejillones.

Poner una cazuela con un poco de agua al fuego, introducir los mejillones, tapar la cazuela y cocer hasta que se abran.

Una vez cocidos, retirar la cáscara y reservar.

Poner otra cazuela con agua al fuego, echar un poco de sal y un chorrito de aceite.

Cuando comience a hervir, echar la pasta, tapar la cazuela y cocer durante 3 minutos.

En un bol amplio, echar las yemas, añadir la pasta bien escurrida —sin enfriar— y el falso pesto.

Agitar bien el bol con las manos para que se integre todo bien.

Emplatar y decorar con una ramita de romero.

Para el falso pesto:

En el robot, echar unas ramitas de romero, un chorro generoso de aceite, las avellanas, los mejillones cocidos y una pizca de sal.

Triturar el conjunto, echar en un bol y reservar.

TALLARINES CON HUEVOS ESCALFADOS

Ingredientes para 4 personas:
400 gr de tallarines frescos • 100 gr de champiñones • 20 gr de arroz
4 huevos • 1 cebolleta • 2 vasos de caldo de ave • tomillo limonero
sal • vinagre • aceite de oliva

Poner una cazuela con agua al fuego, echar un chorrito de aceite y un poco de sal.

Cuando el agua comience a hervir, añadir la pasta y cocer durante 10 minutos.

Poner un cazo con agua al fuego, echar un poco de sal y un chorrito generoso de vinagre.

Cuando el agua comience a hervir, echar el huevo, esperar unos minutos a que se recoja por la acción del vinagre y retirar a un recipiente con agua fría para eliminar el sabor a vinagre.

Por último, en el centro de un plato hondo, poner un nido de pasta, encima el huevo escalfado e introducir en la parte alta del horno en posición gratinar a 230 °C durante 2 minutos.

Retirar del horno y salsear por encima con la crema de champiñones. Decorar con una ramita de tomillo.

Para la crema de champiñones:

Poner una cazuela al fuego, echar un chorrito de aceite y rehogar la cebolleta muy picadita.

A continuación, limpiar bien el champiñón, cortar en láminas finas y echar en la cazuela.

Cuando el champiñón comience a dorar, añadir el arroz y el caldo. Cocer el conjunto durante 20 minutos.

Transcurrido este tiempo, triturar, colar con ayuda de un colador y reservar.

TALLARINES DE AGAR-AGAR Y GAMBAS

Ingredientes para 4 personas:
16 gambas frescas • 2 patatas • 8 dientes de ajo • 7 gr de agar-agar
sal • aceite de oliva

Poner una cazuela con un poco de agua al fuego y echar un poco de sal.

Cuando comience a hervir, añadir las gambas y cocer durante 2 minutos.

Transcurrido este tiempo, escurrir bien, echar el caldo en un bol y reservar.

Separar la cabeza del cuerpo de las gambas y añadir la sustancia de la cabeza en el caldo.

A continuación, añadir el agar-agar y remover bien con ayuda de una varilla.

Echar en un recipiente amplio antiadherente, dejar reposar unos minutos y posteriormente, enfriar en la nevera durante 1 hora.

Transcurrido este tiempo, retirar de la nevera, cortar en tallarines finos y emplatar.

Decorar por encima con unas gambas peladas y añadir un poco de la crema de patata y ajo.

Por último, añadir por encima un poco de aceite y una pizca de sal.

Para la crema de patata y ajo:

Pelar las patatas y lavar bien.

Poner un cazo con agua al fuego, echar las patatas y el ajo. Cocer el conjunto durante 20 minutos.

Transcurrido este tiempo, echar en el robot, añadir un poco del caldo resultante de la cocción y un chorrito de aceite. Triturar y reservar.

TARTA AL REVÉS

Ingredientes para 4 personas:
1 lámina de masa de hojaldre • 1 bote grande de melocotón en almíbar
50 gr de mermelada de melocotón • 125 gr de harina
100 gr de azúcar • 4 huevos • 1 cucharada de levadura

Encender el horno en posición aire caliente a 200 ºC.

Retirar la lámina de hojaldre de la nevera, añadir un poco de harina y estirar sobre una superficie lisa con ayuda de un rodillo.

Poner la masa de hojaldre estirada sobre el molde. Colocar las mitades de melocotón bien escurrido sobre el hojaldre.

En un bol, echar los huevos y añadir el azúcar poco a poco. Remover según se añade con ayuda de una varilla.

Calentar en el microondas durante 30 segundos.

Transcurrido este tiempo, retirar del microondas y montar con la varilla.

En el dosificador, echar la harina y la levadura. Añadir poco a poco a la mezcla de huevo y azúcar. Remover con la varilla hasta conseguir una masa homogénea.

Cubrir los melocotones con la mezcla e introducir en la parte media del horno durante 20 minutos.

Transcurrido este tiempo, retirar del horno, dejar enfriar y desmoldar.

Emplatar de forma que la parte del hojaldre quede hacia arriba y decorar con la mermelada por encima.

TARTA DE ARROZ

Ingredientes para 4 personas:
1 hoja de pasta quebrada • ½ l de leche • 100 gr de azúcar
75 gr de mantequilla • 75 gr de harina

Encender el horno en posición aire caliente a 200 ºC.

Encamisar el molde con la pasta quebrada e introducir en el horno durante 3 minutos.

Echar el relleno en el molde e introducir en el horno durante 30 minutos.

Transcurrido este tiempo, comprobar que la masa esté cuajada. Retirar del horno y dejar enfriar a temperatura ambiente. Desmoldar y emplatar.

Para el relleno:

En un recipiente, echar la leche y la mantequilla e introducir en el microondas durante 1 minuto para que se temple.

En otro recipiente, echar el azúcar y la harina. Mezclar bien con ayuda de una varilla. Añadir la mezcla de leche y mantequilla poco a poco y remover según se añade para evitar la formación de grumos.

TARTA DE CHOCOLATE Y PLÁTANO

Ingredientes para 4 personas:
1 lámina de pasta quebrada • 400 gr de cobertura de chocolate
3 plátanos • 60 gr de mantequilla • 50 gr de nata líquida
50 ml de Calvados

Para decorar:
flores de pensamiento secas • frambuesas

Poner la masa de pasta quebrada sobre el molde, presionar bien por el borde y añadir unos garbanzos —u otra legumbre— para que no suba la masa en el horno.

Introducir en la parte media del horno en posición aire caliente a 180 °C durante 15 minutos.

Transcurrido este tiempo, sacar del horno, retirar los garbanzos y desmoldar.

Echar el relleno en el molde y extender bien.

Pelar el plátano, cortar en rodajas sesgadas y colocar encima del relleno.

Enfriar en la nevera durante 30 minutos.

Transcurrido este tiempo, retirar de la nevera y decorar con las flores y las frambuesas.

Para el relleno:

En un bol, poner el chocolate y derretir en el microondas.

En la batidora, echar la nata, la mantequilla, el chocolate derretido y el Calvados.

Batir el conjunto hasta conseguir una mezcla homogénea y reservar.

TARTA DE GALLETA Y MANZANA

Ingredientes para 4 personas:
6 galletas rellenas de chocolate • 100 gr de mantequilla
100 gr de queso Philadelphia • 50 gr de toffe
mermelada de manzana • caramelos de café con leche molidos
1 manzana Golden • 1 lima o limón

Pelar la manzana, descorazonar, cortar en daditos y colocar en un recipiente amplio separados entre sí.

Añadir por encima el polvo de caramelo —reservar un poco para decorar— y 50 gr de mantequilla cortada en daditos.

Cubrir con dos capas de film transparente y calentar en el microondas a potencia máxima durante 2 minutos.

Transcurrido este tiempo, retirar del microondas y reservar —sin retirar el film.

En el centro del plato, colocar un cortapastas redondo. En la base, colocar un poco de la masa de galleta y aplastar con ayuda de una cuchara.

Encima, colocar un poco de la masa de queso y toffe. Por encima y en una de las mitades, unos daditos de manzana y en la otra mitad, un poco de la mermelada.

Pasar la puntilla por el borde interior del cortapastas y retirar el molde con cuidado.

Pasar un trozo de corteza de lima por el plato para que se impregne del aroma y decorar el plato con un poco de polvo de caramelo.

Para la masa de galleta:

En el robot, echar la galleta cortada en trozos y la mantequilla restante cortada en trozos. Triturar el conjunto y reservar.

Para la masa de queso y toffe:

En un bol amplio, echar el queso y el toffe. Remover bien con ayuda de una varilla hasta que quede cremoso y reservar.

NOTA: para hacer el toffe hay que hacer un caramelo con azúcar y un poco de agua. Cuando tome un color oscuro, añadir con mucho cuidado de no quemarse, nata caliente y remover con ayuda de una varilla. Echar en un bol amplio y dejar enfriar para que espese.

TARTA DE GUINDAS

Ingredientes para 4 personas:

Para la masa:
300 gr de harina • 200 gr de mantequilla • 80 gr de azúcar
2 huevos • ralladura de limón • 1 cucharada de vainilla en polvo

Para la crema pastelera:
1 l de leche • 180 gr de azúcar • 2 huevos • 4 yemas
30 gr de maizena • ralladura de limón
1 cucharada de vainilla en polvo

Para decorar:
guindas confitadas • azúcar glaceé

Para la masa:

Sobre una superficie lisa y limpia, echar la harina y añadir el azúcar. En el centro, hacer un pequeño cráter y echar los huevos.

Rallar un poco de corteza de limón por encima para aromatizar la masa.

Alrededor de los huevos echar la mantequilla en trozos y añadir la vainilla.

Romper los huevos con los dedos y trabajar el conjunto hasta conseguir una masa homogénea con ayuda de las manos.

Añadir un poco de harina a la masa según se trabaja, hasta que ya no admita más.

Una vez conseguida la masa, dejar reposar unos minutos a temperatura ambiente y posteriormente enfriar en la nevera durante 1 hora.

Transcurrido este tiempo, retirar la masa de la nevera, estirar con ayuda de un rodillo y encamisar el molde con la masa —retirar la parte sobrante y reservar para decorar.

Cubrir el fondo con crema pastelera, añadir unas guindas por encima y cubrir de nuevo con crema pastelera.

Con la masa sobrante, estirar de nuevo y cortar unas tiras. Colocar las tiras por encima de la crema pastelera en forma de rejilla. En los huecos resultantes colocar una guinda.

Introducir en la parte media del horno precalentado en posición aire caliente a 180 ºC durante 20 minutos.

Transcurrido este tiempo, retirar del horno, añadir un poco de azúcar glaceé por encima, desmoldar y emplatar.

Para la crema pastelera:

En un bol, echar los huevos y las yemas.

A continuación, añadir el azúcar, la maizena, un poco de ralladura de limón y la vainilla. Mezclar bien con ayuda de una varilla.

Añadir un poco de leche para evitar la formación de grumos y remover el conjunto.

Poner un cazo al fuego, echar la leche y cuando comience a hervir, añadir la mezcla poco a poco. Remover según se añade con la varilla.

Dejar hervir el conjunto durante 2 minutos, remover continuamente para evitar que se pegue.

Transcurrido este tiempo, dejar enfriar e introducir en la manga pastelera.

TARTA DE MANZANA

Ingredientes para 4 personas:
1 base de bizcocho en dos capas • 3 manzanas • 200 gr de miel
1 cucharada de canela • ½ vaso de ron

Para la crema del relleno:
400 gr de queso de untar • 200 gr de miel
150 gr de mermelada de melocotón • zumo de 1 limón

Para decorar:
arándanos • hojas de menta

Retirar el corazón de las manzanas con ayuda de un descorazonador, pelar, cortar en gajos y reservar.

Untar toda la superficie del bizcocho con un poco de ron con ayuda de un pincel.

Poner un poco del relleno por encima y extender bien con ayuda de una espátula.

Colocar la otra capa de bizcocho por encima, impregnar con un poco de ron y cubrir con el relleno restante.

En un bol, echar los 200 gr de miel y la cucharada de canela. Mezclar bien y pasar los gajos de manzana por la mezcla.

Cubrir toda la superficie del bizcocho con la manzana. Decorar con unos arándanos y una hojita de menta.

Para el relleno:

En un bol amplio, echar el queso, los 200 gr de miel —previamente calentada en el microondas para trabajarla mejor—, la mermelada y el zumo de limón.

Mezclar bien el conjunto con ayuda de una varilla y reservar.

TARTA DE MELOCOTONES EN ALMÍBAR

Ingredientes para 4 personas:
½ l de leche • 3 melocotones en almíbar • 2 huevos • 200 gr de harina
125 gr de azúcar • 60 gr de mantequilla • levadura
azúcar avainillado • canela en polvo • azúcar glaceé

Encamisar un molde con mantequilla a punto pomada y harina.

En un bol grande, echar la harina y el azúcar. Mezclar con ayuda de una varilla para evitar la formación de grumos. Añadir la levadura y mezclar bien.

A continuación, echar los huevos, la mantequilla, previamente derretida en el microondas durante 1 minuto, y por último, la leche poco a poco —es importante seguir este orden y remover bien según se añade—. Mezclar hasta conseguir una masa homogénea.

Poner una cazuela con agua al fuego, cuando el agua esté templada, introducir los melocotones y dejar durante 5 minutos, para conseguir que el melocotón pierda el sabor a almíbar.

Transcurrido este tiempo, retirar el melocotón del agua, cortar en daditos y echar en un bol. Añadir un poco de canela y azúcar avainillado. Mezclar el conjunto.

Echar la masa en el molde encamisado y por encima añadir el melocotón.

Introducir en la parte media del horno en posición aire caliente a 200 °C durante 20 minutos.

Transcurrido este tiempo, pinchar con un cuchillo y comprobar que éste sale seco, lo cual indica que está hecho.

Dejar enfriar a temperatura ambiente y separar un poco el borde del molde con las manos, para desmoldar fácilmente.

Desmoldar, emplatar y añadir por encima un poco de azúcar glaceé con ayuda de un colador.

TARTA DE MERENGUE CON CASTAÑAS Y CHOCOLATE

Ingredientes para 4 personas:

Para el merengue:
200 gr de azúcar • 4 claras

Para la mousse:
300 gr de crema de castañas • 300 gr de nata líquida
30 gr de cacao en polvo

Para decorar:
200 gr de nata montada • 50 gr de perlas o virutas de chocolate
2 cucharadas de cacao en polvo

Sobre una de las caracolas de merengue, dibujar unos copitos de mousse de castañas y cacao.

Cubrir con la otra caracola de merengue y dibujar de nuevo unos copitos de mousse de castañas y cacao. Alternar con unos copitos de la nata montada para decorar y unos copitos de merengue.

Decorar con las perlitas de chocolate y espolvorear un poco de cacao por encima con ayuda de un dosificador.

Para el merengue:

Poner una cazuela a fuego suave, echar las claras y el azúcar. Montar con ayuda de una varilla y controlar que la temperatura no supere los 60 °C.

Una vez montada la mezcla, dejar reposar unos minutos e introducir en una manga pastelera.

Cubrir la bandeja del horno con papel de repostería, dibujar sobre el papel dos caracolas de unos 25 cm de diámetro —reservar un poco del merengue para decorar.

Introducir en la parte media del horno en posición aire caliente a 100 °C durante 1,30 h.

Transcurrido este tiempo, retirar del horno y reservar.

Para la mousse de castañas y cacao:

En un bol amplio, echar la mayor parte de la nata, la nata restante echar en un bol pequeño junto al cacao para ayudar a disolverlo.

Una vez disuelto, echar en el bol amplio junto a la nata y mezclar bien con ayuda de una varilla.

Por último, añadir la crema de castañas, mezclar el conjunto con la varilla, introducir en una manga pastelera y reservar.

TARTA DE NECTARINAS CON BASE DE PIZZA

Ingredientes para 4 personas:
1 base de masa de pizza • 5 nectarinas
mermelada de melocotón • harina

Para la crema pastelera:
½ l de leche • 4 huevos • 125 gr de azúcar • 75 gr de maizena

Sobre una superficie lisa, echar un poco de harina, estirar la masa de pizza con ayuda de un rodillo y poner sobre el molde.

Echar la crema pastelera en la manga pastelera y cubrir la base de la pizza dibujando círculos concéntricos.

Pelar las nectarinas, cortar en forma de gajos y colocar sobre la crema pastelera.

Introducir en la parte media del horno en posición aire caliente a 180 °C durante 20 minutos.

Transcurrido este tiempo, retirar del horno y cubrir con mermelada de melocotón aligerada con un poco de agua.

Unificar bien con ayuda de una espátula y servir.

TARTA DE NUECES

Ingredientes para 4 personas:
2 hojas de pasta quebrada • 300 gr de nueces peladas
200 gr de azúcar • 120 gr de mantequilla
125 ml de nata líquida • 1 huevo

En un molde, poner una lámina de pasta quebrada, poner el relleno encima y cubrir con la otra lámina de pasta quebrada.

Batir el huevo y pintar la lámina de pasta quebrada con ayuda de un pincel.

Introducir en el horno en posición turbo-grill a 200 ºC durante 30 minutos.

Transcurrido este tiempo, retirar del horno y dejar enfriar a temperatura ambiente.

Por último, desmoldar y emplatar.

Para el relleno:

Poner una cazuela al fuego, echar la mantequilla y el azúcar. Cuando la mezcla comience a dorar, echar las nueces trituradas. Retirar del fuego, añadir la nata y mezclar todo bien. Dejar enfriar durante 5 minutos.

TARTA DE NUECES

Ingredientes para 4 personas:

Para la masa:
175 gr de harina • 75 gr de mantequilla • 50 gr de nata líquida
15 gr de azúcar glaceé • 1 cucharada de levadura en polvo
1 cucharada de canela en polvo • 1 yema de huevo

Para el relleno:
200 gr de almíbar • 200 gr de azúcar moreno
150 gr de nuez del país pelada y picada
100 gr de nuez de Pecán pelada • 100 gr de zumo de limón
75 gr de mantequilla • 3 huevos

Para la masa:

Calentar la mantequilla en el microondas durante unos segundos.

En un recipiente amplio, echar la mantequilla, la canela, la harina poco a poco, el azúcar y la levadura.

Mezclar bien con la mano según se añade.

En un bol, echar la nata y la yema. Batir un poco con ayuda de una varilla y añadir al conjunto. Mezclar el conjunto con la mano.

Sobre una superficie lisa, echar un poco de harina y extender la masa con ayuda de un rodillo.

Colocar la masa sobre la base de un molde y enfriar en la nevera durante 30 minutos.

Transcurrido este tiempo, retirar de la nevera y añadir el relleno por encima. Decorar con la nuez de Pecán.

Introducir en la parte alta del horno en posición aire caliente a 200 °C durante 25 minutos.

Transcurrido este tiempo, retirar del horno, dejar enfriar y desmoldar.

Para el relleno:

En otro recipiente, echar los huevos y batir con la varilla. Añadir el azúcar moreno y mezclar bien.

Por último, añadir la nuez del país, la mantequilla —previamente calentada en el microondas—, el almíbar y el zumo de limón. Mezclar el conjunto y reservar.

TARTA DE SANTIAGO

Ingredientes para 4 personas:
200 gr de mantequilla a punto pomada para la masa
50 gr de mantequilla para el relleno • 250 gr de harina para la masa
200 gr de azúcar para el relleno • 50 gr de azúcar para la masa
6 huevos para el relleno • 1 huevo para la masa
300 gr de almendras • ralladura de limón • azúcar glaceé • sal

En un recipiente, mezclar 200 gr de mantequilla a punto pomada, 50 gr de azúcar y una pizca de sal.

A continuación, añadir poco a poco la harina y por último el huevo. Mezclar bien el conjunto.

Dejar reposar la mezcla en la nevera durante 2 horas.

Transcurrido este tiempo, retirar la masa de la nevera, cubrir un molde que sirva para el horno con la masa y pincharla con un tenedor. Cubrir por encima con el relleno.

Introducir en la parte media del horno en posición aire caliente a 180 °C durante 30 minutos.

Transcurrido este tiempo, pinchar con un cuchillo, si éste sale seco indica que está hecho.

Retirar del horno y dejar enfriar a temperatura ambiente.

Desmoldar y espolvorear por encima un poco de azúcar glaceé con ayuda de un colador.

Para el relleno:

En un bol, mezclar la almendra picada, 200 gr de azúcar y la ralladura de limón.

A continuación, añadir los huevos uno a uno y remover según se añade con ayuda de una cuchara de madera.

Por último, añadir los 50 gr de mantequilla fundida y mezclar todo bien.

TARTA DE SANTIAGO

Ingredientes para 4 personas:

Para la base de pasta quebrada:
200 gr de harina • 100 gr de mantequilla a punto pomada
50 gr de azúcar • 1 huevo • 1 yema • ralladura de limón

Para el relleno:
200 gr de almendra cruda molida • 200 gr de azúcar blanquilla
50 gr de canela molida • 4 huevos • ralladura de limón

Para decorar:
azúcar glaceé

Echar el relleno sobre la pasta quebrada —rellenar 3/4 partes del molde.

Introducir en la parte media del horno en posición aire caliente a 170 °C durante 30 minutos.

Transcurrido este tiempo, retirar del horno, colocar encima un folio con la cruz de Santiago recortada y añadir el azúcar glaceé por encima.

Para la base de pasta quebrada:

En un bol amplio, echar la harina, el azúcar, el huevo y la yema. Mezclar con las manos para romper los posibles grumos.

A continuación, añadir la mantequilla y mezclar bien.

Por último, añadir un poco de ralladura de limón. Terminar de amasar el conjunto y enfriar en la nevera durante 15 minutos.

Transcurrido este tiempo, retirar de la nevera y encamisar el molde.

Pinchar la masa con un tenedor, cubrir con papel de aluminio y colocar cualquier tipo de legumbre encima para que no suba la masa en el horno.

Introducir en la parte media del horno en posición aire caliente a 170 ºC durante 12 minutos.

Transcurrido este tiempo, retirar del horno y reservar.

Para el relleno:

Poner un cazo con agua al fuego, colocar encima otra cazuela para generar un baño María.

Echar los huevos, el azúcar, la canela y un poco de ralladura de limón. Montar con ayuda de una varilla.

Retirar del fuego y añadir la almendra. Mezclar el conjunto con la varilla.

TARTA DE TORTILLA FRANCESA

Ingredientes para 4 personas:
5 huevos • 9 barritas de cangrejo pequeñas • 1 aguacate
1 yogur de Aloe Vera • 50 ml de mayonesa • sal • aceite de oliva

Poner una sartén antiadherente al fuego y echar un poco de aceite. Batir un huevo, echar en la sartén y extender bien. Dejar que cuaje y dar la vuelta.

Repetir el proceso para cada huevo, hasta obtener cinco tortillas y reservar en un plato.

En un bol, picar las barritas de cangrejo, añadir la mayonesa y mezclar bien.

En la base de un plato, colocar una tortilla, cubrir con el relleno de cangrejo y mayonesa, colocar encima otra tortilla y cubrir de nuevo con el relleno. Así sucesivamente hasta cubrir con la última tortilla.

En un bol, echar el yogur, añadir un chorrito de aceite y un poco de sal. Mezclar bien el conjunto y extender bien sobre la última tortilla con ayuda de una espátula.

Cubrir toda la superficie con unas láminas finas de aguacate cortadas con ayuda de un pelador y servir.

TARTA DE UVAS

Ingredientes para 4 personas:
680 gr de nata líquida • 24 uvas blancas

Para la base:
500 gr de galletas integrales • 300 gr de mantequilla

Para la crema pastelera:
½ l de nata líquida • 8 colas de pescado pequeñas
4 huevos • 100 gr de azúcar • 45 gr de maizena
40 gr de mantequilla

Para decorar:
polvo de regaliz

En un recipiente amplio, montar la nata. Añadir la crema pastelera y remover con la varilla según se añade. Añadir las uvas bien lavadas y mezclar bien.

Cubrir la base de la tarta con la mezcla y enfriar en la nevera durante 30 minutos.

Transcurrido este tiempo, retirar de la nevera y añadir un poco de regaliz triturado por encima.

Para la base:

Triturar las galletas en el robot y echar en un bol amplio. Derretir la mantequilla en el microondas y echar en el bol.

Mezclar bien y extender por toda la base del molde. Enfriar en la nevera durante 20 minutos.

Introducir las colas de pescado en un recipiente con agua fría para que se hidraten.

Para la crema pastelera:

Poner una cazuela al fuego, echar la leche y dejar hasta que hierva.

En otro bol amplio, echar el azúcar y la maizena. Mezclar bien con ayuda de una varilla para evitar la formación de grumos.

A continuación, añadir los huevos uno a uno y mezclar con la varilla según se añade.

Cuando la leche comience a hervir, echar en el bol y remover bien.

Echar de nuevo la mezcla en la cazuela, calentar unos minutos y retirar la cazuela del fuego. Añadir las colas de pescado una a una bien escurridas y remover bien con la varilla.

Por último, añadir la mantequilla, mezclar bien y dejar enfriar.

TARTA DE ZANAHORIA

Ingredientes para 4 personas:
½ barra de pan de nueces y pasas • 3 zanahorias grandes
2 cebolletas • 250 ml de leche • sal • aceite de oliva virgen extra

Poner una cazuela con agua al fuego, pelar las zanahorias, cortar en rodajas y cocer durante 20 minutos.

Poner una sartén al fuego, echar un poco de aceite y rehogar la cebolleta muy picadita.

Poner otra sartén al fuego, echar la leche y las rebanadas de pan para que se hidraten bien.

En el vaso de la batidora, echar la zanahoria cocida, la cebolleta pochadita y el pan hidratado. Triturar el conjunto con la batidora hasta conseguir una masa homogénea.

Encamisar un molde con film transparente, echar una gota de aceite y extenderla por el film. Colocar la masa encima del film y enfriar en la nevera durante 2 horas.

Transcurrido este tiempo, retirar de la nevera y desmoldar.

Emplatar y en el momento de servir, añadir un poco de sal y un chorrito de aceite por encima.

TARTA SACHER

Ingredientes para 4 personas:

Para el bizcocho:
160 gr de cacao en polvo • 150 gr de mantequilla a punto pomada
150 gr de harina • 130 gr de azúcar • 6 huevos

Para el baño de chocolate:
150 gr de cobertura de chocolate • 60 gr de azúcar glaceé
20 gr de mantequilla • 3 cucharadas de leche

Para el almíbar:
200 gr de azúcar • 50 gr de agua

Para decorar:
50 gr de cobertura de chocolate blanco • mermelada de albaricoque

Abrir el bizcocho a lo largo por la mitad, pintar con el almíbar, añadir una capa generosa de mermelada y tapar con la otra mitad del bizcocho.

Colocar sobre una rejilla encima de un plato y cubrir con el baño de chocolate que nape bien.

Emplatar y dejar que el baño de chocolate enfríe un poco.

Derretir la cobertura de chocolate blanco en el microondas durante 1 minuto —con cuidado de que no se queme—, rellenar un canutillo de papel con el chocolate y decorar la tarta por encima.

Para el bizcocho:

En un bol amplio, echar la harina, el cacao y el azúcar. A continuación, añadir la mantequilla y las yemas, mezclar bien con ayuda de una cuchara.

En otro bol amplio, echar las claras y batir con ayuda de una varilla a punto de nieve.

Añadir las claras al bol con el resto de los ingredientes y mezclar suavemente para que las claras no bajen.

Echar la mezcla en el molde de silicona e introducir en la parte media del horno en posición aire caliente a 180 ºC durante 20 minutos —transcurrido este tiempo, pinchar con una puntilla y comprobar que está hecho. Retirar del horno, dejar reposar y reservar.

Para el baño de chocolate:

Poner un cazo a fuego suave, echar la leche, el azúcar glaceé, la mantequilla y la cobertura de chocolate. Trabajar con ayuda de una cuchara de palo hasta que se integre bien el conjunto.

Para el almíbar:

Poner una cazuela a fuego máximo, echar el azúcar y el agua. Dejar durante 2 minutos hasta obtener un almíbar.

TARTA TATÍN

Ingredientes para 4 personas:
1 kg de manzanas • 200 gr de hojaldre • 100 gr de mantequilla
100 gr de azúcar • harina

Poner un cazo al fuego, echar el azúcar y un poco de agua.

Retirar del fuego cuando el azúcar tome un color caramelo —no dejar durante más tiempo al fuego porque amargaría— y reservar.

Pelar la manzana, retirar el corazón y cortar en gajos.

En un molde con forma rectangular, echar el caramelo caliente, cubrir la superficie del molde con la manzana y por encima colocar trocitos de mantequilla.

Cubrir la mantequilla con el hojaldre.

Introducir en la parte media del horno en posición aire caliente a 200 ºC durante 20 minutos.

Transcurrido este tiempo, retirar del horno, desmoldar y servir caliente.

Para trabajar el hojaldre:

Poner un poco de harina sobre una superficie lisa —conservar el hojaldre en la nevera hasta el momento de su manipulación.

Estirar la masa con ayuda de un rodillo y pinchar la superficie del hojaldre con ayuda de un tenedor para evitar que la masa suba en el horno.

TARTALETA DE CALAMAR

—•◦•◦•—

Ingredientes para 4 personas:
8 tartaletas • 6 calamares congelados • 4 sobres de tinta • 2 cebollas
1 vaso de vino blanco • sal • aceite de oliva

Poner una cazuela con aceite a fuego máximo y rehogar la cebolla cortada en juliana fina hasta que esté bien pochadita.

A continuación, bajar el fuego al mínimo, añadir las patitas de los calamares, el vino y la tinta. Añadir un poco de agua y dejar cocer el conjunto durante 10 minutos.

Transcurrido este tiempo, triturar con la batidora y colar con ayuda de un colador.

Cortar el calamar en tiras finas, echar un poco de sal y añadirlas a la salsa triturada y colada. Subir el fuego y hervir el conjunto durante 10 minutos.

Rellenar las tartaletas y emplatar.

TARTALETA DE GULAS CON MAYONESA DE AJO FRITO

—•◦•◦•—

Ingredientes para 4 personas:
12 tartaletas de bocado • 1 bandeja de gulas • 1 huevo
5 dientes de ajo • 1 guindilla • sal • vinagre de Módena
aceite de oliva

Poner una sartén con aceite al fuego. Echar los ajos machacados y freír a fuego suave.

Una vez fritos, retirar los ajos a un recipiente, añadir un poco del aceite y las gulas. Mezclar bien y dejar reposar para que se integren los sabores.

En la base de la tartaleta, echar un poco de la mayonesa de ajo frito y rellenar con las gulas. Añadir un poco de la mayonesa de ajo frito por encima y decorar con un poco del ajo frito muy picadito.

Rellenar las tartaletas en el momento de servir y emplatar.

Para la mayonesa de ajo frito:

En el vaso de la batidora, echar el huevo, un poco de sal, una pizca de vinagre, un poco de guindilla y el aceite resultante de freír los ajos. Mezclar suave con la batidora en la posición mínima y a continuación aumentar la velocidad para que la salsa se triture bien y quede espesa.

TARTALETA DE IMITACIÓN DE TXANGURRO

Ingredientes para 4 personas:
12 tartaletas de bocado • 4 barritas de mar o surimi • ½ cebolla
½ zanahoria • ½ pimiento verde • ½ pimiento rojo • 1 bote de salsa
de tomate • 1 vaso de brandy • sal • aceite de oliva

Poner una cazuela a fuego máximo, echar aceite y rehogar toda la verdura muy picadita.

Cuando la verdura esté rehogada, bajar el fuego y añadir las barritas de mar muy picaditas. Añadir la salsa de tomate y mezclar bien el conjunto.

A continuación, añadir el brandy y quemar. Rehogar para que se integre todo bien, echar un poco de sal y remover con ayuda de una cuchara de madera. Dejar reposar durante 5 minutos.

Rellenar las tartaletas en el momento de servir y emplatar.

TARTALETA DE LIMÓN

Ingredientes para 4 personas:
8 tartaletas • 125 gr de azúcar • 10 gr de maizena • 3 huevos
2 limones

Encender el horno en posición-grill a 230 ºC.

En un bol, echar la maizena, un huevo, dos yemas —reservar las claras— y un poco de zumo de limón. Mezclar bien con ayuda de una varilla.

Poner un cazo a fuego fuerte, echar el resto del zumo de limón y añadir la mezcla de maizena y huevo. Remover con ayuda de la varilla para evitar la formación de grumos. Dejar la mezcla en el fuego hasta que espese.

Una vez haya espesado, bajar el fuego y dejar durante 1 minuto.

Transcurrido este tiempo, rellenar las tartaletas con la mezcla.

En un bol, echar las dos claras y un poco de azúcar. Batir suave con ayuda de la varilla y añadir poco a poco el resto del azúcar. Batir según se añade el azúcar hasta obtener un merengue.

Poner las tartaletas en un recipiente que sirva para el horno y añadir un poco del merengue por encima.

Introducir en el horno durante 5 minutos.

Transcurrido este tiempo, retirar del horno, dejar reposar a temperatura ambiente y emplatar.

TARTALETA DE MASA DE PIZZA

Ingredientes para 4 personas:
1 masa de pizza fresca • 1 lata de sardinas en aceite (no sardinillas)
1 manzana Reineta • 4 yemas • semillas de sésamo
sal • aceite de oliva

Encender el horno en posición aire caliente a 200 ºC.

Cortar la masa de pizza con ayuda de un cortapastas redondo.

Colocar la masa sobre cada porción de molde y ajustar bien.

Poner el molde sobre la bandeja del horno e introducir en la parte media durante 15 minutos.

Transcurrido este tiempo, retirar del horno, dejar reposar unos minutos y desmoldar.

Rellenar las tartaletas, añadir un poco de sésamo por encima y emplatar.

Para el relleno:

Lavar la manzana, hacer unos cortes superficiales y asar en el microondas durante 3 minutos.

En un bol, echar la manzana asada sin la piel.

Retirar la espina central de las sardinas y echar la carne en el bol junto a la manzana. Mezclar bien el conjunto.

Poner una sartén al fuego, echar un poco de aceite y las yemas. Trabajar las yemas con ayuda de una cuchara.

Cuando las yemas comiencen a cambiar de color, añadir la mezcla de sardina y manzana.

Mezclar dentro y fuera del fuego, y reservar.

TARTALETA DE PATO

Ingredientes para 4 personas:
2 hojas de hojaldre • 200 gr de mollejas de pato confitadas
1 muslo de pato confitado • 4 hongos Boletus edulis
1 cebolla • ½ vaso de Oporto • 2 huevos • 50 gr de sésamo
harina • sal • aceite de oliva

Estirar la masa de hojaldre con un poco de harina y cortar en círculos con dos cortapastas de distinto diámetro —uno grande que cubra la porción del molde y otro más pequeño para cubrir el relleno por encima.

Cubrir los moldes con los círculos de hojaldre grandes, rellenar y cubrir con los círculos de hojaldre pequeños. Sellar bien por todo el borde y pintar la superficie con huevo batido.

Añadir un poco de sésamo por encima.

Introducir en la parte media del horno en posición aire caliente a 200 ºC durante 15 minutos.

Transcurrido este tiempo, retirar del horno, desmoldar y emplatar.

Para el relleno:

Poner una sartén al fuego con un poco de aceite. Echar la cebolla picadita.

A continuación, limpiar el hongo y picar finito. Echar en la sartén, añadir un poco de sal y rehogar.

Picar finito el confit de pato y la molleja, echar en la sartén. Añadir el vino y dejar hasta que reduzca.

TARTALETA DE PEPINO

Ingredientes para 4 personas:
1 hoja de pasta brisa o masa quebrada • 2 pepinos pequeños
1 rulo de queso de cabra • 1 yogur natural • pimienta negra en grano
tomillo fresco • sal • aceite de oliva

Cortar con ayuda de un cortapastas redondo la masa brisa y colocar sobre las porciones del molde.

Añadir unas lentejas crudas por encima para que la masa no suba, colocar el molde sobre la bandeja del horno e introducir en la parte media del horno en posición aire caliente a 200 °C durante 15 minutos.

Transcurrido este tiempo, retirar del horno, desmoldar y reservar.

Pelar el pepino, cortar a lo largo por la mitad y retirar las pepitas con ayuda de una cuchara.

En un bol, echar el pepino picadito, el yogur, un poco de sal, pimienta negra recién molida, un chorrito de aceite y unas ramitas de tomillo. Mezclar bien el conjunto.

Colocar las tartaletas en la bandeja del horno, rellenar con la mezcla y añadir una rodaja de queso por encima.

Introducir en la parte alta del horno en posición gratinar a 230 °C durante 2 minutos.

Transcurrido este tiempo, retirar del horno y emplatar. Decorar con una ramita de tomillo por encima.

TARTALETA DE QUESO RELLENA DE CALABAZA Y GAMBAS

Ingredientes para 4 personas:
1 queso fuerte • 1 rodaja de calabaza • 1 cebolleta
50 gr de gambas peladas congeladas • albahaca • sal • aceite de oliva

Poner un cazo al fuego, echar la cebolleta picadita y la calabaza cortada en daditos.

Añadir un poco de agua y cocer durante 10 minutos.

Transcurrido este tiempo, añadir las gambas y triturar.

Calentar el queso en el microondas durante 1 minuto y cortar unas rodajas gruesas con ayuda de un cortapastas.

Vaciar un poco el interior con ayuda de un sacabocados.

Rellenar las tartaletas de queso con la crema de calabaza y gambas.

Añadir un poco de aceite de albahaca por encima.

Para el aceite de albahaca:

En el vaso de la batidora, echar unas hojas de albahaca, un poco de aceite, triturar y reservar.

TARTALETA DE REVUELTO DE MORCILLA Y PIQUILLO

Ingredientes para 4 personas:
8 tartaletas • 1 morcilla • 1 bote de pimientos del piquillo
1 cebolla • 3 huevos • sal • aceite de oliva

Poner una sartén al fuego, echar un poco de aceite y rehogar la cebolla cortada muy finita.

Abrir los pimientos por la mitad, quitar las pepitas y cortar en tiras.

Cuando la cebolla tome un color transparente, añadir el pimiento. Añadir una gotita de agua para que el pimiento no se pegue. Rehogar el conjunto durante 10 minutos.

Transcurrido este tiempo, quitar la piel de la morcilla, cortar la morcilla en trozos y añadirla al conjunto. Rehogar a fuego fuerte durante 2 minutos.

A continuación, añadir dos huevos y una yema. Cuajar las claras y cuando estén totalmente cuajadas, retirar del fuego, echar un poco de sal y remover fuera del fuego con ayuda de una espátula de madera.

Rellenar las tartaletas en el momento de servir y emplatar.

TARTALETA DE RIÑONES AL JEREZ Y HUEVO DE CODORNIZ

Ingredientes para 4 personas:
8 tartaletas • 200 gr de riñón de ternera • 6 huevos de codorniz
1 cebolleta • vino de Jerez • sal • aceite de oliva

Retirar la parte blanca del riñón, cortar el riñón en trocitos y saltear a fuego muy fuerte. Añadir un chorro de vinagre para evitar la pérdida de jugos. Escurrir en un colador y pasar por agua para limpiarlo bien.

Poner una sartén al fuego y echar un poco de aceite. Cuando esté caliente, añadir la cebolleta muy picadita.

Cuando comience a dorarse, echar el riñón. Añadir un poco de sal y el vino. Saltear y retirar del fuego.

Rellenar las tartaletas y decorar con unos huevos fritos de codorniz por encima del relleno.

TARTALETA DE SARDINA, TOMATE Y BERENJENA

Ingredientes para 4 personas:
16 tartaletas de bocado • 6 lomos de sardinas • 1 tomate
½ berenjena • orégano fresco • sal • aceite de oliva

En la bandeja del horno, poner un poco de papel encerado, echar un poco de aceite y extender con ayuda de un pincel.

Colocar los lomos de sardina, añadir un poco de sal y aceite por encima.

Introducir en la parte alta del horno en posición aire caliente a 200 °C durante 5 minutos.

Poner una sartén al fuego y echar un chorrito de aceite. Añadir la berenjena bien lavada y picada finita.

A continuación, lavar el tomate, picar muy finito y echar en la sartén. Añadir un poco de sal y orégano muy picadito.

Cortar cada lomo en tres partes iguales.

Rellenar las tartaletas con la verdura y colocar encima un trozo de sardina.

Emplatar y decorar con una ramita de orégano.

TARTALETA DE TOMATE

Ingredientes para 4 personas:
1 lámina de pasta quebrada • 4 tomates maduros • 100 gr de agua
100 gr de azúcar • 100 gr de cobertura de chocolate
anís en grano • harina

Lavar los tomates y hacer un corte en forma de cruz en la base.

Poner una cazuela con agua al fuego y echar los tomates. Cuando el agua comience a hervir, retirar los tomates a un recipiente con agua fría y dejar unos minutos.

A continuación, pelar, cortar en gajos y retirar las pepitas.

Poner un cazo al fuego, echar el agua y el azúcar. Dejar reducir hasta conseguir un almíbar.

Posteriormente, añadir el tomate y unos granos de anís. Retirar del fuego y dejar reposar durante 2 horas.

Transcurrido este tiempo, retirar la bandeja del horno y encender el horno en posición aire caliente a 180 ºC.

Echar un poco de harina sobre una superficie lisa, colocar la pasta quebrada, añadir un poco de harina por encima y estirar con ayuda de un rodillo.

Cortar unos círculos con ayuda de un cortapastas, colocar sobre las porciones del molde y poner encima unos garbanzos para que la masa no suba.

Colocar el molde en la bandeja del horno e introducir en la parte media del horno a 200 ºC durante 20 minutos.

Poner otro cazo al fuego, echar el chocolate y derretir.

Una vez retirado el molde del horno, desmoldar y pintar las tartaletas con el chocolate con ayuda de un pincel.

Colocar encima dos gajos de tomate en cada tartaleta y emplatar.

TARTAR DE SARDINAS CON MANGO

Ingredientes para 4 personas:
300 gr de sardinas frescas • 1 mango maduro • huevas de trucha
pimienta negra en grano • sal • vinagre de manzana
aceite de sésamo

Limpiar las sardinas, retirar la tripa y la espina central.

Sacar los lomitos e igualar los extremos. Cortar en trocitos del mismo tamaño y echar en un bol.

Añadir un poco de sal, pimienta negra recién molida, unas gotitas de aceite y un poco de vinagre. Macerar el conjunto durante 5 minutos.

Pelar el mango y sacar unas tiritas finas del grosor de un tallarín con ayuda de un pelador.

En el centro del plato, colocar un poco de la sardina y encima las tiritas de mango.

Decorar con unas huevas de trucha por encima y servir.

TEJA DE CHOCOLATE ACOMPAÑADA DE HELADO

Ingredientes para 4 personas:
350 gr de cobertura de chocolate
100 gr de pistachos pelados (u otro fruto seco) • helado
coulis de fresa • azúcar glaceé • pimienta negra en grano • sal

Poner un cazo con agua al fuego. Cuando comience a hervir, colocar una cazuela encima para generar un baño María.

Echar el chocolate en la cazuela y remover hasta que se derrita bien.

A continuación, añadir 3/4 partes de los pistachos y mezclar bien.

Añadir un poco de sal y pimienta negra recién molida. Mezclar el conjunto.

Coger un trozo de film de burbujas —papel de embalar— y colocar sobre la bandeja del horno con las burbujas hacia arriba.

Echar la mezcla sobre el film y extender bien con ayuda de una cuchara. Añadir los pistachos restantes por encima.

Tapar la bandeja con film transparente e introducir en el congelador durante 15 minutos.

Transcurrido este tiempo, sacar del congelador, retirar el film transparente y el film de burbujas.

Romper la teja en trozos y emplatar.

Añadir un poco de coulis alrededor, acompañar con unas cenefas de helado y decorar con un poco de azúcar glaceé por encima.

TEJAS VARIADAS

Ingredientes para 4 personas:

Para las tejas de vinagre:
60 gr de harina • 60 gr de vinagre de Jerez • 30 gr de azúcar

Para las tejas de naranja:
30 gr de nata líquida • 30 gr de zumo de naranja
125 gr de azúcar glaceé • 30 gr de harina
25 gr de almendra o avellana picada

Para las tejas de almendra:
60 gr de almendra fileteada • 80 gr de azúcar
60 gr de clara de huevo • 25 gr de mantequilla • 20 gr de harina

Para decorar:
azúcar glaceé

Encender el horno en posición aire caliente a 160 ºC.

Colocar un salvabandejas en la bandeja del horno, poner un poco de las distintas masas sobre el salvabandejas y extender bien con ayuda de una cuchara.

Introducir en la parte alta del horno a 200 ºC durante 8 minutos.

Transcurrido este tiempo, sacar del horno, retirar del salvabandejas con ayuda de una espátula y dar forma en caliente sobre una superficie cilíndrica.

Emplatar y añadir un poco de azúcar glaceé por encima con ayuda de un dosificador.

Para las tejas de vinagre:

En un bol amplio, echar el vinagre, añadir el azúcar y remover según se añade.

A continuación, añadir la harina y remover hasta conseguir una masa homogénea.

Para las tejas de naranja:

En un bol amplio, echar la nata y el zumo.

A continuación, añadir la harina y remover bien con ayuda de una cuchara.

Por último, añadir la almendra o avellana picada y el azúcar glaceé. Amasar bien el conjunto.

Para las tejas de almendra:

En un bol amplio, echar las claras, la mantequilla —previamente derretida durante unos segundos en el microondas— y el azúcar. Remover según se añade.

A continuación, añadir la harina y por último, la almendra fileteada. Mezclar bien el conjunto.

TEMPURA DE QUESOS CON ENSALADA DE ESPINACAS

Ingredientes para 4 personas:
surtido de quesos cremosos • 100 gr de espinacas
100 gr de harina de tempura • 120 gr de agua • 50 gr de pipas peladas
1 cucharada de aceite de sésamo • sal • aceite de girasol

Cortar el queso en bastoncitos de un dedo de grosor.

En un bol, echar la harina de tempura y el agua fría —para evitar la formación de grumos—. Remover con la varilla según se añade.

Poner el wok al fuego con abundante aceite de girasol, pasar el queso por la tempura y dorar en el aceite caliente. Retirar a un plato con papel absorbente.

Emplatar y acompañar de la ensalada de espinacas.

Poner una sartén antiadherente a fuego máximo, echar un poco de aceite de girasol y saltear las espinacas.

En un bol amplio, echar las espinacas salteadas, añadir el aceite de sésamo, las pipas y un poco de sal. Aliñar el conjunto y reservar.

TERRINA DE CERDO

Ingredientes para 4 personas:
½ careta de cerdo • 2 manos de cerdo • 2 orejas de cerdo
1 rabo de cerdo • 2 puerros • 1 cebolla • tomates cherry
comino molido • sal • aceite de oliva

Poner una cazuela con agua al fuego y echar todas las partes del cerdo. Añadir una cantidad generosa de sal.

Lavar bien el puerro, cortar en dos trozos y echar en la cazuela. Cortar la cebolla por la mitad y echar en la cazuela. Cocer el conjunto durante 2 horas.

Transcurrido este tiempo, retirar la carne de la cazuela, dejar enfriar unos minutos y deshuesar.

Echar en el molde, añadir un poco de comino y un poco del agua resultante de la cocción con ayuda de un cacillo. Enfriar en la nevera durante 30 minutos.

Transcurrido este tiempo, retirar de la nevera, desmoldar y cortar en trozos.

Servir en una fuente y decorar alrededor con unos tomatitos cherry cortados por la mitad.

TERRINA DE DOS SALMONES

Ingredientes para 4 personas:
1 cola de salmón fresco • 300 gr de salmón ahumado • alcaparras
cebollino • 1 limón • mayonesa • sal marina • aceite de oliva

Limpiar el salmón, abrir por la mitad, deshuesar y quitar las espinas con ayuda de unas pinzas.

Retirar la piel y cortar el salmón en daditos. Marinar con sal marina, zumo de limón y un chorrito de aceite. Mezclar bien con las manos y dejár reposar.

Encamisar un molde con las láminas de salmón ahumado. Rellenar con el salmón marinado y cubrir de nuevo con salmón ahumado.

Introducir en la parte media del horno en posición aire caliente a 100 ºC durante 20 minutos.

Transcurrido este tiempo, retirar del horno y prensarlo con 5 kg de peso durante 1 hora a temperatura ambiente.

A continuación, enfriar en la nevera.

Por último, retirar de la nevera, desmoldar y salsear por encima.

Para la salsa:

En un bol, echar la mayonesa, añadir el cebollino y las alcaparras —todo muy picadito— y un poquito de agua. Mezclar bien hasta obtener una mayonesa ligera y reservar.

TERRINA DE GALLINA TRUFADA CON HUEVO HILADO

Ingredientes para 4 personas:
1 gallina grande picada • ½ lóbulo de foie
trozo de jamón ibérico (200 gr) • 3 huevos • 1 trufa
100 ml de nata líquida • 50 ml de vino de Jerez • sal

Para el huevo hilado:
300 ml de agua • 300 mg de azúcar • 7 yemas

Para decorar:
10 fresas • 10 cerezas • 1 caqui

En un bol amplio, echar la gallina y el foie, todo muy picadito. Añadir el vino, la nata, los huevos y un poco de sal.

Amasar bien, añadir la trufa muy picadita y mezclar bien el conjunto con ayuda de una cuchara.

Cortar el jamón a lo largo en tiras.

En la base del molde, echar un poco de la farsa, colocar encima unas tiras de jamón, cubrir con otra capa de la farsa, poner encima las tiras de jamón y cubrir de nuevo con el resto de la farsa.

En la bandeja del horno, echar un poco de agua y poner el molde.

Introducir en la parte media del horno en posición aire caliente a 150 °C durante 1 hora.

Transcurrido este tiempo, retirar el molde del horno, dejar templar y prensar (colocar encima una caja de leche envuelta en papel de aluminio). Enfriar en la nevera durante 30 minutos.

Por último, desmoldar, cortar unos trozos y servir en una fuente.

Decorar alrededor con el huevo hilado y las frutas previamente lavadas.

Para el huevo hilado:

En un bol, echar las yemas y romper con ayuda de una cuchara.

Poner una cazuela al fuego, echar el agua y el azúcar. Cuando adquiera el punto de hebra fina, añadir las yemas con ayuda de un hilador de huevo.

Hacer en pequeñas cantidades, retirar a un plato con papel absorbente y reservar.

TERRINA FRÍA DE PESCADOS Y HONGOS

Ingredientes para 4 personas:
100 gr de rape • 100 gr de cabracho
100 gr de hongo congelado descongelado • 10 colas de pescado
½ l de salsa de tomate triturado • 50 ml de nata líquida • ½ limón
1 cucharada de huevas de trucha • 2 cucharadas de pimentón
hierba aromática • sal • aceite de oliva

Poner una cazuela a fuego máximo, echar un litro de agua y sal.

Cortar los hongos en daditos, echar en la cazuela, cocer durante 10 minutos y retirar a un bol.

En un recipiente con agua fría, echar las colas de pescado una a una y dejar durante unos minutos.

Limpiar el pescado, cortar en trozos del tamaño del hongo y añadir un poco de sal por encima.

Echar en la cazuela junto al hongo y cocer el conjunto durante 10 minutos.

Transcurrido este tiempo, retirar del agua, echar en un bol y reservar.

En el agua de cocción caliente, añadir las colas de pescado y remover según se añade con ayuda de una cuchara de madera.

Echar el hongo y el pescado cocido en el molde, añadir el caldo de cocción y dejar a temperatura ambiente durante 15 minutos.

Posteriormente, enfriar en la nevera durante 1 hora.

En la base de una fuente, echar la salsa y extender bien.

Desmoldar la terrina sobre las manos y colocar en la fuente.

Por último, decorar con una hierba aromática y unas huevas de trucha.

Para la salsa:

En un bol amplio, echar el pimentón y la nata. Mezclar con ayuda de una varilla.

Añadir la salsa de tomate poco a poco y remover según se añade.

Por último, añadir el zumo de limón y reservar.

TIMBAL DE PULPO Y GUISANTES

Ingredientes para 4 personas:
1 pulpo (2 kg) • 200 gr de guisantes sin vaina • comino en polvo
romero • sal • aceite de oliva

En la olla a presión echar agua hasta la mitad y poner a fuego máximo. Cuando el agua hierva, asustar el pulpo tres veces.

A continuación, introducir en la olla, tapar y cocer durante 7 minutos. Transcurrido este tiempo, dejar reposar.

Cuando haya templado, cortar el pulpo en trozos finos y rellenar los moldes. Cubrir los moldes con el agua resultante de la cocción y enfriar en la nevera durante 30 minutos.

Transcurrido este tiempo, retirar de la nevera y desmoldar.

En el centro de un plato, poner un poco de la crema de guisantes y encima colocar la terrina de pulpo. Decorar con una ramita de romero.

Para la crema de guisantes:

Poner una cazuela con agua al fuego y añadir un poco de sal. Cuando el agua comience a hervir, echar los guisantes y cocer durante 20 minutos.

Una vez cocidos, echar en el robot, añadir un poco del agua resultante de la cocción y una pizca de comino. Triturar, colar con ayuda de un colador y reservar.

TIRAMISÚ

Ingredientes para 4 personas:
1 placa de bizcocho • 250 gr de queso fresco • 100 gr de azúcar glaceé
100 gr de nata líquida fría • 150 ml de café • 2 yemas

Para decorar:
50 gr de naranja confitada • 50 gr de cacao en polvo

En el vaso de la batidora, echar el queso —retirar el suero— y triturar con la batidora.

A continuación, añadir las yemas y el azúcar. Triturar de nuevo, echar en un bol y reservar.

En otro bol, echar la nata, batir suave con ayuda de una varilla y reservar.

Añadir la nata al bol junto al queso, yemas y azúcar. Mezclar con la varilla.

Envolver un plato llano con film transparente bien tenso.

Cortar la placa de bizcocho con ayuda de un cortapastas redondo.

Encamisar el interior del cortapastas con papel blanco encerado y colocar sobre el film transparente.

Rellenar el molde con la mezcla, humedecer el bizcocho por ambos lados con un poco de café frío.

Cubrir la mezcla con el bizcocho bien escurrido e introducir en la nevera durante 24 horas.

Transcurrido este tiempo, sacar de la nevera, desmoldar, retirar el papel y emplatar.

Añadir un poco de cacao por encima con ayuda de un dosificador y acompañar de la naranja confitada.

TIZNAO

Ingredientes para 4 personas:
½ kg de bacalao salado desalado • 3 tomates • 2 cebollas
2 pimientos rojos secos • 1 cabeza de ajos • 1 vaso de caldo de
pescado • perejil fresco • comino • sal • aceite de oliva

Sobar los tomates con un poco de aceite.

En un recipiente que sirva para el horno, poner la cebolla, el ajo y el tomate.

Añadir un chorrito de aceite por encima e introducir en la parte media del horno en posición aire caliente a 200 °C durante 30 minutos.

Retirar la piel del bacalao y cortar el bacalao en tiras.

Poner las tiras en un recipiente que sirva parar el horno.

Introducir en la parte media del horno junto al recipiente de las verduras durante 15 minutos.

Transcurrido este tiempo, retirar los dos recipientes del horno. Pelar la verdura, cortar en trozos y echar en una cazuela.

Añadir el pimiento cortado en trozos y el caldo de pescado. Dejar el conjunto al fuego durante unos minutos.

Añadir tres granos de comino y un poco de sal.

En la base de un recipiente que sirva para el horno, poner la verdura y colocar las tiras de bacalao encima.

Dar un golpe de calor en el horno en posición aire caliente a 200 °C durante 5 minutos para que se integren los sabores.

Transcurrido este tiempo, retirar del horno y añadir un poco de perejil picadito por encima.

TOCINO DE CIELO

Ingredientes para 4 personas:
16 huevos • 550 gr de azúcar • 200 gr de azúcar para el caramelo
250 ml de agua

Poner una sartén en el fuego, echar un poco de agua y 200 gr de azúcar. Dejar en el fuego hasta conseguir un punto de hebra fina —retirar del fuego antes de que tome un color caramelo.

En un recipiente, mezclar las yemas.

Poner un cazo en el fuego con 550 gr de azúcar y 250 ml de agua. En el momento que comience a hervir, añadir la mezcla al recipiente donde están las yemas —añadir poco a poco para evitar que las yemas cuajen con el calor—. Mezclar bien el conjunto.

Echar un poco del caramelo en los moldes individuales.

Rellenar los moldes con la mezcla y colocarlos en un recipiente con agua para generar un baño María.

Introducir en la parte media del horno en posición aire caliente durante 12 minutos.

Transcurrido este tiempo, retirar del horno y dejar enfriar a temperatura ambiente.

Por último, desmoldar y emplatar.

TOMATE RELLENO DE BONITO

Ingredientes para 4 personas:
8 tomates pequeños • 2 latas de bonito • 1 cebolla
sal • aceite de oliva

Poner una sartén al fuego y echar un poco de aceite. Añadir la cebolla muy picadita y pochar a fuego suave hasta que esté muy hecha.

Lavar los tomates y hacer un corte en forma de cruz en la base del tomate para pelarlo fácilmente.

En la parte de arriba del tomate hacer un corte y con ayuda de una cuchara vaciar el interior del tomate.

En un recipiente que sirva para el horno, echar un poco de aceite y colocar los tomates.

Añadir un poco de aceite por encima de los tomates. En el interior de cada tomate, poner un poco de sal y aceite.

Introducir en la parte media del horno en posición aire caliente a 250 °C durante 15 minutos.

Transcurrido este tiempo, retirar del horno, dejar enfriar y pelar los tomates.

En un bol, echar el bonito y la cebolla bien pochadita. Rellenar los tomates con la mezcla y emplatar.

TOMATE RELLENO DE CALAMAR

Ingredientes para 4 personas:
4 tomates de rama • 100 gr de calamares • 1 cebolla • azúcar
sal • aceite de oliva

Hacer una pequeña base al tomate. Vaciar el contenido con ayuda de una cuchara y reservar.

En un recipiente, echar un chorrito de aceite y colocar los tomates. Añadir una pizca de sal, un poco de azúcar —para contrarrestar la acidez del tomate— y otro poco de aceite por encima.

Introducir en la parte media del horno en posición aire caliente a 250 ºC durante 40 minutos.

Transcurrido este tiempo, retirar del horno, dejar reposar, rellenar los tomates con la mezcla y emplatar.

Para el relleno:

Pelar la cebolla y picarla muy fina.

Poner un cazo al fuego, echar un poco de aceite, y la cebolla. Pochar durante 3 minutos.

Limpiar el calamar, picar finito y añadir sal por encima.

Poner una sartén a fuego fuerte, echar un poco de aceite y el calamar. Dejar hasta que dore un poquito.

Cuando esté doradito, añadir la cebolla, mezclar el conjunto y reservar.

TOMATE SECADO Y AROMÁTICO

Ingredientes para 4 personas:
8 tomates de rama (100 gr/unidad) • orégano • tomillo
sal • aceite de oliva virgen extra

Cortar los tomates a la mitad y quitar las pepitas.

Colocar los tomates con la parte abierta hacia arriba en la bandeja del horno. Introducir en la parte media del horno en posición aire caliente a 130 ºC durante 1,30 h.

Transcurrido este tiempo, dejar reposar en el interior del horno durante 1 hora.

Por último, emplatar y añadir por encima un poco de orégano, tomillo, aceite y sal.

TOMATES ASADOS CON CREMA DE ACEITUNA

Ingredientes para 4 personas:
4 tomates de ensalada • 1 bote de aceitunas rellenas de anchoa
1 cebolleta • sal • aceite de oliva virgen extra

Encender el horno en posición aire caliente a 250 ºC.

Cortar el tomate por arriba y vaciarlo un poco con ayuda de un cuchillo. Sobar bien el tomate con un poco de aceite y colocar junto con las tapas en un recipiente que sirva para el horno. Añadir un poco de sal dentro del tomate e introducir en el horno durante 10 minutos.

Transcurrido este tiempo, retirar del horno y quitar la piel.

Rellenar el tomate con un poco de cebolleta bien picadita, añadir un poco de sal, una gotita de aceite y la crema de aceitunas por encima. Cubrir con la tapa y emplatar.

Para la crema de aceitunas:

En el vaso de la batidora, echar las aceitunas bien escurridas, añadir un poco de agua y un chorrito de aceite. Triturar el conjunto.

TOMATES EN GELATINA CON CREMA DE ANCHOAS

Ingredientes para 4 personas:
4 tomates de rama • 1 lata de anchoas en salazón
8 gelatinas neutras o colas de pescado • 1 yogur natural
60 gr de azúcar • pimienta • sal • aceite de oliva virgen extra

Lavar bien los tomates, cortar en trozos pequeños y echar en el vaso de la batidora. Añadir el azúcar y triturar el conjunto.

A continuación, colar para eliminar las pepitas y los pellejos con ayuda de un colador.

En un recipiente, echar agua fría e introducir una a una las hojas de gelatina para que se ablanden.

Calentar el zumo de tomate en el microondas a la máxima potencia durante 20 segundos.

Cuando las gelatinas estén blandas, introducir una a una en el zumo de tomate caliente, remover hasta que se disuelvan bien con ayuda de una varilla.

Echar la mezcla en un molde y dejar reposar a temperatura ambiente durante 10 minutos.

A continuación, enfriar en la nevera durante 30 minutos.

Transcurrido este tiempo, retirar de la nevera e introducir el molde en un recipiente con agua caliente para desmoldarlo fácilmente.

Una vez desmoldado, cortar en cuatro largones de igual tamaño, emplatar dibujando un cuadrado y en el centro del plato colocar la crema de anchoas. Añadir una gotita de aceite por encima.

Para la crema de anchoas:

En un bol, echar el yogur, añadir las anchoas cortadas muy finitas, echar una pizca de sal y un poco de aceite. Mezclar todo bien.

TOMATES RELLENOS

Ingredientes para 4 personas:
4 tomates • 4 patatas • 1 berenjena
1 tajada de bacalao fresco (200 gr) • 1 cabeza de ajo
1 pastilla de caldo vegetal • sal • aceite de oliva

Pelar los tomates, quitar la parte de arriba y hacer una pequeña base en la parte de abajo. Vaciar los tomates y reservar.

Poner una sartén al fuego y echar aceite de forma generosa.

Cortar la cabeza de ajo por la mitad y echar en el aceite.

Deshuesar la tajada de bacalao y retirar la piel.

Cuando el aceite esté caliente, quitar la sartén del fuego, retirar el ajo, echar un poco de sal en la tajada de bacalao y poner en la sartén. Reposar durante 10 minutos —se cocina con el calor del aceite fuera del fuego.

Transcurrido este tiempo, echar el bacalao junto con el aceite en el vaso de la batidora, triturar el conjunto y reservar.

Emplatar los tomates, rellenar con el bacalao y salsear por encima.

Para la salsa:

Encender el horno en posición turbo-grill a 230 °C.

Poner un cazo con medio litro de agua al fuego y echar la pastilla de caldo vegetal.

Sobre papel de aluminio, echar un poco de aceite y envolver cada patata de manera individual. Colocar en un recipiente que sirva para el horno.

Echar un poco de aceite sobre la berenjena, sobar bien con las manos y colocar en el recipiente. Introducir en la parte alta del horno durante 20 minutos.

Transcurrido este tiempo, retirar del horno y dejar enfriar.

A continuación, pelar la patata y echar en el robot. Echar la berenjena —con la piel—, añadir el caldo vegetal, triturar el conjunto y reservar.

TOMATES RELLENOS DE BERENJENA

Ingredientes para 4 personas:
4 tomates de ensalada • 2 huevos • 1 cebolla • ½ berenjena
3 dientes de ajo • 1 sobre de queso rallado • albahaca • sal
aceite de oliva virgen extra

Lavar los tomates, cortar la parte de arriba, hacer un corte en el interior y vaciar su contenido. Echar un poco de sal y aceite en el interior del tomate, volver a rellenar para que no pierda la forma al asar y cubrir con su tapa.

Colocar los tomates en un recipiente que sirva para el horno sin dejar espacio entre ellos para que no pierdan la forma, cubrir con film transparente e introducir en el microondas a la máxima potencia durante 5 minutos.

Transcurrido este tiempo, retirar del microondas y quitar el jugo resultante que haya en el recipiente.

Vaciar de nuevo el tomate y rellenar con el relleno. Cubrir con la tapa y emplatar.

Para el relleno:

Poner una sartén a fuego suave, echar un poco de aceite y añadir la cebolla, la berenjena y el ajo, todo muy picadito. Añadir el queso y cuando se funda, añadir los huevos y mezclar bien.

Por último, añadir un poco de sal y dejar que cuaje el huevo. Añadir un poco de albahaca picadita por encima.

TOMATES RELLENOS DE BONITO

Ingredientes para 4 personas:
4 tomates de ensalada • 2 rodajas de bonito • 100 gr de bacón
1 bote de salsa de soja • aceite de oliva virgen extra

Encender el horno en posición aire caliente a 180 °C.

Lavar los tomates, cortar la parte de arriba y vaciarlos con ayuda de una cuchara. Cortar una pequeña base al tomate y poner los tomates en un recipiente que sirva para el horno.

Rellenar el tomate con el relleno y añadir un poco de aceite por encima.

Introducir en el horno durante 15 minutos para que se hagan el bonito y el bacón.

Transcurrido este tiempo, retirar del horno, cubrir con la tapa y emplatar.

Para el relleno:

Quitar la piel y la espina del bonito, sacar la carne y picarla bien. Picar el bacón finito. Echarlo todo en un recipiente, añadir la salsa de soja y un poco de aceite. Mezclar todo bien hasta conseguir una especie de masa.

TORRIJAS

Ingredientes para 4 personas:
1 barra de pan • 1 l de leche • 250 gr de azúcar • 2 huevos
1 rama de canela • canela molida • ralladura de limón
azúcar (para decorar) • aceite de oliva

Poner una cazuela al fuego, echar la leche, el azúcar, la rama de canela y la ralladura de limón. Dejar hervir el conjunto durante 10 minutos.

Cortar unas rebanadas de pan gruesas y sesgadas y poner en un recipiente hondo.

Cuando la leche hierva, echar en el recipiente para que el pan se hidrate. Dejar reposar a temperatura ambiente.

Cuando estén frías, escurrirlas un poco con la mano, pasar por huevo y freír a fuego fuerte en abundante aceite. Retirar a un plato con papel absorbente, dejar enfriar y emplatar. Decorar con una mezcla de canela molida y azúcar.

TORRIJAS

Ingredientes para 4 personas:
4 panecillos brioche • ½ l de leche • 6 huevos • 190 gr de azúcar
100 gr de mantequilla

En un bol amplio, echar los huevos y 90 gr de azúcar. Mezclar con ayuda de una varilla.

A continuación, añadir la leche y mezclar bien con la varilla.

Cortar los extremos de los panecillos y colocar en un recipiente alargado. Cubrir con la mezcla y enfriar en la nevera durante 24 horas.

Transcurrido este tiempo, retirar de la nevera.

Poner una sartén a fuego suave, echar la mantequilla y dejar que se derrita.

Echar el azúcar restante en un bol, pasar los panecillos —previamente escurridos— por el azúcar y freír en la sartén.

Retirar a un plato con papel absorbente y posteriormente emplatar.

Añadir un poco del jugo resultante por encima y servir.

TORRIJAS DE CHOCOLATE
SOBRE NATILLAS LIGERAS

Ingredientes para 4 personas:

Para las torrijas de chocolate:
4 rebanadas de pan duro • 1 l de leche • 200 gr de azúcar
150 gr de cobertura de chocolate • 100 gr de nata líquida
corteza de limón

Para rebozar las torrijas:
huevos • harina • aceite de oliva

Para las natillas ligeras:
250 gr de leche • 100 gr de azúcar • 2 yemas • 1 rama de canela
½ cucharada de maizena • ralladura de limón

Para decorar:
azúcar • canela molida • sirope de chocolate • grosellas
hojas de menta

En la base del plato, echar un poco de las natillas ligeras y colocar encima la torrija. Decorar el plato con unas líneas de sirope y decorar las natillas con unas grosellas y una hoja de menta.

Sobre la tostada, añadir un poco de azúcar mezclada con canela molida.

Para las torrijas de chocolate:

Poner una cazuela al fuego, echar la leche, el chocolate, el azúcar, la nata y un poco de corteza de limón. Remover bien el conjunto.

Colocar las rebanadas de pan en un recipiente amplio (tener en cuenta que cuando empapen la mezcla, van a aumentar de tamaño), cubrir con la mezcla y dejar reposar durante 2-3 horas.

Transcurrido este tiempo, pasar las torrijas por harina y huevo batido. Escurrir un poco y freír en abundante aceite caliente.

Retirar a un plato con papel absorbente.

Para las natillas ligeras:

En un bol amplio, echar las yemas, la leche, el azúcar, rallar un poco de limón, la maizena y la rama de canela partida por la mitad.

Remover bien con ayuda de una varilla, tapar con film transparente y calentar en el microondas a la máxima potencia durante 2,30 horas.

Transcurrido este tiempo, colar con ayuda de un colador y reservar.

TORRIJAS DE FRUTA A LA PLANCHA

Ingredientes para 4 personas:
4 panecillos brioche • ½ l de leche • 150 gr de azúcar • 1 naranja
1 lima • 1 rama de vainilla • 80 gr de agua
25 gr de harina de tempura • ¼ de piña • ½ plátano • ½ manzana
2 fresas • sal • aceite de oliva

Poner un cazo al fuego, echar la leche, un poco de corteza de lima y la rama de vainilla.

Cuando comience a hervir, retirar el cazo del fuego y añadir el azúcar. Remover bien con ayuda de una varilla.

A continuación, tapar con papel de aluminio y dejar reposar durante unos minutos.

Una vez haya reposado, echar en un recipiente, introducir los panecillos previamente cortados en rectángulos y dejar empapar bien.

En un bol, mezclar el agua y la harina de tempura. Remover bien con la varilla para evitar la formación de grumos.

Poner una sartén al fuego, echar aceite de forma generosa y un poco de corteza de naranja para aromatizar el aceite.

Cuando el aceite esté caliente, escurrir bien los panecillos, pasar por la tempura y freír.

Retirar a un plato con papel absorbente.

Cortar unos trocitos de fruta.

Poner una sartén al fuego, echar un poco de aceite y extender bien con ayuda de un pincel. Dorar la fruta vuelta y vuelta.

Emplatar la tostada y decorar por encima con la fruta. Añadir una pizca de sal para realzar el sabor de la fruta y servir.

TORTELLINI CON BECHAMEL DE CHORIZO

Ingredientes para 4 personas:
1 paquete de tortellinni • 2 chorizos de ristra tiernos • ½ l de leche
30 gr de harina • 30 gr de aceite de oliva • sal • aceite de oliva

Poner una cazuela con agua al fuego, echar un chorrito de aceite y un poco de sal. Cocer los tortellini durante 7 minutos.

Transcurrido este tiempo, añadir los tortellini a la bechamel de chorizo y dejar cocer el conjunto durante 3 minutos.

Mezclar bien, añadir un poco de sal y emplatar.

Para la bechamel de chorizo:

Poner una cazuela a fuego suave, echar los 30 gr de aceite y sofreír el chorizo cortado finito.

Cuando el chorizo haya soltado toda la grasa, retirar la cazuela del fuego, añadir la harina y mezclar bien con ayuda de una varilla para evitar la formación de grumos.

Poner de nuevo la cazuela a fuego máximo y añadir la leche. Remover bien con la varilla, bajar el fuego y reservar.

TORTILLA DE CALABACÍN

Ingredientes para 4 personas:
4 huevos • 1 calabacín • 1 pimiento verde • 1 patata • 1 cebolla
100 gr de mayonesa • 4 dientes de ajo • romero fresco
sal • aceite de oliva virgen extra

Lavar el calabacín y el pimiento, picar muy finito. A continuación, pelar la cebolla y picar finita.

Poner una sartén con aceite al fuego y echar la verdura.

Pelar la patata, cortar en trozos y echar en la sartén. Rehogar el conjunto.

Una vez rehogado, escurrir bien y reservar.

En un bol amplio, echar los huevos y batir con ayuda de un tenedor.

Añadir la verdura rehogada y mezclar bien el conjunto.

Poner una sartén antiadherente al fuego, echar un poco de aceite y la mezcla de huevo y verdura. Añadir un poco de sal.

Cuajar por ambos lados, emplatar y añadir alrededor unos montoncitos de ali-oli. Decorar con unas hojas de romero.

Para el ali-oli de romero:

En el vaso de la batidora, echar la mayonesa, un poco de aceite, unas hojas de romero y los dientes de ajo (retirar el germen para evitar que el ajo repita).

Triturar el conjunto y reservar.

TORTILLA DE PATATA CON CALABACÍN

Ingredientes para 4 personas:
1 calabacín • 3 patatas • 4 huevos • sal • aceite de oliva

Pelar las patatas y el calabacín —retirar las pepitas—. Cortar en daditos.

Poner una sartén a fuego máximo y echar abundante aceite. Añadir el calabacín y la patata. Cuando el conjunto comience a hervir, bajar el fuego y dejar durante 15 minutos.

Transcurrido este tiempo, quitar la sartén del fuego. Retirar la patata y el calabacín del aceite y reservar.

En un recipiente, batir los huevos con ayuda de una varilla. Añadir la patata y el calabacín bien escurridos. Echar un poco de sal y mezclar bien el conjunto.

Poner de nuevo la sartén al fuego y cuando el aceite esté muy caliente, añadir la mezcla. Aplastar con la cuchara de madera.

Una vez haya cuajado, dar la vuelta a la tortilla y emplatar.

TORTILLA DE PISOS

Ingredientes para 4 personas:
100 gr de queso de lonchas • 50 gr de jamón de York
50 gr de espinacas cocidas • 9 huevos • 1 chorizo • 200 dl de leche
50 gr de harina • 50 gr de aceite de oliva • sal

Para la tortilla de jamón y queso, batir tres huevos, añadir el jamón picado y el queso.

Pintar la sartén con un poco de aceite con ayuda de una brocha. Echar la mezcla y esperar hasta que el huevo cuaje y el queso funda.

De igual forma, hacer una tortilla de chorizo de tres huevos —freír unos trocitos de chorizo en el microondas.

Repetir el proceso, en este caso haciendo una tortilla de espinacas.

Sobre un plato colocar las tortillas una sobre otra a medida que se van haciendo.

Cubrir la tortilla de pisos con la bechamel.

Para la salsa bechamel:

Poner una cazuela al fuego y echar la leche.

Cuando ésta comience a hervir, añadir la mezcla de harina y aceite. Remover bien el conjunto con ayuda de una varilla y reservar.

TOSTA CON CHATKA Y LANGOSTINOS

Ingredientes para 4 personas:
4 rebanadas de pan de baguette • 1 lata de chatka • 6 langostinos
mayonesa • perejil fresco • sal • aceite de oliva

Cortar unas rebanadas de pan de forma sesgada. Pintar ambos lados de las rebanadas con un poco de aceite con ayuda de un pincel. Tostar en la plancha.

Poner una cazuela a fuego máximo, echar agua y abundante sal, para que el langostino al cocerlo no pierda sus sales propias.

Cuando el agua comience a hervir, echar los langostinos y cocer durante 2 minutos.

A continuación, retirar a un recipiente con agua y hielos para que se enfríen rápidamente y adquieran el punto perfecto de cocción.

En un bol, mezclar el chatka desmigado con un poco de mayonesa y perejil picadito.

Separar las cabezas de los langostinos y el jugo obtenido de exprimir las cabezas añadirlo a la mezcla para potenciar su sabor.

Pelar los langostinos, picar cuatro langostinos —el resto reservar para decorar el pincho— y añadirlo al conjunto. Mezclar todo bien y extender sobre la rebanada de pan.

Decorar el pincho con un langostino cortado a lo largo por la mitad y un poco de perejil picadito por encima.

TOSTA CON MANTEQUILLA DE GAMBAS

Ingredientes para 4 personas:
12 tostas • 12 gambas • 200 gr de mantequilla • 1 aguacate
1 yogur • pimienta negra en grano • sal • aceite de oliva

Poner una cazuela al fuego y echar la mantequilla.

Pelar las gambas y echar en la cazuela. Rehogar durante unos minutos.

Transcurrido este tiempo, echar en el robot, triturar y colar con ayuda de un colador.

A continuación, extender bien en un recipiente amplio y enfriar en la nevera durante 1 hora.

Transcurrido este tiempo, retirar de la nevera y extender sobre las tostas.

Pelar el aguacate, sacar unas tiritas finas y hacer unos rollitos. Colocar un rollito sobre cada tosta.

Echar el yogur en un bol y añadir un poco de pimienta negra recién molida.

Añadir una cucharada de yogur sobre la tosta, un poco de la sal de marisco y emplatar.

Para la sal de marisco:

Sobre la bandeja del horno, colocar un salvabandejas y encima poner las cáscaras de las gambas junto a las cabezas.

Introducir en la parte media del horno en posición aire caliente a 100 ºC durante 1 hora para que sequen bien.

Transcurrido este tiempo, retirar del horno y echar en la picadora. Triturar y reservar en un bol.

TOSTA CON MANTEQUILLA DE NÉCORAS

Ingredientes para 4 personas:
1 barra de pan de chapata • 250 gr de mantequilla • 2 nécoras
50 gr de sésamo • 2 hojas de lechuga
2 hojas de radiccio (lechuga roja) • 2 rábanos • sal
vinagre de Módena • aceite de oliva

Poner una cazuela al fuego y echar la mantequilla. Cuando comience a derretir, añadir las nécoras. Cocer durante 25 minutos.

Una vez cocidas, trocear las nécoras para que suelten todo el sabor, dejar reposar unos minutos y colar con ayuda de un colador.

A continuación, dejar enfriar unos minutos a temperatura ambiente y posteriormente enfriar en la nevera durante 2 horas.

Cortar unas rebanadas de pan y poner en la bandeja del horno.

Introducir en la parte alta del horno en posición aire caliente a 250 ºC durante 5 minutos.

Lavar la lechuga, picar finita y echar en un bol. Añadir un poco de sal, aceite y vinagre.

A continuación, cortar el rábano en láminas finas y echar en el bol. Mezclar bien el conjunto.

Por último, extender la mantequilla sobre las rebanadas de pan tostado, añadir un poco de sésamo por encima y decorar con un poco de la verdura picadita.

TOSTA CON SOBRASADA Y MIEL

Ingredientes para 4 personas:
4 rebanadas redondas de pan de chapata • 50 gr de sobrasada
2 cucharadas de miel (brezo o romero) • 4 huevos de codorniz
2 dientes de ajo • granos de polen • sal • aceite de oliva

Poner una sartén antiadherente a fuego suave, echar unas gotitas de aceite y extender bien con ayuda de un pincel.

Dorar el pan por ambos lados y reservar.

En un bol, echar la sobrasada, la miel y unos granos de polen. Mezclar bien el conjunto.

Pintar el centro de una sartén antiadherente con un poco de aceite con ayuda de un pincel. Colocar un cortapastas redondo del tamaño de la tosta.

Dentro del cortapastas, echar el huevo de codorniz y añadir una pizca de sal.

Poner otra sartén al fuego, echar aceite y el ajo cortado en láminas. Cuando esté caliente, añadir sobre el huevo de codorniz sin retirar el cortapastas.

Sobre la tosta, untar la mezcla de la sobrasada y encima colocar el huevo frito. Añadir una pizca más de sal sobre el huevo.

Emplatar y decorar alrededor con unos granitos de polen.

TOSTA DE AJO

Ingredientes para 4 personas:
1 barra de pan de chapata • 2 cabezas de ajo • sal • aceite de oliva

Echar un poco de aceite en las cabezas de ajo, envolver cada cabeza de ajo de forma individual en papel de aluminio y colocarlas en un recipiente que sirva para el horno.

Introducir en el horno en posición aire caliente a 200 ºC durante 30 minutos.

Cortar unas rebanadas de pan de forma sesgada. Extender un poco de aceite sobre las rebanadas y dorar en la sartén.

Retirar los ajos del horno, quitar el papel, pelar los ajos y poner directamente sobre la rebanada de pan. Extender con una espátula y emplatar. Añadir un poco de sal por encima.

TOSTA DE BACALAO CON MOUSSE DE PIMIENTO

Ingredientes para 4 personas:
4 tostas de pan • 1 tajada de bacalao desalado • 1 yogur natural
1 pimiento verde • sal • aceite de oliva

Retirar la piel del bacalao y cortar en trozos pequeños. Marinar en un bol con un poco de aceite y sal durante 10 minutos.

Poner un cazo con aceite a fuego suave y rehogar el pimiento muy picadito —reservar un poco para la mousse de pimiento.

Cuando el pimiento esté rehogado, añadir el bacalao marinado y mezclar fuera del fuego.

Poner un poco de la mezcla sobre la tosta y emplatar. Salsear por encima con la mousse de pimiento en el momento de servir.

Para la mousse de pimiento:

En el vaso de la batidora, echar un poco de pimiento verde rehogado y el yogur. Añadir un chorrito de aceite y un poco de sal. Triturar el conjunto.

TOSTA DE BRANDADA

Ingredientes para 4 personas:
8 tostas de pan • 300 gr de bacalao desalado desmigado
2 patatas nuevas • 2 tomates • 1 bote de aceitunas negras sin hueso
sal • aceite de oliva virgen extra

Pelar los tomates con ayuda de un cuchillo —procurar sacar la piel entera.

En la bandeja del horno, poner la piel del tomate e introducir en el horno en posición aire caliente a 100 ºC durante 1 hora para que la piel se seque.

Transcurrido este tiempo, retirar del horno y reservar.

Poner una cazuela con agua al fuego, echar sal y las patatas sin piel. Cocer durante 15 minutos.

Una vez cocidas, sacar ocho bolitas con ayuda de un sacabocados y reservar para decorar.

En el robot, echar el resto de la patata cortada en trozos, el bacalao, las aceitunas y el tomate cortado en trozos.

Añadir un poco de aceite y triturar el conjunto.

Una vez triturado, untar las tostas con la mezcla y decorar por encima con una bolita de patata y un poco de piel de tomate seca.

Añadir una gotita de aceite para dar brillo a la patata y emplatar.

TOSTA DE CHICHARRO CON REMOLACHA

Ingredientes para 4 personas:
½ barra de pan de tostada • 1 chicharro • 2 remolachas cocidas
50 gr de queso de cabra • sal • vinagre de Módena • aceite de oliva

Limpiar el chicharro, cortarlo en dos trozos, quitar la espina central y sacar los lomos.

Marinar en un recipiente con sal, vinagre y aceite durante 4 minutos.

Transcurrido este tiempo, introducir en la parte alta del horno en posición aire caliente a 150 ºC durante 2 minutos para que pierda el color a crudo.

Poner un poco de aceite en la plancha y extenderlo con ayuda de un pincel. Tostar unas rebanadas de pan y reservar.

Cortar unas lonchas finas de queso —reservar en la nevera hasta el momento de su manipulación.

Sobre la rebanada de pan tostado, poner un poco de la crema de remolacha, encima el lomo de chicharro y cubrir con una loncha de queso. Emplatar y gratinar en el horno durante 10 segundos para que el queso se funda un poco.

Para la crema de remolacha:

En el vaso de la batidora, echar la remolacha cortada en trozos, un poco de agua y aceite. Triturar el conjunto y reservar.

TOSTA DE DOS BONITOS

Ingredientes para 4 personas:
1 barra de pan de centeno • 1 rodaja de bonito • 1 lata de bonito
1 cebolleta • sal • vinagre de manzana • aceite de oliva virgen extra

Cortar unas rebanadas de pan y tostar sin aceite en una sartén. Poner un poco del relleno en las tostas y emplatar. Añadir una gotita de aceite por encima.

Para el relleno:

Limpiar el bonito y picar finito.

En un bol, echar un poco de aceite, un poco de sal y vinagre. Añadir el bonito bien picadito y la cebolleta bien picadita. Mezclar bien el conjunto y dejar marinar durante 15 minutos.

Por último, añadir la lata de bonito. Mezclar bien y dejar reposar el conjunto durante 10 minutos.

TOSTA DE FOIE CON COMPOTA DE ZANAHORIA Y AZAHAR

Ingredientes para 4 personas:
1 barra de pan de sésamo • 1 lóbulo de foie
1 bote de zanahoria rallada • 4 zanahorias • 1 vaso de agua de azahar
100 gr de azúcar • pimienta blanca • sal Maldon (sal en escamas)
aceite de oliva

Cortar unas rebanadas de pan y poner en la bandeja del horno.

Introducir en la parte alta del horno en posición gratinar a 230 ºC durante unos minutos.

Cortar unas rodajas de foie con ayuda de un cuchillo caliente —conservar el foie en la nevera hasta el momento de su uso.

Poner una sartén antiadherente al fuego y dorar las rodajas de foie vuelta y vuelta. Retirar a un plato con papel absorbente.

Sobre la tosta de pan, poner un poco de la compota de zanahoria y encima una rodaja de foie. Decorar con un poco de zanahoria rallada por encima.

Emplatar y añadir una pizca de sal y pimienta por encima.

Para la compota de zanahoria:

Poner una cazuela al fuego, echar el azúcar y el agua de azahar.

Pelar las zanahorias y cortar en bastoncitos. Echar en la cazuela, cubrir con agua y cocer a fuego suave durante 30 minutos.

Transcurrido este tiempo, echar en un bol, romper la zanahoria con ayuda de un tenedor y reservar.

TOSTA DE GUACAMOLE Y BACALAO AHUMADO

Ingredientes para 4 personas:
8 rebanadas de pan tostado • 1 sobre de bacalao ahumado
1 aguacate • 1 huevo cocido • 1 yogur natural • 1 limón
pimienta • sal • aceite de oliva virgen extra

En un plato, colocar las lonchas de bacalao ahumado, añadir un poco de pimienta y aceite por encima para darle aroma. Extender bien el aceite con ayuda de un pincel.

Sobre la rebanada de pan, extender un poco de la crema de aguacate con ayuda de una espátula, cubrir con unas lonchas de bacalao ahumado y rallar un poco de huevo cocido por encima.

Para la crema de aguacate:

Pelar el aguacate, cortar en trozos y echar en el vaso de la batidora, añadir el yogur, un poco de sal, pimienta, aceite y el zumo del limón. Triturar el conjunto hasta obtener una pasta untable.

TOSTA DE MIEL Y ACEITUNA NEGRA

Ingredientes para 4 personas:
1 barra de pan de chapata • 1 bote pequeño de aceitunas negras
miel • orégano • sal • aceite de oliva virgen extra

Deshuesar las aceitunas y echarlas en el vaso de la batidora. Añadir un poco del agua de las aceitunas y triturar con la batidora.

Cortar unas rebanadas de pan con un cuchillo de sierra. Cuadrar las rebanadas por los extremos.

Echar un poco de aceite sobre la rebanada, extenderlo por toda la superficie y dorar un poco en una sartén.

Calentar la miel en el microondas durante 10 segundos.

Sobre las rebanadas de pan tostado, extender un poco de la pasta de aceitunas y echar un poco de miel por encima. Añadir una pizca de orégano y emplatar.

TOSTA DE QUESO Y PAPAYA

Ingredientes para 4 personas:
1 barra de pan para tostadas • 1 torta de queso • 1 papaya
pimienta verde en grano • pimienta blanca en grano
pimienta de Jamaica en grano • mezcla de cinco pimientas en grano
sal • aceite de oliva

Encender el horno en posición aire caliente a 230 °C.

Cortar la barra de pan en rebanadas gruesas y sesgadas.

Cortar cada rebanada con un cortapastas redondo.

Sobre la bandeja del horno, echar un chorrito de aceite, untar bien las rebanadas en el aceite por ambos lados y colocar en la bandeja.

Introducir en la parte media del horno durante 5 minutos.

Transcurrido este tiempo, retirar del horno y emplatar.

Sobre cada tosta, poner una lámina de papaya y encima una lámina de queso.

Introducir en la parte alta del horno en posición gratinar a 230 °C durante 1 minuto.

Retirar del horno y añadir un poco del aceite de pimienta por encima.

Para el aceite de pimienta:

En el mortero, echar unos granos de todas las pimientas y machacar.

Añadir un chorrito de aceite, mezclar bien, echar en un bol y reservar.

TOSTADA DE CREMA DE ESPINACAS

Ingredientes para 4 personas:
100 gr de espinacas frescas • 100 gr de bacalao desalado desmigado
3 huevos cocidos • ½ l de leche • 50 gr de harina
50 gr de aceite de oliva • 3 huevos • pan rallado
sal • aceite de oliva

Poner un cazo al fuego y echar la leche.

Lavar las espinacas —reservar alguna hoja para decorar— y cortar con ayuda de un cuchillo. Echar en la leche.

A continuación, añadir un poco de sal, el bacalao desmigado y el huevo cocido picado.

Cuando la leche comience a hervir, añadir la mezcla de harina y aceite. Remover con ayuda de una varilla según se añade.

Extender la mezcla sobre un recipiente amplio y liso.

Dejar reposar durante unos minutos a temperatura ambiente y posteriormente enfriar en la nevera durante 1 hora.

Transcurrido este tiempo, retirar de la nevera y cortar en listones de unos cuatro dedos de longitud.

Pasar por huevo, pan rallado y freír en abundante aceite caliente.

Cuando estén doraditas, retirar a un plato con papel absorbente.

Servir en una fuente y decorar alrededor con unas hojas de espinaca.

TOSTADA DE TOMATE Y ALCAPARRAS

Ingredientes para 4 personas:
4 rebanadas de pan de hogaza • 4 tomates de ensalada
8 lonchas de lomo embuchado • 4 cucharadas de alcaparras
2 dientes de ajo • sal • aceite de oliva • 250 ml de aceite de oliva

Cortar unas rebanadas de pan con ayuda de un cuchillo de sierra.

Frotar el ajo sobre el pan para que coja todo el sabor.

Frotar el tomate sobre el pan —el tomate para que suelte todo el jugo cortarlo por la mitad y calentar en el microondas durante 30 segundos.

Añadir el aceite de alcaparras por toda la superficie de la tostada, echar una pizca de sal y cubrir con las lonchas de lomo.

Decorar con un poco del aceite de alcaparras por encima.

Para el aceite de alcaparras:

En el vaso de la batidora, echar el aceite y las alcaparras —antes de mezclar conservar las alcaparras a temperatura ambiente para que suelten todo su aroma—. Batir bien, echar en un bol y reservar.

TOSTADA DE TRUCHA AHUMADA

Ingredientes para 4 personas:
8 tostadas de pan rústico • 1 paquete de trucha asalmonada ahumada
1 bote de pepinillos encurtidos • 2 cogollos de Tudela
1 paquete de rúcula • 1 bote de mayonesa extra suave
aceite de oliva virgen extra

Poner los cogollos y la rúcula en un recipiente con abundante agua. Dejar reposar unos minutos.

Picar los pepinillos muy finitos.

Picar la trucha finita —el doble de cantidad de trucha que de pepinillos.

Escurrir bien la verdura y picarla muy finita.

En un bol, echar el pepinillo, la trucha y la verdura, todo muy picadito.

Añadir un poco de mayonesa y mezclar bien el conjunto.

Enfriar en la nevera durante 1 hora para que los sabores se integren. Transcurrido este tiempo, retirar de la nevera.

Extender un poco de la mezcla sobre las tostadas y emplatar. Añadir un chorrito de aceite por encima y decorar con un poco de pepinillo.

TOSTADA ESTILO ARBOLEDA

Ingredientes para 4 personas:
1 barra de pan brioche • ½ l de leche • ½ l de nata líquida
110 gr de azúcar • 3 yemas

Para freír:
100 gr de mantequilla • 100 gr de azúcar

Para decorar:
50 gr de almendras garrapiñadas picadas
50 gr de mermelada de naranja

Poner una cazuela al fuego, echar la leche, la nata, el azúcar y las yemas. Romper las yemas con ayuda de una varilla.

Remover bien y dejar en el fuego hasta alcanzar los 60-70 ºC —no dejar que hierva.

Cortar el pan en rebanadas sesgadas de aproximadamente unos dos dedos de grosor.

Poner en un recipiente, cubrir con la mezcla y dejar reposar durante 30 minutos.

Transcurrido este tiempo, poner una sartén al fuego, echar la mantequilla y dejar que se derrita.

A continuación, añadir el azúcar y dejar que se disuelva. Dorar las tostadas vuelta y vuelta.

En la base de un plato, extender un poco de mermelada, añadir un poco de almendra garrapiñada picadita y colocar encima la tostada.

TRONCO DE MERLUZA ASADA

Ingredientes para 4 personas:
1 merluza • 3 patatas • 1 cebolleta • sal • vinagre • aceite de oliva

Limpiar la merluza, conservar la piel y la espina central. Retirar la parte de la cola —reservar para otra ocasión.

Cortar el tronco de la merluza en cuatro trozos de aproximadamente unos cuatro dedos de grosor.

En la base de un recipiente que sirva para el horno, echar un chorrito de aceite.

Añadir un poco de sal a los trozos de merluza y colocar en el recipiente —con la espina en sentido vertical.

Introducir en la parte media del horno en posición aire caliente a 230 ºC durante 10 minutos.

Transcurrido este tiempo, retirar del horno, añadir un poco de vinagre y la guarnición por encima.

Para la guarnición:

Poner una sartén al fuego y añadir aceite de forma generosa.

Lavar la cebolleta y cortar en daditos. Pelar la patata, lavar y cortar en daditos del tamaño de la cebolleta.

Echar la cebolleta y la patata en la sartén. Freír durante unos minutos y reservar.

TRONCO DE MERLUZA ASADA A LA ONDARRESA

Ingredientes para 4 personas:
4 troncos de merluza de unos cuatro dedos de grosor • 2 patatas
1 cebolleta • perejil fresco • sal • vinagre • aceite de oliva

Encender el horno en posición aire caliente a 200 ºC.

En un recipiente que sirva para el horno, echar un chorrito de aceite.

Sobre cada tronco de merluza, añadir sal de forma generosa y poner sobre el recipiente. Añadir un chorrito de aceite por encima.

Introducir en la parte media del horno durante 15 minutos.

Transcurrido este tiempo, retirar del horno y añadir un chorrito de vinagre por encima.

Emplatar, añadir un poco del jugo resultante por encima, acompañar de la guarnición y decorar con unas hojas de perejil.

Para la guarnición:

Poner una cazuela al fuego, echar la patata cortada en cachelos y la cebolla cortada en trozos pequeños.

Añadir un chorrito de aceite, un poco de sal y cubrir con agua. Añadir un poco de perejil picado y cocer el conjunto durante 20 minutos.

TRUCHA ASADA CON MOSTAZA

Ingredientes para 4 personas:
4 truchas de ración • 100 gr de jamón de York • 1 bote de mostaza
sal • aceite de oliva

Encender el horno en posición turbo-grill a 250 ºC.

Limpiar la trucha, abrir por la mitad y quitar la espina central.

Echar un poco de agua en la bandeja del horno y cubrir con papel de aluminio. Echar un poco de aceite sobre el papel y colocar la trucha boca arriba.

Untar los lomos de la trucha con la mostaza.

Picar el jamón y echar por encima. Añadir un poco de sal y aceite.

Introducir en la parte media del horno durante 6 minutos.

Transcurrido este tiempo, retirar del horno y emplatar.

TRUCHA CON SALSA LIGERA DE PIQUILLOS

Ingredientes para 4 personas:
2 truchas • 1 bote de pencas • 1 bote de pimientos del piquillo
100 gr de bacón • 1 bote de mayonesa ligera • tomillo
sal • aceite de oliva

Encender el horno en posición turbo-grill a 250 ºC.

Limpiar la trucha, quitar la cabeza, las espina y abrir por la mitad.

En un recipiente que sirva para el horno, echar un poco de aceite de oliva y extender bien por la superficie.

Poner las pencas en la base del recipiente, echar un chorrito de aceite y encima colocar las truchas. Añadir por encima un poco de sal, tomillo y un poco de bacón cortado en daditos e introducir en el horno durante 10 minutos.

Transcurrido este tiempo, retirar del horno y emplatar. Decorar con un poco de la mayonesa ligera de piquillos por encima.

Para la mayonesa ligera de piquillos:

En el vaso de la batidora, echar la mayonesa y los pimientos del piquillo. Triturar el conjunto.

TRUCHAS ASADAS EN CALDO DE JAMÓN

Ingredientes para 4 personas:
4 truchas limpias • 1 hueso de jamón • 200 gr de champiñones
2 cebolletas • 3 hojas de laurel • harina • aceite de oliva

Lavar bien la verdura, cortar la cebolleta en juliana fina y el champiñón en láminas finas.

Poner una sartén al fuego, echar un poco de aceite y pochar la verdura.

En la base de una fuente que sirva para el horno, poner la verdura pochadita y encima las truchas —previamente pasadas por harina para evitar que se rompan.

A continuación, añadir las hojas de laurel y el caldo hasta cubrir las truchas.

Introducir en la parte alta del horno en posición aire caliente y grill a 230 ºC durante 10 minutos.

Transcurrido este tiempo, retirar del horno, emplatar y añadir un poco de la verdurita por encima.

Para el caldo de jamón:

Poner una cazuela con agua al fuego. Echar el hueso de jamón y la parte verde de la cebolleta previamente lavada.

Cocer el conjunto durante 20 minutos y reservar.

TRUFAS

Ingredientes para 4 personas:
250 gr de chocolate • 125 gr de nata líquida
125 gr de mantequilla • cacao en polvo • azúcar glaceé

Poner un cazo al fuego, echar la nata y la mantequilla. Remover con ayuda de una cuchara de madera.

Cuando la mantequilla esté fundida, añadir el chocolate. Remover hasta que el chocolate se derrita completamente.

Echar la mezcla en un recipiente y enfriar en la nevera durante 2 horas para que la mezcla quede compacta.

Transcurrido este tiempo, retirar de la nevera. Hacer unas bolitas con la mano con cuidado de que no se derritan y pasarlas por el cacao.

En un plato, poner una blonda, echar un poco de cacao y colocar las trufas. Decorar con un poco de azúcar glaceé por encima.

TRUFAS DE CHOCOLATE

Ingredientes para 4 personas:
200 gr de cobertura de chocolate • 150 gr de mantequilla
100 gr de leche • 100 gr de azúcar • 3 yemas

Para decorar:
cacao en polvo • azúcar glaceé • papel de seda blanco
papel de celofán blanco • papel de celofán rojo

En un cazo, echar la cobertura de chocolate y la mantequilla. Derretir al baño María.

A continuación, añadir la leche y el azúcar. Mezclar bien.

Por último, retirar del fuego y añadir las yemas. Mezclar el conjunto, echar en un bol y dejar reposar la mezcla a temperatura ambiente durante 30 minutos.

Posteriormente, enfriar en la nevera durante 4 horas.

Transcurrido este tiempo, retirar de la nevera, sacar unas cenefas con ayuda de una cucharilla de café —previamente mojada en agua— y pasar unas por cacao y otras por azúcar glaceé.

Hacer bolitas con la mano y cubrir con papel de seda y posteriormente con papel de celofán. Conservar en la nevera hasta su consumo.

TURRÓN DE CHOCOLATE Y ALMENDRAS

Ingredientes para 4 personas:
250 gr de praliné de avellana • 200 gr de cobertura de chocolate
100 gr de almendra en bastoncitos • aceite de oliva

Para decorar:
50 gr de cobertura de chocolate

En un cazo, echar el chocolate y el praliné. Derretir y mezclar al baño María. Retirar del fuego.

Poner una sartén a fuego máximo, echar una gotita de aceite y la almendra. Dejar en el fuego hasta que dore un poco.

Cuando esté doradita, echar en el cazo y mezclar bien el conjunto.

Rellenar los moldes con la mezcla y enfriar en la nevera durante 24 horas.

Transcurrido este tiempo, retirar de la nevera, desmoldar y emplatar.

Derretir el chocolate en el microondas y dibujar unas líneas por encima.

TURRÓN DE CHOCOLATE Y COCO

Ingredientes para 4 personas:
1 kg de cobertura de chocolate • ½ kg de coco rallado • 270 gr de azúcar • 115 gr de mantequilla • 115 gr de nata líquida • 115 gr de licor de coco (Malibú) • ½ limón • 1 cucharada de curry (opcional)

En un recipiente, echar el chocolate y la mantequilla. Derretir al baño María.

En un cazo, echar el azúcar, un poco de agua y el zumo de limón. Dejar hervir.

Cuando tome un color caramelo, añadir la nata y mezclar bien.

A continuación, añadir la mezcla del caramelo y la nata al recipiente del chocolate y la mantequilla. Remover bien según se añade.

Por último, añadir el licor de coco y el coco rallado —reservar un poco para decorar.

Mezclar bien el conjunto y echar en el molde de porciones.

Enfriar en la nevera durante 2 horas.

Transcurrido este tiempo, retirar de la nevera, desmoldar y emplatar.

Decorar con un poco de coco rallado por encima y una pizca de curry.

TXANGURRO A LA DONOSTIARRA

Ingredientes para 4 personas:
1 centollo vivo • 4 tomates de rama • 2 zanahorias • 1 puerro
1 cebolla • 50 gr de mantequilla • 50 gr de pan rallado
½ vaso de vino blanco • ½ vaso de brandy • sal • aceite de oliva

Poner una cazuela con agua al fuego, introducir el centollo —con las patas hacia arriba— y añadir un puñado de sal.

A partir del momento en que el agua comience a hervir, cocer durante 20 minutos.

Picar toda la verdura muy finita.

Poner una sartén con aceite al fuego, echar la zanahoria, la cebolla y el puerro.

Cuando esté bien rehogada, añadir el tomate. Pochar bien el conjunto.

Una vez cocido el centollo, dejar enfriar y abrir. Reservar el jugo del cuerpo y la carcasa para el relleno.

Retirar los pulmones, partir en trozos el cuerpo y desmigar. Sacar la carne de las patas y reservar en un bol, junto con el resto de la carne y el jugo.

Cuando la verdura esté pochadita, añadir el vino y dejar reducir.

A continuación, añadir el brandy y flambear.

Cuando el alcohol se haya evaporado, añadir la carne del centollo y el jugo.

Mezclar bien el conjunto y rellenar la carcasa. Añadir por encima el pan rallado y unas tiritas de mantequilla.

En el centro de un plato, colocar una tirita de mantequilla para fijar la carcasa.

Introducir en la parte alta del horno en posición gratinar a 230 ºC durante 10 minutos.

UVAS SALTEADAS CON CREMA DE YOGUR GRIEGO

Ingredientes para 4 personas:
300 gr de uvas grandes • 100 gr de azúcar • 80 gr de mantequilla
2 yogures griegos • 1 vaso de nata líquida • 1 vaso de Oporto
1 rama de canela • corteza de naranja • corteza de limón

Cortar las uvas por la mitad, retirar las pepitas y lavar bien.

Echar en un recipiente, añadir el vino, la mitad del azúcar, la rama de canela y la corteza de naranja y limón.

Dejar macerar en la nevera durante 1,30 h.

Transcurrido este tiempo, sacar de la nevera. Retirar la rama de canela y el jugo obtenido.

Poner una sartén al fuego, derretir la mantequilla y añadir las uvas y la corteza. Saltear durante 1 minuto.

Emplatar y añadir un poco de la crema de yogur por encima.

Para la crema de yogur griego:

En un bol, montar la nata con ayuda de una varilla. Una vez montada, añadir el resto del azúcar y mezclar.

Por último, añadir el yogur, mezclar bien y reservar.

VERDEL CON PIPERRADA

Ingredientes para 4 personas:
1 verdel • 2 tomates • 1 pimiento rojo • 1 pimiento verde
1 cebolla • sal • aceite de oliva

Poner una sartén a fuego suave, echar un poco de aceite, la cebolla, el pimiento rojo y verde, todo cortado en juliana.

Lavar los tomates y hacer un corte en forma de cruz en la base del tomate para pelarlo fácilmente.

Escaldar el tomate en agua hirviendo durante 1 minuto, y posteriormente enfriar en un recipiente con agua y hielos.

Pelar el tomate, retirar las pepitas y cortar en juliana. Echar en la sartén y rehogar el conjunto durante 15 minutos.

Limpiar bien el verdel, retirar las aletas y la tripa, abrir el verdel por la mitad y lavar bajo el chorro de agua fría. Retirar la espina central y echar un poco de sal.

Poner una sartén al fuego y echar un poco de aceite. Pasar el verdel por el aceite de la sartén y freír primero con la piel hacia arriba para evitar que la piel encoja. Dejar durante 2 minutos para que coja un poco de color y dar la vuelta.

Por último, añadir la piperrada y un poco de agua. Freír el conjunto durante 3 minutos para que el verdel termine de hacerse y se integren los sabores. Emplatar.

VERDURAS EN TEMPURA

Ingredientes para 4 personas:
200 gr de judías verdes planas • 200 gr de espárragos verdes trigueros
finitos • 3 zanahorias • 250 gr de harina de tempura
300 gr de agua • 3 yemas • sal de ajo • aceite de oliva

Limpiar las judías, retirar las puntas, cortar en trozos del tamaño de un dedo de longitud y cada trozo en bastoncitos finos.

Limpiar los espárragos, retirar la parte final del tallo y reservar las puntas.

Pelar las zanahorias, cortar en trozos del tamaño de un dedo y cada trozo en bastoncitos finos.

En un recipiente amplio, echar la harina de tempura, añadir el agua y remover según se añade con ayuda de una varilla.

Poner una sartén al fuego con abundante aceite. Cuando el aceite esté caliente, pasar la verdura por la tempura y echar en la sartén en pequeñas cantidades.

Cuando comience a tomar un color doradito, sacar a un plato con papel absorbente —se termina de hacer fuera del aceite.

En un cazo, echar las yemas, montar al calor dentro y fuera del fuego con ayuda de una varilla.

Añadir un poco de sal de ajo y mezclar bien con la varilla.

En un plato, colocar un montoncito de la verdura y salsear con las yemas por encima.

VERDURAS GRATINADAS

Ingredientes para 4 personas:
500 gr de acelgas frescas • 500 gr de espinacas frescas
1 rulo de queso de cabra • 2 patatas nuevas
50 gr de ciruelas pasas deshuesadas • aceite de oliva

Limpiar bien la verdura.

Poner una cazuela con tres dedos de agua al fuego, echar las espinacas y las acelgas cortadas en trozos. Cocer el conjunto durante 10 minutos.

Pelar la patata, lavar y cortar en cachelos. Poner en un recipiente, cubrir con agua y tapar con film transparente. Cocer en el microondas durante 5 minutos.

Transcurrido este tiempo, triturar un poco con la batidora, añadir un chorrito de aceite para que espese y triturar de nuevo.

Una vez cocida la verdura, escurrir con ayuda de un colador y echar en un recipiente que sirva para el horno.

Picar la ciruela y echar por encima. Añadir la crema de patata y colocar unas rodajas de queso por encima.

Introducir en la parte media del horno en posición gratinar durante 2 minutos para que el queso se funda y se integren los sabores.

Transcurrido este tiempo, retirar del horno y emplatar.

VIEIRAS CON TOMATE CONCASSE

Ingredientes para 4 personas:
4 vieiras • 100 gr de percebes • 4 tomates de rama
2 patatas cocidas • tomillo • sal • aceite de oliva

En un recipiente con agua, limpiar bien las vieiras.

Lavar el tomate y hacer un corte en forma de cruz en su base.

Poner un cazo con agua a fuego máximo e introducir el tomate. Escaldar durante 1 minuto.

A continuación, sacar a un recipiente con agua fría.

Una vez frío, retirar la piel y las pepitas. Cortar en daditos y saltear en una sartén.

Echar un poco de sal en la vieira y saltear en una sartén con un poco de aceite vuelta y vuelta.

Cortar unas rodajas gruesas de patata y poner en una fuente, encajar en ellas la concha de la vieira.

Sobre la concha, poner un poco de tomate, encima un poco de la esencia de percebe y por último la vieira. Decorar con una ramita de tomillo.

Para la esencia de percebe:

Poner un cazo con agua al fuego y echar un puñado de sal.

Cuando el agua comience a hervir, añadir los percebes. Dejar en el fuego hasta que el agua comience a hervir de nuevo.

Una vez cocidos, retirar del agua, dejar enfriar y pelar.

En el vaso de la batidora, echar los percebes pelados y un poco del agua resultante de la cocción. Triturar bien y reservar.

VIEIRAS EN SU CONCHA

Ingredientes para 4 personas:
8 vieiras vivas • 2 cebolletas • 2 puerros • sal • aceite de oliva

Para la bechamel:
½ l de leche • 60 gr de harina • 60 gr de aceite de oliva

Abrir las vieiras con ayuda de un cuchillo y limpiar bien en un recipiente con agua fría.

Una vez limpias, reservar en su concha.

Limpiar el puerro, retirar la parte verde —reservar un poco para decorar— y picar muy finito. Picar la cebolleta muy finita.

Poner una cazuela al fuego y echar un poco de aceite. Añadir la cebolleta y el puerro. Rehogar bien.

A continuación, añadir la leche. Cuando comience a hervir, añadir la mezcla de harina y aceite. Remover bien con ayuda de una varilla y echar un poco de sal.

Añadir una pizca de sal sobre las vieiras y colocar en una fuente que sirva para el horno.

Cubrir las vieiras con la bechamel e introducir en la parte alta del horno en posición gratinar a 230 °C durante 3 minutos.

Transcurrido este tiempo, retirar del horno, emplatar y decorar por encima con la parte verde del puerro muy picadita.

VILLEROY DE ZANCARRÓN

Ingredientes para 4 personas:
1 kg de zancarrón • 1 cebolla • 2 puerros • ½ l de leche
40 gr de harina • 40 gr de aceite de oliva • 3 huevos
pan rallado • sal • aceite de oliva

Poner una olla a presión al fuego, echar agua y sal, introducir el zancarrón atado con una cuerda para que no se rompa y las verduras enteras. Tapar la olla y poner a fuego máximo. Cuando la válvula suba, bajar el fuego al mínimo y dejar cocer durante 25 minutos.

Transcurrido este tiempo, sacar el zancarrón y dejar templar. A continuación, quitar la cuerda y cortar la carne a lo largo en dos mitades. Cortar en trozos y aplastarlos un poco para hacer unos medallones.

Poner un poco de aceite en un recipiente y extenderlo por toda la superficie con ayuda de un pincel. Pasar los medallones por la bechamel y colocarlos en el recipiente. Enfriar en la nevera durante 20 minutos.

Transcurrido este tiempo, retirar de la nevera y pasar por huevo y pan rallado.

Poner una sartén con abundante aceite a fuego máximo y freír los medallones durante unos segundos para que la bechamel no se derrita. Retirar a un plato con papel absorbente. Emplatar.

Para la bechamel:

Poner una cazuela con leche al fuego, cuando comience a hervir añadir la mezcla de harina y aceite. Remover con la varilla para evitar la formación de grumos.

VOLOVÁN DE SARDINAS

Ingredientes para 4 personas:
8 volovanes • 2 sardinas frescas • 1 tomate • tomillo
orégano • romero • sal • vinagre de vino • aceite de oliva

Limpiar las sardinas, quitar la cabeza y la tripa. Sacar los lomitos con ayuda de un cuchillo muy afilado y cortar en trocitos.

En un bol, echar vinagre y poner los trocitos de sardina. Dejar marinar a temperatura ambiente durante 15 minutos.

Transcurrido este tiempo, retirar el vinagre y echar un poco de agua en el bol para quitar el sabor a vinagre. Dejar reposar unos minutos y retirar el agua.

Pelar el tomate, quitar las pepitas y cortar en daditos.

Mezclar las sardinas y el tomate, condimentar con un poco de sal, tomillo, orégano y romero. Mezclar bien el conjunto.

Rellenar los volovanes con la mezcla, cubrir con la tapa y emplatar.

YEMA DE HUEVO EN CONSOMÉ

Ingredientes para 4 personas:
1 hueso de jamón • 100 gr de jamón de pato • 4 yemas de huevo
8 colas de pescado pequeñas • perejil • sal • aceite de oliva

Poner una cazuela con agua al fuego, introducir el hueso de jamón, añadir un poco de sal y cocer durante 30 minutos.

Transcurrido este tiempo, colar y reservar aproximadamente un litro del consomé.

Introducir las colas de pescado en un recipiente con agua fría. Cuando estén hidratadas, escurrir bien, introducir en el consomé y remover bien.

En una copa, echar un poco del consomé y enfriar en la nevera durante 20 minutos.

En un bol, echar las yemas de huevo y enfriar en la nevera durante 20 minutos.

Transcurrido este tiempo, retirar de la nevera.

En el centro de la copa, sobre el consomé sólido, colocar la yema, cubrir con otro poco de consomé a temperatura ambiente y decorar con unas hojitas de perejil.

Introducir de nuevo en la nevera durante 20 minutos.

Por último, retirar de la nevera, añadir por encima un poco de jamón picadito y decorar con un rollito de jamón.

TRUCOS

ABADEJO (BACALAO)
En sucio 400 gr/ración, en limpio 180 gr/ración

- Limpiar con agua y hielos ya que su carne es muy delicada.
- A la hora de cocinar, frotar con un poco de ajo para potenciar su sabor.
- Para exfoliar en láminas fácilmente, después de cocer, aplastarlo un poco con las manos.

ACEDERAS
300 gr/ración

- Para contrarrestar su amargor, añadir un poco de zumo de limón.

ACEITE DE OLIVA
Una cucharada sopera/ración

- No mezclar un aceite ya usado con uno sin usar.
- Conservar en envase opaco para no alterar sus características organolépticas.
- Para que al freír un alimento se forme menos espuma, añadir una cáscara de huevo en el aceite.
- Para potenciar su sabor se puede añadir unos granos de comino.
- El aceite usado para freír patatas se puede reutilizar para freír carne.
- Para evitar quemaduras, introducir el alimento suavemente en el aceite caliente.
- El punto de fritura óptimo es cuando el aceite humea.
- Es el más recomendable para ensaladas y para una buena fritura.
- Freír en pequeñas cantidades para evitar que el aceite pierda la temperatura deseada.
- Para evitar que el aceite se queme al freír en tandas, retirar la sartén del fuego entre tanda y tanda y poner de nuevo al fuego en el momento de su uso.
- Es importante tener en cuenta la cantidad de aceite que se debe utilizar, si se añade mucho, el alimento se puede cocer y si se añade poco el alimento de puede quemar.
- Cualquier alimento que haya sido lavado, secarlo bien previamente a añadirlo al aceite caliente para evitar quemaduras.

- Para evitar quemaduras, utilizar utensilios largos para dar vuelta a los alimentos en el momento de freír.

- Al freír, mantener los mangos de las sartenes hacia el interior de la cocina para evitar quemaduras.

- Para eliminar olores y sabores fuertes del aceite y poder reutilizarlo, freír unas rebanadas de patata hasta que estén muy doradas.

- Para eliminar el exceso de aceite en las frituras, retirar a un plato con papel absorbente antes de servir.

ACEITUNAS

- Existen aparatos especiales para deshuesarlas y se pueden rellenar de diferentes productos como anchoa, pimiento, etcétera.

- Antes de utilizar en guisos es conveniente hervirlas en agua durante unos minutos.

ACELGAS
400 gr/ración

- Se deben comprar aquellas que presenten las hojas de color verde intenso y los tallos muy blancos.

- Para limpiar las pencas, retirar las hebras y cortar en trozos de unos 10 centímetros.

- Lavar en agua caliente para quitar el amargor.

AGAR-AGAR

- Añadir en pequeñas cantidades ya que puede espesar excesivamente la salsa.

AGUACATE
60 gr/ración

- Para acelerar el proceso de maduración, envolver en papel de periódico.

- Si se utiliza sólo la mitad, conservar la otra mitad con el hueso y rociar por encima con un poco de zumo de limón para que no se oxide.

AJO

1/3 de diente de ajo/ración

- Los ajos buenos tienen que estar duros al apretarlos.
- Para que no repita, retirar el germen verde que está en el interior del diente de ajo.
- Para dar aroma a las ensaladas, frotar el recipiente de la ensalada con un diente de ajo cortado por la mitad.
- El diente de ajo cortado por la mitad y con un poco de sal por encima durante unos minutos, potencia su sabor.
- Para pelar fácilmente un diente de ajo, aplastarlo primero.
- Para conservar las ristras de ajo, colgarlas en un lugar seco.
- Para conservar los ajos cortados, sumergirlos en un recipiente con aceite.
- Después de manipularlo, poner las manos sin frotar debajo del chorro de agua fría para eliminar el olor.

ALBAHACA

- Picar y añadir en el último momento para conservar todo su aroma.

ALBARICOQUE

80 gr/ración

- Para retirar la piel más fácilmente, calentarlo ligeramente.

ALBÓNDIGAS

100 gr/ración

- A la hora de hacer las bolitas, echar un poco de aceite en la mano para facilitar su manipulación.
- Conservar en el frigorífico hasta el momento de freír para dar una mayor consistencia a la masa.

ALCACHOFAS

600 gr/ración

- Las hojas deben ser verdes, flexibles y resistentes.
- Las hojas deben estar bien cerradas, prietas y sin manchas negras.
- Las alcachofas pequeñitas pueden comerse crudas.

- En las alcachofas grandes, hay que retirar las hojas exteriores más duras y los tallos. Cocer el corazón de la alcachofa en agua hirviendo.

- Si desde el momento en que se limpian al momento en que se cocinan transcurre un tiempo, se deben introducir en un recipiente con agua fría y el zumo de un limón para que no oscurezcan.

- Para mantener las alcachofas frescas durante más tiempo, sumergir los tallos en un recipiente con agua y azúcar hasta el momento de su consumo. Cortar diariamente un trocito del tallo.

- Para hacer a la plancha, sin cocinar previamente, cortar en láminas muy finas.

- Si se utilizan alcachofas en conserva, escaldar en agua hirviendo durante unos minutos para eliminar el sabor a conserva.

ALCAPARRAS

- Es mejor picarlas que triturarlas para que no resulten demasiado amargas.

ALMEJAS
250 gr/ración

- Se limpian en un recipiente con agua y sal, removiéndolas bien para que suelten toda la arena.

- Si al cocinarlas, alguna no se abre, retirarla porque su ingestión puede resultar tóxica.

- Si se desea comer en crudo, sumergir en agua hirviendo durante 30 segundos para que se abran.

ALMENDRAS

- Para pelarlas fácilmente, meter en agua hirviendo unos minutos, escurrirlas y seguidamente pasar por agua fría.

ALUBIAS
80 gr/ración

- Si queremos que engorden, cocerlas en la cazuela sin la tapa.

- Para facilitar su digestión, cambiar el agua de cocción cuando comiencen a hervir.

- Si no tenemos suficientes judías pintas, se pueden servir con arroz blanco, es un plato muy sabroso.

- Las judías blancas se pueden hacer en crudo en la olla a presión y estarán cocidas en una hora.

ANCHOAS
En sucio 200 gr/ración

- A la hora de comprar, comprobar que estén muy frescas y limpiarlas lo más pronto posible.

ANGUILA
En sucio 250 gr/ración

- Para ablandar su carne cocinarla con abundante cebolla.

ANGULAS
80 gr/ración

- Cocinarlas en cazuela de barro.
- Se recomienda comprar y consumir en breve porque su carne es muy delicada.

APIO
20 gr/ración

- Las hojas verdes se pueden reservar para hacer caldos vegetales.
- Para limpiar la rama, es necesario rasparla o pelarla para retirar las hebras duras que tiene.
- Una vez limpia la rama, se puede cortar en bastoncitos, untar en limón para que no oscurezcan y servir con mayonesa. Es un aperitivo muy rico.

ARROZ
100 gr/ración

- Para que la paella no se pase, no añadir cebolla.
- Para que la paella quede perfecta, dejarla reposar durante 5 minutos cubierta con un trapo húmedo.
- Para que no se pegue, añadir el arroz cuando el agua esté hirviendo.
- Para que no se pegue, no remover el arroz mientras cuece.
- El arroz vaporizado no se pasa ya que no contiene almidón.

- Para conseguir un arroz cremoso, añadir un poco de aceite de oliva fuera del fuego y remover enérgicamente con ayuda de una espátula de madera.
- Para potenciar su sabor, utilizar el caldo de una verdura intensa de sabor.

ATÚN
En sucio 200 gr/ración, en limpio 100 gr/ración
- Se recomienda comer muy fresco, ya que se deteriora fácilmente debido a su gran contenido en materia grasa.

AVELLANAS
- Para obtener todo su aroma conviene tostarlas ligeramente.

AVES
- Una vez muerta y desangrada, escaldar en agua hirviendo durante 30 segundos para desplumarla fácilmente.
- Si el ave se va a rellenar, no conviene escaldarla.
- Si vamos a asar un ave y nos resulta dura, frotarla con limón antes de introducirla en el horno.

AZAFRÁN
- Para obtener todo su aroma, envolver en papel de aluminio y calentar unos segundos al fuego.
- En el mercado existen unos preparados de azafrán de aplicación directa.

AZÚCAR
- A la hora de preparar una salsa de tomate, añadir un poco de azúcar para contrarrestar su acidez.
- A la hora de cocer espárragos, añadir un poco de azúcar al agua de cocción para contrarrestar su amargor.
- El azúcar glass, si está apelmazado, pasarlo por un tamiz antes de su uso.

BACALAO (SALADO DESALADO)
200 gr/ración

- Al desalar el bacalao, para comprobar el punto de sal, coger un poco de carne del interior y probar en crudo.

- Si se ha desalado demasiado, añadir un poco de sal.

- Desmigar con las manos para que suelte toda su gelatina.

- Si la bacalada es muy grande, aprovechar las escamas para obtener más gelatina.

- Si se hace al pil-pil, hacerlo en templado para que el pil-pil no se corte.

- Hay que tener en cuenta que se trata de un producto que está cocinado en sal, por lo tanto a la hora de utilizarlo sólo es necesario calentarlo.

- A la hora de desalar, hacerlo en un recipiente con agua fría.

- Para potenciar el sabor de las croquetas de bacalao, utilizar aceite de oliva virgen extra.

BERENJENA
150 gr/ración

- Debe estar dura, brillante, tersa y de color uniforme, sin manchas.

- No debe comerse cocida ya que tiene un sabor amargo muy desagradable.

- Para quitar el amargor, primero sazonarla, dejar reposar durante 5 minutos y posteriormente lavarla con abundante agua para retirar el exceso de sal.

- Es conveniente cortar a última hora y rociar con un poco de zumo de limón para que no se oxide.

- Se puede hacer a la plancha sin necesidad de utilizar aceite.

- Para asar en el horno, hacer unas incisiones en la superficie para que penetre el calor y se haga más rápidamente.

- Freír a fuego fuerte y durante poco tiempo para que no absorba mucho aceite.

BERROS
40 gr/ración

- Comer en pequeñas cantidades ya que un consumo excesivo puede resultar tóxico.
- Crecen silvestres por lo que hay que ser muy exhaustivos con su limpieza, utilizar agua con un chorrito de lejía, ya que es un vehículo de transmisión de enfermedades.

BERZA
300 gr/ración

- Para evitar ese olor tan característico durante la cocción, cocer con un trozo de pan impregnado en vinagre.
- Si tenemos poco tiempo para cocinarla, cortarla muy fina y cocer.

BESUGO
En sucio 400 gr/ración

- Debe presentar los ojos transparentes, duros y saltones.
- Para evitar cortar la carne a la hora de quitar las escamas, utilizar un cuchillo pequeño y poco afilado.
- Si lo hacemos al horno, a la hora de añadir el refrito añadir primero el vinagre y luego el refrito por encima.

BIZCOCHO

- Usar moldes bien limpios y encamisar con mantequilla y harina para evitar que al desmoldar se quede pegado.
- No rellenar el molde para evitar que se derrame la masa, sobre todo en preparados que lleven incorporada levadura.
- Antes de retirar del horno, pinchar con una puntilla en el centro, si ésta sale seca es señal de que la masa está cocida.

BOGAVANTE
500 gr/ración

- A la hora de comprar, asegurarse que esté vivo.
- A la hora de manipularlo, hacerlo siempre con las pinzas bien atadas.
- Resulta excelente para elaborar arroces y marmitas de patata.

BONITO

En sucio 200 gr/ración, en limpio 100 gr/ración

- Para que no resulte tan seco, cocinarlo en trozos pequeños.
- Si es para embotar, después de cocerlo en abundante sal, secarlo muy bien para evitar que se pudra.

BORRAJAS

500 gr/ración

- A la hora de limpiarlas, quitar bien los hilitos.

BRÓCOLI

200 gr/ración

- A la hora de comprar, elegirlo de un color verde intenso y sin manchas.
- Cocer en un recipiente amplio para que no se rompa.

BUEY DE MAR

800 gr/ración

- Introducir en una cazuela con agua fría salada y una hoja de laurel. Cuando rompa a hervir, cocer durante 20 minutos. Transcurrido este tiempo, retirar del agua y envolver en un paño húmedo con agua fría.

CACAHUETES

- En postres, resultan un excelente acompañante del chocolate.

CACAO (EN POLVO)

- A la hora de espolvorear sobre un postre, hacerlo desde cierta altura a través de un colador.

CAFÉ

- Para conservar todo su aroma, conservar en un bote cerrado herméticamente.
- Para potenciar su sabor, añadir una pizca de sal al café recién molido.

CALABACÍN
150 gr/ración

- A la hora de comprar, elegirlo con la piel verde brillante y sin manchas.
- Al cocer en agua, retirarlo antes de que esté tierno, el agua absorbida actuará y se terminará de hacer fuera del fuego.

CALABAZA
300 gr/ración

- Son mejores las que tienen la carne amarilla.
- Como contiene mucha agua, hay que cocerla cortada en trozos con poca cantidad de agua.

CALLOS
250 gr/ración

- Comprar los que tienen un color natural, los de aspecto blanquecino suelen ser congelados.
- Para eliminar el olor que desprenden en crudo, sumergirlos durante unos minutos en un recipiente con agua y un chorrito de vinagre.
- Para evitar el olor que desprenden al cocer, limpiarlos previamente con agua y un poco de zumo de limón.
- Hacer unas incisiones en la superficie para evitar que floten a la hora de cocer.
- Resultan más sabrosos si se cocinan la víspera de comerlos.

CANELA

- Se conserva mejor en rama.
- Si no se dispone de canela en polvo, moler una rama en el molinillo de café.

CANGREJO (DE RÍO)
150 gr/ración

- Para evitar que se rompan al cocinarlos, trabajar en un recipiente amplio y con utensilio de madera.
- Antes de cocinarlos, retorcer la aleta de la cola y tirar de ella para quitar el intestino.

CARACOLES
300 gr/ración

- Para evitar que se rompan al cocinarlos, trabajar con utensilio de madera.
- A la hora de hacer la salsa, hay que tener en cuenta que absorben mucha salsa, para evitar que queden secos.
- A la hora de limpiarlos, lavar en cinco aguas; la primera con agua templada y sal, posteriormente en agua hirviendo.

CARAMELO

- A la hora de hacerlo, humedecer el azúcar con un poco de agua para evitar que se queme.
- Al hacer el caramelo debe tener un color dorado, si se deja al fuego durante más tiempo, se oscurece y amarga.
- Para limpiar el recipiente donde se ha hecho el caramelo, echar un poco de agua y poner al fuego, de esta forma el caramelo se disuelve más fácilmente.

CARDO
400 gr/ración

- A la hora de manipularlo, tener cuidado de no mancharnos ya que la mancha que deja es muy difícil de limpiar.
- Retirar las hebras y cortar en trozos de unos 10 centímetros.
- Una vez limpio, frotar los trozos con limón para que no oscurezcan.

CARNE

- Las carnes duras pasan a ser tiernas, si se dejan en reposo en un recipiente con leche durante 2 horas.
- Las carnes grasas admiten bien guarniciones de sabor dulce.
- Las carnes blancas son más fáciles de digerir que las rojas, pero estas últimas son más nutritivas.
- La carne cruda se debe cortar en el mismo sentido que las fibras para que no resulte dura.
- Si se hace un guiso de carne en la cazuela, no conviene taparla, pues se cocerá con el vapor generado y quedará dura.
- La sal se debe añadir a las carnes al final de su preparación, pues ésta hace que pierda sus jugos.

- Si la carne nos ha quedado muy seca porque está demasiado hecha, servirla con alguna salsa para que resulte más jugosa.

- Todos los asados deben regarse con su jugo —mientras están en el horno— varias veces, para que nos queden jugosos por dentro y doraditos por fuera.

- Los filetes deben limpiarse de gordos, nervios y tendones.

- A los filetes hay que darles unos cortes en los bordes para que al freír no encojan.

- Los filetes empanados resultan más sabrosos si se maceran previamente con un poco de ajo y perejil.

- Las carnes se ablandan añadiendo al guiso un poco de azúcar.

- Las carnes se ablandan añadiendo al guiso un poco de tomate.

- Si se hacen en la parrilla, ésta debe estar muy caliente para evitar que la carne se pegue.

- Para dar la vuelta a la carne en la parrilla, debe hacerse con unas pinzas. No pinchar en la carne porque ésta perdería parte de sus jugos.

- No echar la sal antes de poner la carne en la parrilla, ya que la sal consume la sangre y los jugos, por lo que la carne quedaría seca.

- La carne y la caza no se debe congelar recién matada, conviene esperar al menos 24 horas.

CASTAÑAS

- Si se asan en el horno, previamente hacerles unas incisiones en la piel para que no salten.

- Cocerlas en leche para obtener una crema, resulta una excelente guarnición de la carne de caza.

CEBOLLA

- Para evitar llorar al cortar la cebolla, humedecer el cuchillo y la cebolla con agua antes de cortar.

- Para que no nos lloren los ojos, picar la cebolla bajo el chorro de agua fría.

- Para no llorar al cortarla, escaldar la cebolla antes de pelarla en agua hirviendo durante 1 minuto.

- Las cebollas tempranas son las mejores para ensaladas.

- Se digiere mejor cocida porque pierde los compuestos de azufre volátiles durante la cocción.

- Para que no pique cuando se come cruda, conviene picarla y dejarla sumergida durante unas horas en un recipiente con un poco de vinagre.

- El sabor y el olor de la cebolla cruda en la boca, desaparece masticando unos granos de café o un poco de perejil crudo.

- El olor de las manos desaparece frotándolas con un poco de perejil picado.

CEFALÓPODOS (CALAMARES, CHIPIRONES, CHOCO, JIBIA, PULPO, SEPIA...)
En sucio 200 gr/ración, en limpio 100 gr/ración

- La carne debe ser firme, resbaladiza pero no viscosa.

- Para que su carne resulte más blanda a la hora de comer, es conveniente congelarlo primero, siempre que sea muy fresco.

- Para eliminar la arena de los tentáculos, frotarlos bien entre ambas manos.

- Limpiar dentro de un recipiente con agua fría para evitar mancharnos con la tinta.

- El calamar y la pota tienen una estructura celular parecida a la carne de origen animal terrestre por lo que a la hora de cocinarla para que quede tierna hay que, o bien hacerla muy poco —si no se endurece—, o bien cocinarla por largo tiempo para ablandarla.

- Para que los chipirones en tinta hechos del día anterior tengan más sabor, hay que introducir una tinta 10 minutos antes de servirlos y hervirla, con ello ganamos en brillo y aroma.

- Para hacer una farsa o relleno de cefalópodos es importante añadirle mucha cebolla.

CENTOLLO
800 gr/ración

- A la hora de comprarlo, asegurarse de que esté vivo y que tenga peso.

- Hay que cocerlo muerto, para ello echarle un chorrito de vinagre en la boca para que muera antes de cocer.

- Cocer en agua hirviendo durante 20 minutos, retirar del fuego y sacar del agua.

- Después de cocerlo, enfriar en un recipiente con agua, hielos y sal para pelarlo fácilmente.
- Para rellenar un caparazón se necesita la carne de tres, aunque también se puede añadir un poco de merluza hervida y desmenuzada.

CERDO

Chuletas: 125 gr/ración. Lomo: 90 gr/ración. Costilla: 300 gr/ración. Manitas: 150 gr/ración

- La carne debe tener un color rosa pálido y la grasa debe ser blanca.
- Si tiene mucha grasa, se puede separar, freírla y reservarla para posteriormente cocinar la carne en su propia grasa.
- Para que al asar quede más jugoso, en la fase final reducir la potencia del horno.
- Las manitas tras deshuesarlas y antes de freírlas, introducir en caliente en la nevera hasta obtener un masa compacta, Esto es debido a la gelatina que desprenden.

CEREZAS

60 gr/ración

- A la hora de comprar, elegirlas con el rabo para que se conserven durante más tiempo.
- Conservar en la nevera, pero consumir a temperatura ambiente para conseguir el máximo sabor.

CHAMPIÑÓN

100 gr/ración

- Hacer un corte en forma de cruz en la base, para que penetre el calor y se hagan más rápidamente.
- Para evitar que se pongan negros, trabajar con utensilios de madera, nunca de metal.
- Si se van a recolectar, descartar los que se encuentren cerca de la carretera ya que absorben fácilmente los metales pesados del tubo de escape de los coches.

CHICHARRO

En sucio 300 gr/ración

- Para comer cocido, cocer en abundante agua con sal.

CHIRLAS

300 gr/ración

- Para limpiarlas introducir en un recipiente con abundante agua y sal.

CHOCOLATE

- Si se quiere fundir en el microondas, hacerlo a baja potencia para evitar que se queme.
- Se puede fundir con el secador de pelo.
- Para hacer una salsa, mezclar con el 40% de su peso en agua.
- Evitar que entre en contacto con agua mientras se funde porque se formarían bolitas.

CIERVO

125 gr/ración

- Para que su carne resulte más blanda a la hora de comer, es conveniente congelarla primero.

CIGALAS

300 gr/ración

- Para que resulten más sabrosas, freír en abundante aceite caliente durante poco tiempo.
- Se cuecen en agua salada o agua de mar y una hoja de laurel.
- Se introducen en el agua en el momento que ésta hierva. Cuando el agua comience de nuevo a hervir, dejarlas cocer durante 2 minutos y retirarlas del agua.

CIRUELAS

60 gr/ración

- Para quitar el hueso más fácilmente, dejar en un recipiente con un poco de agua durante toda la noche para que se hidraten.

COCHINILLO
350 gr/ración

- Para potenciar su sabor, frotar con jamón ibérico antes de asar.

COCO

- Para abrirlo más fácilmente, previamente introducir en el horno hasta que la cáscara comience a resquebrajarse.

CODORNIZ
300 gr/ración

- Para evitar que su carne se rompa al cocinar, atar con un poco de cuerda o en su defecto, envolver en papel de aluminio.

COGOLLOS DE TUDELA
80 gr/ración

- Para limpiar bien los cogollos, cortarlos en cuatro trozos e introducir en un recipiente con abundante agua y sal.

COL (BRÓCOLI, COLES DE BRUSELAS, COLIFLOR...)

- Cuando la col es verde y dura, conviene cocerla en dos aguas para hacerla más digerible.
- Para evitar el mal olor, deben cocerse en recipiente sin tapa.
- No son recomendables para personas que padezcan de aerofagia.
- La cocción en cazuela destapada facilita la eliminación de los compuestos de azufre volátiles que producen las contracciones intestinales.

COLES DE BRUSELAS
200 gr/ración

- Comprar aquellas que tengan un color verde intenso y las hojas apretadas y verdes, descartar las de hojas amarillas.
- A la hora de comprar, comprobar que estén bien cerradas.
- Evitar removerlas al cocer para que no se rompan.
- Cocer durante poco tiempo para que no se deshagan.

COLIFLOR
250 gr/ración

- Si se va a comer cruda en ensalada, picarla muy finita.
- Elegirla con las hojas para que se conserve durante más tiempo.
- Elegirla muy blanquita y con los ramilletes bien apretaditos.
- Para evitar ese olor tan característico durante la cocción, cocer con un trozo de pan impregnado en vinagre.
- Para que al cocerla quede blanca, hacerlo con la cazuela destapada.
- Si nos ha sobrado coliflor cocida, cortarla en pequeños ramilletes, pasar por harina y huevo y freír en abundante aceite caliente. Si hay suficiente cantidad, servir como primer plato y si la cantidad es escasa, servir como guarnición.

COMPOTA

- Mejoran su sabor si se añade una cucharada de zumo de limón.
- Resultan más sabrosas si añadimos una ramita de canela y corteza de limón.

CONEJO
350 gr/ración

- Si queremos cocinarlo con días de antelación, es conveniente hacerlo con hierbas aromáticas para conservarlo durante más tiempo.

CONGRIO
En sucio 300 gr/ración

- Reservar la parte cerrada del congrio que tiene más espinas para hacer sopa.

CORDERO
250 gr/ración

- El cordero lechal se alimenta de leche y tanto la carne como la grasa deben ser blancas.
- El cordero pascual es el cordero destetado que ya ha comenzado a pastar, por lo que su carne es de color rosado y la grasa blanca.
- Se suele asar por cuartos o medios en el horno, embadurnada la pieza con manteca y ajo machacado.

- Añadir la sal a media cocción.
- Se debe regar con su propia grasa de vez en cuando hasta que quede doradito.
- Calcular que el tiempo medio para que esté en su punto, es de unos 20 minutos/1 kg de carne.
- Se aconseja acompañarlo con una ensalada de lechuga o escarola.
- Para que al asarlo quede más jugoso, procurar que el horno tenga mucho vapor.

CREP
Mezclar 1 litro de leche, 6 huevos, 300 gr de harina
y 50 gr de mantequilla

- Para evitar que se peguen en la sartén, lubricar la sartén con una gotita de aceite entre crep y crep.
- Al retirarlas de la sartén, no amontonar una sobre otra en caliente para evitar que se queden pegadas.

CROQUETAS
Mezclar 100 gr de harina y 100 gr de aceite por 1 litro de leche

- Para evitar que se rompan al freírlas, sumergirlas completamente en aceite muy caliente.

DÁTILES
30 gr/ración

- En repostería resultan excelentes los dátiles congelados.

DORADA
En sucio 350 gr/ración

- Para hacerla a la sal, quitar la tripa sin abrirla para evitar que penetre la sal en su interior.

ENDIBIAS
300 gr/ración

- Limpiar las hojas con un paño húmedo para que no amarguen.
- Para quitar el amargor al cocerlas, añadir un poco de zumo de limón al agua de cocción.

ENELDO

- Añadir en el último momento ya que su aroma no resiste la cocción.

ESCAROLA
100 gr/ración

- Como se come cruda, lavar y desinfectar en agua con unas gotitas de lejía. Posteriormente lavar bien en varias aguas para eliminar el sabor a cloro.
- Para que sus ramas queden más tersas, dejar reposar en un recipiente con abundante agua y hielos durante 20 minutos.

ESPÁRRAGOS
200 gr/ración

- Los mejores son los espárragos cortos, gruesos y con las puntas rosadas.
- Se deben escoger del mismo grosor para que cuezan por igual.
- Los espárragos verdes cultivados son menos finos y se suelen emplear para tortillas o ensaladillas.
- Para contrarrestar el amargor de los espárragos verdes trigueros (silvestres), deben desmenuzarse con la mano y echar en el aceite hirviendo. Dejar que ablanden sin dorarse.
- Aprovechar los espárragos verdes trigueros que se parten fácilmente con la mano, si no pueden resultar muy leñosos.
- Se debe pelar y retirar la parte final del tallo.
- Atar en manojos y cocer en agua hirviendo y sal hasta que estén tiernos.
- Para comprobar que estén en su punto, al atravesarlos con un alfiler no deben ofrecer resistencia.
- Cocer con agua, sal y un poco de azúcar para contrarrestar su amargor.
- Los espárragos blancos hay que pelarlos antes de cocerlos, los verdes no es necesario.

ESPINACAS
400 gr/ración

- Para eliminar el sabor a tierra, cocerlas en agua con un poco de azúcar.

- Para que conserven su color, cocerlas en agua hirviendo en pequeñas cantidades para que el agua no pierda el hervor.

- Para que conserven su color, tras cocerlas, enfriar bajo el chorro de agua fría.

- Escurrir bien las espinacas tras la cocción, ya que sus hojas absorben gran cantidad de agua.

- Las espinacas congeladas se pueden cocer sin descongelarlas previamente.

FLAN
4 huevos por 1/2 litro de leche

- Para evitar la formación de grumos, mezclar con la leche templada.

- Si tenemos poco tiempo, conviene hacerlos en moldes individuales, ya que el tiempo de cocción se reduce considerablemente.

FOIE
En fresco 200 gr/ración

- Si se va a cocinar a la plancha, conservarlo en la nevera hasta el momento de su uso.

- Una vez cocinado, añadir un poco de sal para evitar que pierda textura.

- Si el foie no es de muy buena calidad, pasarlo por un poco de harina.

FRAMBUESAS
80 gr/ración

- Para conservarlas, poner sobre un papel absorbente y separadas entre ellas.

FRESAS
90 gr/ración

- Se deben consumir en un tiempo breve, ya que su período de conservación es muy corto.

- Lavarlas con el rabo y las hojas para que no penetre el agua en su interior.

- El vino, vinagre o zumo de limón ayudan a que suelten todo su jugo.

GALLETAS

- Si están revenidas, introducirlas en el horno a 200 ºC durante 10 minutos para que queden crujientes.
- Las galletas María mezcladas con mantequilla sirven de base para muchas tartas.

GALLO

En sucio 300 gr/ración

- Para sacar los lomos enteros, el gallo debe estar frío y el cuchillo mojado.

GAMBAS

150 gr/ración

- Cocerlas en abundante agua con sal.

GARBANZOS

80 gr/ración

- Si se le ha olvidado ponerlos a remojo, cocer durante una hora en la olla a presión y posteriormente dejar durante otra hora en remojo para que se ablanden.
- Echarlos en la cazuela cuando el agua esté hirviendo para evitar que queden duros.

GAZPACHO

300 gr/ración

- Si no podemos enfriarlo con antelación, añadir un poco de hielo a los ingredientes.

GELATINA NEUTRA (O COLA DE PESCADO)

- Debe ponerse a remojo en un recipiente con agua fría durante unos minutos para que se ablande.

GUINDILLA

- Cortarla siempre con tijeras.
- Después de manipularla, poner las manos debajo del chorro del agua fría sin frotar.

- Para poder cortar la guindilla en finas láminas debe conservarse en la nevera, si se conserva a temperatura ambiente se seca y al cortarla se quiebra.

GUISANTES
Con vaina 500 gr/ración, sin vaina 180 gr/ración

- Hay que tener en cuenta que una vez desgranados, quedarán reducidos a 1/4 parte de su peso.
- Una vez pelados, sumergir en agua. Los guisantes buenos irán al fondo, los que flotan conviene retirarlos.
- Para que conserven todo su color, cocerlos sin la tapa.
- Para que estén más tiernos, añadir un poco de azúcar al agua de cocción.

HABAS
Con vaina 400 gr/ración, sin vaina 120 gr/ración

- Para que sean buenas deben ser pequeñas y tiernas.
- Para que no se endurezcan al cocinarlas, añadir la sal en el último momento.

HARINA

- Para evitar que los frutos secos se depositen en el fondo al hacer un bizcocho, enharinarlos primero.
- Conservar en lugares secos.
- Para repostería, utilizar harinas fuertes.
- Si se emplea para espesar una salsa o un guiso, conviene tostarla previamente para eliminar el sabor a crudo.

HÍGADO
250 gr/ración

- A la hora de comprar hígado de ternera, comprobar que esté rosado y no oscuro.
- Para evitar que salte al freír, pasar el filete por pan rallado.

HIGOS
80 gr/ración

- Después de secar los higos, escaldarlos en agua aromatizada con menta para eliminar los posibles microorganismos.

HOJALDRE
1 kg de harina, 1 kg de mantequilla, 1/2 l de agua,

un chorrito de vinagre o limón

- Manipular el hojaldre sobre una superficie lisa añadiendo un poco de harina para evitar que se pegue.
- Trabajarlo siempre sobre una superficie fría, con los utensilios y las manos frías.
- Para que quede de un color dorado y brillante, pintar con un poco de huevo.

HUEVO
50 gr/ración

- Para comprobar su frescura, sumergir en agua; si se hunde significa que el huevo es fresco, si flota conviene retirarlo.
- Los huevos frescos presentan la cáscara translúcida, si aparece opaca es síntoma de que el huevo no es fresco.
- Para diferenciar entre un huevo fresco y un huevo cocido, hacerlo girar como si se tratara de una peonza; si se cae significa que el huevo es fresco, si gira se trata de un huevo cocido.
- En verano, guardar siempre en la nevera.
- Para hacer huevos cocidos, dejar 10 minutos en el fuego a partir del momento en que el agua comience a hervir.
- Para pelar fácilmente un huevo cocido, enfriar con agua y hielos. Si se deja enfriar a temperatura ambiente, la cáscara se suelda y resulta más difícil de pelar.
- Para que al hacer huevos escalfados queden recogidos, añadir al agua de cocción un chorrito de vinagre o de zumo de limón.
- Para conseguir unos huevos mollets (la clara dura y la yema blanda), cocerlos durante 5-6 minutos según el tamaño del huevo.
- Para conseguir unos huevos pasados por agua, introducirlos en el agua hirviendo y en el momento que comience el agua a hervir de nuevo dejar durante 3 minutos y retirar del agua.

- Para que las tortillas cuajen bien, añadir la sal a última hora.
- Para que el revuelto nos quede más cremoso, hacerlo al baño María.
- Para conservarlos durante más tiempo, colocarlos con la punta hacia abajo.
- Para que los pasteles suban en el horno, batir los huevos al calor.
- Si se trabaja con las yemas, añadir un poco de agua en el recipiente para que no se queden pegadas.
- Las yemas se conservan mejor con una gotita de agua o leche para evitar que se sequen.
- Para que las claras monten bien, los huevos deben estar a temperatura ambiente.
- Para que las claras suban, el recipiente y el batidor deben estar perfectamente limpios y secos, cualquier rastro de grasa o humedad impedirá que las claras suban.
- Para que las claras suban, deben estar totalmente desprovistas de yema, si quedara algún resto de yema, retirarla con un paño húmedo.
- Las claras suben mejor si se añade unas gotas de limón.
- Las claras suben mejor si se añade una pizca de sal.
- Las claras suben mejor si se añade una pizca de levadura en polvo o bicarbonato.
- Para congelar las claras, tapar el recipiente con film transparente para evitar la formación de cristales de congelación que las dejaría inservibles.
- Si las claras conservadas aparecen turbias y líquidas es conveniente desecharlas.
- Si a los huevos se le añade alguna clara extra, la tortilla quedará más esponjosa.
- Espolvorear un poco de maizena sobre la sartén, para que los huevos fritos no salpiquen al freír.
- No utilizar recipientes ni utensilios de aluminio para batir huevos, ya que la yema en contacto con el metal se pone verdosa.
- Para cocer huevos de codorniz, dejarlos dentro de su envase para evitar que choquen y se rompan. Hacer unos agujeros en la base del envase para que penetre el agua y no floten. Su tiempo de cocción es de 4 minutos.

IJADA
200 gr/ración

- Para que quede más sabrosa al asarla, dar primero un golpe de calor a la plancha.

JAMÓN SERRANO
50 gr/ración

- A la hora de cocinar hay que tener en cuenta que puede salar el resto de los alimentos.
- Si tuviera moho, frotar con un paño húmedo.
- Conservar en lugar seco y oscuro mejor que en la nevera.
- En épocas frías, dar un pequeño golpe de calor en el horno para extraer todo su aroma.

JENGIBRE

- Utilizar en cantidades pequeñas ya que resulta muy fuerte de sabor.
- Su aroma es mayor si se utiliza hervido en vez de frito.
- Rallar sobre los alimentos en el momento de servir.

JUDÍAS VERDES (VAINAS)
200 gr/ración

- Para que conserven todo su color, cocerlas sin tapa.
- Para retirar las hebras fácilmente, escaldar las judías verdes en agua hirviendo durante 2 minutos y se podrán retirar sin apenas esfuerzo.
- Se pueden hacer directamente fritas en crudo.

KIWI
100 gr/ración

- No es recomendable comer si está muy maduro.
- Para acelerar el proceso de maduración, guardar en una bolsa de plástico junto con otras frutas.

LANGOSTA
400 gr/ración

- A la hora de manipularla, hacerlo siempre con las pinzas bien atadas.

- Resultan más sabrosas las pequeñas que las grandes.

- A la hora de manipularla, tener cuidado con los pinchos que tiene en la parte de la cabeza.

- Se debe cocer viva y bien atada.

- Cocer preferentemente en agua de mar o en su defecto en agua con sal gorda, perejil, laurel y tomillo.

- Introducir en el agua hirviendo y tapar. Cuando rompa a hervir de nuevo, cocer durante 20 minutos si pesa 1 kg o durante 30 minutos si pesa 2 kg. Transcurrido este tiempo, retirar del fuego y dejar enfriar dentro del agua.

LANGOSTINOS
100 gr/ración

- Los mejores son los vivos, en su defecto comprar congelados.

- Para extraer todo sus aroma, pelar y hacerlos a la plancha.

- Los langostinos rayados o tigres resultan más sabrosos.

- Se cuecen en agua fría con agua y sal.

- En el momento que el agua rompa a hervir, dejar cocer durante 1 minuto. Transcurrido este tiempo, retirar del fuego y dejar enfriar en el mismo agua.

- Los langostinos congelados resultan más difíciles de pelar, ya que la piel se encuentra muy adherida a la carne.

- Las cabezas y los cuerpos, previamente trituradas y pasadas por un chino, se pueden utilizar para potenciar el sabor de sopas, caldos, cremas, etcétera.

LAUREL

- Un poco en las aves asadas perfuma toda su carne.

- No añadir más de dos hojas ya que su sabor es muy intenso.

LECHE
200 gr/ración

- La leche cruda hay que hervirla y que suba al menos tres veces para asegurarnos que queda libre de microorganismos.

- Para que no se agarre en el fondo de la cazuela, antes de verterla colocar un terrón de azúcar en el fondo de la cazuela.

- Para que al hervir no se salga la leche, introducir una cuchara grande.
- La leche cortada, siempre y cuando no esté ácida, se puede cocer y colar para obtener requesón. Guardar en la nevera.
- Algunas verduras quedan más blancas si en el agua de cocción se añade un chorrito de leche.
- Si antes de freír el pescado blanco, lo ponemos en un recipiente con un poco de leche durante 30 minutos, quedará más jugoso.
- Si antes de freír pescados azules y/o carnes, los tenemos en un recipiente con leche, resultarán menos fuertes de sabor.

LECHUGA
40 gr/ración

- Limpiar bien con agua y unas gotitas de lejía.
- Limpiar en un recipiente con agua y un poco de sal o un chorro de vinagre.
- Cuanto más verdes sean las hojas, más cantidad de nutrientes contiene.
- Para su conservación, meterla en una bolsa de plástico, cerrar y guardar en la nevera.
- Si las hojas se utilizan para envolver alimentos, escaldar unos segundos en agua hirviendo para hacerlas más moldeables y flexibles.
- Para potenciar su sabor, mezclar con unas hojas de rábano.

LENGUA
300 gr/ración

- Para que resulte más jugosa, cocerla con hierbas aromáticas y verduras frescas.
- Para comprobar que está cocida, atravesar la punta de la lengua con una aguja. Si la atraviesa fácilmente es que está cocida.
- Para pelar fácilmente la lengua, cocer ésta con la piel.

LENGUADO
En sucio 300 gr/ración

- Para asegurar su frescura, al tocarlo debe estar baboso.
- Para quitar la piel del lenguado, hacer un pequeño corte a la altura de

la cola, levantar un poco la piel y tirar de ella hacia arriba con mucha fuerza.

- Para hacer a la plancha, conservar la piel, escamar muy bien y hacer unos cortes en la superficie para que penetre el calor más rápidamente.

LENTEJAS
80 gr/ración

- Para evitar que se peguen, poner unas placas entre el fuego y la cazuela.
- Para comer en ensalada, lavarlas muy bien para que queden sueltas.
- Si se mezclan con arroz se convierte en un alimento muy completo.

LEVADURA

- Mezclar la levadura con la harina y tamizarla para que se airee.
- Aporta más ligereza a las masas que han de cocerse, haciendo que éstas sean menos indigestas.
- El éxito de un postre es debido en gran medida a la frescura y calidad de la levadura.

LIEBRE
300 gr/ración

- Para que su carne no resulte tan fuerte de sabor, dejar macerar con vino y verduras frescas.

LIMÓN

- Para extraer todo su zumo, calentarlo previamente en el microondas.
- Para aromatizar postres, utilizar la ralladura de limón previamente lavado.
- El zumo de un limón es suficiente para cubrir las necesidades diarias de vitamina C en un adulto.
- Se puede utilizar para aliñar ensaladas en vez de utilizar vinagre.
- Para que una vez abierto no se seque, echar en un recipiente un chorrito de vinagre y poner el limón con la zona de corte en contacto con el vinagre.

MAÍZ

50 gr/ración

- Si se tritura con leche y un poco de aceite de oliva se obtiene una crema exquisita para aderezar ensaladas.

MANGO

80 gr/ración

- Si se encuentra en su punto óptimo de maduración, se puede utilizar como un canelón debido a su gran elasticidad.
- Para hacer helado, es suficiente con triturarlo y enfriarlo en la nevera.

MANTEQUILLA

- Al cocinar con mantequilla, añadir un poco de aceite para que la mantequilla no se queme.
- Para conseguir que esté a punto pomada, calentar en el microondas durante 10 segundos.
- Clarificar la mantequilla en un recipiente amplio y estrecho para que se pueda decantar fácilmente.

MANZANA

80 gr/ración

- Cocinarlas con un poco de mantequilla y canela para que los pasteles queden más cremosos.
- Para hacer una exquisita tarta de manzana, cubrirla con una mermelada hecha con su piel.
- Para asarlas, hacer unas incisiones en la superficie para que no se abran con el calor.
- Para que no se oxide, añadir un poco de zumo de limón por encima.

MARISCO

- Debe consumirse muy fresco, especialmente el marisco que se come vivo.
- Las valvas de los moluscos deben ofrecer resistencia al intentar abrirlas.
- Si algún molusco está abierto y al golpearlo no se cierra, hay que desecharlo.

- Si desprenden mal olor es síntoma de que no están en buenas condiciones.

- Los moluscos son frescos, si se contraen bruscamente al añadirles unas gotas de limón.

- Los moluscos vivos (ostras, mejillones, almejas...), no deben meterse en hielo ya que el frío los mataría.

- Los crustáceos (langostinos, gambas, quisquillas y cigalas), no deben presentar ennegrecida la parte de unión de la cabeza y el cuerpo. No se debe desprender la cabeza del cuerpo fácilmente.

- No debe oler a amoníaco.

- Los crustáceos (langosta, bogavante, centollo, buey y nécoras), deben comprarse vivos, con peso y que no se desprendan las patas con facilidad. Si les falta alguna pata, rellenar el hueco con miga de pan antes de cocer para que no se liberen sus jugos.

- Los crustáceos (langosta, bogavante, centollo, buey y nécoras), cocer preferentemente en agua de mar o en su defecto en agua y sal (120 gr de sal gorda/ 1 l de agua).

- Los caldos resultantes de la cocción de mariscos —siempre que no se haya utilizado para ello agua de mar—, se pueden aprovechar para sopas y/o arroces.

- Los crustáceos deben comerse en los meses que contengan la letra «R».

- Los mariscos son mejores cuanto antes se coman, si se tienen que reservar un tiempo, conservar en el frigorífico cubiertos con un paño húmedo, para evitar que se sequen. Antes de realizar esta operación, comprobar que el marisco esté frío.

- Si se quieren presentar en sus conchas, abrillantar estas últimas con un poco de aceite.

- El cocktail de marisco se debe servir en copas de cristal de doble fondo con hielos, o bien en cuencos individuales de cristal.

- Las sobras de marisco se pueden utilizar en ensaladas, cremas y/o salsas.

MARMITAKO
400 gr/ración

- Para que la patata absorba todo el sabor del bonito y suelte toda la fécula, hay que cortarla tipo cachelo (cascarla).

MAYONESA

Mezclar 1 huevo y 2 dl de aceite de oliva, ambos a la misma temperatura

- Para aligerar una mayonesa espesa, añadir un poco de leche templada.
- Para cambiar el sabor de una mayonesa comprada, añadir un chorrito de aceite de oliva virgen extra.

MEJILLÓN

500 gr/ración

- Tienen que ser de roca, no consumir aquellos que se encuentran fijados a maderas, ni los que se crían en puertos u otras zonas contaminadas.
- Si al cocerlos junto a una cebolla, ésta se pone negra, desecharlos porque es síntoma de que alguno está malo.
- Para potenciar el sabor de una sopa de pescado, añadir media docena de mejillones.
- Si están muy sucios, limpiar con un estropajo nuevo.
- Para que se abran más rápido, no amontonarlos a la hora de cocer.
- Añadir un poco de cebolla picadita a los mejillones rellenos para suavizar el sabor.

MELOCOTÓN

100 gr/ración

- Para quitar el sabor a almíbar del melocotón, poner en una cazuela al fuego con agua templada y dejar durante 5 minutos.
- Para hacer melocotones en almíbar, hacerlos en la olla a presión para evitar que se rompan.
- Si están muy duros, resulta más fácil pelarlos con ayuda de un pelador.

MELÓN

150 gr/ración

- Presionar ambos extremos para comprobar su estado de maduración.
- No es recomendable comerlo durante la noche.
- Una vez abierto, conservar en la nevera tapado con film transparente.

- Para hacer una sopa de melón refrescante, triturar su carne con un poco de ron y menta. Enfriar en la nevera.

MEMBRILLO (DULCE DE)

- Para hacer una guarnición casera, mezclar membrillo y nata en cantidades iguales, y añadir un poco de sal y pimienta. Resulta una excelente guarnición de la carne de caza.

MENTA

- Conservarla en un recipiente con un poco de agua y aspirina.

MERLUZA

En sucio 500 gr/ración, en limpio 200 gr/ración

- Para sacar los lomos enteros de la merluza, introducirla unos minutos en el congelador.
- Para que la merluza rebozada quede más tierna, añadir un poco de leche al huevo.
- Para quitar las escamas de la merluza, hacerlo siempre con un cuchillo, ya que es un pescado muy delicado.

MERO

En sucio 500 gr/ración, en limpio 200 gr/ración

- Para que quede más jugoso, cocinarlo en tajadas pequeñas.

MIEL

30 gr/ración

- Si está demasiado espesa, calentar al baño María o en el microondas durante 30 segundos.
- Para que los bizcochos resulten más cremosos, añadir miel en vez de azúcar.
- Hacer una salsa agridulce mezclando miel y vinagre. Resulta un excelente acompañante de la carne de caza.
- Para evitar que se pegue a la cuchara, previamente sumergir la cuchara en agua fría.

MOLLEJAS
200 gr/ración

- Limpiarlas de sangre en un recipiente con agua fría.
- Para quitar la grasa fácilmente, calentar previamente en el microondas durante unos minutos.
- Para quitar la grasa fácilmente, blanquear en agua hirviendo durante 2 minutos.

MORCILLA
100 gr/ración

- Pincharla previamente para evitar que se abra al freír.
- Si vamos a servir la morcilla en rodajas, pasar las rodajas por harina antes de freír para evitar que se abran.

MOSTAZA

- Si se come en grandes cantidades puede irritar las mucosas.

NARANJA
200 gr/ración

- Para extraer todo su zumo, calentarla previamente en el microondas.
- Para aromatizar postres lácteos, cocer la leche con un poco de corteza de naranja
- Resulta excelente para cocinar pollo ya que el ácido de la naranja disuelve la grasa.

NATA (LÍQUIDA)

- Si al hervir se corta, se puede arreglar añadiendo un poco de nata cruda.
- Si se va a utilizar para montar, hay que tener en cuenta que duplica su volumen.
- Para conseguir que un postre lácteo resulte más cremoso, añadir un vaso de nata líquida por cada litro de leche.
- A la hora de comprar, hay que diferenciar entre la nata para repostería y la nata para cocinar, dependiendo del uso que se le vaya a dar.
- Siempre que se vaya a mezclar con otra grasa, tener en cuenta que deben estar a la misma temperatura.

- Para evitar que se corte al montarla, hacerlo siempre sobre una superficie muy fría.
- Se puede sustituir por una mezcla a partes iguales de leche en polvo
  y agua.

NATILLAS

- Para evitar que se corte, añadir 10 gr de harina a la mezcla.
- Para ligar unas natillas que se han cortado, echar las natillas en una
  jarra de metal o de cristal, poner la jarra en un recipiente con muchos
  hielos y batir con la batidora a la máxima potencia.

NUECES

- Para recuperar unas nueces secas, dejar en remojo en un recipiente
  con leche durante toda la noche.

ORÉGANO

- Si añadimos un poco de orégano a una salsa de tomate, convertimos la
  salsa en algo más sugerente.

OSTRAS

10 ostras/ración

- Para abrirlas fácilmente, meterlas en una bolsa de plástico e introducirlas en el congelador durante 30 minutos.
- Para comprobar que están vivas, deben encogerse al añadirles un
  poco de ácido.
- Para conservarlas durante más tiempo, poner un peso grande encima
  para que no se abran y de esta forma se evita que pierdan su agua.
- Si al rociarlas con limón se cierran, es síntoma de que están vivas y
  frescas, si no se produce reacción, es síntoma de que están muertas y
  hay que desecharlas.
- Si al golpearlas unas con otras suenan a huecas es que han perdido
  agua, es síntoma de que no son frescas.
- Si al tocarlas por el borde se retraen es que son frescas.
- La carne debe ser brillante, no lechosa y el agua que contiene la ostra debe ser clara y abundante.

PAN

70 gr/ración

- Para conservarlo durante más tiempo, guardar en la nevera envuelto en plástico.

- Para recuperar un pan duro, envolver en un paño húmedo durante varias horas y posteriormente tostar en el horno.

- Para hacer un pan relleno, comprar un pan precocinado, rellenarlo de lo que se desee y terminar de hacer en el horno.

PAN RALLADO

- Si no se dispone de pan rallado, picar unas rebanadas de pan tostado en la picadora.

PASTA

100 gr/ración

- Añadir un poco de aceite al agua de cocción para que la pasta no se pegue.

- A la hora de cocer la pasta, desconfiar de los tiempos de cocción indicados en el envase, la pasta cocida debe estar «al dente», entre los dientes debe ofrecer una ligera resistencia.

- Para ahorrar tiempo, cocer la pasta en la olla a presión.

- Para potenciar su sabor, sustituir el agua de cocción por un caldo de verduras, de pescado o de marisco.

PATATA

70 gr/ración

- Deben elegirse aquellas que sean frescas, duras, sin brotes ni partes verdes y con la piel fina.

- Siempre que sea posible conviene cocerlas con piel para que no pierdan sus propiedades nutritivas.

- Para evitar que se rompan al asar o cocer, pincharlas previamente.

- Antes de freír, conviene dejarlas en un recipiente con agua fría durante 30 minutos, de esta forma pierden el almidón y quedan más sueltas. Posteriormente secar bien con un paño o papel absorbente antes de freír.

- Si hemos pelado demasiadas patatas y no las vamos a utilizar, ponerlas en un recipiente, cubrirlas con agua e introducir en la nevera.

- Las patatas fritas para que no se queden frías hasta el momento de servir, ponerlas sobre un recipiente que esté hirviendo pero sin tapar para evitar que se queden blandas.
- Para que las patatas queden más tiernas, cocer en agua con abundante sal.
- Para que las patatas queden más compactas y no se rompan, añadir unas gotitas de vinagre al agua de cocción, el ácido ayuda a que no se rompan.
- Si no se dispone de tiempo, se pueden freír con antelación durante 10 minutos y en el último momento dar un golpe de calor.
- Para asarlas en el horno en la mitad de tiempo, envolverlas en papel de aluminio con un poco de aceite.
- Para que quede más cremosa, cocerla con la piel en agua y abundante sal.
- Para espesar una salsa, añadir un poco de patata cocida.

PATAS
300 gr/ración

- Antes de cocerlas, deben chamuscarse para eliminar los posibles pelillos.

PATO
250 gr/ración

- Para que quede más tierno cuando se asa en pieza, primero cocer durante 20 minutos para que se hidrate bien.
- Para hacer un magret de pato a la plancha, hacer unas incisiones en la piel para que suelte toda la grasa y quede más crujiente.
- Las mollejas de pato confitadas resultan excelentes en ensaladas templadas.

PAVO
En sucio 350 gr/ración, en limpio 150 gr/ración

- Debe tener la carne blanca.
- Si tiene las patas con escamas y rojizas, se trata de un pavo viejo y por lo tanto su carne será dura.

- Las hembras tienen la carne más fina.
- El pavo asado resulta muy seco, conviene rellenarlo para que esté más jugoso.
- Las guarniciones agridulces son un excelente acompañante.
- Para evitar que resulte muy seco, freír a fuego suave.

PEPINO
80 gr/ración

- Deben escogerse aquellos que sean verdes y que tengan un tamaño regular.
- Para evitar que repita, retirar las pepitas.
- Pelar de forma generosa para que resulte menos indigesto.
- Para que suelte el agua amarga que contiene, conviene dejarlo con sal durante unos minutos.

PERA
100 gr/ración

- Para cocer peras al vino y evitar que se rompan, cocerlas con el rabo y un poco de piel en la base para reforzar su estructura.

PERCEBES
150 gr/ración

- Tienen que ser de roca, no consumir aquellos que se encuentran fijados a maderas, ni los que se crían en puertos u otras zonas contaminadas.
- Son mejores los de tamaño medio y muy gordos.
- Para asegurarse de que están en buenas condiciones, comprobar que estén cerrados.
- Para que queden tiernos, cocer en agua y sal justo hasta que se calienten por dentro.
- Se añaden en agua hirviendo salada (preferentemente agua de mar), con una hoja de laurel, y se retira la cazuela del fuego, dejándolos enfriar en el mismo agua.
- Si están unidos por la base, separarlos para que tarden menos tiempo en cocer.

PERDIZ
600 gr/ración

- Para hacer en escabeche, primero dorar un poco en el fuego para potenciar su sabor.
- Para ablandar su carne, congelarlas con la pluma y sin las vísceras.

PEREJIL

- Para conservarlo durante más tiempo, congelar envuelto en papel de aluminio.
- Para conservarlo fresco, lavarlo e introducir un poco húmedo en un recipiente hermético y conservarlo en el frigorífico.

PESCADO

- Para aprovechar todo su sabor y valor nutritivo, consumirlo al poco tiempo de pescarlo.
- Los pescados de río se conservan mejor que los de mar, pero resultan menos sabrosos.
- Si huele a amoníaco, desecharlo.
- Las aletas deben estar húmedas y brillantes.
- Las escamas deben estar firmes en la piel y brillantes.
- Las agallas deben presentar un color rojo intenso.
- Los ojos deben ser claros y brillantes, nunca opacos.
- Una vez cocinado, si la espina se desprende fácilmente de la carne, es síntoma de frescura.
- Los pescados blancos son más digeribles que los azules, por lo que son muy recomendables para niños, personas mayores y en regímenes alimenticios.
- Los pescados azules son más fuertes de sabor y con mayor cantidad de materia grasa, por lo que están contraindicados para niños, personas mayores y en regímenes alimenticios.
- Como guarnición de pescados se pueden utilizar limón, patata y/o tomate.
- Las salsas bechamel, holandesa, mayonesa, tártara, marisquera; y otras más fuertes como la salsa americana, salsa curry y salsa de mostaza, resultan excelentes como acompañantes de pescados.

- El tiempo necesario para asar un pescado al horno no debe exceder de los 30 minutos.

- Si al hacer el pescado al horno, vemos que éste se dora mucho por fuera y queda crudo por dentro, tapar la fuente con papel de estaño.

- Para suavizar el intenso sabor del pescado azul, rociarlo con abundante zumo de limón.

- Si las manos quedan impregnadas de olor a pescado, frotarlas con limón.

- Para evitar que el pescado quede seco al hacerlo en la parrilla, éste debe secarse muy bien antes de ponerlo en la parrilla y a su vez, ésta debe estar muy caliente.

- Si el pescado está hecho con antelación, no reservarlo en el horno hasta la hora de servir.

- Para freír el pescado se debe utilizar un buen aceite de oliva y en cantidad generosa.

- El pescado hay que enharinarlo o rebozarlo y añadirlo al aceite humeante con cuidado de no quemarnos. Cuando haya dorado por uno de los lados, dar la vuelta, dorar y retirar a un plato con papel absorbente, para que absorba el exceso de grasa.

- Si se enharina y/o empana el pescado, posteriormente sacudirlo para que se desprenda el sobrante.

- El aceite utilizado para freír pescado —sobre todo si se trata de pescado azul—, toma mucho sabor, por lo que reutilizarlo sólo para cosas similares y siempre que no haya tomado color oscuro porque si es así hay que desecharlo.

- Para evitar que el pescado se reseque al recalentarlo, envolver en papel engrasado, cerrar herméticamente e introducir en el horno caliente durante 10 minutos.

PICHÓN
500 gr/ración

- El lomo debe ser rosadito.

- Para que al cocinar los muslos queden más tiernos, aplastar un poco las patas y tirar de ellas para que salgan los tendones.

PIMENTÓN

- Echar en una sartén con aceite caliente fuera del fuego, ya que se quema con facilidad.

PIMIENTA

- Para que no pierda aroma, conviene comprarla en grano y molerla en el momento de su uso.

PIMIENTO
200 gr/ración

- Para pelarlos fácilmente, dar un golpe de calor a fuego fuerte y posteriormente introducir en un recipiente con agua y hielos.
- A la hora de cortarlo, hacerlo siempre por la parte interior para evitar posibles cortes.
- A pesar de que tiene un alto contenido en vitamina C, es de difícil digestión, por lo que no es recomendable para niños o personas delicadas de salud.
- Para freír son mejores los verdes y que no sean muy grandes.
- Para asar en el horno son mejores los rojos gruesos. Se deben sobar bien con aceite y colocar en la bandeja del horno o bien en un recipiente que sirva para el horno.

PIÑA
200 gr/ración

- A la hora de comprar, elegirla firme y con peso.
- Para conservarla durante más tiempo, es mejor colgarla en un lugar fresco que guardarla en la nevera.

PIÑONES

- Resultan excelentes en rellenos de aves y en ensaladas.

PLÁTANO
150 gr/ración

- Para acelerar el proceso de maduración, envolver en papel de periódico.
- No guardar en la nevera porque se ponen negros enseguida.

- Para asarlos de forma rápida, pintarlos con un poco de aceite con ayuda de un pincel, envolverlos en film transparente e introducir en el microondas a la máxima potencia durante 2 minutos.

POLLO
En sucio 350 gr/ración, en limpio 150 gr/ración

- Para conservarlo durante más tiempo, pasarlo por la llama para esterilizarlo.
- Para cocinarlo en menos tiempo, hacer unas incisiones en la superficie para que el calor penetre más rápidamente.
- El pollo al ajillo queda más sabroso si se añade al final un chorrito de vino blanco.
- Para retirar fácilmente la piel de las patas, previamente escaldar en agua hirviendo.
- Las patas y los huesos son excelentes para hacer caldos.

PUERRO
300 gr/ración

- Para limpiarlos bien, hacer un corte en forma de cruz en las hojas verdes y frotar entre las manos bajo el chorro de agua fría.
- La parte blanca es más digerible y la verde se aprovecha para hacer caldos.

PULPO
En sucio 300 gr/ración, en limpio 100 gr/ración

- Para que la piel no se separe al cocer el pulpo, no echar sal al agua de cocción.
- Para que la piel no se separe al cocer el pulpo, meterlo y sacarlo en agua hirviendo tres veces.
- Para que su carne quede más blanda, añadir un corcho al agua de cocción.
- Debido a que su carne es muy dura, hay que golpearlo repetidas veces con un mazo de madera. A continuación, escaldar en agua hirviendo tres veces seguidas y cocer durante una hora más para que quede tierno.

QUESO

80 gr/ración

- En verano, conservar en la nevera y en el momento de servir dar un pequeño golpe de calor en el microondas durante 15 segundos.

- Cuando el queso está muy duro, para cortarlo en láminas finas, calentar ligeramente el filo del cuchillo.

- Para conservar el queso fresco, introducirlo en un recipiente con agua y sal.

- Para hacer una excelente salsa de queso, calentar el queso con un poco de licor en una sartén antes de mezclar con el resto de los ingredientes.

- Unas barritas de Mozarella rebozadas y fritas resultan excelentes como aperitivo.

RAPE

Con cabeza 800 gr/ración, sin cabeza 400 gr/ración

- Reservar la cabeza para hacer caldos.

- Las carrilleras resultan excelentes en ensaladas templadas.

- La cola de rape adobada con pimentón, cocida, cortada fina y en frío es una buena imitación de la langosta.

REMOLACHA

100 gr/ración

- Al cocerla no retirar la piel porque se «desangraría» quedando descolorida.

RIÑONES

150 gr/ración

- Retirar la grasa, cortarlos en trocitos y ponerlos en un recipiente con vinagre y sal durante 30 minutos. Posteriormente lavar con agua fría hasta que el agua quede limpia, escurrir bien y cocinar.

- Antes de cocinar, se pueden saltear a fuego fuerte con una pizca de grasa.

- Antes de cocinar, se pueden sumergir en un poco de leche durante 30 minutos. Posteriormente, escurrir y lavar en agua fría.

- Antes de cocinar, se pueden blanquear durante 1 minuto en agua hirviendo. Posteriormente, retirar del agua y secar con un paño.

RODABALLO
En sucio 300 gr/ración

- Para quitar la piel del rodaballo, hacer un pequeño corte a la altura de la cola, levantar un poco la piel y tirar de ella hacia arriba con mucha fuerza.

ROMERO

- Para extraer todo su aroma, cocerlo en un poco de aceite.

SAL

- Para evitar la humedad, añadir unos granos de arroz en el salero.
- Cuando un guiso lleva varios elementos, conviene sazonar cuando están todos juntos, de lo contrario si sazonamos por separado, corremos el riesgo de que el guiso nos quede salado.
- Al hacer un caldo que tenga que cocer durante bastante tiempo, conviene añadir la sal al final porque al cocer durante tanto tiempo tiende a salar.
- Si un guiso está excesivamente salado, añadir unas rodajas de patata cruda y dejar cocer el conjunto durante 15 minutos.
- Para limpiar una sartén de hierro, ponerla al fuego con un poco de sal.
- Para hacer pescados a la sal, utilizar sales especiales para ello.

SALCHICHAS
125 gr/ración

- Para que resulten más digeribles, cocerlas en cerveza o vino blanco.
- Para que no se revienten al freír, pincharlas previamente con una aguja.
- Cortadas en trozos, envueltas en bacón y asadas en el horno resultan un excelente aperitivo.

SALMÓN
En sucio 350 gr/ración, en limpio 150 gr/ración

- Para quitar las espinas utilizar unos alicates o unas pinzas.
- Para hacer al papillot, añadir unas verduritas para suavizar su intenso sabor.
- Cocido en agua con sal y desmigado resulta excelente en ensaladas.

SANDÍA
300 gr/ración

- Una vez abierta, conservar en la nevera tapada con film transparente.

SARDINAS
En sucio 280 gr/ración

- Si nos han sobrado sardinas asadas, quitar la piel y la espina, y utilizar para hacer unos canapés mezclando con un poco de mayonesa y cebolla muy picadita.

SESOS
150 gr/ración

- Limpiarlos dentro de un recipiente con agua y hielos.
- Una vez limpios, hay que cocerlos antes de cualquier guiso.

SETAS
150 gr/ración

- Limpiarlas con un paño húmedo.
- Para conservarlas durante más tiempo se pueden pochar en aceite y congelar.
- Hacer unas incisiones en la superficie para que penetre el calor y se hagan más rápidamente.
- Si se comen en crudo pueden resultar tóxicas.

SOLOMILLO
250 gr/ración

- Si la tajada es muy gruesa, hornear a 100 ºC durante 15 minutos y a continuación, hacer a la plancha a fuego fuerte.
- A la hora de limpiar el solomillo es importante que esté frío, sin embargo a la hora de introducirlo en el horno es importante que se encuentre a temperatura ambiente.

TOCINO
50 gr/ración

- Si se va a utilizar con piel, chamuscarlo previamente.

TOMATE

150 gr/ración

- Para pelar el tomate fácilmente, hacer unos cortes en la base y escaldar en agua hirviendo durante 1 minuto.
- Para que resulte más aromático e intenso de sabor es mejor comerlo sin piel.
- Para asar tomates, colocar en un recipiente muy juntos para que no pierdan la forma.
- Cuando vayan a ser utilizados para rellenar, vaciarlos y apretarlos un poco para que suelten todo el agua.

TOMILLO

- Dejar secar sobre papel absorbente muy extendido para evitar que se pudra.

TORTILLA

- Actualmente se pueden hacer en moldes de teflón directamente en el horno.
- Para regenerar una tortilla de patata envasada al vacío, calentarla generando mucho vapor.

TRUCHA

En sucio 300 gr/ración

- Para hacer de forma rápida, quitar la espina central y hacerla a la plancha.

TRUFA

20 gr/ración

- Debe lavarse bien, frotar con un cepillo y posteriormente pelar.
- Para aromatizar unos huevos con trufa, poner los huevos con la cáscara en un recipiente con unas trufas, cubrir el recipiente con film transparente y dejar reposar en la nevera durante 24 horas.

TURRÓN

- Para aprovechar el turrón blando que nos ha sobrado de las navidades, triturarlo con leche y nata para hacer un flan de turrón.

UVAS
100 gr/ración

- Para quitar las pepitas fácilmente, utilizar un clip.

VAINILLA

- Para aprovechar bien las semillas de una rama de vainilla, hidratar en un líquido caliente durante 10 minutos y luego raspar con un cuchillo.

- Una vez utilizada la rama de vainilla, secarla bien y triturar junto con el azúcar para obtener un azúcar avainillado.

VERDEL
En sucio 400 gr/ración

- Cortar en tiras del tamaño de la anchoa y dejar macerar en vinagre durante unos minutos, el sabor resultante es similar al de la anchoa.

VERDURAS, VEGETALES U HORTALIZAS

- Todas las verduras que se coman crudas, deben ser lavadas exhaustivamente con agua y unas gotitas de lejía para prevenir intoxicaciones. Posteriormente, deben aclararse con agua abundante para eliminar el sabor a cloro.

- Otra forma de limpiar la verdura es poniéndola a remojo en un recipiente con agua y sal.

- Las de temporada son más sabrosas y económicas.

- Con la cocción la celulosa que contienen se hace más digerible, por el contrario se pierden vitaminas y sales minerales.

- Deben hervirse durante el menor tiempo posible para evitar la pérdida de vitaminas y sales minerales.

- Como el agua de cocción contiene gran cantidad de vitaminas y sales minerales, se puede utilizar para hacer sopas, consomés y/o purés.

- Para que no pierdan el color durante la cocción, las verduras deben echarse al agua cuando ésta esté hirviendo y en pequeñas cantidades para no perder el hervor.

- Para conservar su color verde durante la cocción, cocerlas destapadas y añadir cuando hierven una pizca de vinagre, azúcar o bicarbonato sódico.

- Aquellas verduras que tienden a oscurecerse como la alcachofa, el apio, el cardo, etc., manipularlas con herramientas de acero.

VINAGRE

- Para obtener un vinagre aromatizado, basta con introducir la fruta o hierba aromatizada que se desee y dejar reposar.

ZANAHORIA
125 gr/ración

- Las pequeñas son más tiernas, por lo que son las mejores para comer crudas o como guarnición.
- Entre las grandes deben elegirse aquellas que presenten el color más intenso.
- Si las zanahorias son nuevas no es necesario pelarlas, resulta suficiente con rasparlas.
- Para obtener unas zanahorias caramelizadas, cocerlas con un poco de mantequilla, azúcar y vino blanco a fuego suave durante 30 minutos.
- Para comerlas ralladas, rociar previamente con un poco de zumo de limón para evitar que se oxiden.

ÍNDICE

ÍNDICE
TEMÁTICO

ENTRANTES Y ENSALADAS

SOPAS Y CREMAS

ARROCES Y PASTAS

PESCADOS Y MARISCOS

CARNES Y AVES

POSTRES Y DULCES

EL AUTOR

Nacido en Bilbao en 1962, Fernando Canales Etxanobe estudió
Hostelería en la Escuela de Leioa (Bizkaia). Tras varios años de trabajo
en Francia y el País Vasco, inauguró hace 10 años el restaurante Etxanobe, en el Palacio Euskalduna de Bilbao, que en la actualidad cuenta
con una estrella Michelín, entre otras calificaciones. Su inconformismo le
llevó a afrontar retos como dar una comida para mil comensales en Hong
Kong, asesorar la puesta en marcha de un bar de pintxos en Dubai
(Emiratos Árabes Unidos), o dar en Moscú una comida-maridaje para 200
personas, por encargo de una bodega de La Rioja.

En la actualidad dirige el caserío Akebaso y es asesor y socio de la
hostelería del Palacio de Congresos y de la Música-Palacio Euskalduna de
Bilbao. Además colabora desde hace diez años con Radio Euskadi, condujo
durante seis años el programa *La Cocina de Localia*, ya desaparecido, y tiene
un exitoso blog —«Culinariosidad»— en el diario *El Correo*.

Fernando Canales colabora como jurado en concursos y eventos
gastronómicos e imparte cursos por toda la geografía española. Es Cofrade
de honor de diversas cofradías gastronómicas y Patrono de la casa de la
gastronomía del País Vasco. Entre los numerosos premios con los que ha
sido galardonado se encuentran el Premio Euskadi de Gastronomía 2005;
Gorro de Oro 2000; Premio restauradores al mejor restaurante de España
2006; Premio al cocinero en primer festival de cine gastronomía Cine-
gourland 2006; Premio la gula de oro Madrid 2003. Autor de seis libros de
cocina y un curso de cocina en DVD, recientemente ha sido nombrado
Miembro Honorífico de la academia de Ciencias Médicas de Bilbao.

www.fernandocanales.com